U0829287

法院审理案件
观点集成丛书

法院审理房屋买卖案件观点集成

主　编 李　超
副主编 郭志武

Aggregation of
Trail Views
in the Cases of
House Sale and Purchase

中国法制出版社
CHINA LEGAL PUBLISHING HOUSE

撰稿人（按姓氏笔画为序）

于筱江　天津市和平区人民法院法官，撰写第二、四、五章。
马凤岗　天津市第二中级人民法院法官，撰写第一、二、五章。
左　楠　天津市高级人民法院法官，撰写第二章。
刘永强　天津市滨海新区人民法院法官，撰写第四、八章。
刘志强　天津市和平区人民法院法官，撰写第五章。
孙　伟　天津市河东区人民法院法官，撰写第三、五章。
李　超　天津市高级人民法院法官，撰写第三、四章。
李卓亭　天津市滨海新区人民法院法官，撰写第七章。
张　荷　天津市高级人民法院法官，撰写第六章。
赵　伟　天津市高级人民法院法官，撰写第一章。
郭志武　广东八维律师事务所律师，撰写第四章。
赖如星　天津德熙律师事务所律师，撰写第五章。
管纪尧　天津市红桥区人民法院法官，撰写第一、二章。

序　言

我国房地产市场历经从计划经济向市场经济的转变。1994年7月，国务院发布《关于深化城镇住房制度改革的决定》，由此开启了城镇住房制度改革之路。住房的商品化改革，实现了住房制度由实物分配向货币分配的转变，大量的新建商品房和存量房进入市场进行交易。与此相伴随的是大量房地产纠纷案件的出现，其中房屋买卖合同案件占相当大的比例。由于房地产市场本身的复杂性，加之房屋买卖牵涉合同主体的重大利益，多重矛盾相互交织，房屋买卖案件的复杂性不言而喻。房屋买卖纠纷涉及《合同法》《物权法》《担保法》等多个领域，处理案件时需要考量的因素也比较多。

在房价出现大幅波动时，由于供求关系失衡、经济利益的驱使、诚信意识严重缺失等因素，合同当事人违约的问题比较突出，商品房交易和二手房买卖纠纷频发，新情况、新问题层出不穷。这给人民法院的司法裁判带来了挑战，不仅需要面对错综复杂的法律关系、当事人尖锐对立的矛盾，还要适应不断调整的房地产监管政策，确保房地产市场的稳定。这的确考验法官的智慧。总结法官在审理海量案件过程中形成的裁判规则和法律适用观点，对于推动法学理论进步、指导司法实践，乃至促进立法都极具价值。正是基于这个初衷，我们编写了本书。

本书所选案例为最近几年法院审理的具有典型意义的房屋买卖纠纷案件，基本上涵盖了房屋交易中的买卖、居间、抵押、借贷等诸多法律问题。针对争议比较大的差价损失赔偿、继续履行的条件、履行不能的判断、房地产新政对合同的影响，以及借名买房、“阴阳合同”、无权处分的效力认定等问题，本书作了重点解读，以期使读者对房屋买卖司法实务有更为全面的了解，为司法裁判提供智力参考。参加本书撰写的作者大多为一线办案法官，有着丰富的实践经验。但书中错误仍在所难免，恳请读者批评指正，读者可发送邮件至 tjfylichao@163. com 提出宝贵意见。最后，特别感谢中国法制出版社马金风编辑，她为本书的出版付出了辛勤努力。

李　超

目　录

第一章　房屋买卖合同的成立

第二章　房屋买卖合同的效力

第三章　房屋买卖合同的履行

第四章　房屋买卖合同的撤销与解除

第五章　房屋买卖合同的违约责任

第八章　特殊类型房屋买卖相关问题

第一章　房屋买卖合同的成立

1.1 商品房买卖合同成立需要具备哪些条件

——史某某、雷某诉某房地产公司合同纠纷案①

关 键 词：预售合同草稿，要约，承诺，合同成立

问题提出：商品房预售合同“草稿”是否具备正式的房屋买卖合同的效力？

裁判要旨：预售合同“草稿”是否具备正式的房屋买卖合同的效力，应从合同的内容进行实质分析，而不应拘泥于合同的具体表现形式。

案情简介

原告：史某某、雷某

被告：某房地产公司

2014年5月21日，原告史某某、雷某与某房地产公司签订了一份《某小区房源意向单》（以下简称《房源意向单》），约定：史某某、雷某认购×号房屋（以下简称××号房屋）；该《房源意向单》载明：“本《房源意向单》自客户与某房地产公司签字或盖章之日起生效；客户应于开发商约定时间内参与相应的开盘活动，并与某房地产公司签署该《房源意向单》确认的《北京市商品房认购书》《北京市商品房预售合同》及相应的补充协议，逾期未能签署《北京市商品房认购书》《北京市商品房预售合同》及相应的补充协议的，视为客户自动放弃购买该《房源意向单》确定的商品房，客户同意所交款项（不计息）自约定签署《北京市商品房认购书》《北京市商品房预售合同》及相应补充协议之日起30个工作日内退回客户原支付账户。”《房源意向单》签订后，原告史某某、雷某向某房地产公司交纳购房定金100000元。

① 审理法院为北京市大兴区人民法院，案号：（2014）大民初字第12521号。

2014年5月28日，原告史某某、雷某又向某房地产公司交纳购房首付款564963元。2014年5月28日，原告史某某、雷某与某房地产公司签订《北京市商品房预售合同（草稿）》（以下简称《预售合同草稿》），约定房屋总价款为2204863元，该《预售合同草稿》对出卖人及买受人情况、商品房基本状况、商品房的销售方式、付款方式、交付条件、市政基础设施交付日期等进行了明确约定。《预售合同草稿》所附补充协议对相关事项进行了更加明确的补充约定，补充协议尾部附有签章栏。原告史某某、雷某在《预售合同草稿》尾部买受人签章处签字确认，在《预售合同草稿》首页的“草稿已阅无异，客户签字”的印章处签字，并在《预售合同草稿》以及补充协议、附件的侧面骑缝处签字，未在《预售合同草稿》所附的补充协议签章处签字。后双方未签订《北京市商品房预售合同》的正式版本。

各方观点

原告史某某、雷某观点：《预售合同草稿》附件中关于能否办理贷款、贷款时间等细节，均未明确。双方无法就交易细节达成一致，无法签订正式房屋买卖合同。《民法通则》规定，没有合同根据，取得不当利益，造成他人损失的，应当将取得的不当利益返还受损失的人。综上，《预售合同草稿》并非正式合同且双方没有对补充协议的内容进行确认，《预售合同草稿》不发生房屋买卖合同的效力。原告和被告某房地产公司之间并未签订正式的《北京市商品房预售合同》，被告某房地产公司应根据《房源意向单》向原告退还购房首付款和定金，并承担本案诉讼费。

被告某房地产公司观点：不同意两原告的全部诉求。理由如下：1. 原告在《预售合同草稿》以及补充协议、附件侧面骑缝处签字的行为视为其认可《预售合同草稿》以及补充协议、附件的全部内容，同时主张《预售合同草稿》与正式的预售合同内容一致，双方签字确认时《预售合同草稿》即生效，对双方均具有法律约束力，不得擅自变更解除。2. 两原告已经交付了购房定金和首付款，已经实际履行了房源意向单所确认的《商品房认购书》《北京市商品房预售合同》约定的合同义务，两原告以其实际履行再次确认了购房合同的法律效力。3. 涉诉合同履行过程中，不存在任何合同约定解除法定事由，也没有法律规定解除合同的事由发生，两原告以不当得利为由要求解除已生效的合同，前后矛盾，没有法律和事实依据，如两原告坚持解除合同，应该承担违约责任。4. 双方所签署的《北京市商品房预售合同》右上角虽标为草稿，只表明预售未经备案，而预售合同的备案、网签只属于开发商售房过程中向行政机关承担的责任，与两原告无关，且合同备案与否并不影响合同本身的效力。

法院观点

依法成立的合同，对当事人具有法律约束力。原告史某某、雷某与被告某房地产公司签订的《房源意向单》的内容不违反国家相关法律、法规的强制性规定，应认定合法有效，双方均应全面履行自己的义务。对于原告史某某、雷某与被告某房地产公司签订的《预售合同草稿》，虽然文本中有“草稿”二字，但该文本对于合同当事人、标的物、价款、付款方式、交付条件等合同基本内容进行了明确约定，说明原告史某某、雷某与被告某房地产公司对于房屋买卖一事达成了一致意思表示，同时结合原告史某某、雷某已支付购房首付款且被告某房地产公司已经接受的事实，可以认定原告史某某、雷某与被告某房地产公司之间的房屋买卖合同关系已经成立。对于原告史某某、雷某以未签订正式的《北京市商品房预售合同》为由要求退还定金和首付款的诉讼请求，无事实及法律依据，法院不予支持。

法官评析

本案的审理重点在于商品房买卖合同成立和生效的要件。合同的成立，即合同的当事人双方对合同的标的、数量、质量、价款或者报酬、履行期限、地点和方式等合同基本内容达成一致，亦即合同订立过程的完成。合同的订立是缔约方各自接触、协商直至达成合意的全过程，是动态行为和静态协议的统一体。合同的成立标志着合同的产生和存在，属于静态协议。根据传统理论，任何合同的成立都需要要约与承诺的动态行为过程。我国《合同法》第 13 条规定：“当事人订立合同，采取要约、承诺方式。”第 25 条规定：“承诺生效时合同成立。”因此，要分析原被告双方签订的房屋买卖合同是否成立，需要分析《预售合同草稿》的性质，这必须从分析要约与承诺着手。

1. 要约的构成要件

要约又称为发盘、出盘、发价、出价或报价，是指一方当事人向另一方所作的希望与对方订立合同的意思表示。其中，发出要约的人称为要约人，接受要约的人称为受要约人。要约是一种意思表示，应当具备一定的条件才能成立，才能发生法律效力。我国《合同法》第14条规定："要约是希望和他人订立合同的意思表示。该意思表示应当符合下列规定：（一）内容具体确定；（二）表明经受要约人的承诺，要约人即受该意思表示约束。"根据这一规定，构成要约必须具备以下五个要件：（1）要约必须是特定人做出的意思表示。如果要约人不是特定的人，受要约人接到要约后将无从承诺。（2）要约必须是以订立契约为目的的意思表示。要约人以言词、文字、行为或其他方式，明确表示其有订立契约之意思，使相对人确信，若完成其要约内容条件，要约人即受要约之约束以履行要约内容之义务，构成双方间之契约关系。判断要约人是否有订立契约之意图，可借助其意思表示之外在形式，如实际表达所用的言语和文字，表达的环境即当时情形。（3）要约的内容必须具体确定。所谓"具体"，是指要约的内容必须具有足以使合同成立的主要条款。所谓"确定"，是指要约的内容必须确定，即要约所包括的合同的主要条款必须是明确的。（4）要约原则上应向特定人发出，但不排除向不特定人发出。（5）要约人须有受该要约拘束的意思。

就本案而言，《预售合同草稿》由某房地产公司出具，向特定人即两原告发出。因双方在先签订了《房源意向单》，可以表明《预售合同草稿》是以签订商品房买卖合同为目的。从《预售合同草稿》的内容看，其约定了出卖人及买受人情况、商品房基本状况、商品房的销售方式、房屋总价款、付款方式、交付条件、市政基础设施交付日期等具体内容，《预售合同草稿》所附补充协议对相关事项进行了更加明确的补充约定，这些"具体确定"的内容足以构成商品房买卖合同的主要条款。根据意思自治原则，某房地产公司向购房者出具《预售合同草稿》，表明该文件一经购房者承诺，即对某房地产公司产生拘束力。综上，可以认定《预售合同草稿》虽然不是商品房买卖合同的正式文本，但实质上为某房地产公司发出的订立商品房买卖合同的要约。

2. 承诺的构成要件

我国《合同法》第21条规定："承诺是受要约人同意要约的意思表示。"第25条规定："承诺生效时合同成立。"第34条第1款规定："承诺生效的地点为合同成立的地点。”承诺生效须具备以下几个条件：(1) 承诺是受要约人做出的；(2) 承诺必须是向要约人做出；(3) 承诺的内容必须与要约的内容一致；(4) 承诺必须在有效或合理的期限内做出；(5) 承诺须以明示或默示的方式做出。默示的方式主要依据《合同法》第 26 条第 1 款的规定，即“承诺通知到达要约人时生效。承诺不需要通知的，根据交易习惯或者要约的要求作出承诺的行为时生效。”

本案中，原告史某某、雷某在《预售合同草稿》尾部买受人签章处签字确认，在《预售合同草稿》首页的“草稿已阅无异，客户签字”的印章处签字，并在《预售合同草稿》以及补充协议、附件的侧面骑缝处签字，上述签字系原告作出的承诺行为，表明其同意《预售合同草稿》以及补充协议、附件载明的要约内容，与开发商达成了一致的意思表示，该预售合同自原告签字时已经成立。另外，原告向被告支付首付款，也可视为一种默示的承诺行为。根据《合同法》第 44 条第 1 款，“依法成立的合同，自成立时生效”，《预售合同草稿》未违反法律、行政法规的强制性规定，因而可认定其已经生效，对于合同双方都具有约束力。鉴于《房源意向单》中关于双方签订商品房买卖合同的约定已经完成，因此原告无权要求被告返还定金。

3. 商品房买卖合同的必备内容

关于商品房买卖合同的内容，《商品房销售管理办法》第 16 条作出了规定：“商品房销售时，房地产开发企业和买受人应当订立书面商品房买卖合同。商品房买卖合同应当明确以下主要内容：(一) 当事人名称或者姓名和住所；(二) 商品房基本状况；(三) 商品房的销售方式；(四) 商品房价款的确定方式及总价款、付款方式、付款时间；(五) 交付使用条件及日期；(六) 装饰、设备标准承诺；(七) 供水、供电、供热、燃气、通讯、道路、绿化等配套基础设施和公共设施的交付承诺和有关权益、责任；(八) 公共配套建筑的产权归属；(九) 面积差异的处理方式；(十) 办理产权登记有关事宜；(十一) 解决争议的办法；(十二) 违约责任；(十三) 双方约定的其他事项。”对于该条文的理解，存在一定争议。有观点认为，该规定是对商品房买卖合同内容的立法规定，是商品房买卖合同能否成立生效的法律要件，如果签订协议不能涵盖上述所有内容，则不应当认定为商品房买卖合同。另一种观点认为，该规定的初衷是为了规范商品房买卖合同的内容，仅是双方签订购房协议时的参考，不影响合同的成立和效力。笔者同意第二种观点。《最高人民法院关于审理商品房买卖合同纠纷案件适用法律若干问题的解释》第5条规定，“商品房的认购、订购、预订等协议具备《商品房销售管理办法》第16条规定的商品房买卖合同的主要内容，并且出卖人已经按照约定收受购房款的，该协议应当认定为商品房买卖合同。”本案中，虽然预售合同草稿内容缺失了面积差异的处理方式、办理产权登记等内容，但已经具备了《商品房销售管理办法》第十六条规定的商品房买卖合同的主要内容，并且开发商已经按照约定收取了首付款，因此该“草稿”具备正式商品房买卖合同的效力。在司法实践中，对于商品房买卖双方签订的认购协议、意向书等形式，亦应按照文件的具体内容认定是否为商品房买卖合同，而不应拘泥于表面形式。

1.2 对合同格式条款的理解产生分歧时如何确定其具体内涵

——何某某诉某地产公司商品房预售合同纠纷案①

关 键 词： 商品房预售合同，格式条款，契约正义，目的解释

问题提出： 商品房预售合同双方对格式条款内容的理解产生重大分歧时，应当如何准确把握该条款具体内涵？

裁判要旨： 当商品房预售合同的当事人对格式条款的理解产生重大分歧时，应根据交易目的，综合运用解释方法，准确把握该条款的具体内涵。

案情简介

上诉人（原审原告）：何某某、邓某某

被上诉人（原审被告）：某地产公司

2009年8月31日，某地产公司（合同中称“甲方”）与何某某、邓某某（合同中称“乙方”）签订《重庆市商品房买卖合同》，双方约定：乙方购买甲方开发建设的重庆市渝中区××路××小区装修房一套，套内建筑面积为

---

① 一审法院为重庆市渝中区人民法院，案号：（2013）中区法民初字第04608号；二审法院为重庆市第五中级人民法院，案号：（2014）渝五中法民终字第00735号。

102.05 平方米，总成交金额为 652798 元。其中，第七条“交房期限及交付条件”中约定：“（一）本商品房交房期限……2. 属预售商品房的，甲方应当在 2011 年 6 月 30 日前，依照国家和地方的有关规定，将已进行建设工程竣工验收备案登记的商品房交付乙方使用。（二）本商品房交付时应符合以下条件：(1) 本商品房已通过竣工验收备案登记，取得了《重庆市建设工程竣工验收备案登记证》。(2) 本商品房为装修房的，装修质量应符合本合同关于装修方面的约定（具体约定见附件四）……”第八条“交房手续的办理”中约定：“1. 甲方应于确定交房日的七日前书面通知乙方做好办理交付手续的准备。双方进行正式验收交接时，甲方应当出示《重庆市建设工程竣工验收备案登记证》。验收交接后，双方应签署房屋交接单。甲方还需提供《新建商品房屋质量保证书》和《新建商品房屋使用说明书》。甲方不出示证明文件或出示证明文件不齐全，乙方有权拒绝交接，由此产生的延期交房责任由甲方承担。2. 由于乙方原因，未能按期交付的，双方同意按以下方式处理：(1) 如乙方无正当理由拒绝接房的，自书面交房通知确定的交付使用之日起视为已交付，该房屋毁损、灭失的风险及物业服务费用由乙方承担……”第九条“甲方逾期交房的违约责任”中约定：“除本合同第七条约定的遭遇不可抗力情况外，甲方如未按本合同约定的期限将该商品房交付乙方使用，按下列第 1 种方式处理：1. 按逾期时间，分别处理（不作累加）：……(2) 逾期超过 90 日[与本条第一款第 (1) 项约定的日期相同] 后，乙方有权解除合同。乙方要求解除合同的，甲方应当自解除合同通知到达之日起 30 日内退还全部已付房价款及利息（按银行同期贷款利率计算），并按乙方已付房价款百分之 1.0 向乙方支付违约金。乙方要求继续履行合同的，合同继续履行，自本合同第七条约定的最后交付期限的第二天起至实际交付之日止，甲方按日向乙方支付已付房价款万分之 1.0 的违约金 [该比率不小于本条第一款第 (1) 项中的比率]，并于该商品房实际交付之日起 30 日内向乙方支付违约金……”第十六条“商品房质量、装饰、设备标准的约定”中约定：“甲方交付使用的商品房的建筑材料、设备安装标准应符合双方约定（附件三）的标准，该商品房系装修房的，装修标准还应符合双方约定（附件四）的约定。达不到约定标准的，乙方有权要求甲方按照下述第 2 种方式处理：……2. 按合同附件五的相关约定执行……”第十七条“关于基础设施、公共配套建筑的约定”中约定：

“……甲方承诺与该商品房正常使用直接关联的下列基础设施和其他公共配套设施按以下日期达到使用条件：1. 基础设施……（2）于2011年6月30日前通电……2. 如果在约定日期内未达到使用条件，双方同意按以下方式处理：（1）由于甲方原因造成的，视为延期交楼……”××集团重庆公司在合同附件四中对房屋装修标准作出说明，其中，第二条“住宅配套设施”中约定：“……4. 供电：每户设独立电表、电线暗装、配优质名牌电箱、‘松下’高级开关、插座面板……”同日，双方还签订《合同补充协议》作为附件五，其中，第十条“双方同意本合同第十六条补充如下”中约定：“乙方在交楼日如对装饰、设备提出异议，由甲方按双方约定的标准进行修理、更换、重做，并在30日内解决，此段期间不视为延期交房。乙方不得以甲方交付使用的商品房的装饰、设备标准不符合双方约定的标准为由拒绝接收该商品房。”双方还对其他权利义务进行了约定。

合同签订后，何某某、邓某某向某地产公司支付了全部购房款。2011年5月4日，某地产公司取得了“××名都8－10号楼”的《重庆市建设工程竣工验收备案登记证》（渝中建竣备字2011－07号），其上载明竣工验收时间为2011年4月15日。2011年6月24日，金碧物业有限公司重庆分公司重庆××名都客户服务中心按照何某某、邓某某在合同中确认的地址通过国内特快专递邮件向其邮寄送达《通知函》。2011年6月30日，何某某、邓某某签署《收楼证明书》，何某某、邓某某即接收房屋并居住使用。何某某、邓某某对交房时房屋已通电的事实无异议。后何某某、邓某某诉至一审法院，请求判决某地产公司赔偿逾期交房违约金26499.62元。

各方观点

上诉人何某某、邓某某观点：被上诉人承诺与该商品房正常使用直接关联的基础设施和其他公共配套设施按约定日期达到使用条件，其中，于2011年9月30日前通电。如果在约定日期内未达到使用条件，由于被上诉人原因造成的，视为延期交楼。被上诉人在交付房屋时没有办理用电的合法手续，每户也没有设立独立电表，没有达到正常的使用条件，上诉人直至2012年8月才成为供电局合法用户，公司应按照合同约定承担违约责任。

被上诉人某地产公司观点：1. 被上诉人交付的房屋符合双方的商品房买

卖合同中对交房条件的约定，水、强电、电话、有线电视、燃气线路均通过了各主管机关的专项验收并出具验收结论情况说明加盖公章，被上诉人并不存在违约行为；2. 上诉人提出在用电上给上诉人造成了损失，但未提供相应证据证明，即使法院认定被上诉人违约，违约金的金额也应以弥补上诉人的损失为限。

法院观点

一审法院审理后，作出驳回全部诉讼请求的判决。

二审法院审理后认为：上诉人与某地产公司签订的《重庆市商品房买卖合同》是当事人双方的真实意思表示，内容不违反法律法规的强制性规定，合法有效，应予确认。

关于被上诉人交付的房屋在用电方面是否符合双方合同中对交房条件的约定、是否应承担逾期交房违约责任的问题。法院认为，双方签订的《重庆市商品房买卖合同》第十七条约定，“甲方承诺与该商品房正常使用直接关联的下列基础设施和其他公共配套设施按以下日期达到使用条件：1. 基础设施……（2）于2011年6月30日前通电；2. 如果在约定日期内未达到使用条件，双方同意按以下方式处理：（1）由于甲方原因造成的，视为延期交楼”。《供电营业规则》第12条第2款规定：“使用临时电源的用户不得向外转供电，也不得转让给其他用户，供电企业也不受理其变更用电事宜。如需改为正式用电，应按新装用电办理。”

本案双方签订的《重庆市商品房买卖合同》，对通电的要求系需要达到“使用条件”，结合双方订立商品房买卖合同的目的及日常交易习惯，该“使用条件”应理解为合法、正常的用电。对于“非正式供电”的行为，即使实际上达到了通电的效果，但并未纳入城市供电网络，既不符合《供电营业规则》第12条规定，也不符合商品房买卖合同的交易习惯，不能视为其达到了合同约定的“使用条件”。因此，被上诉人并未按合同约定于2011年6月30日前通电并达到使用条件，视为延期交房，应承担逾期交房的违约责任。被上诉人某地产公司二审中提出违约金标准约定过高，请求人民法院依法予以调低。《合同法》第114条第2款规定，约定的违约金过分高于造成的损失的，当事人可以请求人民法院或者仲裁机构予以减少。《最高人民法院关于适用〈中华人民共和国合同法〉若干问题的解释（二）》第29条规定，当事人主张约定的违约金过高请求予以适当减少的，人民法院应当以实际损失为基础，兼顾合同的履行情况、当事人的过错程度以及预期利益等综合因素，根据公平原则和诚实信用原则予以衡量，并作出裁决。本案中，依照双方合同第十七条约定，被上诉人存在视为逾期交房的情形，应承担违约责任，但上诉人未提供证据证明因此遭受了实际损失，因双方约定的违约金明显过高。法院以上诉人的实际损失为基础，兼顾合同的履行情况，双方的过错程度综合考量，酌定被上诉人向上诉人支付违约金1000元。上诉人的该项上诉理由部分成立。综上，原判认定事实有误，依法应予改判。遂判决撤销一审判决，改判被上诉人某地产公司向上诉人何某某、邓某某支付逾期交房违约金1000元。

法官评析

本案涉及的争议焦点是对商品房预售合同中关于“通电”条款的理解问题，即被上诉人在交付房屋时为上诉人接通临时用电是否达到了“使用条件”的要求。厘清这一问题，需要对格式条款的内涵、解释规则进行深入分析。

1. 格式条款的内涵和特征

格式条款，国际统一私法协会《国际商事合同通则》称之为标准条款，德国称之为一般交易条款，日本称之为普通条款，我国台湾地区称之为定型化契约，法国学者多用附合契约，英美法系则以不公平合同条款来称谓。我国《合同法》第39条第2款规定：“格式条款是当事人为了重复使用而预先拟定，并在订立合同时未与对方协商的条款。”在现代社会，对格式条款的使用已经非常普遍，如铁路、通信、银行、保险、航空、供电、供水、供热、医院、房地产等行业。

本案中当事人双方签订的《重庆市商品房买卖合同》即为典型的格式合同，符合格式条款的特征。首先，格式条款由一方预先制定，不可协商。这是格式条款与个别约定条款最主要的区别。为了减少交易成本，经营者预先将自己的意思表示形成在文字上，合同相对方不参与格式条款的制定，没有讨价还价的余地，只能完全地接受或拒绝。由此法国学者称之为附和契约。其次，格式条款具有定型化和稳定性特征，即为了反复使用格式条款，合同双方的主要权利义务定型化，在较长时间内保持稳定。最后，格式条款的对象不特定，只有与不特定的多数人签订格式条款，才能实现其节约成本、提高效率的目的。但这并不意味着其必须已重复使用，“重复使用”只是格式条款的经济功能，而不是其法律特征。

2. 对格式条款进行解释的原因

格式合同的出现是社会经济发展的产物，对于降低交易成本、增进交易安全起到了积极作用，但是其弊端也是显而易见的，从法理上分析，主要是违背了契约自由和契约正义原则。

（1）格式条款很大程度上背离了契约自由

契约自由是私法的基石和灵魂。传统契约理论建立在意思自治的基础上，其假定前提是各方当事人在合同中的地位是平等的，在是否签订合同、合同形式和内容方面享有同等的决定权和充分的自由。从形式上看，相对人享有是否接受格式条款的自由，其接受格式条款也是其意思自治的体现，但这种“形式上自由”的背后，却是处于弱势地位的相对人面对处于优势甚至垄断地位的经营者的“别无选择”。并且，由于格式合同为单方提前拟制，相对人无法参与格式合同内容的制定，格式合同内容不可协商，要么全盘接受，要么全部放弃，根本无法表达其真实意思，契约自由无从谈起。本案中，被上诉人作为开发商，具有强大的经济实力，掌握丰富的社会资源和专业知识，在商品房合同制定过程中处于优势地位，而上诉人作为购房者，与开发商相比经济实力、缔约能力严重不对等，基本没有讨价还价的谈判能力，只能被动地接受开发商提供的商品房买卖合同。

（2）格式条款存在损害契约正义的较大可能性

西方法谚“契约即正义”说明契约与正义具有天然的联系。契约正义首先要求一方的给付与对待给付之间具有等值性，其次要求当事人要合理地分配合同中的义务和风险。然而，格式合同的提供方往往利于其优势经济地位制定有利于自己的合同内容，追求以较少的代价获得最大化的利益。如果合同主体不再具有平等性和互换性，契约正义的根基也不复存在。在商品房买卖尤其是期房买卖中，开发商不仅具有经济优势，还掌握着未来房屋的质量、配套建设等各种信息，为了追求利益最大化，往往隐瞒不利于自己的信息，而购房者对于有关房屋信息几乎一无所知，只能被动接受格式条款甚至是盲目地信任开发商。

基于以上两点，有必要通过对格式条款的规制加强对处于弱势一方当事人合法权益的保护，以实现契约实质正义的目的，而合同解释正是这种规制的一种重要途径。

3. 格式条款的解释方法

对于合同的解释，我国《合同法》第125条规定了合同解释的一般方法，即文义解释、整体解释、目的解释、习惯解释和诚信解释，格式条款属于合同的一部分，当然适用合同的解释方法。但《合同法》第41条对格式条款的解释作出了特别规定，根据特别条款优于一般条款的原则，对格式条款进行解释时，应当首先适用第41条的规定，再适用合同的一般解释方法。

（1）通常解释

格式条款是向不特定多数人发出的意思表示，因此，在商品房买卖合同中的格式条款发生争议时，不应以该条款提供者的理解进行解释，而应根据交易习惯和生活常识，以大多数购房者通常的、客观的、合理的认知标准进行解释。本案中，合同双方对于"通电"的理解产生歧义，根据大多数购房者的通常理解以及房屋买卖交易的习惯，"通电"应该指的是纳入城市供电网络，可以长期、稳定供电，能够满足日常生活需要，而不是指未纳入城市供电网络，不稳定、不可靠、严重影响日常生活的临时用电。

（2）不利解释

不利解释是指当格式条款内容产生争议时，应作对格式条款提供者不利的解释。该原则源于罗马法上"有疑义就为表意者不利益之解释"的谚语。在商品房买卖中，开发商作为格式条款提供者，经常使用不明确的文字以损害买受人的利益，故为了维护购房者的合法利益，防止开发商滥用缔约时的优势地位，在双方对格式条款意思的理解有分歧时，应作不利于开发商的解释。本案中，购房者认为商品房买卖合同中"通电"指的是被上诉人在交付房屋时已经办理用电的合法手续，每户设立独立电表，可以正常使用电力，其中不包括临时用电；而开发商则认为"通电"包括临时用电在内，只要能够使用电力即可，而不论是否办理用电手续、设立电表。因双方对格式条款具体内涵理解不一致，法院对此应作出不利于被告的解释，认定"通电"并非接入临时用电，被告没有按约履行义务。

(3) 目的解释

合同生效的要件之一是合同内容系当事人真实意思表示，即实现特定交易的目的。因此，当合同内容的具体含义存在争议时，应根据当事人签订合同的目的进行解释。本案中，上诉人购买商品房是为了满足居住需要，而稳定可靠的电力供应是居住的必要条件。因此，格式条款中的“通电”是指接入能够提供长期稳定电力的城市生活供电网络。临时用电不具有稳定性、可靠性，不能满足长期日常生活需要，因此不可视为“通电”的准确含义。

综上，无论从通常解释、不利解释还是目的解释角度看，被上诉人在交付商品房时为上诉人接通临时用电，应视为不符合商品房合同约定，需承担相应违约责任。

1.3 房屋买卖合同争议条款如何解释

——易某诉李某定金合同纠纷案①

关 键 词： 争议条款，解释，方法

问题提出： 房屋买卖合同中，当事人就合同约定某一事项产生分歧，应当如何解释？

裁判要旨： 当事人在房屋买卖合同履行过程中，对某一事项的表述的理解产生分歧，人民法院在审理案件时应当结合合同全文、双方订立合同的全过程，并结合当事人真实的意思表示进行判断，不能仅简单、机械地强调文义上的差别。

案情简介

被上诉人（原审原告）：易某

上诉人（原审被告）：李某

李某系位于闵行区沪闵路某号51幢3层房屋的产权人。2009年5月31日，易某（买受方，签约乙方）与李某（出卖方，签约甲方）及案外人上海

---

① 一审法院为上海市闵行区人民法院，案号：(2009) 闵民三（民）初字第1174号；二审法院为上海市第一中级人民法院，案号 (2010) 沪一中民二（民）终字第915号。

中原物业顾问有限公司（以下简称中原公司，居间方，签约丙方）三方签订《房地产买卖居间协议》一份，约定乙方愿意委托丙方以下列条件居间购买甲方位于闵行区沪闵路某号51幢3层房屋。乙方为表示对丙方居间提供的房地产之购买诚意，向丙方支付意向金人民币（下同）10万元。该房屋的房价款为228万元。首期房价款计70万元，第二期房价款计153万元，尾款为5万元。如甲方签订本协议，则乙方同意意向金转为定金，由丙方转付甲方，同时甲方应当将收到的定金交丙方保管，待甲、乙双方签订买卖合同后，乙方同意全部定金转为部分首期房价款。若甲方将以甲方为权利人的该房地产之房地产权证原件交丙方保管，则乙方同意，甲方可以从丙方处取回由丙方保管的定金或者由定金转化的部分首期房价款。待买卖合同签订，贷款申请审核通过（若有）、买卖合同公证书（若有）、借款抵押合同公证书（若有）出具，甲方名义抵押登记（若有）已经注销后7个工作日内，甲、乙双方应赴有关房地产交易中心申请办理产权过户及抵押登记（若有）手续；待甲、乙双方申请办理送件过户手续，有关房地产交易中心出具以乙方为所有权人的房地产证后5日内，甲、乙双方应对该房地产进行验看、清点，确认无误后，甲方应将房地产交付乙方，双方签署《房地产交接书》。该协议“其他约定”栏内用手写方式特别载明如下内容：甲乙双方已知甲方与徐某建立了买卖关系，由于徐某已经确定违约，甲方已决定与徐某解除买卖关系。若甲方无法与徐某解除买卖关系，法院裁定继续履行合同，则乙方不追究甲方违约责任，甲方退还乙方已支付的定金10万元。若甲方与徐某解除买卖关系后，甲方应按本协议约定价格出售给乙方。若甲方不出售给乙方，则甲方应双倍返还乙方支付的定金计人民币20万元整，同时应赔偿居间方丙方居间损失计总房价款的2%（人民币45600元整），双方约定签订买卖合同时间为甲方与徐某撤销合同后10天内签约。

签约当日，易某向李某支付10万元，李某向易某出具了收款收据，载明的收款事由为：“兹收到由易某支付本人的款项计10万元整。本人确认，上述款项系易某用于购买上海市闵行区沪闵路某号51幢3层房屋的定金”。

2009年6月2日，李某突然告知易某，称其与徐某将继续履行合同，不再与易某完成房产交易，遂成讼。

原审法院另查明，2009年4月22日，李某与案外人徐某签订《上海市房地产买卖合同》，约定李某将涉案房屋以235万元的价款转让给徐某，并确认双方在签署并公证本合同当日，徐某已向李某支付房款70万元。2009年5月30日前本合同公证有效后，徐某向银行贷款申请获批后，双方共同至闵行区房地产交易中心办理产权过户手续。2009年6月30日前，徐某通过银行贷款向李某付清房屋余款165万元。

各方观点

被上诉人（原审原告）观点：李某在收取定金后拒绝与其签署房地产买卖合同，已构成违约，应向其双倍返还定金，故要求判令李某双倍返还定金20万元。条款中“若甲方无法与徐某解除买卖关系，法院裁定继续履行合同”之间没有逗号，即只有法院裁定继续履行合同时，被告才不承担违约责任，否则应当承担违约责任。

上诉人（原审被告）观点：不同意易某对居间协议的解释，认为易某曲解了买卖合同的条款，条款中“若甲方无法与徐某解除买卖关系，法院裁定继续履行合同”之间有逗号，并且合同中约定李某与案外人徐某解除买卖关系后，不出售给易某才承担违约责任。

法院观点

一审法院观点：当事人行使权利、履行义务应当遵循诚实信用原则。本案中，三方签订的《房地产买卖居间协议》系签约当事人的真实意思表示，于法不悖，应属有效，当事人均应信守并依约履行。上述协议约定，易某、李某双方已知李某与徐某建立了买卖关系，由于徐某已经确定违约，李某已决定与之解除买卖合同，若李某无法与徐某解除买卖关系，法院裁定继续履行合同，则易某不追究李某的违约责任，李某退还易某已支付的定金10万元；若李某与徐某解除买卖关系后，李某应按本协议约定价格出售给易某，若李某不出售给易某，则应双倍返还易某支付的定金20万元。

从上述约定可以看出，涉案争议的10万元定金是买卖双方对签订正式房地产买卖合同的一种担保，具有订约定金的性质。而只有当李某与徐某经法院裁定继续履行合同，致李某无法与徐某解除买卖关系的情形出现，李某才不需承担违约责任。根据本案查明的事实，李某与徐某经法院裁定继续履行合同的情形未能出现，故李某不具备免除承担违约责任的条件。换言之，李某在收取易某10万元定金后，理当受到三方居间协议的约束，现其未能按约与易某签订房地产买卖合同，已构成违约，理应承担双倍返还定金之违约责任。易某之诉请，于法有据，应予支持。李某对此所作之抗辩，显与事实不符，不予采信。原审法院同时注意到，李某多次提出要与徐某解除合同，但最后还是选择与徐某成交，系受经济利益的驱使，因其与徐某间的成交价高出与易某间的成交价7万元，因此李某全然不顾上述居间协议的约定，选择与徐某高价成交，属恶意违约。退一步讲，李某在未完全确认徐某违约事实发生的情况下，凭自己主观判断徐某违约的可能性极大，即与易某及中介公司签订居间协议并收取定金10万元，对由此产生的风险责任应由李某自行承担。

一审法院依照《中华人民共和国合同法》第六条、第一百零七条、第一百一十五条及《最高人民法院关于适用〈中华人民共和国担保法〉若干问题的解释》第一百一十五条之规定，判决：李某于判决生效之日起十日内向易某双倍返还定金20万元。

二审法院观点：本案的争议在于对《房地产买卖居间协议》中“其他约定”栏内手写之条款内容的解释。从对该条款的内容分析中可以看出以下两层意思：一、李某告知了易某其决定与徐某解除买卖关系之意愿。二、明确了所产生的两种可能后果：一种是解除与徐某的买卖关系，另一种是无法解除与徐某的买卖关系。在解除与徐某的买卖关系后李某不出售房屋给易某的，其承担双倍返还定金的责任并赔偿居间方损失；若无法解除与徐某的买卖关系，则其不承担违约责任，退还10万元定金即可。现双方争议的关键点在于对无法解除合同情形之理解，即“无法与徐某解除买卖关系”是否仅指“法院裁定继续履行合同”之一种情形，其余情况下不存在无法解除合同的问题，因而也不能免除李某的违约责任。对此，法院认为，从该条款的字面文字看，此处的“甲方无法与徐某解除买卖关系”与“法院裁定继续履行合同”上下文之间是相连贯的，即协议中的无法解除买卖关系是指“法院裁定继续履行”之情形。但是，无法解除买卖关系事实上并不仅仅有“法院裁定继续履行”这一种情形，还有其他之情况存在，如本案中所出现的因徐某于宽限期内办出贷款而无法解除买卖关系的便是一种，而从该条款的文字来看，并未考虑到其他无法解除买卖关系的情形，因而亦未对此作出全面的约定。故根据该条款，只能认定“法院裁定继续履行”属于“无法与徐某解除买卖关系”之情形，但不能认定“无法与徐某解除买卖关系”仅指“法院裁定继续履行合同”这一种情形，因为尚有其他无法解除买卖关系的情形存在，而本案中所出现的即属合同未作明确约定而事实上属无法解除买卖关系之情形。

那么，当出现“法院裁定继续履行”之外的情况客观上造成李某无法与徐某解除买卖关系时，其是否应承担双倍返还定金的责任便是本案中需要判断的问题。法院认为，首先，本案中签约各方对于之前李某与徐某之间的买卖关系均是明知的，亦明确李某与易某签订买卖合同需以与徐某的买卖关系解除为前提条件，因此，合同中定金罚则的适用其实是附条件的，是在李某与徐某解除买卖关系后不与易某签订买卖合同的情况下才适用的，如果李某无法与徐某解除买卖关系，自然谈不上定金罚则的适用，此一定金罚则适用原则在该条款之后半部分的文字表述中已经充分体现，现由于李某客观上无法与徐某解除买卖关系，适用定金罚则的条件未成就，故李某不应承担定金双倍返还的责任。其次，对于合同未明确约定的情况，应根据法律规定的精神作出解释和处理。定金责任是在债务人不履行约定债务的情况下所适用的，而本案是由于徐某在宽限期内办出了银行贷款导致李某无法单方解除其与徐某的买卖关系，并非李某在能够解除却不去解除与徐某的买卖关系以便逃避与易某签订买卖合同，即李某不存在不履行债务之行为，因此亦不应适用定金罚则。最后，仔细分析易某对合同条款所作的解释，可以看出其完全不符合常理。如依易某之解释，则要求李某在与徐某解除买卖关系时必须以诉讼之结局为终点，即便在徐某的逾期付款行为不足以可解除合同的情况下，明知无法胜诉李某仍必须提起合同解除之诉，因为只有在诉讼判决继续履行合同的情况下，才能免除其定金双倍返还之责，否则一概不能免责，必须承担定金双倍返还之责。显然，在合同中作如此之约定有违常理。法院认为，易某将合同条款作如上解释实属牵强，背离了双方当事人的真实意思，难以采信。虽然李某与徐某的合同价略高于易某的合同价，但其与徐某的房屋买卖合同签订在前，与易某的居间合同签订在后，原审判决认定李某选择与徐某高价成交属恶意违约与事实不符，其与徐某成交系基于合同之约定，不存在对易某有主观上的恶意违约因素。

二审法院依照《中华人民共和国民事诉讼法》第一百五十三条第一款第（二）项，《中华人民共和国合同法》第六条、第四十五条之规定，判决：一、撤销上海市闵行区人民法院（2009）闵民三（民）初字第1174号民事判决；二、驳回被上诉人易某要求上诉人李某双倍返还定金人民币20万元之诉请；三、上诉人李某应于本判决生效之日起十日内返还被上诉人易某人民币10万元；四、准许上诉人李某自愿补偿被上诉人易某人民币35000元，于本判决生效之日起十日内支付。

法官评析

在房屋买卖合同履行的过程中，双方当事人就某一事项的约定理解存在分歧是常见的问题，此时就需要对条款进行解释。由于合同订立时不可能穷尽各种情况，因而对于合同解释就成为合同能否履行的关键。

对当事人的争议如何解释才能符合其真实意思表示，我国合同进行了规定。根据《合同法》第125条的规定，当事人对合同条款的理解有争议的，应当按照合同所使用的词句、合同的有关条款、合同的目的、交易习惯以及诚实信用原则，确定该条款的真实意思。

根据以上规定，合同争议条款的解释，可以分为文义解释、体系解释、目的解释、历史解释、习惯解释等。一是文义解释。合同条款是语言文字组成的。文义解释是合同解释的首要方法。对于当事人存在分歧的条款，应当探究当事人的内心真意，而不是拘泥于合同所用文句。二是体系解释。合同是一个整体，在合同发生争议时，应当结合争议条款在合同中所处的位置，结合上下文的语境，而不是孤立地对争议条款进行解读。三是目的解释。合同签订都有一定的目的，应当根据合同订立的目的对合同争议条款进行解释。当合同条款之间存在矛盾难以取舍时，应当根据合同目的进行最终的界定。四是历史解释。合同订立是一个过程，结合合同订立的过程、来往文件、合同草案进行解释。通过对订立合同过程对合同的含义进行解释，符合交易规律，也容易得到当事人的认可。五是习惯解释。如果当事人没有作出相反的约定，按照交易习惯来确定合同的含义。由于交易习惯是长期交易中形成的，因而能够得到共同的认可。

应当指出，合同解释的方法并不是单一的，而是应当综合运用，从而确定争议条款的含义，探求当事人的真意。结合合同全文、双方订立合同的全过程，结合当事人真实的意思表示进行判断，而不是仅仅拘泥于一种方法。

对争议条款的解释也应当贯彻诚实信用原则。诚实信用原则要求综合考虑合同的各种要素，包括通过文义、体系、历史、目的等确立争议条款的含义，探求当事人的内心真意，平衡当事人之间的利益关系。

对合同存在多种文本时应当以正式的文本为准。在合同订立过程中形成的传真、信函、草案等可以对正式文本进行佐证，除非当事人有新的约定，应当以正式的文本为准。

在格式合同中对当事人争议条款的解释，可以按照合同解释的规则，作出不利于格式合同提供方的解释，从而避免双方利益的失衡。

在上述案例中，一审法院拘泥于合同的文义，将“若甲方无法与徐某解除买卖关系法院裁定继续履行合同”作为免除责任的条件，即只有法院裁定继续履行合同，被告与徐某无法解除合同时，被告才不需要支付违约金，否则其他情况下，均需要支付违约金。实质上其不当扩大了被告的违约责任，不符合合同的目的、体系解释。

二审法院则在文义解释的基础上，对合同订立的历史、目的进行解释，明确协议中的无法解除买卖关系是指“法院裁定继续履行”之情形。但是同时指出，无法解除买卖关系事实上并不仅仅有“法院裁定继续履行”这一种情形，还有其他之情况存在。在出现其他的情况下，合同无法解除，根据合同的本意，也应当认定定金罚则的条件不成就，因而不应当支付双倍定金。

1.4 商品房销售广告性质如何认定

——*刘某某诉甲房地产公司商品房买卖合同纠纷案*[①]

关 键 词：商品房销售广告，要约邀请，要约

问题提出：开发商发布的商品房销售广告和宣传资料能否被视为未订入商品房买卖合同的内容？

---

① 一审法院为天津市滨海新区人民法院，案号：（2013）滨港民初字第797号；二审法院为天津市第二中级人民法院，案号：（2013）二中速民终字第0848号。

裁判要旨： 首先，关于智能刷卡电梯问题，双方在最终签订的商品房买卖合同中对于电梯只是约定为三菱电梯，并无智能刷卡入户电梯的约定。其次，房屋价格的确定，受房屋坐落的位置、房屋的布局结构、房地产市场及建筑材料市场的变化等诸多因素所影响，并不受是否安装智能刷卡入户电梯的影响。且刘某某也不能举证证明甲房地产公司的宣传资料对双方商品房买卖合同的订立以及讼争房屋价格的确定有重大影响。因此，该宣传资料不宜认定为要约。

案情简介

上诉人（原审原告）：刘某某

被上诉人（原审被告）：甲房地产公司

2011年9月28日，刘某某、甲房地产公司签订《天津市商品房买卖合同》，合同约定：刘某某购买由甲房地产公司开发建设的某小区住宅一套。合同附件三对商品房的质量和设备情况进行了约定，其中对电梯的约定为“三菱电梯”。合同第三条约定：“商品房竣工，经验收合格后方可交付，未经验收或验收不合格的，不得交付。其中，新建住宅商品房，取得《天津市新建住宅商品房准许交付使用证》后，方可交付使用。甲房地产公司应于2012年8月31日前，将符合上述条件的房屋交付刘某某。”合同签订后，刘某某如期向甲房地产公司交付房屋总价款796876元，甲房地产公司未能在2012年8月31日前将竣工验收合格的房屋交付刘某某。2012年10月29日，甲房地产取得了《天津市新建住宅商品房准许交付使用证》。2012年11月3日，甲房地产公司向刘某某发出入住通知书，告知业主办理入住手续。2012年11月4日，通知刘某某领取逾期交房65天的违约金。后刘某某以房屋不具备交付条件为由拒绝接收房屋。现刘某某起诉请求：判令甲房地产公司继续履行合同，将普通电梯恢复为约定的智能刷卡入户电梯；判令甲房地产公司赔偿自2012年8月31日至2013年3月30日的逾期交房违约金45664.1元。

各方观点

上诉人（原审原告）刘某某观点：甲房地产公司推出户型为电梯智能刷卡入户，尊享独门独户极致私密的房产宣传广告，其擅自变更设计，将电梯改为普通电梯，并非电梯智能刷卡入户，并由于该变更严重影响住户居住空间的私密性和安全性。

被上诉人（原审被告）甲房地产公司观点：双方买卖合同中并无智能刷卡电梯的约定，楼盘的宣传资料右下方标明“本资料所示内容仅供参考，具体交付标准以购房合同约定为准”。在双方签订的商品房买卖合同中，附件三对商品房质量、设备等情况进行了约定，关于电梯的约定是三菱电梯，而非智能刷卡入户电梯，因此刘某某的请求既无合同依据，也无法律依据。

法院观点

一审法院驳回刘某某要求将普通电梯恢复为约定的智能刷卡入户电梯的诉讼请求，甲房地产公司支付刘某某65天逾期交房违约金。

二审法院观点：刘某某与甲房地产公司双方签订的《天津市商品房买卖合同》系双方间的真实意思表示，且不违反法律及行政法规的禁止性规定，合法有效。合同签订后，双方均应依照合同的约定履行义务。刘某某依约履行了付款义务，甲房地产公司亦应依照合同约定履行按期交房的义务，甲房地产公司未能按照合同约定履行按期交房的义务，应承担违约责任。双方在商品房买卖合同第三条中约定：“商品房竣工，经验收合格后方可交付……其中，新建住宅商品房，取得《天津市新建住宅商品房准许交付使用证》后，方可交付使用。”甲房地产公司于2012年10月29日取得《天津市新建住宅商品房准许交付使用证》，此时，涉诉房屋符合交付条件，2012年11月3日甲房地产公司向刘某某发出的入住通知书内载明自2012年11月5日起开始办理入住手续，因此违约金的截止日期应该计算到2012年11月4日。刘某某以甲房地产公司交付的房屋不具备交房条件为由拒绝收房，主张逾期交房的时间应计算到起诉之日的理由缺乏法律依据，对其该项上诉请求依法不予支持。

关于智能刷卡电梯问题，《最高人民法院关于审理商品房买卖合同纠纷案件适用法律若干问题的解释》第3条规定：“商品房销售广告和宣传资料为要约邀请，但是出卖人就商品房开发规划范围内的房屋及相关设施所作的说明和允诺具体确定，并对商品房买卖合同的订立以及房屋价格的确定有重大影响的，应当视为要约。该说明和允诺即使未载入商品房买卖合同，亦应当视为合同内容，当事人违反的，应当承担违约责任。”对此认为，首先，双方在最终签订的商品房买卖合同中对于电梯只是约定为三菱电梯，并无智能刷卡入户电梯的约定。其次，房屋价格的确定，受房屋坐落的位置、房屋的布局结构、房地产市场及建筑材料市场的变化等诸多因素所影响，并不受是否安装智能刷卡电梯的影响。且刘某某也不能举证证实甲房地产公司的宣传资料对双方商品房买卖合同的订立以及涉诉房屋价格的确定有重大影响。因此，该宣传资料不宜认定为要约。综上，二审法院判决：驳回上诉，维持原判。

法官评析

目前，商品房买卖90%以上是采用预售方式向社会出售的，购房者在购买房屋时无法知晓所购房屋的通风、配套设施、周边环境、交通状况等信息，这些信息往往不会通过商品房买卖合同进行明确约定，通常是在销售广告或宣传册中有所体现。而这些广告和宣传资料的内容的确可能是购房者购房所考虑的因素，如果内容不真实，双方之间的争议就会随之产生，因此，如何认定商品房销售广告和宣传资料内容的性质成为解决争议的关键所在。

《最高人民法院关于审理商品房买卖合同纠纷案件适用法律若干问题的解释》第3条规定："商品房的销售广告和宣传资料为要约邀请，但是出卖人就商品房开发规划范围内的房屋及相关设施所作的说明和允诺具体确定，并对商品房买卖合同的订立以及房屋价格的确定有重大影响的，应当视为要约。该说明和允诺即使未载入商品房买卖合同，亦应当视为合同内容，当事人违反的，应当承担违约责任。"商品房销售广告和宣传资料原则上属于要约邀请，但是在满足一定条件的情况下，应视为要约。要约邀请不以自己主动提出订立合同为目的，只是订立合同的预备行为，在法律上无须承担责任。要约是以订立合同为目的具有法律意义的意思表示行为，在法律上需要承担责任。按照《合同法》第14条规定，要约意思表示应符合以下条件：内容具体确定；表明经受要约人承诺，要约人即受该意思表示约束。

综合《最高人民法院关于审理商品房买卖合同纠纷案件适用法律若干问题的解释》《合同法》的相关规定，商品房销售广告和宣传资料若视为合同内容，应符合以下条件：一是商品房销售广告和宣传资料所涉为出卖人开发规划范围内的房屋及相关设施。商品房开发规划范围内是指建设用地规划许可证及建设工程规划许可证所涉范围。相关设施是指商品房的基础设施和相关配套设施。基础设施包括供暖、供电、供水、小区景观、小区内道路等与居住生活紧密相关的设施。配套设施包含商品房规划范围内和规划范围外的配套，具体指商业、医疗教育、公共交通等公共设施的配套。案件中所涉及的电梯即为开发规划范围内的配套设施。二是商品房销售广告和宣传资料作的说明和允诺是具体确定的。具体确定是要约表示的一项重要因素，其可以被特定化并被明确预期。比如说，本案中约定为智能刷卡入户电梯，虽没有明确的电梯品牌，但是一般理性人可清楚地理解。三是说明和允诺对商品房买卖合同的订立以及房屋价格的确定有重大影响。重大影响如何确定是审判中面临的主要问题，重大影响是指所购房屋及其配套设施等满足购房者特定的心理需求或具备特定购房目的。具体判定，需要法官结合双方举证及社会理性人认知角度，并重点考虑若不具备上述宣传内容时房屋价格是否将远低于其所购房屋，进行综合分析认定。综上，在开发商的销售广告和宣传资料必须同时符合以上三个条件时，才能视为要约，才能将说明和承诺视为合同内容，才能对合同双方构成约束。本案中，法官结合社会理性人的认知、电梯对商品房价格影响与对订立合同影响大小等因素，综合认定本案中涉及的销售广告不属于要约。

1.5 商品房买卖预约合同与本约合同如何区分

——成都讯捷通讯连锁有限公司诉四川蜀都实业有限责任公司房屋买卖合同纠纷案①

关 键 词： 商品房买卖，预约，本约，意思表示

问题提出： 如何判断当事人之间订立的合同系本约还是预约？

裁判要旨： 判断当事人之间订立合同系本约还是预约的根本标准应当是当事人的意思表示，也就是说，当事人是否有意在将来订立一个新的合同，以最终明确在双方之间形成某种法律关系的具体内容。对于当事人之间存在预约还是本约关系，不能孤立地仅依据当事人

---

① 此案例来源于《最高人民法院公报》2015 年第 1 期。一审法院为四川省成都市中级人民法院，案号：(2011) 成民初字第 936 号；二审法院为四川省高级人民法院，案号：(2012) 川民终字第 331 号；再审法院为最高人民法院，案号 (2013) 民提字第 90 号。

之间订立的一份或几份协议就加以认定，而是应当综合审查相关协议的内容以及当事人嗣后为达成交易进行的磋商甚至具体的履行行为等事实，从中探寻当事人的真实意思，并据此对当事人之间法律关系的性质作出准确界定。

案情简介

申请再审人（一审原告、反诉被告，二审被上诉人）：成都讯捷通讯连锁有限公司

申请再审人（一审被告、反诉原告，二审上诉人）：四川蜀都实业有限责任公司

2006年9月20日，四川蜀都实业有限责任公司（甲方，以下简称蜀都实业公司）与成都讯捷通讯连锁有限公司（乙方，以下简称讯捷公司）签订《购房协议书》，约定："……1. 乙方购买甲方所拥有的蜀都大厦北一楼及中庭建筑面积2100平方米，总价格6750万元（最后按照房管部门办理的产权证为准进行结算）。2. 本协议签订之日起，甲方收到乙方预计购房定金1000万元，待购房合同签订时，该定金自动转为购房款。3. 甲、乙双方应就购房合同及付款方式等问题在本协议原则下进行具体磋商。4. 甲、乙双方均应遵守本协议所确定的原则，违反则违约方向守约方支付违约金1000万元。5. 甲乙双方就该宗房屋买卖合同签订时，本协议自动失效。"

2006年9月14日、9月18日，讯捷公司经上海浦东发展银行成都分行向四川舒卡特种纤维股份有限公司（以下简称舒卡纤维公司，现名四川友利控股股份有限公司）在中国光大银行成都分行的账号内分别转入200万元和300万元，款项用途为预付购房定金。2006年9月18日、9月19日、9月20日，讯捷公司经中国光大银行成都分行向舒卡纤维公司的账号内分别转入200万元、200万元和100万元。舒卡纤维公司于2006年9月20日向讯捷公司开具了两张金额均为500万元的定金收据。蜀都实业公司于2007年1月4日将讼争房屋交付讯捷公司使用至今。

四川省工商行政管理局于2004年核准"成都蜀都大厦股份有限公司"的企业名称变更为"四川舒卡特种纤维股份有限公司"。四川蜀都大厦有限责任公司（以下简称蜀都大厦公司）由舒卡纤维公司、成都蜀都投资管理有限责

任公司、江苏双良科技有限公司分别出资4600万元（占46%）、500万元（占5%）、4900万元（占49%）设立，蜀都大厦公司于2005年7月分立成蜀都大厦公司和蜀都实业公司。蜀都实业公司注册资本为1000万元，股东名称和出资比例不变。舒卡纤维公司于2009年4月10日经四川省工商行政管理局核准企业名称变更为四川友利控股股份有限公司（以下简称友利公司）。

2005年8月5日，蜀都大厦公司出具的《场地证明》载明："因企业分立，现蜀都大厦公司名下锦江区暑袜北三街20号蜀都大厦南楼（权0111476）、北楼（权0963909）、中庭（权0111478）第一至四层楼及精品屋（权0613360）无偿提供给蜀都实业公司使用。"2006年2月25日，蜀都大厦公司与蜀都实业公司根据双方签订的分立协议，就蜀都大厦公司将位于成都市锦江区暑袜北三街20号蜀都大厦裙楼（包括南楼、北楼、中庭）第一层至第四层以及精品屋共计17537.36平方米房屋产权及相应的土地使用权过户至蜀都实业公司名下的具体问题签订了《关于办理蜀都大厦裙楼1-4层房屋权属转移过户协议书》，双方同意分次办理上述房屋的转移过户登记手续，待上述房屋产权全部过户至蜀都实业公司名下后，随即开始办理相应土地使用权证的转移过户登记手续。成都市房屋产权监理处于2008年3月4日向蜀都实业公司颁发了位于成都市锦江区暑袜北三街20号一层、面积4060.40平方米房屋的产权证。友利公司于2008年3月14日向中国农业银行成都蜀都支行借款3000万元，蜀都实业公司以该产权证下2043.91平方米的房屋为友利公司的借款提供抵押担保，并办理了抵押登记。友利公司于2009年12月15日偿还了上述贷款本息，但抵押登记未注销。2010年7月29日，蜀都实业公司以位于成都市锦江区暑袜北三街20号一楼面积1347.52平方米的房屋为友利公司向招商银行成都顺城大街支行办理综合授信2500万元而设定抵押，并办理了抵押登记，友利公司在授信项下借款500万元已于2010年11月19日结清本息，但抵押登记未注销。

2009年9月28日，讯捷公司向蜀都实业公司发出《商函》，称："……能否请贵司在原协议的基础上对约定购买价格作出一定的让步！我们期望值在人民币6000万元左右。"2009年9月28日，蜀都实业公司向讯捷公司发函，要求讯捷公司在30日内安排人员到蜀都实业公司就房屋买卖正式合同进行协商，并支付三年场地使用费。次日，讯捷公司回函同意于2009年10月9

日就购房事宜进行商谈。2009年10月10日，蜀都实业公司向讯捷公司发函，要求对蜀都实业公司拟定的《房屋买卖合同》文本予以回复。讯捷公司于2009年10月12日回函确认收到蜀都实业公司提供的《房屋买卖合同》文本。2009年10月20日、10月28日、12月9日，蜀都实业公司与讯捷公司组织相关人员就案涉房屋买卖中的相关问题进行了协商，双方就讯捷公司是否应当支付场地使用费，买卖过户税费的负担，产权证的办理及购房尾款的支付时间，出售房屋所涉抵押的解除等问题未达成一致意见。2009年11月4日，蜀都实业公司向讯捷公司发函，要求讯捷公司支付场地使用费，具体标准由双方协商，房屋买卖税费由讯捷公司全部承担。次日，讯捷公司回函，不同意支付场地使用费，要求税费由双方各自承担自行部分，讯捷公司同意在房屋产权及土地使用权过户后当即付清全部剩余房款。2009年11月12日，蜀都实业公司向讯捷公司发函，主要内容是：（1）双方至今仍在许多重大问题上存在着严重分歧，导致双方一直未签订《房屋买卖合同》，因此双方的房屋买卖关系未成立。（2）讯捷公司无偿占用蜀都实业公司房屋三年，应当支付场地占有使用费。（3）蜀都实业公司不同意讯捷公司提出的付款方式。（4）由讯捷公司承担房屋买卖全部税费是蜀都实业公司出卖房屋的交易条件，从未发生改变。2009年11月17日，讯捷公司向蜀都实业公司回函，主要内容是：（1）讯捷公司认为双方的房屋买卖已经实际履行。（2）讯捷公司占有并使用房屋合法，不应支付场地占用费。（3）讯捷公司坚持在房屋过户登记后才向蜀都实业公司支付全部购房尾款。（4）蜀都实业公司提出房屋买卖税费全部由讯捷公司承担缺乏依据和违反国家相关法律规定。2010年3月3日，蜀都实业公司通过成都市蜀都公证处向讯捷公司发函称："……1. 解除贵我双方于2006年9月20日签订的《购房协议书》；2. 请贵公司在收到本函后30日内腾退该房屋；3. 请贵公司在收到本函后30日内向我公司支付占用该房屋期间应付的场地使用费并办理相应的财务结算（定金、使用费等费用的退还和支付）。"

四川省高级人民法院二审查明：2009年9月28日，蜀都实业公司向讯捷公司发函称："……1. 我公司再次催促贵公司按照双方协议达成的意向原则，就买卖该房屋的相关重大事项与我公司进行协商，并签订正式的房屋买卖合同。2. 贵公司使用我公司经营场地已接近三年，我公司希望贵我双方能本着实事求是的原则，通过协商，尽快确定、落实贵公司使用我公司经营场地的应付场地使用费事宜。”讯捷公司2009年9月29日回函称：“贵方函告我方已经收悉，……恳请贵公司将蜀都一楼的购买事宜推迟到十月九日左右商谈……”

2009年11月4日，蜀都实业公司向迅捷公司发函称：“为了签订房屋买卖合同，……虽经双方充分协商，贵我双方仍对合同内容存在较大分歧，未能协商一致。因此，我公司意见是：1. 贵公司应支付占有使用房屋期间的场地使用费，具体标准双方可再行协商；2. 房屋买卖的全部税费由贵公司承担；3. 其他问题可再议。”2009年11月5日，讯捷公司回函称：“……1. 场地使用费属于买卖关系成立后增加的要求，我司不能接受。2. 房屋买卖的税费问题，将根据国家法律、法规以及政府政策，由贵司和我司各自承担自行部分。3. 对于剩余房款，我司已准备有专款资金，再次要求贵公司尽快将相应的产权手续、土地手续过户到我司名下后，我司当即付清全款……”

2010年5月12日，讯捷公司提起本案诉讼，其诉讼请求为：（1）请求依法确认蜀都实业公司作出的解除双方于2006年9月20日签订的《购房协议书》的解除函无效。（2）请求判令蜀都实业公司继续履行《购房协议书》，并履行房屋产权过户登记的义务。2010年11月11日，讯捷公司向一审法院提交的《增加诉讼请求申请书》载明：“在人民法院对当事人进行释明后，增加诉讼请求一项。现列明所有诉讼请求如下：1. 请求确认《购房协议书》为房屋买卖合同已成立并合法有效；2. 请求判决本案裁判文书生效后15日内，由蜀都实业公司向讯捷公司履行办理房屋过户的义务；3. 请求判令讼争房屋过户后5日内，讯捷公司向蜀都实业公司支付剩余购房款5750万元；4. 请求判决双方在履行房屋产权过户过程中产生的税费按照法律规定，各自承担应承担的部分。以上是讯捷公司增加的诉讼请求。”

最高人民法院再审查明：本案一审、二审法院查明的事实“成都市房屋产权监理处于2008年3月4日向蜀都实业公司颁发了位于成都市锦江区暑袜北三街20号一层，面积4060.40平方米房屋的产权证（产权证编号：成房权证监证字第1654684号，丘地号权1223775号）”存有笔误，成都市房屋产权监理处向蜀都实业公司颁发此产权证的日期应为2008年3月14日，对此当事人均予认可。

再审中，讯捷公司提供以下证据：（1）讯捷公司在银行的存款单，拟证明讯捷公司一直希望继续履行买卖合同，也有能力履行，继续履行合同不存在障碍。（2）《税务咨询意见书》一份，拟证明双方购买房屋的税费，蜀都实业公司为了制造矛盾虚构巨额税费，而真实税款没有蜀都实业公司所称的那么多。蜀都实业公司质证称，对证据1的真实性没有异议，但该存款时间是2013年6月13日，与案涉协议签订相差七年，故与本案没有关联。对证据2，因税务评估报告的评估人员没有到庭接受质证而对其真实性不予认可；而且，评估过程中忽略了合同项下土地是划拨土地的性质，故对其合法性和关联性均不予认可。友利公司质证称，同意蜀都实业公司的质证意见。

最高人民法院认为，从形成时间来看，讯捷公司提供的两份证据均形成于本案二审庭审之后，可认定为再审新证据。对于证据1，蜀都实业公司和友利公司均认可其真实性，故对其真实性应予确认。对于证据2，蜀都实业公司与友利公司对该鉴定意见的真实性持有异议，并且该鉴定意见为讯捷公司单方委托咨询公司制作，评估人也未出庭接受质证，故对其真实性不予确认。

蜀都实业公司提交了一份双方在2008年5月6日的往来函件中的最后一张，拟证明双方的关系确实为租赁关系。对此，讯捷公司质证认为，首先，该证据不完整，只是多页文件中的最后一页；其次，该证据不能证明双方此前即约定为租赁关系，而只是表明讯捷公司在蜀都实业公司支付违约金和补偿金的前提下，可以考虑将双方关系从买卖变为租赁；最后，这份函件标注的日期是2008年5月6日，而双方协议在2006年就签订了，该函件只能表明双方对于变更合同有过协商，但是没有达成一致。友利公司质证认为，对该证据的真实性、合法性和关联性予以认可。

最高人民法院认为，该证据虽然在本案二审庭审结束之前已经客观存在，但考虑到蜀都实业公司未于二审庭审结束前提供该证据确有客观原因，没有证据证明蜀都实业公司未提供该证据系存在故意或者重大过失的情形，故可以认定为再审新证据。由于讯捷公司和友利公司对该证据的真实性不持异议，故对其真实性应予确认。

各方观点

讯捷公司观点：案涉《购房协议书》符合《最高人民法院关于审理商品

房买卖合同纠纷案件适用法律若干问题的解释》第 5 条的规定，且蜀都实业公司已将房屋交付讯捷公司占有使用，双方已经形成了事实上的房屋买卖合同关系；案涉合同是房屋买卖合同的本约而非预约合同。案涉合同的继续履行不存在任何障碍，蜀都实业公司要求讯捷公司承担全部交易税费并故意夸大税费金额是制造借口拒绝履行合同的行为。蜀都实业公司不享有法定或约定解除权，其发出的函件不发生解除合同的效果。故应当确认《购房协议书》已成立并合法有效，确认蜀都实业公司于2010 年3 月 3 日作出的解除函无效；蜀都实业公司应当履行办理房屋产权过户登记的义务，讯捷公司向蜀都实业公司支付剩余购房款。

蜀都实业公司观点：案涉合同是立约定金合同，主合同未能订立，故预约合同目的不能实现；蜀都实业公司发出解除函，案涉合同被解除；讯捷公司要求继续履行于法无据；讯捷公司理应清退场地并支付相应场地使用费。

法院观点

一审法院观点：

1. 讯捷公司提起本案诉讼，诉状上诉讼请求的范围包括确认蜀都实业公司于 2010 年 3 月 3 日作出的解除双方于 2006 年 9 月 20 日所签订的《购房协议书》的解除函无效。后讯捷公司提出的增加诉讼请求申请对原有的诉讼请求进行了细化和增加，并未明确放弃请求确认解除函无效的诉讼请求。故蜀都实业公司主张讯捷公司放弃争议请求的理由不成立。

2. 案涉《购房协议书》是否已经解除、蜀都实业公司于 2010 年 3 月 3 日作出的解除函是否有效的问题。蜀都实业公司的该解除函于 2010 年 3 月 8 日到达讯捷公司，双方对此均无异议，一审法院予以确认。讯捷公司于 2010 年 5 月 18 日提起本案诉讼，对解除函的效力提出了异议。由于双方在《购房协议书》中对合同解除及异议期间没有明确约定，故讯捷公司就解除函效力提出异议的期限不违反《最高人民法院关于适用〈中华人民共和国合同法〉若干问题的解释（二)》(以下简称《合同法解释（二)》) 第 24 条对异议期间的规定。现蜀都实业公司主张根据《合同法》第 94 条第 5 项及《最高人民法院关于适用〈中华人民共和国担保法〉若干问题的解释》第 115 条的规定，以双方磋商未达成一致意见为由行使法定解除权，经审查，该事由不符合法定解除合同的情形，蜀都实业公司发出的合同解除函无效，对讯捷公司不产生法律效力，故一审法院对讯捷公司诉请确认蜀都实业公司于2010年3月3日作出的解除函无效的诉讼请求予以支持。

3. 案涉《购房协议书》系房屋买卖本约还是定金合同的问题。《购房协议书》第3条、第5条的约定表明，双方在签订《购房协议书》后还应当就房屋买卖的事宜进行进一步协商并签订房屋买卖合同，但并不能据此认定《购房协议书》就属于预约合同或定金合同，理由如下：（1）《购房协议书》中的当事人名称、标的、价款、违约责任等主要条款明确具体，根据《合同法解释（二）》第1条第1款的规定，《购房协议书》因具备合同的必备条款而应当认定成立。（2）购房定金1000万元已在双方签订《购房协议书》前由讯捷公司支付给蜀都实业公司的股东友利公司，蜀都实业公司在《购房协议书》第2条确认其收到上述款项，故讯捷公司已履行了支付购房定金的合同义务。另外，蜀都实业公司虽然在签订《购房协议书》时尚未取得房屋所有权，但根据蜀都实业公司与蜀都大厦公司签订的房屋过户协议和蜀都大厦公司出具的场地使用证明，蜀都实业公司有权对案涉房屋进行处分，况且蜀都实业公司现已取得案涉房屋的所有权证，对《购房协议书》是否成立和效力认定不构成实质性影响。（3）《购房协议书》第3条和第5条的约定是要求双方对合同欠缺的其他内容进行协商并签订《房屋买卖合同》，根据《合同法解释（二）》第1条第2款的规定，当事人对《购房协议书》中未涉及的条款不能达成协议的情况下，人民法院应当按照相关规定予以确定，而不能据此认定合同不成立或属于预约合同或定金合同性质。（4）在签订《购房协议书》后，蜀都实业公司将案涉房屋交付讯捷公司占有使用，蜀都实业公司辩称并非基于买卖关系而为交付，没有事实依据，不能成立。讯捷公司主张蜀都实业公司因买卖关系而向其交付房屋的理由成立。故《购房协议书》为正式购房合同，且系当事人真实意思表示，内容不违反相关法律规定，合法有效。讯捷公司请求确认《购房协议书》为房屋买卖合同已成立并合法有效的理由成立，应当予以支持。

4. 关于讯捷公司请求蜀都实业公司在判决生效后15日内履行办理房屋产权过户登记义务的问题。案涉《购房协议书》未约定房屋过户时间，一审法院通知当事人进行补充协议时也未就此达成一致意见。房屋出卖人的主要义务是向买受人交付房屋，买受人的主要义务则是向出卖人支付价款，过户登记系登记机关的职能，出卖人只负有协助办理过户登记的义务，与交付房屋和支付价款相比，出卖人履行协助过户义务属于附随义务。由于蜀都实业公司已于2007年1月4日向讯捷公司交付了房屋，而讯捷公司除向蜀都实业公司支付1000万元定金外，其余购房款未支付，在当事人对过户登记没有约定，且讯捷公司未支付大部分购房款的情况下，讯捷公司请求蜀都实业公司先行协助过户的条件尚不成就。待讯捷公司向蜀都实业公司全部履行付款义务后的合理期限内，蜀都实业公司有义务协助讯捷公司办理产权过户手续。由于相关行政法规和规章均未对城市房地产的过户登记时间作出规定，一审法院参照国务院颁布的《城市房地产开发经营管理条例》第33条之规定，确定蜀都实业公司应在收到全部购房款后90日内协助讯捷公司办理产权过户手续。

5. 关于讯捷公司请求在讼争房屋过户后5日内，由讯捷公司向蜀都实业公司支付剩余房款5750万元的问题。由于蜀都实业公司主张的法律关系性质与一审法院认定的法律关系性质不一致，一审法院已向蜀都实业公司释明，但蜀都实业公司拒绝变更诉讼请求。请求权是指权利人可以要求他人为一定行为或不为一定行为的权利。对于未支付的房屋价款，蜀都实业公司作为债权人可以提出相应的诉讼请求，而作为义务人的讯捷公司则不享有该请求权，故一审法院对讯捷公司的该项诉讼请求不予支持。

6. 关于讯捷公司请求按照法律规定各自承担房屋产权过户登记过程中产生的税费问题。由于当事人在《购房协议书》中未约定过户时产生的税费负担方式，又不能达成补充协议，故应当按照国家有关房地产过户登记税费负担的规定由买卖双方各自承担相应部分税费。

7. 关于蜀都实业公司反诉请求讯捷公司腾退房屋和支付场地占用费的问题。因《购房协议书》系房屋买卖合同，且蜀都实业公司基于房屋买卖合同关系向讯捷公司交付房屋，在《购房协议书》合法有效，双方也不存在房屋租赁关系的情况下，蜀都实业公司无权请求讯捷公司返还案涉房屋并支付场地占用费，一审法院对于蜀都实业公司的反诉请求不予支持。

综上，一审法院判决：一、讯捷公司与蜀都实业公司于2006年9月20日签订的《购房协议书》成立并有效；二、蜀都实业公司于2010年3月3日作出的解除其与讯捷公司2006年9月20日所签《购房协议书》的解除函无效；三、在讯捷公司向蜀都实业公司履行完毕支付购房款义务后90日内，蜀都实业公司协助将位于成都市暑袜北三街20号蜀都大厦北一楼及中庭2100平方米房屋过户给讯捷公司，因此所产生的税和费按相关规定由讯捷公司和蜀都实业公司各自承担；四、驳回讯捷公司的其他诉讼请求；五、驳回蜀都实业公司的反诉请求。

二审法院观点：

1. 关于讯捷公司是否已经交付1000万元定金的问题。虽然讯捷公司未提供直接向蜀都实业公司支付1000万元定金的证据，但当事人对讯捷公司于2006年9月14日至9月20日之间向舒卡纤维公司账号转款及舒卡纤维公司向讯捷公司开具收据，案涉《购房协议书》载明“本协议签订之日起，甲方（指蜀都实业公司）收到乙方（指讯捷公司）1000万元定金”的事实没有争议。并且，蜀都实业公司未提供证据推翻《购房协议书》载明的蜀都实业公司收到讯捷公司购房定金1000万元的事实，亦无证据证明讯捷公司与舒卡纤维公司之间有其他交易关系。故一审判决认定讯捷公司已经交付1000万元定金并无不当。

2. 关于一审是否存在程序违法的问题。2010年5月12日，讯捷公司提起诉讼，其诉讼请求包括确认解除函无效。讯捷公司此后向一审法院提交的《增加诉讼请求申请书》载明增加诉讼请求确认《购房协议书》为房屋买卖合同已成立并合法有效。该《增加诉讼请求申请书》未明确放弃解除函无效的请求。故一审法院根据当事人的诉讼请求审理并作出判决并不违反法定程序。

3. 关于《购房协议书》的性质和效力问题。案涉《购房协议书》明确写明了当事人名称、标的、价款，一审判决根据《合同法解释（二）》第1条规定认定双方间的房屋买卖合同关系已经成立并无不当。二审中，蜀都实业公司提交了同期蜀都实业公司与其他买受人签订的《房屋买卖合同》四份，当事人对该证据的真实性无异议，二审法院对该证据的真实性予以确认，但以上证据不能证明《购房协议书》的性质为定金合同。且诉讼中蜀都实业公司并未提供证据证明该《购房协议书》存在无效的情形，一审判决认定该协议有效正确。蜀都实业公司的相应上诉理由不能成立，二审法院不予支持。

4. 关于《购房协议书》是否应当解除的问题。蜀都实业公司于2007年1

月4日将房屋交付给讯捷公司占有使用后，双方就应否支付场地使用费、买卖过户时税费的负担等事宜进行了一系列磋商，但均未达成协议，直至2010年3月3日蜀都实业公司发函要求解除《购房协议书》。在诉讼中，经人民法院主持调解和庭外和解，双方当事人仍不能达成协议。按照《购房协议书》的约定，双方有磋商并签订正式房屋买卖合同的义务。蜀都实业公司作为案涉房屋所有权人，将房屋交付讯捷公司使用5年多时间内，与讯捷公司既未达成正式房屋买卖合同，又未达成租赁协议，其既未收到房屋转让价款，亦未收到房屋租金，阻碍其物权实现，其在双方达不成正式房屋买卖合同的前提下，有权根据《物权法》第39条的规定，选择对其财产的处分方式，解除案涉《购房协议书》。

蜀都实业公司于2010年3月3日发出解除函，讯捷公司于2010年5月18日向法院提起诉讼，故蜀都实业公司发出的该解除函不产生通知解除合同的法律效力，一审判决支持讯捷公司的该项诉讼请求并无不当；但一审判决认为《购房协议书》不符合解除条件，故判令蜀都实业公司在讯捷公司支付全部购房款后90日内交付涉案房屋并由双方各自承担相关税费不当，二审法院予以纠正。上述购房协议解除后，蜀都实业公司请求返还涉案房屋的诉讼请求符合《合同法》第97条的规定，虽然蜀都实业公司起诉时主张立即腾退房屋，但应当给予讯捷公司必要的准备时间，二审法院酌定为30日。至于讯捷公司已经支付1000万元定金，可另行主张权利。

5. 关于讯捷公司是否应支付场地使用费的问题。蜀都实业公司于2007年1月4日将案涉房屋交付讯捷公司使用至今，但蜀都实业公司并无证据证明交付行为系基于租赁关系或《购房协议书》之外的其他有偿法律关系，故蜀都实业公司请求讯捷公司按照周边同类商场租金支付场地使用费没有事实和法律依据。虽然讯捷公司对蜀都实业公司提交的宏价评（2011）53号《价格评估报告书》的真实性无异议，但因该《价格评估报告书》与本案无关，二审法院不予采信。二审法院对蜀都实业公司二审申请对讼争房屋自2007年1月4日至实际鉴定之日止的场地占有使用费进行鉴定的申请不予准许。对蜀都实业公司主张支付场地使用费的上诉请求，不予支持。

综上，二审判决：一、维持一审判决第一项；二、撤销一审判决第二、三、四、五项；三、讯捷公司于判决生效之日起30日内将位于成都市暑袜北三街20号蜀都大厦北一楼及中庭约2100平方米房屋腾退给蜀都实业公司；四、驳回讯捷公司的其他本诉诉讼请求；五、驳回蜀都实业公司的其他反诉诉讼请求。

再审法院观点：

本案再审的争议焦点为：（1）蜀都实业公司与讯捷公司之间就案涉房屋所形成的法律关系的性质和效力；（2）蜀都实业公司发出的解除函是否产生解除双方合同关系的效力；（3）讯捷公司要求继续履行的诉讼请求应否得到支持，蜀都实业公司主张的腾退房屋并支付房屋使用费的请求应否得到支持。

1. 关于蜀都实业公司与讯捷公司之间就案涉房屋所形成的法律关系的性质和效力问题

基于当事人在再审庭审中的相关主张与理由，与本焦点问题密切相关的两个问题需要首先加以明确：第一，蜀都实业公司是否已收到讯捷公司支付的1000万元定金。虽然讯捷公司未提供直接向蜀都实业公司支付1000万元定金的证据，但2006年9月14日至9月20日，讯捷公司数次向友利公司（原舒卡纤维公司）账号转款共计1000万元，后者于2006年9月20日向讯捷公司开具了相应金额的收据。庭审中，友利公司称其与讯捷公司并无任何其他业务往来，收取这1000万元资金亦无任何合同或法律依据，但此后友利公司除向讯捷公司提供两张收据外，双方关于该笔资金再无其他进一步洽谈。最高人民法院认为，这种情况显然与日常生活常理及商业习惯不相符。事实上，结合本案查明的其他事实可知，《购房协议书》第2条载明的内容表明蜀都实业公司在签订《购房协议书》时已经确认收到讯捷公司支付的1000万元定金，蜀都实业公司2010年3月3日向讯捷公司发的《函》中载明请讯捷公司向其办理“定金、使用费等费用的退还和支付”。这些事实足以相互印证，证明蜀都实业公司已收到讯捷公司支付的1000万元定金的事实。综上，一审、二审判决认定讯捷公司已经交付1000万元定金的事实是正确的。

第二，蜀都实业公司向讯捷公司交付案涉房屋行为的性质。案涉《购房协议书》签订于2006年9月20日，蜀都实业公司于2007年1月4日将案涉房屋交付讯捷公司使用。在庭审中，蜀都实业公司提交了双方在2008年5月6日的往来函件材料中的一页作为证据，从该证据的内容及序号可看出，完整的该函件至少应有两页纸。根据《最高人民法院关于民事诉讼证据的若干规定》第31条第2款规定，摘录文件、材料应当保持内容相应的完整性，不得断章取义。因此，仅根据蜀都实业公司提交的这一页纸的内容，难以判断双方的真实意思表示是在案涉房屋交付给讯捷公司时就已确定为在双方之间成立租赁关系，还是在已确定房屋买卖关系的基础上希望变更为租赁关系，因此，无法据此证明蜀都实业公司系基于租赁关系而向讯捷公司交付案涉房屋。除此之外，蜀都实业公司在本案的一审、二审及再审中未提供其他证据证明该交付行为系基于租赁关系或者《购房协议书》之外的其他有偿法律关系而为的交付。因此，对于该交付，蜀都实业公司没有充分证据证明其向讯捷公司交付案涉房屋的行为并非基于房屋买卖关系，而是基于租赁等有偿使用关系，故其该主张不能成立，蜀都实业公司向讯捷公司交付案涉房屋的行为应认定为基于当事人之间的房屋买卖法律关系而为的交付。

在明确了上述两个问题的基础上，最高人民法院认为，在蜀都实业公司与讯捷公司之间成立了房屋买卖法律关系。理由如下：

首先，仅就案涉《购房协议书》而言，其性质应为预约。预约是指将来订立一定契约的契约。仅根据当事人合意内容上是否全面，并不足以界分预约和本约。判断当事人之间订立的合同系本约还是预约的根本标准应当是当事人的意思表示，也就是说，当事人是否有意在将来订立一个新的合同，以最终明确在双方之间形成某种法律关系的具体内容。如果当事人存在明确的将来订立本约的意思，那么，即使预约的内容与本约已经十分接近，即便通过合同解释，从预约中可以推导出本约的全部内容，也应当尊重当事人的意思表示，排除这种客观解释的可能性。本案中，案涉《购房协议书》明确约定了双方拟进行买卖的房屋的位置、面积和价款，具备了正式房屋买卖合同的主要内容，可直接据此履行而无须另订本约。但是，当事人同时在该协议中约定：“……3. 甲、乙双方应就购房合同及付款方式等问题在本协议原则下进行具体磋商。……5. 甲乙双方就该宗房屋买卖合同签订时，本协议自动失效。”可见，当事人一致认为在付款方式等问题上需要进一步磋商，这一意思表示是明确的，而且，当事人在该协议第5条进一步明确要在将来订立一个新的合同，以最终明确双方之间的房屋买卖法律关系的具体内容。因此，案涉《购房协议书》的性质为预约合同，一审、二审判决认定该《购房协议书》的性质为本约是错误的，应予纠正。

其次，结合当事人在订立《购房协议书》之后的履行事实，蜀都实业公司与讯捷公司之间已经成立了房屋买卖法律关系。最高人民法院认为，对于当事人之间存在预约还是本约关系，不能仅凭一份孤立的协议就简单地加以认定，而是应当综合审查相关协议的内容以及当事人嗣后为达成交易进行的磋商甚至具体的履行行为等事实，从中探寻当事人的真实意思，并据此对当事人之间法律关系的性质作出准确的界定。本案中，当事人在签订《购房协议书》时，迅捷公司已经实际交付了定金并约定在一定条件下自动转为购房款，蜀都实业公司也接受了讯捷公司的交付。在签订《购房协议书》三个多月后，蜀都实业公司将合同项下的房屋交付给了讯捷公司，讯捷公司接受了该交付。而根据《购房协议书》的预约性质，蜀都实业公司交付房屋的行为不应视为对该合同的履行，在当事人之间不存在租赁等其他有偿使用房屋的法律关系的情形下，蜀都实业公司的该行为应认定为系基于与讯捷公司之间的房屋买卖关系而为的交付。据此，由于蜀都实业公司在该房屋买卖法律关系中的主要义务就是交付案涉房屋，根据《合同法》第 36 条、第 37 条的规定，可以认定当事人之间达成了买卖房屋的合意，成立了房屋买卖法律关系。

综上所述，蜀都实业公司与讯捷公司之间的房屋买卖法律关系成立，且系当事人真实意思表示，内容不违反法律、行政法规的强制性规定，合法有效。一审、二审判决认定《购房协议书》构成本约的理由不当，但其关于蜀都实业公司和讯捷公司之间成立房屋买卖法律关系的结论是正确的。

2. 关于蜀都实业公司发出的解除函是否产生解除双方合同关系效力的问题

首先，根据《合同法》第 93 条、第 94 条之规定，合同的解除包括法定解除和约定解除两种情形。本案中，当事人在《购房协议书》及其他相关书面文件中均未对单方解除合同的事项作出约定，故蜀都实业公司不享有约定解除权。而根据《购房协议书》，双方的主要合同义务是就达成房屋买卖合意进行诚信磋商，讯捷公司支付 1000 万元定金。讯捷公司已经支付了 1000 万元定金，并且就案涉房屋买卖一事一直在与蜀都实业公司进行协商，其在本案诉讼过程中亦明确表示有意愿、有能力履行支付全部购房款的义务，本案也不存在不可抗力致使不能实现合同目的的情形，因此，本案也不具备单方解除合同的法定解除情形。综上，蜀都实业公司主张其有权单方解除合同的理由不能成立。

其次，根据《合同法》第96条的规定，当事人单方解除合同的，应当通知对方。合同自通知到达对方时解除。对方有异议的，可以请求人民法院或者仲裁机构确认解除合同的效力。根据《合同法解释（二）》第24条的规定，对于该异议期间，当事人之间有约定的从约定，未约定的为解除合同通知到达之日起三个月。本案中，当事人没有就包括合同解除异议期间在内的合同解除事项进行任何约定，而蜀都实业公司于2010年3月3日向讯捷公司发出了解除《购房协议书》的通知函，该函件于2010年3月8日到达讯捷公司，讯捷公司向一审法院提起诉讼的时间为2010年5月12日。因此，无论蜀都实业公司是否有权单方解除《购房协议书》，因讯捷公司于收到解除函的三个月内通过起诉的方式提出了异议，故蜀都实业公司的解除函也不产生解除双方合同关系的效力。

3. 关于讯捷公司要求继续履行的诉讼请求应否得到支持，蜀都实业公司主张的腾退房屋并支付房屋使用费的请求应否得到支持的问题

首先，本案中，当事人已就合同项下房屋的位置、面积和价款进行了明确具体的约定，蜀都实业公司已向讯捷公司交付了案涉房屋，讯捷公司支付了1000万元定金，虽然当事人之间在讯捷公司是否应向蜀都实业公司支付使用案涉房屋的场地占用费并承担房屋买卖的全部税费问题上未达成一致意见，但在房屋买卖法律关系的主要权利义务均已确定的情形下，上述争议可以通过《合同法》第61条、第62条规定的合同解释原则进行补救，故并不构成法律上或者事实上的履行障碍。而且，如前所述，在蜀都实业公司与迅捷公司之间，房屋买卖法律关系已经成立并生效，也不存在《合同法》第93条、第94条规定的合同解除的情形，故讯捷公司主张继续履行的诉讼请求应予支持。

其次，根据《物权法》第15条规定之精神，处分行为有别于负担行为，解除合同并非对物进行处分的方式，合同的解除与否不涉及物之所有权的变动，而只与当事人否继续承担合同所约定的义务有关。本案中，蜀都实业公司确实仍然对该房屋享有所有权，但这并不意味着其可在不符合当事人约定或者法律规定的情形下随意解除双方之间的合同关系。在双方房屋买卖法律关系成立并生效后，蜀都实业公司虽系该房屋的所有权人，但其应当依约全面、实际履行其在房屋买卖法律关系项下的义务。二审判决认为在买卖标的

物转移之前，所有人对自己的标的物享有占有、使用、收益、处分的权利，进而认定蜀都实业公司有权选择处分财产的方式解除合同，并判决迅捷公司将房屋腾退给蜀都实业公司，违背了《合同法》保障交易安全的基本原则，系对《物权法》的错误理解与适用，对此予以纠正。

最后，蜀都实业公司主张迅捷公司支付场地使用费应有相应的法律依据。如前所述，双方在本案中的法律关系为房屋买卖法律关系，而非租赁等有偿使用法律关系，蜀都实业公司将案涉房屋交付给讯捷公司是基于房屋买卖法律关系而为的交付，因此，蜀都实业公司要求讯捷公司支付场地使用费的主张没有任何事实和法律依据，一审、二审判决对该问题的认定和处理是正确的。

综上所述，最高人民法院认为，本案中，蜀都实业公司与讯捷公司之间存在房屋买卖法律关系，当事人均应本着诚实信用的原则履行各自义务，在履行过程中，若当事人之间就对方的履行行为是否构成违约以及应否承担违约责任等问题发生争议，可自行协商或者另寻法律途径解决。

综上，二审判决认定蜀都实业公司有权依据《物权法》第39条之规定，选择处分财产的方式解除合同，并据此判决讯捷公司将案涉房屋腾退给蜀都实业公司，系适用法律错误。而一审判决虽然认定《购房协议书》直接构成本约的理由不能成立，但其判项系基于蜀都实业公司和讯捷公司之间成立并生效房屋买卖法律关系这一事实作出，有法律及事实依据，较为妥当合理，可予维持。根据《民事诉讼法》第二百零七条、第一百七十条第一款第（二）项之规定，判决：一、撤销二审判决；二、维持一审判决。

法官评析

在商品房买卖中，由于近年来我国房地产价格波动较大，许多房地产开发商在筹备项目时，为保障将来的预期收益，与购房者订立购房协议书、认购书、预订书等，实际上是通过订立预约合同确保一定的价格以及较高比例的消费者。另外，购买人预期开发商当前的项目价格合理将来或可获益故而同意签订预约合同。本案即涉及商品房买卖预约合同的性质、预约与本约合同的关系、预约合同的解除等法理以及实务上的相关处理等问题。

1. 商品房买卖预约合同的性质和认定

根据订立合同是否有事先约定的关系来划分，合同有预约和本约之分。

预约合同是当事人为了将来订立本约而预先达成的书面协议，本约合同是为了履行预约合同而订立或直接具有完备确定内容的合同。预约合同的目的在于因有事实或法律上障碍，暂时无法订立本约时，事先对当事人予以约束，从而起到稳固交易机会的作用。其属于契约阶段合同，是诺成性合同，强调当事人主观意志在合同成立中的决定作用。房屋买卖合同有其特殊性，买卖的标的物房屋是一种不动产，由于不动产交易具有涉及资金数额大、风险高的特点，为保证交易安全，保护购房者权益，避免以预约为名非法融资危及社会稳定的事件发生，所以法律、法规强制规定了商品房买卖合同必须具备的主要内容。根据《商品房销售管理办法》第16条第2款规定，商品房买卖合同应当具备以下主要内容：(1) 当事人名称或姓名和住所；(2) 商品房基本状况；(3) 商品房的销售方式；(4) 商品房价款的确定方式及总价款、付款方式、付款时间；(5) 交付使用条件及日期；(6) 装饰、设备标准承诺；(7) 供水、供电、供热、燃气、通讯、道路、绿化等配套基础设施和公共设施的交付承诺和有关权益、责任；(8) 公共配套建筑的产权归属；(9) 面积差异的处理方式；(10) 办理产权登记有关事宜；(11) 解决争议的方法；(12) 违约责任；(13) 双方约定的其他事项。但是，该条规定仅规定了商品房买卖合同在外在形式上的必要条件，不能得出如果预约合同内容具备了商品房买卖合同的主要内容，就可以认定为商品房买卖合同。根据合同意思自治原则，判断当事人之间订立的合同系本约还是预约的根本标准应当是当事人的意思表示。具体来说，预约与本约的目的不同，前者是为了将来订立本约，后者是为了履行本约所规定的权利义务。正如本案法官在判决中所指出的，“如果当事人存在明确的将来订立本约的意思，那么，即使预约的内容与本约已经十分接近，即便通过合同解释，从预约中可以推导出本约的全部内容，也应当尊重当事人的意思表示，排除这种客观解释的可能性。”

因此，本案中，虽然蜀都实业公司与讯捷公司在2006年9月20日签订的《购房协议书》中明确约定了双方拟进行买卖的房屋的位置、面积和价款，应当说具备了一份正式的房屋买卖合同的主要内容，并且通过合同解释的方式可以补充相关合同条款使本约的内容更加完全齐备，因此可直接据此履行而无须另订本约，但是，双方当事人同时在该协议中约定了“应就购房合同及付款方式等问题在本协议原则下进行具体磋商”，“双方就该宗房屋买卖合同签订时，本协议自动失效”，说明当事人双方签订《购房协议书》是为了将来进一步订立房屋买卖合同，以最终明确双方之间的房屋买卖法律关系的具体内容，这一意思表示是非常明确的，双方在签订该认购单时对于该行为的性质为预约合同的认识是明确而不存在疑义的，因此，案涉《购房协议书》的性质应为预约。

2. 商品房买卖预约关系转化为本约关系的认定

在商品房预约合同具备了商品房买卖合同所要求具备的主要条款时，双方当事人可以根据这些条款直接缔结本约。但实践中因商品房预约合同引发的案件中往往是对预约关系和本约关系存在争议，一本不具备以书面形式缔结的商品房买卖合同。在此情况下，应当综合审查预约合同的内容以及当事人未达成交易进行的磋商、具体的履行行为等事实，从中探寻当事人的真实意思，对预约关系是否转化为本约关系进行准确认定。

我国《合同法》第36条、第37条确立了以实际履行方式缔约的制度。所谓合同的成立，必须是双方当事人就合同的主要条款达成合意。因此，以实际履行方式缔约的，只有在一方履行了主要义务而对方接受的情况下，才能从双方已经履行了主要义务的行为中推定双方已经就合同的主要条款形成了合意。如果一方履行了次要义务而对方接受的，不能认为当事人双方就合同的主要条款已经达成了合意。合同法允许采用行为形式缔约，是考虑到了当事人的真实意思，体现了合同法鼓励交易、便利交易、尊重当事人自由意志的法律原则。因此，对于当事人一方已经履行了主要义务，对方也接受，应当承认在当事人之间已成立相应的合同法律关系。在司法实践中，商品房买卖有关司法解释进一步明确了该种缔约制度。《最高人民法院关于审理商品房买卖合同纠纷案件适用法律若干问题的解释》第5条明确规定：“商品房的认购、订购、预订等协议具备《商品房销售管理办法》第十六条规定的商品房买卖合同的主要内容，并且出卖人已经按照约定收受购房款的，该协议应当认定为商品房买卖合同。”

本案中，在签订案涉《购房协议书》后，迅捷公司按照协议约定将1000万定金作为购房款的一部分交付给了蜀都实业公司。蜀都实业公司也将合同项下的案涉房屋交付给了讯捷公司，而迅捷公司也接受了其房屋。由于蜀都实业公司在商品房买卖关系中的主要义务就是交付房屋，在当事人之间不存在租赁等其他有偿使用房屋的法律关系的情形下，依据《合同法》第36条、第37条的规定，蜀都实业公司交付案涉房屋给讯捷公司的行为应认定为双方已就商品房买卖的主要条款达成了合意。此后，双方又为进一步明确《购房协议书》中未约定的其他交易条件，进行了以买卖房屋为目的的多次磋商。从双方签订《购房协议书》、交付并接受定金、交付并接受房屋、就有关交易条款进行磋商等一系列事实综合来看，可以认定蜀都实业公司与讯捷公司之间成立了房屋买卖本约。

3. 商品房预约合同的解除

首先，根据《合同法》第93条、第94条之规定，合同的解除包括法定解除和约定解除两种情形。本案中，当事人在《购房协议书》未对单方解除合同的事项作出约定，同时本案也没有法定解除的情形，因此蜀都实业公司不享有约定解除权。

其次，根据《合同法》第96条规定，当事人单方解除合同的，应当通知对方。合同自通知到达对方时解除。对方有异议的，可以请求人民法院或者仲裁机构确认解除合同的效力。根据《合同法解释（二）》第24条的规定，对于该异议期间，当事人之间有约定的从约定，未约定的为解除合同通知到达之日起三个月。本案中，迅捷公司在收到蜀都实业公司解除函后三月内向法院提起诉讼，因此蜀都实业公司的解除函也不产生解除双方预约关系的效力。

再次，为了保障合同自由原则，我国有关法律对合同效力和物权效力进行了区分。《物权法》第15条规定："当事人之间订立有关设立、变更、转让和消灭不动产物权的合同，除法律另有规定或者合同另有约定外，自合同成立时生效；未办理物权登记的，不影响合同效力。"由此可见，物权的变更、转让、和消灭，物权所包含的占有、使用、处分等内容的行使，都与合同的效力无关，因此，不得以行使房屋所有权人的处分权为由任意解除合同。

4. 商品房预约合同的违约责任

实践中，如果因缔约不能而解除商品房预约合同，违约方应当承担违约责任还是缔约过失责任？对此问题在学界还存在争议。持违约责任观点的如史尚宽、王泽鉴、王利明，其理由是预约合同可能已经对本约标的物、对价等作出明确约定，当事人对本约产生了明确的期待利益，如果一方违约，将使得守约方的期待利益落空，同时也使其产生机会损失。因此，违反预约合同应当承当比缔约过失更重的违约责任。而持缔约过失责任观点的主要理由在于，预约关系中当事人已经就缔约进行相互接触、磋商，双方之间形成一种合理的信赖关系。基于这种诚实信用原则而产生信赖利益，双方当事人负有相互通知、协助、照顾、保护、忠实等义务。只要当事人违背了其负有的依诚信原则而产生的这些先契约义务并破坏了缔约关系，就应当根据《合同法》第42条之规定，认定其构成缔约上的过失，承担损害赔偿责任。

笔者认同违约责任说。理由是预约合同具有独立性，与缔约过失相比，其对当事人产生的信赖利益更大，因此更应强调当事人的违约责任，对其履约行为形成刚性约束。具体损害赔偿的范围，如果预约中有约定的，从其约定；无约定的，应以信赖利益为限，由法官从利益平衡、诚实信用、公平原则出发，结合案件实际情况，综合考虑守约方的履约情况、违约方的过错程度、合理的成本支出等因素，酌情自由裁量。

1.6 房屋买卖“网签”的性质如何认定

——沈某某诉安某某房屋买卖合同纠纷案①

关 键 词： 房屋买卖合同，合同形式，网签，合同成立

问题提出： 房屋买卖双方网上签约，但尚未签订书面合同，能否认定双方的买卖合同已经成立？

裁判要旨： 当事人以书面形式订立合同的，既包括传统的有形的合同书、信件，也包括无形的数据电文，如电报、电传、传真、电子数据交换和电子邮件，只要其可以明确地表现合同的内容即可，因此，网签形式符合合同的成立要件。房屋买卖双方尚未签订书面的购房合同，但双方已经在房屋权属登记中心签字确认了《存量房自行成交网上签约申请表》《存量房买卖合同信息表（自行成交）》（“网签”），且已明确了合同的价款、房屋信息的，应当认定双方的买卖合同已经成立。

---

① 一审法院为北京市朝阳区人民法院，案号：（2009）朝民初字第24866号；二审法院为北京市第二中级人民法院，案号：（2010）二中民终字第05439号。

案情简介

上诉人（原审原告、反诉被告）：沈某某

被上诉人（原审被告、反诉原告）：安某某

2009年2月，原告和被告协商关于原告名下北京市朝阳区和平街×区×楼×层×门×号房屋的买卖事宜。2009年3月16日，原告和被告的委托人刘某（被告之子）一同到北京市朝阳区房屋权属登记中心填写了《存量房自行成交网上签约申请表》并签字。2009年3月17日，原告和刘某在北京市朝阳区房屋权属登记中心再次签字确认了《存量房买卖合同信息表（自行成交）》。该信息表为房屋管理部门根据双方申请表的内容，将相关信息进行了网上登记后，向双方出具的打印版信息表。该表中包括如下信息：出卖人沈某某的个人身份信息、买受人安某某的个人身份信息、交易房屋的相关信息（包括所有权证号、户型、房屋性质等）、房屋成交价款为399900元（其中包括定金1万元及定金支付的日期2009年3月17日，剩余款项的支付方式为非贷款）。在申请表和信息表中，还包括原被告双方关于注销网上信息的约定："网上信息填写完成后，在申请转移登记之前，需要注销网上信息的，10日内买卖双方共同申请，超过上述时间的，可由买方申请。"此后，被告用信用卡支付了房屋的遗产税11366.70元及契税3999元，原告将本案房屋的电卡及供暖协议交于被告。此后，原告认为房屋的出售价格过低，拒绝与被告进行书面合同的签订，并欲注销在北京市朝阳区房屋权属登记中心登记的网上信息。但根据双方网签的约定，只能由买方进行网上信息的注销，原告无法单方进行网上信息的注销，故原告诉至法院。一审过程中，被告提出原告曾向被告交付本案房屋的钥匙，但后来原告强行换锁，使被告无法再进入本案房屋，对此原告不予认可。被告主张其曾于2009年2月24日代原告交了11000元的遗产税，并以此作为购房的定金。而原告认为当时是原被告一同去交的遗产税，因原告所带的钱不够，由被告代刷的卡，后来原告归还了被告现金9000元。

各方观点

上诉人（原审原告、反诉被告）沈某某观点：2009年2月，我准备向被告出卖北京市朝阳区和平街×区×楼×层×门×号房屋。按照《北京市建设委员会关于全面推行存量房买卖合同网上签约有关问题的通知》（京建交〔2008〕628号）（以下简称《通知》）的要求，我和被告到北京市朝阳区房屋权属登记中心服务窗口进行网上签约。我和被告填写了《存量房自行成交网上签约申请表》（以下简称申请表）和合同号为CW16553的《存量房买卖合同信息表（自行成交）》（以下简称信息表），但我们并没有签订书面买卖合同。2009年4月，我和被告在房屋买卖的价格上不能达成一致，我已不准备向被告出卖涉案房屋。我向被告提出共同到登记中心服务窗口填写《存量房买卖合同信息注销申请表（自行成交）》，将信息表注销，但遭到被告的拒绝。我认为填写信息表进行网签，仅仅是存量房买卖合同签订前的准备环节，网签本身的法律效力不是合同。由于被告以种种理由拒绝配合我注销信息表，我无法行使房屋处置权。现诉至法院，要求被告协助原告办理注销网签信息表的手续。

我们双方没有签订书面存量房买卖合同书，房屋买卖没有依法生效，因此，不存在所谓继续履行合同和办理过户的问题。根据《通知》的规定，存量房买卖合同是以双方签订书面存量房买卖合同为准。被告以原、被告曾填写过的申请表和信息表为依据，认为双方房屋买卖合同合法有效成立，这种认识是错误的，被告的反诉请求没有事实和法律上的依据，我不同意被告的全部反诉请求。

被上诉人（原审被告、原诉原告）安某某观点：我们之间的房屋买卖合同已经成立并且生效。合同成立的要件是双方有真实意思表示，并就交易达成一致意见。确定了合同当事人的名称、标的等条件即可视为合同成立。我们所填的信息表要求双方签字确认，可证明双方意思表示真实，且就合同的大体内容达成了一致。对于注销的问题，合同的法定解除有两种情形，一种是双方协商一致，另一种是不能达到合同的目的。本案合同不存在不能达到目的的问题，而是原告在合同达成一致后，看到房价上涨而要求变更房价。原告的行为构成了违约，并给被告造成了巨大的经济损失，且使被告无法以同样的价格买到同样的房子。因此，我不同意原告的诉讼请求。

关于涉案房屋的买卖，我们双方已经达成了一致意见，房屋价格是399900元，是经过网上签约的形式确认的，并在信息表上签字进一步加以确认。我买该房子是为了给儿子刘某结婚用，合同签订后，我已经和装修、婚庆公司订立了合同。而由于原告拒绝办理过户手续，以涨房价为由要求注销网签，刘某无法结婚，婚庆合同和装修合同均无法履行，给我造成了巨大的经济损失。因此，我要求原告继续履行合同，并协助被告办理房屋过户手续，要求原告赔偿我经济损失 6 万元。

法院观点

一审法院观点：当事人对合同是否成立存在争议，人民法院能够确定当事人名称或者姓名、标的和数量的，一般应当认定合同成立。对合同欠缺的上述内容以外的其他内容，当事人达不成协议的，人民法院根据法律有关规定予以确定。根据本案查明的事实，在申请表和信息表中，房屋买卖合同的主要条款（包括买卖双方、买卖标的、价款、价款支付方式等）均已由原告与被告进行了确认。双方向税务部门交纳了房屋的相关税费，原告还履行了部分附随义务，向被告交付了房屋电卡及供暖合同。原告虽然提供了双方往来的电话信息，用于证明双方之间协商房款的过程，但该协商过程是在双方已经明确了房款数额后，原告就已经明确的房款数额反悔而再次协商的过程。双方在往来信息中并未就新的房款达成一致意见。根据以上查明的事实，法院认定双方合同已经成立。而依法成立的合同，自成立时生效。双方当事人均应当按照约定全面履行自己的义务。原告以双方约定的房屋价款过低为由，拒绝与被告签署书面合同，原告的相关主张没有证据佐证。原告要求被告履行注销网签信息的诉讼请求，法院不予支持。现被告要求按照网签确定的房款数额履行协议，法院予以确认。被告反诉要求继续履行合同，法院予以支持。关于被告反诉的其他损失一节，法院认为，由于被告支出的费用均是在房屋过户尚未确定前发生，对于该部分损失应当由被告自行承担。被告称双方协商确认由被告交付遗产税来抵定金，但被告亦未能提供证据证明双方就此事协商一致，故法院无法认定被告向原告支付了定金 1 万元。判决如下：一、原告（反诉被告）沈某某与被告（反诉原告）安某某继续履行双方之间的房屋买卖合同。二、被告（反诉原告）安某某于本判决生效后五日内给付原告（反诉被告）沈某某房价款 399900 元。三、原告（反诉被告）沈某某于本判决生效后十日内配合被告（反诉原告）安某某办理房屋过户手续，并向被告（反诉原告）安某某交付房屋。四、驳回原告（反诉被告）沈某某的诉讼请求。五、驳回被告（反诉原告）安某某的其他诉讼请求。

一审判决后，沈某某不服，上诉至北京市第二中级人民法院，要求撤销原判。二审中，经北京市第二中级人民法院主持调解，双方当事人自愿达成如下协议：一、沈某某同意将其所有的北京市朝阳区和平街×区×楼×层×门×号房屋出售给安某某；二、沈某某于本调解书送达之日起七日内向安某某交付北京市朝阳区和平街×区×楼×层×门×号房屋，并配合安某某办理上述房屋的过户手续；安某某于收到上述房屋的所有权证书之日给付沈某某房价款人民币70万元；三、双方其他无争议。

法官评析

本案曾被诸多媒体称为我国“首例房屋买卖网签注销案”，引起社会广泛关注。之所以引起舆论关注，主要原因是近年来许多城市的房地产管理部门在房屋交易过程中开始推行房屋买卖合同网上签约措施（“网签”），并且呈现扩大化的趋势。随之引发的法律问题是，网签的性质和效力如何认定？网签与房屋买卖合同是什么关系？本案所涉及的争议焦点即围绕上述问题展开。

1. 网签制度的初衷

首先有必要认识网签制度的初衷。房屋买卖合同根据其房屋类型，可以分为存量房（二手房）买卖合同和增量房（商品房）买卖合同。近年来，随着我国房地产行业的快速发展，房屋交易日趋活跃，房价暴涨暴跌的现象也屡有发生。由于存量房屋买卖从签订合同到最后支付全部价款和转移所有权，往往需要较长时间（尤其是买受人不能一次性付款的情况），在房价大幅波动的背景下，有的出卖人或者买受人出于经济利益考虑而违约，由此导致了诸多纠纷和诉讼。为了保障房产交易秩序和安全，提高房产交易的透明度，同时也为提高行政服务管理水平和办事效率，加强对房地产经纪机构和从业人员的监督管理，各地纷纷出台了房屋买卖合同网签制度规定，如北京、上海、西安等地。通过在网上公示存量房买卖情况，可以让公众了解房屋是否已出售、房屋的交易价格等信息，进而形成合理的市场预期和风险判断；房屋管理部门也可以借此掌握房产的交易状态，并作为产权过户的重要依据，同时还可以有效防范一房多卖、欺诈等违规行为；对于房屋买卖双方而言，网签可以有效地防止一方违约甚至毁约。因此，如果本案中原告网上签约后仍然可以随意解除合同，要求被告协助其注销网签而不受任何约束，那么网签制度的初衷就会落空。

2. 网签与合同成立的关系

实践中，有房屋中介机构参与的房屋买卖一般由双方签订房屋买卖合同后，再去房屋管理部门进行网签。而在无中介参与的自行交易中，经常出现双方口头约定后再去网签的情况。本案即为自行交易，网签时双方没有签订书面合同。根据我国房地产管理相关法规规定，房屋买卖合同应当采用书面方式。在此情况下，一旦网签后一方违约或毁约，双方将对网签是否可视为书面合同产生较大争议。笔者认为，网签在法律上的后果是房屋买卖合同成立并生效。主要理由是：

从合同形式上看，网签内容作为数据电文为合同书面形式之一。根据我国《合同法》第10条、第11条规定，法律、行政法规规定采用书面形式的，应当采用书面形式，书面形式是指合同书、信件和数据电文等可以有形地表现所载内容的形式，其中数据电文包括电报、电传、传真、电子数据交换和电子邮件。本案中，原被告双方填写了信息表，并由房屋管理部门工作人员将信息表中的主要内容录入了存量房网上签约系统，在网上进行了公示。网签系统中记载的双方达成的合同意向为一种数据电文，且在政府网站上进行了公示，因此符合合同签订的书面形式要求。

从网签流程上看，以北京为例，《北京市建设委员会关于全面推行存量房买卖合同网上签约有关问题的通知》第3条规定，在服务窗口进行网上签约的程序如下：（1）买卖双方达成交易意向后，填写《存量房买卖合同信息表（自行成交）》。（2）当事人向服务窗口提交《存量房买卖合同信息表（自行成交）》（当事人已签字或盖章），房屋所有权证、房屋共有权证原件以及身份证件原件等材料。（3）服务窗口的工作人员核对当事人提供的材料，并通过存量房网上签约系统录入存量房买卖合同第一条至第四条的相关信息，打印后交当事人确认。（4）当事人确认合同网上信息无误后，由工作人员将存量房买卖合同文本（包括网上打印的合同第一部分、印刷的合同第二部分即第四条之后的内容）一式四份交当事人。买卖双方应根据约定填写合同第二部分，签字或盖章后合同依法生效。由此网签流程可知，房屋买卖双方必须达成交易意向，并就合同条款达成一致后才填写信息表，并且在双方签字确认后再向房管部门提交。本案中，原被告双方填写、签字确认并提交了信息表，可以认定就房屋买卖达成了合意。

从合同条款上看，2009年5月13日开始实施的《最高人民法院关于〈中华人民共和国合同法〉若干问题的解释（二）》第1条规定，当事人对合同是否成立存在争议，人民法院能够确定当事人名称或者姓名、标的和数量的，一般应当认定合同成立。本案中，原、被告双方签订的信息表主要内容为双方的个人信息、房屋信息、成交价款等，具备了司法解释所要求的合同条款，足以认定房屋买卖合同成立。

3. 网签的性质和效力

首先，网签是一种行政管理手段。网签制度是房管部门为了管理与服务房产交易的需要而出台的。根据当事人意思自治原则，有关行政部门不干涉和介入房屋买卖双方的缔约，只是对双方达成的合同意向进行登记备案。在录入网签系统以前，房屋买卖双方已经就房屋买卖达成了合意，因此是否网签不影响合同的成立和生效。

其次，网签是一种合同公示和确认行为。双方协商的合同内容一旦进入网签系统，即意味着向社会进行公示。从各地存量房交易规定看，不经过网签程序就无法转移房屋所有权。因此，网签是房屋所有权转移的必经程序。这也说明网签形成的合同是经过公示和确认的、已经成立并生效的合同。

再次，网签不具有创设物权的效力。与预告登记等物权公示不同，网签公示的是一个特定的债权债务关系，只是使得购房者获得了一种期待权，期待在将来可以顺利地实现该房屋的所有权，因此，其并不具有创设物权的公示效力，不会对合同之外的第三人产生物权公示效力。也就是说，如果经过网签后，买房人又将房屋抵押的，购房者以网签为由要求撤销抵押的，根据物权优先于债权的原则，不应支持购房者的主张。因此，购房者如想进一步取得相应物权公示效力，必须在网签之后再进行预告登记。

最后，“网签”协议与先合同、后合同的效力冲突。实践中，在有“网签”的房屋买卖合同中，当事人在“网签”之前往往已经形成一个买卖房屋的协议，还有的当事人为了避税、获得贷款而在网签前后签署多份合同。如不同合同的内容发生冲突，应以哪份合同为准呢？笔者认为，应当根据后合同优于前合同的原则，以后合同内容为准，同时，还要考虑不同合同中的房屋价款与市场价的差距、网签情况，查明当事人的真实意思。本案二审中，双方达成了调解协议，其中的房价为70万元，与网签合同中的价款存在巨大差距，说明双方在网签时可能出于避税原因故意低报了房屋价款。

第二章　房屋买卖合同的效力

2.1 开发商与购房者串通套取银行贷款的行为如何认定

——刘某诉钟某某、某房地产公司确认合同无效纠纷案①

关 键 词： 以合法形式掩盖非法目的，套取银行贷款，合同无效

问题提出： 开发商与购房者串通套取银行贷款行为如何认定？

裁判要旨： 以套取银行贷款为目的签订虚假的商品房买卖合同，属于以合法形式掩盖非法目的，应确认无效。是否构成套取银行贷款行为，应当结合合同内容、资金走向、贷款偿还以及房屋交付等情况进行综合分析认定。

案情简介

上诉人（原审原告）：刘某

被上诉人（原审被告）：钟某某、某房地产公司

2003年3月28日，钟某某与某房地产公司签订《重庆市商品房买卖合同》，约定：钟某某购买某房地产公司开发的房屋一套，总价值483812元；买受人首付193812元，余款29万元办理银行按揭。合同签订后，于同年4月29日在重庆经济技术开发区房地产交易所办理了登记备案。2011年5月27日，钟某某提前付清在交通银行南坪支行的诉争房屋按揭贷款本息168063.25元。2011年6月13日，钟某某取得诉争房屋的《房地产权证》。

2006年6月17日，刘某与某房地产公司签订《重庆市商品房买卖合同》，约定：刘某购买某房地产公司房屋一套，与前述钟某某购买房屋系同一套房屋，价格为471531元。双方对付款方式约定为：签订本合同时，一次性支付

---

① 一审法院为重庆市第五中级人民法院，案号：（2013）渝五中法民初字第00674号；二审法院为重庆市高级人民法院，案号：（2014）渝高法民终字第00118号。

471531元（以工程款冲抵此房）。同日，某房地产公司向刘某出具了收到全部房款的收据和发票，后某房地产公司将诉争房屋交付给刘某。

2011年8月3日，钟某某以发现刘某占有其所购房屋，与之交涉未果为由，向重庆市南岸区人民法院提起诉讼。该案经两审终审，判决刘某在判决生效之日起10日内搬离诉争房屋，并恢复房屋原状；刘某按每月1000元向钟某某支付自2011年8月3日起至搬离上述房屋之日止的房屋占用费。

2012年1月29日，刘某向重庆市南岸区人民法院提起行政诉讼，要求撤销重庆市国土资源和房屋管理局于2011年6月13日颁发重庆市《房地产权证》的具体行政行为。该案经两审终审判决驳回刘某的诉讼请求。

后刘某提起本案诉讼，请求确认钟某某与某房地产公司于2003年3月28日签订的《重庆市商品房买卖合同》无效。

二审中，经刘某申请，向重庆市公安局南岸分局经济犯罪侦查支队调取了十三份询问笔录和交通银行的零售客户交易明细清单（钟某某按揭还款明细）。某房地产公司原法定代表人罗某祥在2013年6月24日、2013年7月1日、2013年8月29日、2013年9月28日、2013年10月9日公安机关对其的讯问笔录中陈述：某房地产公司与钟某某签订的商品房买卖合同是以钟某某名义虚假购买商品房，从而套取银行商品房贷款，用于公司经营，钟某某没有缴纳首付款，按揭还款是其安排罗某强用某房地产公司的资金支付的。罗某祥在2013年12月6日公安机关对其的讯问笔录中陈述：某房地产公司于2003年3月28日与钟某某签订商品房买卖合同，将涉案房屋卖给钟某某，并以钟某某的名义在银行办理的按揭，钟某某缴纳了首付款193812元。钟某某在2013年7月16日公安机关对其的询问笔录中陈述：涉案房屋是某房地产公司为了向银行贷款，以钟某某名义做的按揭，按揭还款由罗某祥支付；罗某祥在2006年左右向钟某某借款28万元。罗某强在2013年6月24日公安机关对其的询问笔录中陈述：其于2011年5月27日向涉案房屋的钟某某按揭账户打入3万元和76884元，2011年6月3日打入147309元。以上款项均是其哥哥罗某祥让其帮忙转给钟某某的，付银行按揭尾款。其听说某房地产公司以公司员工名义购买商品房，以员工名义向银行按揭贷款，将银行的钱套出来，按揭款由公司偿还，钟某某当时应该没有真实购买房屋。

二审中，钟某某申请罗某祥出庭作证，罗某祥当庭陈述：2013年6月至

2013年10月期间公安机关对其所作的笔录均是公安机关打印好后让其签的字；公安机关2013年12月6日对其所作笔录是真实的；某房地产公司与钟某某签订商品房买卖合同的真实目的是商品房买卖，办理按揭不是为了套取银行现金，钟某某的按揭款是某房地产公司代钟某某支付的，原因是某房地产公司欠钟某某28万元。

二审中，钟某某陈述：公安机关对其所作笔录中关于虚假按揭的陈述是不真实的。其于2003年购买涉案房屋时，以现金方式缴纳了首付款19万多元，某房地产公司出具了收据，该收据在2006年其委托某房地产公司卖房时，交给了某房地产公司。某房地产公司在2002—2006年期间，分4次向其借款共计28万元（2002年6万元、2005年10万元、2006年4万元和8万元），均为现金，均未出具借据。按揭是真实的，某房地产公司之所以帮其还按揭款，是因为某房地产公司对其有借款未还。罗中某向小贷公司贷款50万元，是其用涉案房屋做的抵押，其与罗中某没有其他经济往来。涉案房屋其已收回，但未使用。

2012年1月9日，罗中某作为借款人与重庆市北部新区某小额贷款公司签订贷款合同，贷款50万元，借款人指定贷款划入罗某祥账户，钟某某以本案所涉房屋作为该笔贷款的担保。

各方观点

上诉人（原审原告）刘某观点：钟某某与某房地产公司于2003年3月28日签订《重庆市商品房买卖合同》的行为是以合法形式掩盖非法目的，应确认为无效。一审法院认为刘某在与某房地产公司签订房屋买卖合同时，未到房地产登记机关查询房屋状况，存在过失，是对刘某的过高要求。

被上诉人（原审被告）钟某某观点：（1）刘某作为商品房买卖合同当事人以外的第三人，与本案无直接利害关系，无权主张他人之间签订的合同无效，应驳回刘某的起诉；（2）本案中不存在以合法形式掩盖非法目的的行为，钟某某并没有套取银行贷款的意思表示；（3）钟某某与某房地产公司签订的《重庆市商品房买卖合同》真实有效，已经得到生效判决的确认，且双方的合同权利义务已履行完毕，故合同有效。

被上诉人（原审被告）某房地产公司观点：双方争议发生在企业破产之前，请求法院依法判决。

法院观点

一审法院观点：从合同的整个履行过程来看，刘某所提供的证据不能直接证明钟某某与某房地产公司于2003年3月28日签订《重庆市商品房买卖合同》时，不是真实的商品房交易关系，双方存在骗取银行按揭贷款的非法目的。同时，鉴于钟某某与某房地产公司的商品房买卖合同、钟某某与银行的按揭贷款合同均已履行完毕，且钟某某已取得诉争房屋的房地产权证，该财产的流转已经稳定。另外，因钟某某与某房地产公司签订的《重庆市商品房买卖合同》进行了合同备案登记，该登记具有公示的效力。而刘某在2006年6月17日与某房地产公司签订《重庆市商品房买卖合同》时，本可通过房地产登记机关查询当时房屋状况，以避免其权益受损，但因其自身过失未予查询，才导致本案之诉讼。综上，一审判决：驳回刘某的诉讼请求。

二审法院观点：根据本案二审新证据及查明的事实，某房地产公司与钟某某签订《重庆市商品房买卖合同》的真实目的并非商品房买卖，而是以虚假按揭方式达到某房地产公司套取银行信贷资金的目的，该合同以合法形式掩盖非法目的，应属无效。主要事实和理由如下：

（1）公安机关在2013年6月至2013年10月期间对某房地产公司原法定代表人罗某祥所作的讯问笔录以及公安机关在2013年7月16日对钟某某所作的询问笔录中，罗某祥和钟某某均分别陈述某房地产公司与钟某某签订商品房买卖合同的真实目的是虚假按揭。虽然罗某祥和钟某某在本案二审中称公安机关所作上述笔录不真实、不合法，但并没有举示充分证据予以证明，加之罗某祥和钟某某在上述笔录中对虚假按揭的陈述亦相互吻合，故法院对钟某某和罗某祥关于公安机关所作上述笔录不真实、不合法的意见不予采纳。虽然罗某祥在公安机关2013年12月6日对其所作的讯问笔录中否认虚假按揭，罗某祥和钟某某在本案二审中亦否认虚假按揭，但均属于在后陈述，相对于罗某祥与钟某某的在前陈述，其可信度较低。（2）关于钟某某是否支付涉案房屋首付款的问题。钟某某与某房地产公司签订的商品房买卖合同约定首付款为193812元，罗某祥在公安机关2013年6月至2013年10月期间的讯问笔录中均陈述钟某某没有缴纳该首付款。虽然钟某某在本案二审中陈述其于2003年支付了首付款19余万元，但并未举示相应的支付凭据，故现有证据不足以认定钟某某支付了涉案房屋的首付款。（3）关于按揭还款问题。根据本案查明的事实，虽然涉案房屋的按揭是以钟某某的名义办理的，但是按揭还款基本由某房地产公司支付。虽然钟某某和罗某祥均称某房地产公司代钟某某按揭还款系因某房地产公司与钟某某之间存在借款关系，但钟某某和罗某祥均未举示相应的借款凭据予以证明，故现有证据尚不足以证明该借款关系的真实性。（4）钟某某在与某房地产公司签订商品房买卖合同长达 8 年的时间里，怠于行使其作为购房人的权利，既未要求某房地产公司交房，也未要求某房地产公司办理过户登记，显然不符合一般购房之常理。虽然钟某某称其曾于 2006 年委托某房地产公司出售涉案房屋，但事实上，钟某某此时并非涉案房屋所有权人，而某房地产公司在 2006 年就涉案房屋与刘某签订商品房买卖合同时，亦未向刘某出示过钟某某的委托书，而购房款也是以工程款作抵。某房地产公司的上述售房行为显然不符合委托销售的特征。（5）某房地产公司在与钟某某签订商品房买卖合同长达 8 年的时间里，未给钟某某办理产权过户手续，却在重庆市第五中级人民法院受理中建二局第二工程公司申请某房地产公司破产案（2010 年 5 月 13 日）的一年后（2011 年 6 月 13 日）将涉案房屋过户给钟某某。某房地产公司在其破产清算期间，擅自处分其财产的行为，损害了其他债权人的利益。（6）钟某某取得涉案房屋产权后，在没有任何担保的情况下，又将涉案房屋为与其没有其他经济往来的罗中某贷款 50 万元设定抵押担保，亦与常理不符。综上所述，某房地产公司与钟某某签订的《重庆市商品房买卖合同》是以商品房买卖之合法形式掩盖某房地产公司以虚假按揭方式套取银行信贷资金之非法目的，符合《合同法》第 52 条规定的“以合法形式掩盖非法目的”之无效情形，故某房地产公司与钟某某签订的《重庆市商品房买卖合同》应当认定为无效。据此，判决如下：一、撤销重庆市第五中级人民法院（2013）渝五中法民初字第 00674 号民事判决；二、某房地产公司与钟某某于 2003 年 3 月 28 日签订的《重庆市商品房买卖合同》无效。

法官评析

本案的争议焦点为：原被告是否存在虚构房屋买卖事实。如原被告确为虚构房屋买卖事实，合同的效力如何认定。

1. 审理此类案件事实认定的方法

套取银行贷款的虚假合同往往表面符合合法要件，在购房人和开发商否认的情况下，需要如何判定双方串通签订虚假合同的事实呢？通常应当结合双方提交的证据和庭审陈述，从以下几个方面进行判断：(1) 合同内容。虚假合同一般内容较为简单，以骗取贷款为目的，具体合同细节约定不明确。(2) 首付款的给付情况。正常的贷款应当是买受人支付首付款，借款人手中有支付首付款的凭证，也可以通过银行资金流向查询到支付首付款的情况。本案中，被告未能举出书面证据证实其交付了首付款，对于首付款这一大额支出被告钟某某既没有留存凭证，也没有提供资金走向证据。(3) 按揭还款情况。一般情况下，虚假的贷款合同均由开发商自行偿还贷款，而并不是由借款人偿还贷款。本案中，按揭还款基本由某房地产公司支付。被告虽提出是某房地产公司向其偿还借款，但并未提交充分证据加以证实。(4) 房屋产权证等手续办理和保管情况。正常的商品房买卖交易中，办理产权证的各种税费由购房人承担，产权证也一定是购房人自行保管。而虚假购房合同履行中，往往是由开发商办理相应手续，产权证和相关税费票据也由开发商保管。本案中，某房地产公司在与钟某某签订商品房买卖合同长达 8 年的时间里，未给钟某某办理产权过户手续，却在某房地产公司破产案的一年后将涉案房屋过户给钟某某，显然有违常理。(5) 房屋实际交付情况。如商品房买卖合同是虚假的，开发商不会实际交房。本案中，钟某某在与某房地产公司签订商品房买卖合同长达 8 年的时间里，怠于行使其作为购房人的权利，既未要求某房地产公司交房，也未要求某房地产公司办理过户登记，显然不符合一般购房之常理。(6) 根据案情的具体情况予以判定。根据案件的一些具体事实，与前述几点情形相结合进行分析判定，是否可以形成完整的证据链，然后进行认定。本案中，关于笔录前后矛盾的问题，经分析可以看出，时间靠前的笔录可信度较高。而且，钟某某取得涉案房屋产权后，在没有任何担保的情况下，又将涉案房屋为与其没有其他经济往来的罗中某贷款 50 万元设定抵押担保，而该 50 万元贷款直接划入罗某祥账户，亦与常理不符。上述事实和证据相互印证，足以认定某房地产公司与钟某某签订商品房买卖合同的真实目的并非房屋买卖，而是某房地产公司通过虚假按揭方式，套取银行信贷资金。

2. 合同效力的判定

《合同法》第52条规定，以合法形式掩盖非法目的合同无效。以合法形式掩盖非法目的的行为，也叫规避法律的民事行为，是指行为人为了规避法律适用，达到非法目的而实施的以徒具合法形式的虚伪民事行为掩盖其非法目的其非法目的或民事行为的情形。[①] 该种行为因缺乏双方的真实意思表示而归于无效。判定本案讼争合同是否有效，需要从两方面进行认定，即当事人是否存在虚假意思表示以及当事人真实目的是否违法。当事人为套取银行贷款虚构房屋买卖事实订立买卖合同，双方并无买卖房屋的真实意思表示。这一情况已经通过上述六个方面的事实依据进行了判定，双方确为虚假意思表示。双方签订商品房买卖合同的目的是套取银行贷款，违反了国家有关住房贷款和金融贷款的固定，扰乱了金融监管秩序，其合同目的是非法的，应当认定为无效合同。

2.2 套取银行贷款的房屋买卖合同被确认无效后，抵押预告登记效力如何认定

——中国光大银行股份有限公司上海青浦支行诉上海东鹤房地产有限公司、陈某绮保证合同纠纷案[②]

关 键 词：套取银行贷款，阶段性连带责任，抵押预告登记

问题提出：套取银行贷款的房屋买卖合同被确认无效后，开发商和买受人需要承担何种责任？抵押预告登记后，抵押物的产权未登记在借款人名下，预告登记权利人可否行使抵押权？

裁判要旨：一、开发商为套取银行资金，与自然人串通签订虚假的预售商品房买卖合同，以该自然人的名义与银行签订商品房抵押贷款合同而获得银行贷款，当商品房买卖合同被依法确认无效后，开发商

---

① 江平主编：《民法学》，中国政法大学出版社2000年版，第213页。

② 此案例来源于《最高人民法院公报》2014年第9期。一审法院为上海市青浦区人民法院，案号：(2012) 青民二（商）初字第457号；二审法院为上海市第二中级人民法院，案号：(2012) 沪二中民六（商）终字第138号。

与该自然人应对银行的贷款共同承担连带清偿责任。

二、预售商品房抵押贷款中，虽然银行与借款人（购房人）对预售商品房做了抵押预告登记，但该预告登记并未使银行获得现实的抵押权，而是待房屋建成交付借款人后银行就该房屋设立抵押权的一种预先的排他性保全。如果房屋建成后的产权未登记至借款人名下，则抵押权设立登记无法完成，银行不能对该预售商品房行使抵押权。

案情简介

上诉人（原审原告）：中国光大银行股份有限公司上海青浦支行（以下简称光大银行）

上诉人（原审被告）：上海东鹤房地产有限公司（以下简称东鹤公司）

被告：陈某绮

2007 年 8 月 29 日，原告光大银行与被告陈某绮、东鹤公司签订《个人贷款合同（抵押、保证）》1 份，约定陈某绮向光大银行借款 37 万元，用于购房。陈某绮以坐落于上海市青浦区鹤如路 185 弄 20 号 × × 房屋作为抵押物提供担保，担保范围包括利息、律师费等；贷款期限自 2007 年 9 月 12 日至 2037 年 9 月 12 日，还款方式采用等额还本付息法。东鹤公司作为保证人在合同上盖章，自愿为被上诉人陈某绮在贷款合同项下所产生的全部债务向上诉人光大银行提供阶段性连带责任保证，如陈某绮未按合同约定履行还款义务，东鹤公司保证向光大银行履行还款义务，保证期间从合同签署之日起至抵押人就抵押物有效设定抵押，且相关抵押物权利证明及设定抵押的相关文件交付贷款人正式执管之日止。合同签订后，光大银行和陈某绮于 2007 年 9 月 12 日办理预告登记（预购商品房抵押），光大银行于同日发放贷款。

2010 年 12 月 28 日，上海市青浦区人民法院受理陈某绮诉东鹤公司商品房预售合同纠纷案。审理中，光大银行作为第三人参加诉讼。上海市青浦区人民法院在审理该案中认为，陈某绮和东鹤公司通过签订商品房预售合同的合法形式，掩盖了东鹤公司获得银行贷款的非法目的，该行为损害了他人的利益，故合同无效。因商品房预售合同被确认无效，贷款合同的目的已无法实现，故该贷款合同应一并予以解除。据此上海市青浦区人民法院作出（2011）青民三（民）初字第 79 号民事判决，判决合同无效；陈某绮归还光大银行借款本金355672.35元及截至2011年3月29日的利息。陈某绮不服该判决提起上诉，上海市第二中级人民法院作出（2011）沪二中民二（民）终字第1370号民事判决，判决驳回上诉，维持原判。之后，光大银行收到归还的贷款820.09元。截至2011年6月20日，被上诉人陈某绮欠付的期内利息及逾期利息计7843.86元，其中，自2011年3月30日起至2011年6月20日止，陈某绮欠付的期内利息及逾期利息计5263.01元。

原告光大银行起诉至上海市青浦区人民法院，要求：判令被告陈某绮偿付自2011年3月20日起至2011年6月20日的利息7843.86元以及自2011年6月21日起至实际清偿之日止的利息（利率按合同约定计算）；被告东鹤公司连带清偿借款本金354852.26元，偿付合同期内利息和逾期利息7843.86元（暂计至2011年6月20日）及自2011年6月21日起至实际清偿之日止的利息（利率按合同约定计算）；两被告偿付原告律师代理费15000元；原告在抵押物处分时享有优先受偿权，不足部分由两被告连带清偿。

光大银行参加陈某绮与东鹤公司商品房预售合同纠纷案一、二审诉讼，为此支出律师费10000元，参加本案诉讼，支出律师费5000元。

各方观点

光大银行观点：东鹤公司是贷款的实际使用人，与陈某绮构成共同侵权，应与陈某绮共同向光大银行承担连带清偿责任。根据贷款合同约定，债权人为实现债权所支出的律师费应由债务人承担，保证人承担担保责任。

东鹤公司观点：法院生效判决已经明确其与被告陈某绮签订的商品房预售合同无效，光大银行与陈某绮的贷款合同已解除，东鹤公司不应再承担保证责任，而且，东鹤公司已经向陈某绮返还房款，无须再向光大银行还款。生效判决认定房屋预售合同无效，系争房屋归东鹤公司所有，光大银行不享有抵押权。光大银行支付的律师费不应由其承担。

陈某绮观点：光大银行要求其还款是合理的，且认可光大银行主张的利息，但其无力还款。律师费不是合理支出，不应由其承担。系争房屋是其购买的，抵押权行使后超出债权部分应归其所有。

法院观点

上海市青浦区人民法院一审观点：

原告光大银行与被告东鹤公司、陈某绮签订的《个人贷款合同（抵押、保证)》是当事人在平等、自愿的基础上缔结的，是其真实意思表示，合法有效。由于贷款合同被判令解除后，陈某绮未履行生效判决规定的还款义务，根据合同约定，光大银行有权行使抵押权。东鹤公司作为保证人也应承担相应的保证责任。光大银行为本案支付的律师代理费为5000元，根据合同约定，此款应由陈某绮偿付，东鹤公司承担保证责任。对光大银行主张的其他律师代理费，因非本案支出的费用，故不予支持。由于光大银行的债权既有保证又有物的担保，故东鹤公司对物的担保以外的债权承担保证责任。鉴于借款合同的有效性已在前述作了认定，故保证合同有效，东鹤公司仍应承担保证责任。陈某绮经合法传唤无正当理由拒不到庭参加诉讼，放弃了自己的抗辩权利。综上，上海市青浦区人民法院于2012年5月30日作出判决：一、陈某绮应于判决生效之日起十日内偿付光大银行律师代理费5000元；二、如陈某绮未履行（2011）青民三（民）初字第79号民事判决确定的归还借款本金354852.26元（2011年6月21日后的利息按合同规定计算）以及本判决第一项确定的律师费5000元，光大银行可以与抵押人陈某绮协议，以坐落于上海市青浦区鹤如路185弄20号××室房屋折价，或者申请以拍卖、变卖该抵押物所得价款优先受偿。抵押物折价或者拍卖、变卖后，其价款超过债权数额的部分归抵押人陈某绮所有，不足部分由陈某绮清偿；三、在陈某绮提供的抵押物不足以清偿全部债务时，由东鹤公司对不足部分债务承担连带清偿责任。东鹤公司承担保证责任后，有权向陈某绮追偿。

光大银行、东鹤公司均不服一审判决，向上海市第二中级人民法院提起上诉。

上海市第二中级人民法院二审观点：

本案二审的争议焦点是：（1）上诉人光大银行对涉案房产能否行使抵押权；（2）上诉人东鹤公司在本案中是否承担法律责任；（3）光大银行主张的利息、逾期利息及律师费是否应予支持。

1. 关于第一个争议焦点：上诉人光大银行对涉案房产能否行使抵押权

二审法院认为，系争房产上设定的抵押预告登记，与抵押权设立登记具有不同的法律性质和法律效力。根据《物权法》等相关法律法规的规定，预告登记后，未经预告登记的权利人同意，处分该不动产的，不发生物权效力。

预告登记后，债权消灭或者自能够进行不动产登记之日起三个月内未申请登记的，预告登记失效。即抵押权预告登记所登记的并非现实的抵押权，而是将来发生抵押权变动的请求权，该请求权具有排他效力。因此，上诉人光大银行作为系争房屋抵押权预告登记的权利人，在未办理房屋抵押权设立登记之前，其享有的是当抵押登记条件成就或约定期限届满对系争房屋办理抵押权登记的请求权，并可排他性地对抗他人针对系争房屋的处分，但并非对系争房屋享有现实抵押权，一审判决对光大银行有权行使抵押权的认定有误，应予纠正。

2. 关于第二个争议焦点：上诉人东鹤公司在本案中是否承担法律责任

二审法院认为，根据《最高人民法院关于适用〈中华人民共和国担保法〉若干问题的解释》第10条的规定，东鹤公司提供阶段性连带保证的主合同为系争贷款合同，现主合同虽被解除，在东鹤公司与光大银行未在保证合同中另有约定的情况下，保证人东鹤公司仍应对债务人的相关民事责任承担连带清偿的保证责任。而所谓阶段性连带保证，其本意就是让房产开发商为借款人在该阶段内（贷款合同签署之日起至抵押有效设定，相关权利证明文件交付银行执管之日止）向银行履行还款义务提供保证，亦为银行获得安全的房屋抵押担保的等待过程提供保证。一旦房屋抵押设定成功，该阶段性保证的任务完成，即阶段性保证期限届满之时即银行获得借款人的房屋抵押担保之时。本案抵押预告登记在未变更为抵押权设立登记之前，根据物权法定原则，上诉人光大银行就抵押房屋处分并优先受偿的权利在行使要件上有所欠缺，即上诉人东鹤公司提供的阶段性连带保证的期限届满条件未成就。且该期限届满条件的未成就并非光大银行造成，而是东鹤公司与被上诉人陈某绮恶意串通，以商品房买卖为名，行东鹤公司融资之实，损害了光大银行的利益，危及银行贷款安全，陈某绮与东鹤公司具有明显过错。因此，东鹤公司应对陈某绮因贷款合同所产生的所有债务承担连带清偿责任。至于东鹤公司承担连带清偿责任之后与陈某绮之间的权利义务关系，双方可能另行存在约定，东鹤公司可与陈某绮另行解决，本案中不予处理追偿权问题。

3. 关于第三个争议焦点：上诉人光大银行主张的利息、逾期利息及律师费是否应予支持

二审法院认为，上诉人光大银行在本案中对被上诉人陈某绮的利息主张

与另案生效判决存在部分期间的重叠，故本案对光大银行向陈某绮主张的利息中，计算重复部分不予支持，本案中陈某绮应付的利息应自2011年3月30日起算。对于光大银行主张的律师费，其作为第三人申请参加另案诉讼的审理，由此产生的律师费不能在本案中予以主张。至于光大银行主张因本案保证合同诉讼所产生的律师费，一审法院已阐明了支持的理由，并无不当。

综上所述，一审判决确有错误，应予改判。据此，判决：一、维持一审民事判决第一项；二、撤销一审民事判决第二、三项；三、被上诉人陈某绮应于本判决生效之日起十日内支付上诉人中国光大银行股份有限公司上海青浦支行自2011年3月30日起至2011年6月20日止的期内利息及逾期利息计人民币5263.01元以及自2011年6月21日起至实际清偿完毕日止的逾期利息（以本金人民币354852.26元为基数，按照合同约定的贷款执行利率基础上上浮30%计收）；四、上诉人上海东鹤房地产有限公司应连带清偿被上诉人陈某绮借款本金人民币354852.26元，截至2011年6月20日止的期内利息及逾期利息计人民币7843.86元以及自2011年6月21日起至实际清偿完毕日止的逾期利息（以本金人民币354852.26元为基数，按照合同约定的贷款执行利率基础上上浮30%计收）；五、上诉人上海东鹤房地产有限公司对本判决第一项陈某绮的给付义务承担连带清偿责任；六、驳回上诉人中国光大银行股份有限公司上海青浦支行其他诉讼请求；七、驳回上诉人上海东鹤房地产有限公司的上诉请求。

法官评析

1. 东鹤公司保证责任的认定

（1）主合同解除，担保人对债务人应承担的民事责任承担担保责任。《最高人民法院关于适用〈中华人民共和国担保法〉若干问题的解释》第10条规定："主合同解除后，担保人对债务人应当承担的民事责任仍应承担担保责任。但是，担保合同另有约定的除外。"通过该规定可以看出，主合同解除后，保证人并不必然承担保证责任。保证人承担保证责任必须满足以下两个条件：一是债务人应当承担民事责任；二是债务人承担的责任属于原保证合同约定的范围。本案中，主合同已经解除，但是借款人陈某绮仍然需要履行还款义务，该义务属于原保证合同约定的保证范围，故东鹤公司仍然要承担担保责任。

（2）人保和物保同时存在的处理。《物权法》第176条规定：“被担保的债权既有物的担保又有人的担保的，债务人不履行到期债务或者发生当事人约定的实现担保物权的情形，债权人应当按照约定实现债权；没有约定或者约定不明确，债务人自己提供物的担保的，债权人应当先就该物的担保实现债权；第三人提供物的担保的，债权人可以就物的担保实现债权，也可以要求保证人承担保证责任。提供担保的第三人承担担保责任后，有权向债务人追偿。”本案属于既有物保又有人保的情况，但本案中的情况有其特殊性，应当根据上述条款的规定依照当事人的约定处理，而并不是按照一审法院判决的保证人在物的担保以外承担责任。首先，合同中虽然约定了抵押条款，但是并没有办理正式的抵押登记。其次，合同中约定的东鹤公司的保证义务是阶段性保证义务，合同中对其保证期间有明确的约定，即在贷款合同签署之日起至抵押有效设定，相关权利证明文件交付银行执管之日止。因此，合同中已经约定了人保和物保各自在不同的阶段承担担保责任，当事人应该按照合同的约定履行义务。在主合同解除之时，抵押权并没有设立，故保证人东鹤公司仍应当承担保证责任。

2. 光大银行能否行使抵押权的认定

抵押权是担保物权，以建筑物抵押的应当办理抵押登记，抵押权自登记时设立。而预告登记并不能等同于抵押登记。预告登记所登记的，不是不动产物权，而是目的在于将来发生不动产物权变动的请求权。[①] 根据《物权法》第20条的规定：“当事人签订买卖房屋或者其他不动产物权的协议，为保障将来实现物权，按照约定可以向登记机构申请预告登记。预告登记后，未经预告登记的权利人同意，处分该不动产的，不发生物权效力。预告登记后，债权消灭或者自能够进行不动产登记之日起三个月内未申请登记的，预告登记失效。”由此项规定可以看出，预告登记属于对请求权优先的登记，是保障债权人将来实现其债权的一种方式。预告登记权利人享有以下两个权利：一是请求权，即可以比其他人优先设立抵押权的请求权。二是排他权，即预告登记后，其他人不得再对该房产进行物权处分，如果处分也不发生效力。这

---

① 王胜明主编：《中华人民共和国物权法解读》，中国法制出版社2007年版，第47页。

种请求权和排他权保护了权利人能够在房屋可以办理相关手续时顺利办理抵押登记，防止因合同债权没有排他性，而导致“一房二卖”等情况下损害债权人的权利。但该两项权利并不能够代替正式的抵押登记。

本案中，光大银行仅进行了抵押预告登记，并没有办理正式的抵押登记，抵押权没有生效，其不享有优先受偿权。该案件中的这一观点也被此后最高人民法院出台的《最高人民法院关于适用〈中华人民共和国物权法〉若干问题的解释（一）》所确认，其中第5条规定：“买卖不动产物权的协议被认定无效、被撤销、被解除，或者预告登记的权利人放弃债权的，应当认定为物权法第二十条第二款所称的‘债权消灭’。”

2.3 商品房预售合同无效后缔约过失责任如何承担

——海南昌旺达置业顾问有限公司诉海南宇昌房地产开发有限公司商品房预售合同纠纷案①

关 键 词： 商品房预售，合同无效，缔约过失，信赖利益，过失相抵

问题提出： 商品房预售合同因开发商未办理预售许可证而无效，开发商应承担何种赔偿责任？赔偿范围和数额如何确定？

裁判要旨： 商品房预售合同因开发商未办理预售许可证而无效，开发商应承担缔约过失责任。缔约过失损害赔偿数额，应限于信赖利益损失的范围，一般不应超过履行利益，同时还应遵循过失相抵的赔偿规则。

案情简介

申诉人（一审被告、二审上诉人、再审申请人）：海南宇昌房地产开发有限公司（以下简称宇昌公司）

被申诉人（一审原告、二审被上诉人、再审被申请人）：海南昌旺达置业顾问有限公司（以下简称昌旺达公司）

---

① 一审法院为海南省第一中级人民法院，案号：（2012）海南一中民初字第23号；二审法院为海南省高级人民法院，案号：（2013）琼民再终字第4号；再审法院为最高人民法院，案号：（2014）民抗字第75号。

一审第三人（二审被上诉人）：海南瑞昌润房地产开发有限公司（以下简称瑞昌润公司）

2009年7月4日，宇昌公司与案外人京美城公司签订《合作开发房地产合同书》，约定：宇昌公司提供位于海南省文昌市文航路包括涉案房产所占土地在内的约64亩土地与京美城公司合作，京美城公司提供全部开发建设资金和销售费用，并负责整个项目策划、建设和销售等工作。

2009年12月30日和2010年1月13日，昌旺达公司与宇昌公司分别签订两份《房产买卖合同》。其中，第一份合同交易房产的面积为5000m^2，单价2200元/m^2，房款1100万元。第二份合同交易房产的面积为8000m^2，单价2550元/m^2，房款2040万元。两份合同交易房产的总面积为13000m^2，总价款为3140万元。两合同均约定，如宇昌公司在两年内未能如期完成施工并验收成功取得房产证，在一个月内昌旺达公司有权单方面终止合同，宇昌公司必须赔偿昌旺达公司所支付的双倍款项并承担昌旺达公司所受损失。两份合同签订后，宇昌公司于2010年1月6日、14日向昌旺达公司出具两份确认书，明确了13000m^2房产的具体位置。昌旺达公司按合同约定的时间向宇昌公司支付了两笔总计1570万元的购房款。2010年2月8日，宇昌公司致函昌旺达公司，要求终止两份《房产买卖合同》并支付违约金200万元。2011年1月19日，宇昌公司又致函昌旺达公司称，两份《房产买卖合同》因违反法律强制性规定为无效合同。2011年1月22日，宇昌公司向昌旺达公司借款1000万元并出具《借条》，承诺借款期限为18个月（2011年1月21日至2012年7月20日），如借款人没钱还，可商量延迟到2012年12月20日，不计息。并承诺将其位于南丽湖旁的两块土地［证号为：定安国用（2010）第31号、第32号］作为借款的抵押物。同时，宇昌公司在一份《声明》中称，同意友好处理涉案房屋买卖合同的履行，……在取得预售许可证时与昌旺达公司签订正式的商品房买卖合同。同日，宇昌公司与瑞昌润公司签订一份《项目合作合同书》，约定将上述两块土地以与瑞昌润公司合作的形式作为昌旺达公司借款1000万元的担保。随后，宇昌公司将该两块地的土地使用权证原件交给瑞昌润公司法定代表人叶某化。2011年1月23日，受昌旺达公司委托，瑞昌润公司的法定代表人叶某化从其个人账户给宇昌公司法定代表人××汇款1000万元。

2011年4月18日，京美城公司因合资、合作开发房地产合同纠纷向法院起诉宇昌公司，并追加昌旺达公司作为第三人参加诉讼，请求法院确认宇昌公司、昌旺达公司签订的两份《房产买卖合同》无效。

基于京美城公司的诉讼，2011年5月11日，宇昌公司、昌旺达公司在该案中达成《和解协议》，约定：1. 在完成下述南丽湖旁的两块土地转让手续之日，宇昌公司收回双方之前签订的两份《房产买卖合同》中的11000m^2的房产归“一品华府”项目处理，剩余的2000m^2房产，按2550元/m^2出售给昌旺达公司，由昌旺达公司重新选定具体楼层和房号；2. 为弥补昌旺达公司的相应损失，宇昌公司同意将南丽湖旁约69亩两块土地［证号为：定安国用（2010）第31号、第32号］以每亩20万元总计1380万元的优惠价出售给昌旺达公司指定的受让人瑞昌润公司，由宇昌公司和瑞昌润公司正式签订《土地转让合同》。2011年5月11日，依据上述《和解协议》，宇昌公司与昌旺达公司指定的瑞昌润公司签订了《土地转让协议》，约定宇昌公司将南丽湖旁上述两块土地使用权转让给瑞昌润公司；在支付该地块土地转让费后，如瑞昌润公司无法取得国有土地使用权证，则该协议废止，宇昌公司须在三天内退还已付的购地款并赔偿损失。同时，宇昌公司给昌旺达公司出具《承诺函》，称：如在2个月内无法将南丽湖两块土地过户到瑞昌润公司名下，那么，原向叶某化及昌旺达公司的无息借款1000万元应当立即连本带息返还。据此，瑞昌润公司受昌旺达公司委托，支付了首笔土地转让款1000万元及相关税费1013375.1元。

2011年9月5日，京美城公司、宇昌公司、昌旺达公司三方签订《调解协议书》，确认了宇昌公司和昌旺达公司于2011年5月11日签订的《和解协议》，同时在《调解协议书》中约定“宇昌公司未能如期办妥南丽湖两块土地使用权变更登记，则协议终止执行，各方纠纷另行依法处理”。至2011年12月30日，双方约定转让的土地未能办理土地使用权变更登记手续。昌旺达公司多次提出继续履行和解除合同的方案，宇昌公司均未在合理期限内作出回应。

另查明，至本案一审开庭审理时，“一品华府”项目仍未取得商品房预售许可证。一审法院委托海南明正房地产评估有限公司对涉案房产价格进行了评估。2012年4月5日，该评估机构出具的《司法技术鉴定报告》载明：

“位于文昌市‘一品华府’项目13000m^{2}设定为住宅现房状态下，在估价时点2012年3月22日的公开市场价值总额为7585.84万元，平均市值单价5835.3元/m^2。”

2012年1月，昌旺达公司向一审法院起诉，请求：1. 确认2009年12月30日、2010年1月13日的《房产买卖合同》无效，宇昌公司返还昌旺达公司购房款1570万元，赔偿损失4600万元；2. 解除双方关于南丽湖约69亩两块土地的《土地转让合同》，宇昌公司归还昌旺达公司土地转让款1000万元及利息652435元（按银行同期一年贷款利率，从2011年1月30日暂计至2012年1月31日），以及其他损失1025629.76元；3. 解除双方关于1000万元的借款合同关系，宇昌公司归还昌旺达公司借款本金1000万元，利息665346元（按银行同期一年贷款利率，从2011年1月22日暂计至2012年1月31日）；4. 宇昌公司承担本案的诉讼费用。

2012年4月20日，瑞昌润公司向一审法院出具《关于与宇昌公司有关合同及付款的说明》，称瑞昌润公司与宇昌公司分别于2011年1月22日、5月11日签署的《项目合作合同书》《土地转让协议书》，以及向宇昌公司支付1000万元等行为皆受昌旺达公司指派，均为解决宇昌公司和昌旺达公司签订的两份商品房买卖合同而为，有关争议昌旺达公司有权直接处分。2012年4月25日，瑞昌润公司法人代表人叶某化出具书面说明称，2011年1月23日受昌旺达公司委托，从其本人账户支付给宇昌公司法定代表人××1000万元。

2012年10月10日，二审法院召集三方当事人查看了涉案“一品华府”项目现场。2009年12月30日《房产买卖合同》所交易的5000m^{2}房产位于该项目工地“昌华轩”楼，框架已建至第19层；2010年1月13日签订的《房产买卖合同》所交易的8000m^{2}房产位于该项目工地“珠华轩”楼，框架建至第3层。至二审时，涉案房产亦没有办理商品房预售许可证。

2014年9月2日，昌旺达公司、宇昌公司、案外人海南东泰嘉华房地产开发有限公司（以下简称东泰嘉华公司）达成一份执行《和解协议书》载明，东泰嘉华公司以已预售备案登记在自己名下，位于文昌市文城镇文航路的“银河金座”二期总面积为17073m^2，单价为4100元/m^{2}的房屋，提供给宇昌公司偿还昌旺达公司在本案的全部金钱债务。……抵债房产的预售备案登记办理到昌旺达公司名下后，昌旺达公司可对外销售此抵债房产并不再对

“一品华府”项目主张权利，东泰嘉华公司拥有对宇昌公司由此产生的债权7000万元等。最高人民法院再审庭审后，宇昌公司提供了海南省文昌市住房和城乡建设局证明称，截至2014年12月15日，东泰嘉华公司已将名下共计155套、面积10573.8m^2的抵债房屋网签登记到昌旺达公司名下。

2014年9月26日，东泰嘉华公司因与宇昌公司上述债务转让合同纠纷，以宇昌公司未按协议提供价值相应的担保物，亦未偿还其债务为由，申请海南仲裁委员会仲裁。仲裁庭审理中，东泰嘉华公司与宇昌公司达成调解协议：宇昌公司应于仲裁裁决生效之日起5日内向东泰嘉华公司偿还所欠债务7000万元。仲裁庭根据双方协议制作了（2014）海仲字第557号调解书。2014年11月5日，海口海事法院以（2014）琼海法执字第553号通知书，受理了东泰嘉华公司要求强制执行上述调解书的申请。

各方观点

最高人民检察院高检民监（2014）49号民事抗诉观点：海南省高级人民法院再审判决认定案件的基本事实缺乏证据证明，适用法律错误。（1）再审判决已经正确认定合同无效，就不存在判决提出的“昌旺达公司作为守约方”以及“合同实质上是属于效力待定的合同”的问题，无效合同也不存在可信赖利益和期待利益。在此情况下，再审判决宇昌公司赔偿昌旺达公司的信赖利益和可期待利益损失自相矛盾，违反了法律关于无效合同的处理规定。（2）再审判决认定1000万元借款为购房款缺乏证据证明。从宇昌公司出具的《借条》、双方在另案达成的《和解协议》及宇昌公司的书面承诺、昌旺达公司诉请和宇昌公司答辩看，双方均认为1000万元是借款而非购房款。再审判决认定1000万元借款可以视为昌旺达公司支付的购房款，据此认定其共支付了2570万元购房款，并判决宇昌公司承担已付购房款一倍即2570万元的赔偿责任错误。同时，该再审判决主文第四项又认定宇昌公司向昌旺达公司返还借款本金1000万元，认定相互矛盾。（3）本案不存在《最高人民法院关于审理商品房买卖合同纠纷案件适用法律若干问题的解释》第9条所规定的三种情形，因二审已认定宇昌公司承担合同无效60%的责任，再审判令宇昌公司承担已付购房款一倍的全部赔偿责任，适用法律没有依据。（4）二审中，宇昌公司、昌旺达公司、瑞昌润公司确认“2011年1月23日，瑞昌润公司受昌旺达公司委托，其法定代表人叶某化从个人账户中汇款1000万元给宇昌公司法定代表人××，……瑞昌润公司受昌旺达公司委托，据此支付了首笔土地转让价款1000万元，并支付了土地转让税费等1013375.1元”，宇昌公司并表示，“我们认为昌旺达和瑞昌润是一种委托关系”，但并非承认其在订立合同时已经知道昌旺达公司与瑞昌润公司之间有委托或代理关系。而《土地转让协议》的当事人不是昌旺达公司，故其无权主张解除该合同并主张返还土地转让款和赔偿损失。再审判决认定昌旺达公司有权主张解除《土地转让协议》、要求返还土地转让款、赔偿损失，适用《合同法》第402条错误。

宇昌公司同意上述抗诉观点，并补充以下观点：（1）再审判决认定昌旺达公司与瑞昌润公司存在委托关系的证据仅为瑞昌润公司和其法定代表人叶某化的两份情况说明，该说明属于证人证言，但证人未出庭作证、质证，不能作为认定事实的依据。昌旺达公司与瑞昌润公司分别是两个独立的法人，行为不具有相互替代的效力。昌旺达公司主张其与瑞昌润公司股东相同，两公司具有委托关系的理由不能成立。（2）宇昌公司与京美城公司合作开发涉案房产中有关资金、销售的约定系内部分工问题，是否对外披露与欺诈没有关联性，故原再审适用最高人民法院《关于审理商品房买卖合同纠纷案件适用法律若干问题的解释》第9条认定本案损失属于适用法律错误。（3）关于昌旺达公司的损失主要是因缔约支付的购房款及相应的利息损失，订约时，昌旺达公司明知涉案房屋没有预售许可证，故应自行承担相应后果。（4）2014年9月2日，宇昌公司、昌旺达公司与东泰嘉华公司达成的《和解协议书》有案外人参与和解，其权利义务内容不尽一致，该和解确定的债权数额实质上是原再审判决内容的重复，故不存在和解的问题。

昌旺达公司观点：（1）本案《房产买卖合同》签订后一个月，适逢海南建设国际旅游岛国策颁布实施，致海南房价暴涨，此时宇昌公司试图毁约，同时其隐瞒与京美城公司的合作关系及不能单方对外卖房的情况，导致京美城公司起诉，为使合同得到继续履行并争取预售许可，昌旺达公司多次让步妥协，但宇昌公司从未实质性履行过自己承诺的任何义务，一再毁约欺骗昌旺达公司。（2）宇昌公司称借款1000万元系为加快与京美城公司的项目建设和纠纷解决，冲抵购房款，昌旺达公司无奈答应了宇昌公司的无息借款要求，并指令关联公司的法定代表人直接向其付款1000万元。在法院调解中又与宇昌公司明确，昌旺达公司授权瑞昌润公司作为土地受让方。对此，宇昌公司不仅明知且当庭承认。(3) 本案《房产买卖合同》已经成立，导致合同无效的原因非内容违法，而是尚未办理行政许可，宇昌公司是未能办结行政许可的主要责任方，昌旺达公司未尽审查义务并不直接导致合同无效。合同签订后，昌旺达公司一直在积极履行合同，没有不诚信行为。合同签订至今，宇昌公司拖延不办房屋预售许可证不符合常理。因此，法院依据双方过错判决承担相应责任是正确的。(4) 宇昌公司与昌旺达公司在抗诉再审前已达成和解协议，由东泰嘉华公司替代其履行所欠债务，东泰嘉华公司已将大部分抵债房产网签备案登记到昌旺达公司名下，其余部分也即将完成备案登记。该和解协议明确，在抵债房屋预售登记到昌旺达公司名下后宇昌公司与昌旺达公司的债权债务关系结清，包括抗诉再审在内所有与本案相关的法律诉讼程序终结。之后，东泰嘉华公司以此和解协议为依据，将对宇昌公司的债权又通过仲裁程序与宇昌公司达成调解，确认取得对宇昌公司 7000 万元的债权。

瑞昌润公司观点：同意昌旺达公司的意见。

法院观点

海南省第一中级人民法院一审观点：一、关于两份《房产买卖合同》无效的过错责任问题。双方签订两份《房产买卖合同》时，涉案房屋尚未开工建设，故双方所签订的两份《房产买卖合同》实质是商品房预售合同。本案成讼时，该两份《房产买卖合同》所交易的房产仍未取得预售许可证。根据《最高人民法院关于审理商品房买卖合同纠纷案件适用法律若干问题的解释》第 2 条“出卖人未取得商品房预售许可证明，与买受人订立的商品房预售合同，应当认定无效，但是在起诉前取得商品房预售许可证明的，可以认定有效”之规定，双方所签两份《房产买卖合同》应当认定无效。同时因办理商品房预售许可证的义务属于宇昌公司，因宇昌公司未积极履行该义务，向昌旺达公司借款 1000 万元且又收取了土地转让款 1000 万元后，违反诚实信用原则，于上述两合同订立后长达两年多的时间里未能办理约定的房产预售许可证，最终导致合同无效，宇昌公司对合同无效负有主要过错，应承担 60% 的过错责任。昌旺达公司在与宇昌公司签订商品房预售合同时，未能尽到谨慎审查的注意义务，存在一定的缔约过失，应承担 40% 的过错责任。

二、关于昌旺达公司是否存在损失，损失应如何计算的问题。昌旺达公司因无效合同所致的损失，主要为因信赖合同有效可获取房屋而实际并未取得房屋所致的价格差额部分的损失，该损失即为昌旺达公司的信赖利益损失。昌旺达公司与宇昌公司签订合同时交易房屋的价格分别为 2200 元/m^2 和 2550 元/m^2，交易总价为 3140 万元。根据海南明正房地产评估有限公司 2012 年 4 月出具的评估报告，目前合同交易房屋的市场单价为 5835. 3 元/m^2，合同交易房屋的总价值为 7585. 84 万元。因此，合同交易房屋价值的差额 4445. 84 万元即为昌旺达公司的信赖利益损失。宇昌公司依照《合同法》第 42 条、第 58 条的规定，应承担缔约过失的损害赔偿责任，赔偿昌旺达公司的信赖利益损失。故宇昌公司应按昌旺达公司损失总额的 60% 承担过错赔偿责任，赔偿昌旺达公司损失 2667. 5 万元。

三、关于昌旺达公司是否有权要求宇昌公司返还购地款 1000 万元及相关费用的问题。从昌旺达公司与宇昌公司双方签订和履行合同的整个过程看，昌旺达公司出借 1000 万元给宇昌公司以及指令瑞昌润公司向宇昌公司支付购地款 1000 万元，均是围绕着双方之前签订的两份商品房预售合同进行的。瑞昌润公司在庭审中以及 2012 年 4 月 20 日向法院出具的《关于与宇昌公司有关合同及付款的说明》中均明确表示："向宇昌公司支付 1000 万元购地款，是受昌旺达公司指令，为解决原、被告双方之前签订的两份商品房买卖合同纠纷而为，该款项由昌旺达公司支付，有关权利亦由昌旺达公司直接处分。"因此，昌旺达公司要求解除瑞昌润公司与宇昌公司签订的《土地转让协议》，返还购地款 1000 万元及赔偿相关损失有充分的事实和法律依据，应予支持。

四、关于双方是否存在借贷关系、是否到期以及应否计息的问题。宇昌公司向昌旺达公司借款 1000 万元的事实，有 2011 年 1 月 22 日宇昌公司向昌旺达公司出具的《借条》，2011 年 1 月 23 日从瑞昌润公司法定代表人叶某化账户向宇昌公司法定代表人 × ×账户转款的凭证、2011 年 5 月 11 日宇昌公司给昌旺达公司出具的《承诺函》、2012 年 4 月 25 日叶某化向法庭出具的《情况说明》等证据证实。宇昌公司在上述《承诺函》中，向昌旺达公司明确表示："如果宇昌公司南丽湖 2 块土地在 2 个月内无法过户到瑞昌润公司的名下，那么 1000 万元的借款应当立即连本带息返还。"因此，昌旺达公司要求宇昌公司返还 1000 万元借款及支付相应利息的理由成立，该利息应从 2011

年7月11日起计算。

经海南省第一中级人民法院审判委员会讨论决定，作出（2012）海南一中民初字第23号民事判决：一、确认昌旺达公司与宇昌公司2009年12月30日、2010年1月13日签订的两份《房产买卖合同》无效。二、宇昌公司于判决生效之日起十日内，向昌旺达公司返还购房款1570万元并赔偿损失2667.5万元。三、解除宇昌公司与瑞昌润公司2011年5月11日签订的《土地转让协议》。四、宇昌公司于判决生效之日起十日内，向昌旺达公司返还购地款1000万元，赔偿昌旺达公司损失1013375.1元，并支付1000万元本金自2011年1月31日起至判决生效之日止，按中国人民银行同期同类贷款基准利率计算的利息。五、宇昌公司应于判决生效之日起十日内，向昌旺达公司返还借款本金1000万元，并支付1000万元本金自2011年7月11日起至本判决生效之日止，按中国人民银行同期同类贷款基准利率计算的利息。六、驳回昌旺达公司的其他诉讼请求。案件受理费461938元，由昌旺达公司负担184775.2元，宇昌公司负担277162.8元；评估费99896元，由昌旺达公司负担39958.4元，宇昌公司负担59937.6元；财产保全费5000元，由宇昌公司负担。

宇昌公司不服海南省第一中级人民法院一审判决，向海南省高级人民法院提出上诉。

海南省高级人民法院二审观点：

一、关于有关合同的性质和效力问题。本案两份《房产买卖合同》具备了合同成立的要件，约定宇昌公司预先向昌旺达公司销售尚未竣工的“一品华府”项目房产，昌旺达公司已付1570万元房款是预售房款。故两份《房产买卖合同》是商品房预售合同，三方当事人对合同性质的认定均无异议。我国实行商品房预售许可证制度，房地产开发商未取得商品房预售许可证的，不得进行商品房预售。本案两份《房产买卖合同》涉及的房产至今仍未取得商品房预售许可证。根据《最高人民法院关于审理商品房买卖合同纠纷案件适用法律若干问题的解释》第2条之规定，两份《房产买卖合同》应当认定为无效合同，各方当事人对此均无异议。

二、关于合同无效造成的损失和责任承担问题。（一）关于《房产买卖合同》无效损失的认定。法律未明确禁止损失范围不包括房屋差价等信赖利益损失。本案《房产买卖合同》实为商品房预售合同，该合同内容并未违法。

根据《最高人民法院关于审理商品房买卖合同纠纷案件适用法律若干问题的解释》第2条规定，起诉前取得该许可证的，合同仍可被认定为有效。因宇昌公司未履行办理预售许可证等合同义务，致合同无效。昌旺达公司因信赖该合同有效，先后向宇昌公司支付高达3570万元款项，因合同无效失去了在缔约时以相同成本与他人订立同类房产买卖合同的机会，客观上造成昌旺达公司无法获取13000m^2的房产及相应的投资收益，该损失是现实存在的。故将涉案房产的升值部分作为本案无效合同造成的损失，并不违反法律规定，且符合公平、诚实信用原则，有利于维护交易的稳定。法律不能让守信方因此受到损失，更不能让失信者因此获得利益。因此，一审法院有关损失及责任的认定并无不当。宇昌公司关于“原审法院将房屋差价作为合同无效的信赖利益损失错误”等上诉主张不能成立，不予支持。一审法院委托鉴定机构作出的鉴定结论是合同交易房屋的总价值为7585.84万元。宇昌公司虽对该鉴定结论提出异议，但没有足够的证据予以反驳，应依法确认该鉴定结论的证明力。宇昌公司与昌旺达公司合同交易房价为3140万元，故合同交易房屋升值部分即本案房产买卖合同无效造成的损失为4445.84万元。

（二）关于房产买卖合同无效造成的损失承担问题。按照宇昌公司与案外人京美城公司合作开发房地产合同约定，宇昌公司无权销售“一品华府”项目房产。其在签订本案合同时对昌旺达公司隐瞒此事实。先后从昌旺达公司获得高达3570多万元资金，但既不履行办理预售许可证和土地过户手续等合同义务，又不按承诺期限归还昌旺达公司的上述款项，有违诚实信用原则。因此，依据《合同法》第42条之规定，宇昌公司应对由此给昌旺达公司造成的损失承担赔偿责任。办理商品房预售许可证是房地产开发商宇昌公司的法定义务，也是宇昌公司在本案的合同义务。因宇昌公司违反诚实信用原则，导致房产买卖合同无效，应对合同无效承担主要责任。昌旺达公司在签订合同时，亦未能尽到谨慎的注意义务，对合同无效亦负有一定责任。一审法院根据《合同法》第58条之规定，判定宇昌公司返还预售购房款，并按照过错由宇昌公司酌情承担合同无效造成损失的60%即2667.5万元，昌旺达公司承担因合同无效造成损失的40%即1778.36万元，并无不妥。一审判决第二项认定事实、适用法律并无不当，应当予以维持。

三、关于宇昌公司是否应向昌旺达公司偿还1000万元借款及利息的问题。宇昌公司认为其法定代表人××向昌旺达公司借款为其个人行为与事实不符。不仅因借款人××是宇昌公司法定代表人，而且借条上还盖有宇昌公司合同印章，足以认定宇昌公司与昌旺达公司之间存在企业间借贷合同关系。该借贷合同因违反法律强制性规定，应当认定为无效合同。但昌旺达公司向宇昌公司借款目的是促使宇昌公司履行房产买卖合同。宇昌公司获得该笔借款后，既没有按约定取得预售许可证，也没有依约定完成土地转让过户手续，更没有履行其向昌旺达公司的书面还款承诺。依据《合同法》第42条、第58条之规定，宇昌公司应完全承担因借贷合同无效而致昌旺达公司的全部利息损失。故一审法院判令宇昌公司向昌旺达公司返还借款本金1000万元并支付相应利息并无不当，应当予以维持。

四、关于宇昌公司是否应向昌旺达公司偿还1000万元土地转让款、赔偿有关费用和利息的问题。2011年5月11日的《和解协议》约定，宇昌公司将南丽湖土地出售给昌旺达公司的指定受让人瑞昌润公司。同日，宇昌公司与昌旺达公司指定的瑞昌润公司签订《土地转让协议》。瑞昌润公司受昌旺达公司委托，支付了首笔土地转让价款1000万元，并支付了土地转让税费及相关费用计1013375.1元。同日，宇昌公司给昌旺达公司书面承诺，如果南丽湖土地在2个月内无法过户到瑞昌润公司的名下，宇昌公司立即连本带息返还1000万元借款。瑞昌润公司于2012年4月20日向一审法院出具《关于与宇昌公司有关合同及付款的说明》称，签订《土地转让协议书》以及向宇昌公司支付1000万元等行为皆受昌旺达公司指派，均为履行宇昌公司和昌旺达公司签订的两份商品房买卖合同，有关争议昌旺达公司有权直接处分。2012年4月25日，瑞昌润公司法定代表人叶某化书面证明称，2011年1月23日受昌旺达公司委托，从其本人账户支付给宇昌公司法定代表人××人民币1000万元。在瑞昌润公司与宇昌公司签订《土地转让协议》并支付土地转让款及相关税费过程中，宇昌公司亦明知瑞昌润公司是受昌旺达公司委托。二审中，宇昌公司委托代理人也承认昌旺达公司与瑞昌润公司之间存在委托关系。故，足以认定昌旺达公司与瑞昌润公司之间存在事实上的委托合同关系。依据《合同法》第402条之规定，《土地转让协议》应直接约束昌旺达公司与宇昌公司，因此昌旺达公司有权要求解除《土地转让协议》并主张返还转让款、赔偿有关损失和利息。该协议解除后，根据《合同法》第97条规定，宇昌公司应向昌旺达公司偿还1000万元土地转让款，赔偿昌旺达公司支付的土地转让费、有关费用及利息。故，一审法院第三、四项判决认定事实、适用法律正确。该院作出（2012）琼民一终字第41号民事判决：驳回宇昌公司的上诉，维持海南省第一中级人民法院（2012）海南一中民初字第23号民事判决。二审案件受理费461938元，由宇昌公司负担。

宇昌公司不服海南省高级人民法院二审判决，向最高人民法院申请再审。最高人民法院于2013年4月26日作出（2012）民申字第1534号民事裁定：指令海南省高级人民法院再审本案。

海南省高级人民法院再审观点：一、关于合同无效的过错责任问题。本案中，昌旺达公司与宇昌公司签订合同时，虽知道宇昌公司没有取得预售许可证明，对此昌旺达公司存在一定的缔约过失责任，但造成合同无效的根本原因是宇昌公司直至诉讼前都没有办理并取得预售许可证明，而造成预售许可证没有及时办理的主要原因有两个：（1）从宇昌公司与京美城公司所签订的《合作开发房地产合同书》的内容可以证实，宇昌公司对本案争议的“一品华府”项目建设资金不足，是借助与京美城公司的合作关系，利用京美城公司的资金以及收取的预售房款开发建设，实际上宇昌公司收取的资金也没有全部投入项目建设。同时，根据宇昌公司与京美城公司的合作合同约定，出售房屋由京美城公司负责，宇昌公司没有销售房产的权利，双方因此产生纠纷并诉讼。（2）海南国际旅游岛上升为国家战略后，海南房价明显上涨，从宇昌公司多次给昌旺达公司的致函内容看，宇昌公司主观上想以合同无效毁约，谋取因房价上涨所形成的经济利益意图明显。结合上述原因分析，可以清晰地看出造成合同无效的主要责任在于宇昌公司，因此一、二审判决对造成合同无效的责任分担认定事实清楚，证据确凿，理由充分。

二、关于合同无效是否造成昌旺达公司的经济损失，以及经济损失应如何计算的问题。严格来说，无效合同不存在可信赖利益和期待利益的问题。但依照《最高人民法院关于审理商品房买卖合同纠纷案件适用法律若干问题的解释》第2条的规定，双方签订的合同实质上是属于效力待定的合同，如宇昌公司在约定的时间内，甚至在诉讼前取得了预售许可证，合同都是有效的，即本案合同无效的情形与因违反法律强制性规定而必然无效的合同完全不同。如前所述，造成本案合同无效的主要责任和原因在于宇昌公司，昌旺达公司作为守约方，因本案合同无效，其所丧失的不仅仅是合同约定的房产，还丧失了利用同等交易机会在国际旅游岛大背景下获取巨大利润的机会。如果因宇昌公司故意不作为的行为，获得合同无效、房价大幅上涨带来的全部利益，昌旺达公司作为守约者，反得不到预期的利益，才是真正的利益失衡。故一、二审判决参照有效合同的信赖利益和可期待利益计算原则，按照相关评估机构的鉴定报告，以该房屋的实际价差作为昌旺达公司的经济损失，判决宇昌公司按照其过错给予昌旺达公司损失赔偿并无不当，符合《合同法》第 58 条的规定。

关于宇昌公司主张一、二审判决认定宇昌公司支付 2667.5 万元赔偿款数额过高的问题。虽然从表面看，昌旺达公司仅支付了 1570 万元的购房款，但从宇昌公司于 2011 年 1 月 22 日给昌旺达公司所出具的 1000 万元借款的《借条》第 2 条“借款期限为 18 个月（2011 年 1 月 21 日至 2012 年 7 月 20 日）。如借款人没钱还，可商量延迟到 2012 年 12 月 20 日，不计息”的内容看，昌旺达公司所支付的 1000 万元借款，明显是在已经不具备继续支付购房款条件且宇昌公司意图毁约的情况下，为了确保合同得以履行，实现自身利益，变相支付给宇昌公司的购房款，虽然该款是以借款的形式出现的，但该款的性质和作用与预付的购房款相同，都是提供给宇昌公司作为本案争议房产项目的开发资金，因此该 1000 万元借款可以视为昌旺达公司支付的购房款，等同于昌旺达公司为购房一共支付了 2570 万元购房款。一、二审判决按照鉴定报告以房屋的实际差价作为计算昌旺达公司损失的标准正确，但依照《最高人民法院关于审理商品房买卖合同纠纷案件适用法律若干问题的解释》第 9 条所规定的三种情形，“导致合同无效或者被撤销、解除的，买受人可以请求返还已付购房款及利息、赔偿损失，并可以请求出卖人承担不超过已付购房款一倍的赔偿责任”的规定，二审判决宇昌公司支付赔偿金 2667.5 万元超过了昌旺达公司实际支付的购房款 2570 万元，确实存在宇昌公司主张的赔偿数额过高的问题，应予以纠正，宇昌公司的赔偿数额应以 2570 万元为限。此外，由于宇昌公司未积极办理商品房预售许可证，导致合同无效后，应由昌旺达公司享有的全部合同利益，仍有 40% 由宇昌公司享有，故，不存在利益失衡的问题。

三、关于昌旺达公司是否有权要求宇昌公司返还购地款 1000 万元及相关费用的问题。一、二审中已经对该问题进行了详尽分析，宇昌公司再审中并未提出新的理由和证据，故一、二审判决宇昌公司向昌旺达公司返还该笔购地款并赔偿相关损失、支付利息于法有据。宇昌公司的该项申诉主张不成立，不应予以支持。

四、关于1000万元借款应否偿还及利息计算问题。根据一、二审查明的事实，宇昌公司向昌旺达公司借款1000万元的事实，有宇昌公司出具的《借条》、转款的凭证、《承诺函》、瑞昌润公司法定代表人叶某化向法庭出具的《情况说明》等证据证实。且2011年5月11日宇昌公司在给昌旺达公司出具的《承诺函》中明确表示："如果宇昌公司南丽湖2块土地在2个月内无法过户到瑞昌润公司的名下，那么1000万元的借款应当立即连本带息返还"。因此，昌旺达公司要求宇昌公司返还1000万元借款理由成立，应当予以支持。但由于再审中已将该1000万元借款视为购房款予以认定和处理，故不存在宇昌公司向昌旺达公司支付该款利息的问题，一、二审判决宇昌公司支付该1000万元的利息确有不当，应当予以纠正。

综上，作出（2013）琼民再终字第4号民事判决：一、撤销海南省高级人民法院（2012）琼民一终字第41号民事判决。二、维持海南省第一中级人民法院（2012）海南一中民初字第23号民事判决第一、三、四、六项。三、变更海南省第一中级人民法院（2012）海南一中民初字第23号民事判决第二项，即将"宇昌公司于判决生效之日起十日内，向昌旺达公司返还购房款1570万元，并赔偿昌旺达公司经济损失2667.5万元"变更为"宇昌公司于本判决生效之日起十日内，向昌旺达公司返还购房款1570万元，并赔偿昌旺达公司经济损失2570万元"。四、变更海南省第一中级人民法院（2012）海南一中民初字第23号民事判决第五项，即将"宇昌公司应于本判决生效之日起十日内，向昌旺达公司返还借款本金1000万元，并支付自2011年7月11日起至本判决生效之日止，以1000万元本金按中国人民银行公布的同期同类贷款基准利率计算的利息"变更为"宇昌公司应于本判决生效之日起十日内，向昌旺达公司返还借款本金1000万元"。一审案件受理费461938元，由昌旺达公司负担184775.2元，宇昌公司负担277162.8元；评估费99896元，由昌旺达公司负担39958.4元，宇昌公司负担59937.6元；财产保全费5000元，由宇昌公司负担。二审案件受理费461938元，由宇昌公司负担。

宇昌公司不服海南省高级人民法院再审判决，向检察机关提出申诉。

最高人民检察院以高检民监（2014）49号民事抗诉书向最高人民法院提出抗诉，最高人民法院于2014年11月6日以（2014）民抗字第75号民事裁定提审本案，并于2014年12月5日公开开庭进行了审理。

最高人民法院再审认为：一、关于本案合同的效力及责任认定问题。本案一、二审、原再审中，宇昌公司、昌旺达公司对涉案两份《房产买卖合同》系商品房预售合同，因宇昌公司未取得房屋预售许可证而致合同无效的认定没有异议。最高人民法院再审庭审中，经向宇昌公司核实，其仍未取得涉案房屋的预售许可证。故最高人民法院再审对海南省高级人民法院再审对本案两份《房产买卖合同》效力的认定予以维持；宇昌公司系本案房地产开发商，作为卖方，在销售其房产给购房人时，有义务和责任使销售标的达到行政许可的要求，积极促成合约。其在订立本案《房产买卖合同》后没有补办涉案房屋的预售许可证，至最高人民法院再审时仍未取得预售许可证，可见，宇昌公司无法使销售标的合法化是导致本案两份《房产买卖合同》不能生效的原因，故宇昌公司应当承担合同无效的责任。昌旺达公司作为购房人，订约时未能尽到审慎的注意义务，虽不是导致合同无效的推手，但亦应对合同无效的后果承担一定的责任。一、二审、原再审对本案合同无效及其后果的责任认定基本正确，最高人民法院再审予以维持。根据《合同法》第58条规定："合同无效或者被撤销后，因该合同取得的财产，应当予以返还；不能返还或者没有必要返还的，应当折价补偿。有过错的一方应当赔偿对方因此所受到的损失，双方都有过错的，应当各自承担相应的责任"。因本案合同无效，宇昌公司应返还昌旺达公司所付购房款。国家将海南确定为国际旅游岛后，海南房价明显上涨，一审法院委托的司法鉴定结论亦证实涉案房屋的市场价格已明显上涨，在此情况下，昌旺达公司已无法用原价购得相应地段、相应面积的房屋，该损失是客观存在和已经发生的事实，非将来预期可能要发生的事实。一、二审法院依据司法鉴定结论，以涉案房屋的市场溢价作为无效合同损失认定的基础，由宇昌公司承担因其主要过错给昌旺达公司造成的该部分损失60%的赔偿责任并无不当。该认定符合《合同法》第58条关于无效合同损失的规定。昌旺达公司对合同无效造成的损失亦有过错，一、二审法院判令其承担损失部分40%的责任已充分地考虑了双方的利益平衡问题，符合法律公平原则。宇昌公司称原审判决以有效合同的利益处理无效合同与合同法规定不符的理由依据不足，最高人民法院再审不予支持。

二、关于昌旺达公司能否要求宇昌公司返还1000万元的购地款及费用的问题。2011年5月11日的《土地转让协议》签约方确为瑞昌润公司和宇昌公司，但综观之前宇昌公司和昌旺达公司所签合同和履行情况，该地块在2011年1月首次被宇昌公司用作向昌旺达公司借款1000万元的抵押物，又在当年5月11日宇昌公司和昌旺达公司达成的《和解协议》中约定，宇昌公司出售该地块给昌旺达公司指定的瑞昌润公司，并明确该地块的出让是为了弥补宇昌公司要求收回涉案11000m^{2}的房产而给昌旺达公司所致损失的补偿。不难看出，宇昌公司抵押该地块系因向昌旺达公司借款，后改为出售系其收回昌旺达公司订购房屋所做的补偿，该地块被抵押或出售均起因于其与昌旺达公司所签《房产买卖合同》，均是围绕昌旺达公司为主体进行的，且瑞昌润公司与昌旺达公司系关联公司。瑞昌润公司一审时出具的《关于与宇昌公司有关合同及付款的说明》中亦明确表示："向宇昌公司支付1000万元购地款，是受昌旺达公司指令，为解决原、被告双方之前签订的两份商品房买卖合同纠纷问题而为，该款项由昌旺达公司支付，有关权利亦由昌旺达公司直接处分"，该证据已经一审庭审质证，应当作为认定事实的依据之一。瑞昌润公司亦始终认可由昌旺达公司直接主张涉案土地的相关权利。且宇昌公司在二审中亦承认昌旺达公司与瑞昌润公司系委托关系。综合以上情况，一、二审、原再审认定由昌旺达公司主张涉案土地的相关权利并无不当。宇昌公司关于昌旺达公司与瑞昌润公司不存在委托关系，无权主张涉案地块相关权利的证据不足，最高人民法院不予支持。

三、关于双方是否存在借款关系及相关权利义务的认定问题。宇昌公司在2011年1月22日给昌旺达公司出具的借到1000万元《借条》、瑞昌润公司法定代表人叶某化于2011年1月23日给宇昌公司的转款凭证证实宇昌公司向昌旺达公司借款1000万元并已收到该款。2011年5月11日宇昌公司给昌旺达公司出具的《承诺函》再次表示"如果宇昌公司南丽湖2块土地在2个月内无法过户到瑞昌润公司名下，那么1000万元借款应当立即连本带息返还"，故一、二审判决昌旺达公司有权要求宇昌公司返还1000万元借款及支付相应利息的认定正确。

昌旺达公司与宇昌公司此前并无业务往来，若非其欲成就双方房屋买卖关系，就不会将1000万元无息借给宇昌公司。海南省高级人民法院再审以“1000万元借款，是在昌旺达公司已不具备继续支付房款条件，且宇昌公司意图毁约的情况下变相支付给宇昌公司的购房款”，认为该1000万元借款与涉案购房款具有重要关联亦在一定程度上反映了当时的实际情况。但由于该1000万元款项具备了借款的特征，一、二审将其认定为借款是正确的。故最高人民法院再审对海南省高级人民法院再审关于该款性质的理由部分予以纠正，但该院第四项判决主文部分认定该款为借款，故最高人民法院再审对该判决第四项的判决结果仍予以维持。起初双方约定，该借款为无息，但宇昌公司以收回11000m^2的房产卖地补偿给昌旺达公司时，其承诺：“如果宇昌公司南丽湖2块土地在2个月内无法过户到瑞昌润公司名下，那么1000万元借款应当立即连本带息返还”，而宇昌公司始终未将涉案土地过户给昌旺达公司指定的瑞昌润公司，故一、二审判决认定宇昌公司应向昌旺达公司偿付该借款利息的认定正确，海南省高级人民法院（2013）琼民再终字第4号民事判决改判了该判项不当，本应予以纠正，但鉴于昌旺达公司并未对该判项提出申诉，并在最高人民法院再审中称，为了尽快了结双方纠纷，认可原再审判决结果。故最高人民法院再审对海南省高级人民法院再审对该1000万元借款部分未予计息的判决结果予以维持；对给昌旺达公司造成损失的数额认定部分，鉴于昌旺达公司亦未提出申诉，最高人民法院再审对海南省高级人民法院再审对《房产买卖合同》无效后损失数额的认定亦不再予以调整。昌旺达公司、宇昌公司与案外人东泰嘉华公司达成的《和解协议书》不属本案审理范围，本案不予涉及。综上，判决如下：维持海南省高级人民法院（2013）琼民再终字第4号民事判决。

法官评析

根据《最高人民法院关于审理商品房买卖合同纠纷案件适用法律若干问题的解释》（以下简称《商品房纠纷解释》）第2条的规定，出卖人未取得商品房预售许可证明，与买受人订立的商品房预售合同，应当认定无效，但是在起诉前取得商品房预售许可证明的，可以认定有效。本案中，宇昌公司在未取得商品房预售许可证的情况下与昌旺达公司签订两份商品房预售合同，在最高人民法院再审时依然未取得商品房预售许可证明，因此两份商品房预售合同应被认定为无效。对于这一点当事人双方均无异议。本案的主要争议在于商品房预售合同被确认为无效后的损失认定和责任分担问题。

1. 商品房预售合同无效所承担的责任性质

本案由于商品房预售合同无效，其产生的法律后果最直接相关的法条是《合同法》第58条，即“合同无效或者被撤销后，因该合同取得的财产，应当予以返还；不能返还或者没有必要返还的，应当折价补偿。有过错的一方应当赔偿对方因此所受到的损失，双方都有过错的，应当各自承担相应的责任。”根据该条规定，在合同无效或被撤销后，可能发生返还原物、不当得利、缔约过失三种请求权的聚合，对此，应根据当事人请求寻找其请求权基础。从昌旺达公司的诉讼请求和答辩意见看，其请求的事项应属于缔约过失请求权。

按照我国理论界主流观点，缔约过失责任“是指在合同订立过程中，一方因违背其依据诚实信用原则所产生的义务，而致另一方信赖利益损失，应承担的损害赔偿责任”。[①] 缔约过失理论起源于德国，由十九世纪著名法学家耶林提出。耶林认为，“法律所保护的，并非仅是一个业已存在的契约关系，正在发生中的契约关系亦应包括在内，否则契约交易将暴露于外，不受保护，缔约一方当事人不免成为他方疏忽或者不注意的牺牲品！契约的缔结产生了一种履行义务，若此种效力因法律上的障碍而被排除时，则会产生一种损害赔偿义务。因此，所谓契约无效者，仅指不发生履行效力，非谓不发生任何效力。”[②] 该理论的最大贡献在于，肯定了当事人因缔约行为而产生了一种类似契约的信赖关系。当事人在合同订立阶段，彼此就负有相互关照的义务，为当事人从事交易活动确定了新的义务规则，对维护交易安全，弘扬诚实信用的民事活动原则具有重要意义，进一步完善了债法理论，被大陆法系誉之为法学上的新发现。经过一个多世纪的发展，缔约过失理论已经为世界许多国家所承认和应用，成为世界合同法的一项重要制度。我国《民法通则》第61条，《合同法》第42条、第43条、第58条及有关司法解释共同构成了缔约过失责任制度。

① 王利明：《合同法研究》（第一卷）修订版，中国人民大学出版社2012年版，第335页。
② 王泽鉴：《民法学说与判例研究》（第一册），中国政法大学出版社1998年版，第89页。

从性质上讲，缔约过失责任系因违反先合同义务而产生的责任。在合同缔结过程中，双方关系已经特定化，在他们之间按照民法诚实信用原则形成了一种特殊的信赖关系，虽然合同还未有效成立，但当事人之间已经形成了互相协助、照顾、保护、通知、诚实等必要的注意义务。此种先合同义务是一种法定义务而不是约定义务。违反先合同义务的，即构成缔约过失。一般认为，缔约过失责任的成立须具备下列条件：(1) 缔约人违反了以诚实信用为基础的先合同义务；(2) 违反先合同义务的行为给对方造成了损害；(3) 相关行为与损害结果之间有因果关系；(4) 行为人存在故意或过失的过错。①

从类型上看，缔约过失责任可分为合同未成立型（如恶意磋商）、合同无效型（包括合同无效、被撤销）以及合同有效型［《合同法》第42条第2项的情形］。根据我国《合同法》第52条的规定，无效的合同有：一方以欺诈、胁迫的手段订立合同，损害国家利益；恶意串通，损害国家、集体或者第三人利益；以合法形式掩盖非法目的；损害社会公共利益；违反法律、行政法规的强制性规定。由于法律并不对违法的任何一方进行保护，所以因当事人恶意串通而导致合同无效的情形并不适用缔约过失责任，但因其他四项违法手段导致合同无效时，过错人都可能因违反先合同义务而承担缔约过失责任。

综上，判断合同一方是否应当承担缔约过失责任，应结合当事人的请求，并从缔约过失责任的内涵和构成要件出发，综合案件事实情况进行认定。就本案而言，宇昌公司在与昌旺达公司签订商品房预售合同时，隐瞒了按照其与案外人京美城公司签订的合作协议其不可对外销售商品房的事实，并且作为房地产开发公司，宇昌公司应当知道从事房地产开发的相关法律、法规，能够预见到未取得商品房预售许可证的法律后果，而且也负有继续履行补正合同瑕疵、办理商品房预售许可证的义务，而事实上其事先未取得商品房预售许可证等手续，事后直到最高人民法院再审也未履行补正合同效力的义务。由于其对于商品房预售合同无效的后果具有重大过错，严重违背了诚实信用原则，并且给昌旺达公司带来较大损失，因此应当承担缔约过失责任。

---

① 需要说明的是，根据民法理论，过错可分故意和过失两种形态，缔约过失责任中的“过失”也包括了过错中的“故意”行为，并不仅仅是指过错中的“过失”行为。当前我国学界所称的“缔约过失责任”并不是在区分故意和过失的意义上说的，而是一种约定俗成的表述，实际就是缔约过错责任。

另外，根据《合同法解释（二）》第8条规定，依照法律、行政法规的规定经批准或者登记才能生效的合同成立后，有义务办理申请批准或者申请登记等手续的一方当事人未按照法律规定或者合同约定办理申请批准或者未申请登记的，属于《合同法》第42条第3项规定的“其他违背诚实信用原则的行为”，人民法院可以根据案件的具体情况和相对人的请求，判决相对人自己办理有关手续；对方当事人对由此产生的费用和给相对人造成的实际损失，应当承担损害赔偿责任。该条规定明确了缔约过失责任的一种特殊形态。本案中，宇昌公司有义务按照合同约定办理商品房预售许可证，以确保合同生效，而事实上其没有履行该义务，因此将其行为定性为缔约过失，也符合《合同法解释（二）》第8条的精神。

2. 缔约过失赔偿范围的确定

对于如何确定缔约过失责任的赔偿范围，由于合同法没有明确规定，导致同类案件不同法院甚至同一法院不同法官的裁判相差较大，不利于保护当事人的合法权益，也损害了法律权威。根据当前学界的通说，缔约过失责任所承担的损失的范围应限于信赖利益。所谓信赖利益，是指法律行为实际上无效或可得撤销，但是相对人以行为人的行为为依据，信赖其为有效、不能撤销，所产生的相应利益。①

对于信赖利益的具体范围，从实践看，应以对方缔约过失造成的实际损失为标准，包括直接损失和间接损失两类。直接损失即为缔约合同所花费的支出，具体包括：（1）缔约费用，包括邮电费用、赶赴缔约地或察看标的物等所支出的合理费用；（2）准备履行所支出的费用，包括为运送标的物或受领相对人给付所支付的合理费用；（3）受害人支出上述费用所失去的利息。间接损失，即由于合同无效、被撤销而造成的订约机会丧失而受到的损失，又称为机会损失。目前，学界和实务界关于缔约过失责任的赔偿范围的争议主要集中在是否应将机会损失纳入。笔者认为，在现代社会商品经济高度发达尤其是金融市场迅猛发展的条件下，资本的机会成本也在不断扩大。由于合同一方的过失而使得善意缔约人所遭受的机会损失是客观存在的，对该部分损失不予赔偿有违诚信原则，对过错方的惩处也不够，不利于诚信交易秩

① 韩世远：《违约损害赔偿研究》，法律出版社1999年版，第161页。

序的建立，仅因该损失难以确定就不予救济也有违公平原则，因此有必要保护善意缔约人的机会损失。但如果缔约时不存在与其他第三人订立类似合同的条件，或者对合同履行后的收益不可预测、完全超出缔约过失方的预期，仅为一种可能或期待，则不应认为存在机会损失。

另外，确定缔约过失的赔偿范围还要考虑其限制规则。首先，信赖利益不应超过履行利益。履行利益是指假设合同按约定履行，缔约当事人可以获得的全部利益。该条原则已经被多国的法律采纳。之所以设此限制，主要是基于平衡缔约双方利益，如果超过履行利益范围，就造成将受损人的合理交易风险转移到过错人，让过错人承担过多的赔偿责任，这明显不符合合同法上的交易公平原则，也不符合双方订立合同的目的。其次，适用过失相抵原则。过失相抵是指为了公平合理的分担损失，当受害人对损失的发生或扩大也存在过错时，法官可以依据自身职权，依法减轻或免除过错方的损害赔偿责任。《民法通则》第 61 条、《合同法》第 58 条均体现了这一原则。再次，适用减损原则。实践中，要注意区分损失发生与扩大阶段的过失。当损害发生时，受害人有责任及时采取措施防止损害扩大，否则就扩大的损失应不予支持。最后，适用损益相抵原则。在缔约过失案件中，受害人有可能基于损害发生的同一原因获得某些利益，那么在实际赔偿中，就应将这部分利益从所受的损害中予以扣除，剩余部分再赔付给受害人，才符合公平正义原则，也符合缔约过失赔偿应“恢复到缔约前状态”的目的。

本案中，昌旺达公司因合同无效而带来的实际损失主要是因丧失与第三人缔约机会而产生的机会损失。因海南国际旅游岛建设开发导致房价大幅上涨，昌旺达公司已无法用原价购得相应地段、相应面积的房屋，还丧失了利用同等交易机会在国际旅游岛大背景下获取巨大利润的机会，该机会损失是客观存在和已经发生的事实，非将来预期可能要发生的事实，因此应属于因商品房预售无效而造成的实际损失，属于缔约过失责任的信赖利益损害赔偿范围之内。关于责任承担的问题，根据过失相抵的原则，昌旺达公司在缔约合同时明知宇昌公司没有商品房预售许可证明，没有尽到审慎的注意义务，因此也对合同无效的结果存在过错，一、二审法院对昌旺达公司在缔结商品房预售合同中的过错行为已给予认定，并酌情减轻了 A 房地产公司 40% 的赔偿责任，充分考虑了利益平衡，体现了公平原则。

3. 关于缔约过失赔偿与惩罚性赔偿竞合的处理

《最高人民法院关于审理商品房买卖合同纠纷案件适用法律若干问题的解释》第9条规定，导致合同无效或者被撤销、解除的，买受人可以请求返还已付购房款及利息、赔偿损失，并可以请求出卖人承担不超过已付购房款一倍的赔偿责任。海南省高级人民法院再审时根据该规定改判了宇昌公司的赔偿数额。虽然因其对于1000万元借款的性质认定错误，导致最高法院纠正了其判决理由，但这一问题应引起办案法官的注意。

在因商品房预售合同无效，同时产生缔约过失赔偿和惩罚性赔偿的竞合的情形下，首先，要确定已付购房款的范围和数额；其次，要按照有关鉴定报告确定以房屋的实际差价等标准计算的缔约损失；最后，要比较缔约损失数额与已付房款的双倍赔偿数额，从保护守约方利益和公平角度出发，最后的赔偿金额应根据当事人请求认定较高数额为宜，同时上限不超过已付房款的两倍。

2.4 借用他人名义买房合同效力如何认定

——陆某诉某建设公司、王某某商品房买卖合同案①

关 键 词： 商品房买卖，一房二卖，借名买房，代理

问题提出： 如何区分“一房二卖”与借用他人名义买房？

裁判要旨： 涉案出卖人与两个相对人先后签订两个商品房买卖合同，虽然形似“一房二卖”，但在合同签订、支付房款、交付房屋直至办理产权证明的全过程中，均由一个买受人具体经手办理、承担义务、享受权利，相关凭证和手续也均由其持有，合同一直是由出卖人和该买受人在履行，出卖人不存在“一房二卖”以获取两次房款的意图和行为，故该商品房买卖合同的性质应认定为借用他人名义买房。

案情简介

上诉人（原审被告）：某建设公司

---

① 一审法院为浙江省上虞市人民法院，案号：（2008）虞民一初字第271号；二审法院为浙江省绍兴市中级人民法院，案号：（2009）浙绍民终字第485号。

被上诉人（原审原告）：陆某

被上诉人（原审第三人）：王某某

王某某与陆某系继母与继子关系，原上虞市五建房屋开发公司已变更为某建设公司。2003年7月19日，王某某以陆某的名义与原上虞市某房地产开发有限公司（某建设公司公司变更前名称）签订商品房买卖合同一份，合同约定：陆某购买某建设公司上虞某小区第8幢××号（现为27幢××室）商品房一套，建筑面积为111.16平方米，附房无产权，主房价款210483元，附房价款6054元，某建设公司代政府收取管道燃气建设开户费3000元，出卖人应在2004年4月30日前将符合合同约定的商品房交付买受人使用，逾期交房，出卖人应自合同第8条规定的最后交付期限的第二天起至实际交付之日止，按日向买受人支付已交房款银行同期贷款的违约金，合同继续履行。合同买受人由王某某签“陆某”二字，手印为王某某所按。合同约定房屋价格为22.70万元（包括主房及附房），付款方式为分期按揭付款。2003年8月19日，陆某向中国建设银行上虞支行借款12万元，个人住房借款合同由陆某签字，借款由王某某妹妹王某萍签字担保，贷款于同日获得核定，个人住房贷款于同日通过陆某账户支付给某建设公司，以陆某名义办理的借款还贷存折均由王某某持有。2003年7月16日，王某某向某建设公司支付首付款第一笔款项7万元；2004年1月10日，王某某向某建设公司支付首付款余款3.7万元。某建设公司分别于2003年7月16日、2004年1月10日出具相应款项的收据，收据上交款单位“陆某”二字为王某某所签。购房款首付后，王某某陆续向自己持有的陆某中国建设银行存折上存入资金，并以自己持有的陆某的银行存折（号码为145433998010010××××），以陆某的名义支付中国建设银行的按揭贷款及利息，至2007年3月28日，贷款本金及利息扣缴结清，共支付贷款本金12万元、按揭贷款利息20243.13元（10911.65+8590.62+740.86）。根据本案证据及当事人庭审陈述，可认定购房款22.70万元及按揭贷款利息20243.13元均由王某某代陆某垫付。2007年5月9日，某建设公司向王某某开具销售不动产统一发票，交款人为王某某。2007年5月18日，王某某与某建设公司签订购房合同一份，买受人为王某某，未支付购房款。2007年5月23日、5月28日，王某某陆续办理了房屋的土地使用权证和房屋产权证，两证上登记的土地使用权人及房屋产权人均为王某某。因陆某申请，法院委托绍兴市平准资产评估有限公司对王某某名下曹娥街道某小区27幢××室房屋进行评估，评估价为503045元，鉴定费为1509元。另外，购房款22.70万元及按揭贷款利息20243.13元系王某某本人自行支付。2006年左右某建设公司将房屋交付给王某某占有、使用至今。后陆某向法院提起诉讼，请求依法解除商品房买卖合同；判令被告返还已付购房款22.70万元；判令被告承担违约金6.60万元；判令被告赔偿损失包括房屋差价损失22万元，已付按揭贷款利息损失20243.13元，同期贷款利息损失65376元，合计损失305619.13元；本案诉讼费用由被告承担。

各方观点

上诉人某建设公司观点：一审判决部分事实认定错误。（1）一审判决认定被上诉人王某某所支付的购房款及按揭贷款利息是为被上诉人陆某所垫付的系认定事实错误。付款只是整个购房过程中的一个行为，因此在认定该笔款项系为谁支付时，不能仅凭收据上的缴款单位而定，而应联系签订购房合同时到底系谁购房。王某某在付购房款给上诉人时及庭审中均明确表示上述款项是为自己购房所支付的。从情理上分析，在付款前，王某某和陆某并无任何约定，且王某某经济能力一般，在此情况下王某某根本不可能凭空为陆某垫付数目不小的房款。（2）一审判决认定被上诉人王某某是作为被上诉人陆某的代理人代理购房系认定事实错误。被上诉人王某某向上诉人购房时曾明确表示是为自己购房，但出于办理按揭贷款的需要，被上诉人王某某提出借用被上诉人陆某的名义签订商品房买卖合同。上诉人与被上诉人王某某于2003年7月19日签订的商品房买卖合同系双方真实意思表示，未违反法律、行政法规的禁止性规定，应为有效合同。合同签订后，王某某以陆某的名义依约支付了房款，全面履行了合同义务。一审判决把被上诉人陆某在按揭贷款合同上签名的行为认定为对上述购房合同的追认，依据不足。陆某的签名行为仅仅是王某某以陆某名义签订购房合同后的必然结果，且陆某在签订按揭贷款合同后，未履行偿还贷款的义务，说明此时陆某并无购房的意思表示。一审法院亦查明购房的所有按揭贷款均由王某某偿还的事实。民事活动应遵循权利和义务一致的原则。综观整个购房过程，所有义务均由王某某承担和履行，王某某只是借用了陆某的名义购房，王某某才是本案中的实际购房人。

陆某未履行任何义务，无权取得讼争房产。因此，上诉人将讼争房产出卖给王某某符合合同约定及法律规定。（3）一审判决上诉人支付给被上诉人陆某违约金3.9万元，并赔偿房屋差价损失11万元系法律适用错误。根据《合同法》的相关规定，违约金和赔偿责任不能同时适用。同时购房合同中没有关于买受人要求解除合同情况下的违约金的约定。

被上诉人陆某观点：上诉人与被上诉人陆某签订的商品房买卖合同是双方真实意思表示，是合法、有效的。上诉人没有履行交付房屋的义务，应承担违约责任。一审判决上诉人赔偿房屋差价损失和违约金未严格依照法律判决，系酌情判决。被上诉人王某某未提起上诉，表明其服判。请求二审法院驳回上诉，维持原判。

被上诉人王某某观点：一审法院认定事实和适用法律错误。理由是：（1）原判决认定购房款及按揭款系王某某为被上诉人陆某垫付的，而本案王某某只是借用陆某名义购房而已，款项均是王某某自己支付的。（2）一审法院遗漏上诉人已将收款收据和购房合同自王某某处收回的事实。（3）一审法院认为王某某系陆某的代理人，其行为系代理行为，后被陆某追认，与事实不符。本案系借用关系，后借用关系解除，上诉人与王某某办理了购房手续。（4）根据一审法院查明的事实，商品房买卖合同是上诉人与王某某签订的，办理证件也系双方共同操作的，因银行贷款需有固定工作者才可办理，故王某某以继子陆某名义办理，故王某某系借用陆某名义购房，而非委托代理关系，其与上诉人签订的购房合同系双方真实意思表示。本案不存在“一房二卖”的情况，只是解除了之前的借用关系，前后两个购房合同的真实买受人是一致的。（5）因王某某系原审第三人，无提起上诉的权利，王某某并未对原审判决服判，且上诉人已上诉，原审判决亦未生效。

法院观点

一审法院观点：本案的争议焦点是第三人王某某是借用原告名义为自己买房，还是作为原告的代理人代理原告买房。原告提供的购房合同复印件与第三人提供的2003年购房合同原件内容一致，当事人对该房按揭贷款申请书及个人借款合同皆予认可，上述合同及申请书都签名“陆某”，而不是第三人王某某；同时，房款的首付上交款单位也签名“陆某”，按揭贷款也是通过陆某的银行存折扣缴，原告与第三人对此亦无异议。根据上述事实，第三人以原告名义向被告购房，此时第三人以陆某名义与被告签订的购房合同系效力待定合同，陆某在按揭合同上签名系其对第三人与被告于2003年7月19日所签房屋买卖合同的追认，应认定该合同系陆某与被告所订立，第三人王某某系代理原告买房，即陆某具有实际购房人的地位。原、被告于2003年7月19日所签订的购房合同系双方真实意思表示，未违反法律、行政法规的禁止性规定，应认定为有效合同。合同订立后，对当事人均具有约束力，原、被告应按合同履行。原告在合同签订后已按约履行了付款义务，被告却于2007年5月23日、5月28日将讼争房屋出卖给了第三人，并已办理过户手续，故被告之行为已构成违约，应承担违约责任。原告要求被告解除商品房买卖合同、返还购房款及承担违约金、赔偿损失的请求，理由正当，予以支持。关于原告主张的违约金，酌定为3.90万元。关于原告主张的房屋差价损失，宜根据本案实际情况考虑结合房地产交易市场的交易现状，酌情确定房屋差价损失11万元。原告要求返还按揭贷款利息20243.13元，虽该款由第三人代付，但该款系以原告名义支付，故应先由被告赔偿给原告，第三人与原告的关系可另行处理。原告要求被告赔偿利息损失65376元的请求，由于在损失中已作了考虑，不予采纳。第三人辩称被告没有与原告签订购房合同，要求法院驳回原告请求之辩解理由，于法无据，不予采信。

一审法院判决：一、解除原告陆某与被告某建设公司于2003年7月19日签订的商品房买卖合同。二、被告某建设公司应返还原告陆某购房款227000元，支付违约金39000元，赔偿房屋差价损失110000元，支付按揭贷款利息20243.13元，合计人民币396243.13元，在本判决生效后十五日内履行。三、驳回原告陆某的其他诉讼请求。四、驳回第三人王某某的诉讼请求。

二审法院观点：本案的主要争议焦点是：（1）被上诉人王某某支付的购房款及按揭贷款利息系自己出资支付的还是陆某委托其支付的；（2）被上诉人王某某系借用被上诉人陆某的名义为自己购房，还是作为陆某的代理人为陆某代理购房；（3）本案商品房买卖合同的性质是“一房二卖”还是借用他人名义买房。

针对焦点一，依照《最高人民法院关于民事诉讼证据的若干规定》第5条第3款的规定，对代理权发生争议的，由主张有代理权一方当事人承担举证责任。结合本案案情，被上诉人王某某向原审法院提交的首付款收款收据、最高额抵押贷款合同、取款凭证、余款收款收据、中国建设银行存折、存款凭条、个人贷款还款凭证等相关证据，形成了完整的证据链，证实购房过程中首付款支付、按揭贷款及利息偿还、余款支付均系由王某某本人承担和履行。被上诉人陆某主张购房款项系其交付给王某某，委托王某某代为缴纳的，但王某某对此明确表示否认，认为双方之间不存在代理关系，且陆某在原审庭审中对购房款项的来源和支付情况亦未说明清楚，显然不合常理。在此情况下被上诉人陆某应承担举证责任，进一步证明双方之间存在委托代理关系，但陆某并未提供相关证据予以证明。故陆某提出购房款项系其委托王某某代为缴纳的主张依据和理由并不充分，不予采纳。

针对焦点二，《民法通则》第 4 条规定，民事活动应当遵循自愿、公平、等价有偿、诚实信用的原则。在民事活动中当事人的权利和义务应当一致。《合同法》第 130 条规定，买卖合同是出卖人转移标的物的所有权于买受人，买受人支付价款的合同。本案中，王某某购买房屋时，金融政策明确规定借款人必须具有稳定合法收入来源，有按期偿还借款本息的能力。且对于 2003 年 7 月 19 日王某某以陆某的名义与上诉人签订购房合同一事，上诉人亦自认知悉实际购房人就是王某某。虽然个人住房借款是由陆某本人签名，但是综观全案的事实，结合王某萍证言、借款合同、居委会证明和王某某本人陈述，可以认定王某某借陆某之名买房，实际是因王某某无固定工作，故借用了上班的陆某之名义，以达到方便办理按揭贷款的目的。原审法院认为陆某签名行为系对 2003 年 7 月 19 日所签合同的追认显属不当。综观整个购房过程，王某某在以陆某名义订立购房合同后，积极依约履行了相关付款的合同义务，其支付房屋价款的目的系取得所购房屋的财产所有权。而陆某在此过程中未履行任何合同义务，同时从合同签订、房屋交付到办理产权证明，陆某均未向某建设公司或王某某提出过异议或主张，故其并非真实合同主体。因此，本案中虽存在 2003 年 7 月 19 日王某某借用陆某名义与上诉人所签订的购房合同、2007 年 5 月 18 日王某某与上诉人所签订的购房合同两份合同，但合同的真实主体一致，均为王某某。故依法据实认定被上诉人王某某系借用被上诉人陆某的名义为自己购房。

针对焦点三，虽然购房手续存在先陆某后王某某的形式表象，但在合同签订、支付房款、交付房屋直至办理产权证明的全过程中，均由王某某具体经手办理、承担义务、享受权利，相关凭证和手续也均由王某某持有。这一客观事实不容否定。鉴于王某某与陆某的特殊关系，以及合同一直是由某建设公司和王某某在履行，某建设公司不存在“一房二卖”以获取两次房款的意图和行为。通过前述分析，本案商品房买卖合同的性质应认定为借用他人名义买房。至于借用他人名义买房合同的效力问题，因《合同法》奉行合同自由原则，在不违反社会公德和社会公共利益以及法律强行性规范的前提下，允许当事人自由订立合同，因此被上诉人王某某借用陆某名义与上诉人订立的购房合同有效。王某某依约付清了购房款项，上诉人与其另行订立购房合同、向其交付房屋并为其办理土地使用权证、房屋所有权证符合双方合同约定。至于上诉人与王某某另行订立购房合同，无非是办理王某某名下产权证明所需。

综上，上诉人提出的被上诉人王某某系借用被上诉人陆某名义为自己购房、购房款项系为自己购房支付的上诉意见依据和理由充分，应予采纳。陆某之诉讼请求缺乏事实和法律依据，理由欠缺正当性，依法应予驳回。原判决认定事实、适用法律错误，致使实体处理有误，依法予以纠正。故作出如下判决：一、撤销一审判决。二、驳回被上诉人陆某的诉讼请求。

法官评析

近年来，为进一步加强和改善房地产市场调控，遏制房价过快上涨，国家有关部门或地方政府出台了如限贷、限购、保障房等一系列政策举措，由此导致一部分潜在的购房人无法购房、无法贷款或要缴纳高额税费。于是，实践中出现了为规避上述政策而借名买房的案件，此类案件中当事人争议的焦点往往集中在借名买房关系是否成立、房屋买卖合同是否有效、借名购房人能否真正成为诉争房屋的所有权人等方面。而本案涉及的事实问题是借名买房关系的认定和效力，涉及的法律问题是如何区分借名买房与代人买房，以及借名买房与“一房二卖”。

1. 借名买房关系的认定

借名买房是指当事人一方（借名人）经他方（出名人）同意，以他方名义买房并登记，且房屋归属于借名人一方的行为。在相关案件中，首要的争议一般在于借名买房事实关系的认定上，如果借名人与出名人之间曾经签订过《借名买房协议》，那么借名买房的事实可以直接予以认定；如果没有协议，则需要根据有关证据和事实来认定借名买房关系。民事法律行为应当具有真实意思表示。此时，举证责任在于借名人一方，其需要证明自己为实际购房者，具有购房的真实意思表示。本案中，虽然王某某与陆某之间并没有签订《借名买房协议》，但被上诉人王某某提交了首付款收款收据、最高额抵押贷款合同、取款凭证、余款收款收据、中国建设银行存折、存款凭条、个人贷款还款凭证等相关证据，形成了完整的证据链，能够证明首付款支付、按揭贷款及利息偿还、余款支付均系由王某某本人承担和履行，因此法院根据证据的高度盖然性原则确认了双方存在借名买房关系。由此可见，在没有书面协议的情况下，借名人能否提供充分证据证明其为实际购房人，对于借名买房关系的认定具有关键影响。

2. 借名买房协议的效力

对于借名买房协议效力的认定，因《合同法》奉行合同自由原则，因此一般情况下借名买房协议是有效的。只有不符合《合同法》第52条规定的合同无效的五种情形的，才能认定借名买房协议无效：（1）一方以欺诈、胁迫的手段订立合同，损害国家利益；（2）恶意串通，损害国家、集体或者第三人利益；(3）以合法形式掩盖非法目的；(4）损害社会公共利益；(5）违反法律、行政法规的强制性规定。司法实践中主要有三种特殊情形需要考虑：

第一种情形，借名人不符合限购、贷款政策而借别人名义买房贷款的情形。因为限购、限贷政策作为国务院相关部委、地方政府为调控经济而出台的政策，显然不属于法律或行政法规，最多属于行政规章、地方性法规章，因此该协议不违反法律法规的强制性规定，一般可以认定其合法有效。但有实务观点认为，如果以囤房、炒房等以营利为目的而借名买房的，明显违背了限购、限贷政策平抑房价、保障市民住房的初衷，损害了社会公共利益，因此应当认定为无效。

第二种情形，借名人借名购买经济适用房等政策房情形。由于经济适用房等政策房本就是为保障低收入家庭住房而设，具有极强的社会公益性，若允许借名购买，则将极大损害低收入者的利益，因此，实践中绝大部分法院都会认定该类借名买房协议无效。需要注意的是，《经济适用住房管理办法》作为我国目前调整经济适用房政策的主要依据，并非法律和行政法规范畴，因此不宜以《合同法》第52条第5项为由认定借名买房协议无效。

第三种情形，借名人为逃避债务而借名买房以变相转移财产的情形。若借名人的行为对债权人造成损害的，债权人是否可依《合同法》第74条行使债权人的撤销权，也可由债权人主张借名人与出名人恶意串通损害其合法债权，因而借名买房合同无效。

本案即属于第一种情形，根据有关证据可以认定王某某借陆某之名买房，实际是因王某某无固定工作，故借用了上班的陆某之名义，以达到方便办理按揭贷款的目的，陆某也没有以此收取王某某的报酬。该行为不损害社会公共利益，不违反法律法规的强制性规定，因此是合法有效的。

3. 借名买房与代人买房的区别

民事代理行为是指代理人在代理权限范围内，以被代理人的名义独立与第三人进行的民事活动，且由此产生的法律后果均由被代理人承担。根据借名买房行为的性质可知，借名人为了实现自己的利益，代出名人与相对人进行房屋交易，最终以出名人的名义办理了登记手续，但此时产生的法律后果是由借名人也即代理人来承担，因为其作为实际购房人享有使用该房屋的权利及支付房款、偿还银行贷款等义务。故借名买房的行为不应被认定为一种代理行为。

另外，依照《最高人民法院关于民事诉讼证据的若干规定》第5条第3款的规定，对代理权发生争议的，由主张有代理权一方当事人承担举证责任。本案中王某某不认可其代理陆某买房，在此情况下应当由陆某承担举证责任，进一步证明双方之间存在委托代理关系，但陆某并未提供相关证据予以证明，因此应当承担举证不能的法律后果。

4. 借名买房与"一房二卖"的区别

"一房二卖"是出卖人与两个买受人先后签订两个合同，以让渡出卖人对房屋的权利，但是出卖人只能将权利让渡给其中一个人，即两个买卖合同选择一个完全履行，另一个合同即陷入给付不能，这必然会使另一个买受人无法获得对房屋的权利而导致债权无法实现，合同目的落空，必然产生违约问题。而借用他人名义买房，则房屋出卖人只需履行一个合同，只要按照该合同约定履约，则不存在违约问题。

本案中，虽然某建设公司在形式上与陆某、王某某先后签订商品房买卖合同，形似"一房二卖"，但在履行合同过程中，自始至终都是王某某出面，具体经手办理，积极依约履行了相关付款的合同义务，相关凭证和手续也均由王某某持有。某建设公司履行合同的相对方也始终都是王某某，与陆某之间根本不存在任何买卖关系，不存在“一房二卖”以获取两次房款的行为，也就不可能向陆某承担违约责任。因此，本案不宜以形式上的两份商品房买卖合同来认定为“一房二卖”，一审法院以某建设公司违约判决其承担民事责任与事实不符，故应予以纠正。

5. 借名买房的风险防范

鉴于实践中大量存在的借名买房纠纷，借名买房人应当对借名买房的风险有充分的认知，并做好风险防范。首先，尽量不要购买限购、限贷、经济适用房等政策性房屋，以免造成房财两空。其次，事先要签订“借名买房合同”，言明房屋所有权归谁所有，明确双方的权利义务。借名买房人一般是实际出资人，应当在借名买房合同中注明“经双方协商以甲方的名义购房，本房屋由乙方出资购买，房屋所有权归乙方，与甲方无关”等特殊条款，同时约定违约责任，防止因房屋所有权不明确，为日后发生纠纷埋下隐患。最后，借名买房人要注意控制买房手续材料、留存足够的证据，比如出资的原始凭证，如存折、购房发票等。如此一来，日后一旦发生纠纷，即使最终房屋权属登记在名义买房人名下，实际买房人也可以根据充分、有效的证据向法院主张变更房屋的所有权，然后再凭生效的判决书到房屋管理部门办理变更登记。如果因名义买房人已将房屋出售给善意第三人，实际购房人主张房屋产权不成，则可以要求名义买房人返还购房款并承担违约责任。

2.5 名为房屋买卖实为借贷合同的效力如何认定

——刘某诉张某忠、张某梅房屋买卖合同纠纷案①

关 键 词：房屋买卖，民间借贷，合同，效力

问题提出：名为房屋买卖合同，实为民间借贷的担保，合同是否有效？

---

① 一审法院为徐州市泉山区人民法院，案号：(2013) 泉民初字第1652号；二审法院为江苏省徐州市中级人民法院，案号：(2013) 徐民终字第1271号。

裁判要旨：如双方当事人承认“名为借贷，实为买卖”，则应向当事人释明。如果原告变更诉讼请求，则应按照民间借贷纠纷进行处理，双方所订立的房屋买卖合同应当视为无效的担保。如果原告不同意变更诉讼请求，如可以认定“名为借贷，实为买卖”，则以买卖合同隐藏的代物清偿预约无效，驳回原告的诉讼请求，借款事实不必涉及；如果无法认定“名为借贷，实为买卖”，可以合同约定的房屋价款、回购条款、合同内容、合同订立时间与房屋交付时间等条款，认定房屋买卖合同的真实性不足，驳回原告的诉讼请求。

案情简介

上诉人（一审原告）：刘某

被上诉人（一审被告）：张某忠、张某梅

刘某（乙方）与张某忠、张某梅（甲方）签订售房合同，张甲和张乙作为证明人在售房合同上签名，合同内容为：“甲方为解决用钱之急，甲方现将自己的住房一套售给乙方，房址为：徐州市小北门××室。价格：玖万贰仟元整（小写）92000元。乙方将此款付给甲方后，该房屋即归乙方所有。乙方同意：壹年之内，甲方如果有钱可将该房屋买回。否则，甲方必须将该房过户给乙方。过户所需费用由甲方承担。”同日张某忠、张某梅向刘某出具了收条，收条内容为：“今收到刘某人民币玖万贰仟元正（92000）”，同时张某忠、张某梅还将徐州市小北门××室房屋的房屋所有权证和国有土地使用证交付给刘某。徐州市小北门××室房屋的登记所有权人为张某忠，该房屋建筑面积为44.93平方米。刘某诉至江苏省徐州市泉山区人民法院，要求判决房屋产权归刘某所有。

各方观点

刘某观点：售房合同约定买卖关系、标的、价款都明确，售房合同的要件完全具备售房合同特征，是双方真实的意思表示。并不是以房屋买卖为借贷提供担保，应该认定售房合同真实有效。

张某忠、张某梅观点：原、被告订立的房屋买卖合同，实际上是为双方之间的民间借贷合同提供担保，担保其按期归还借款，否则按照房屋买卖合同履行。但是该房屋买卖合同价格明显低于市场同期的交易价格，且合同还规定了房屋的回购条款，因而明显不同于一般的房屋买卖合同，因而要求对原告的诉讼请求不予支持。

法院观点

一审法院观点：根据售房合同约定的价格计算，售房合同中的徐州市小北门××室房屋在当时的单价为2048元，该单价远远低于当时的市场价；售房合同中并未约定房屋交付时间；售房合同中约定有回购权，亦违背房屋买卖的交易习惯；出具的收条上未注明收到的款项为购房款。结合被告的辩称，据此认为售房合同不是被告的真实意思表示，应系名为房屋买卖实为借贷。该院遂作出（2013）泉民初字第1652号民事判决：驳回刘某的诉讼请求。

刘某不服，向江苏省徐州市中级人民法院提起上诉。二审法院作出（2013）徐民终字第1271号民事判决：驳回上诉，维持原判。

再审法院观点：涉案房屋坐落于徐州市小北门，建筑面积为44.93平方米，该房屋在签订购房合同时市场价为20余万元。而双方约定的价格仅为92000元，远低于市场价，故该约定不合常理，且显失公平；在房屋买卖交易中，往往习惯明确约定房屋交付时间，而本案中并未明确约定房屋交付时间，却约定被申请人的回赎权，不符合房屋交易惯例；结合双方在合同中的约定、收条内容、证人张某的证言以及申请人在庭审中的陈述，足以认定双方签订的合同名为买卖，实为借贷。刘某的再审申请没有事实和法律依据，不能成立。故裁定驳回刘某的再审申请。

法官评析

民间借贷过程中，出借方为保证资金安全，在订立借贷合同的同时与借款人或者相关第三人订立房屋买卖合同，口头约定如借款人未按时还款，则履行房屋买卖合同，即“名为买卖，实为借贷”。此时，房屋买卖合同的效力应当如何认定？出借人可否要求履行合同或者主张违约金？在房屋买卖合同审理中，是否需要涉及民间借贷关系？如何与“流押禁止”原则相协调？房屋买卖合同履行完毕后，又以“名为买卖，实为借贷”为由反悔，能否支持？

《最高人民法院关于审理民间借贷案件适用法律若干问题的规定》第24条规定：“当事人以签订买卖合同作为民间借贷合同的担保，借款到期后借款人不能还款，出借人请求履行买卖合同的，人民法院应当按照民间借贷法律关系审理，并向当事人释明变更诉讼请求。当事人拒绝变更的，人民法院裁定驳回起诉。按照民间借贷法律关系审理作出的判决生效后，借款人不履行生效判决确定的金钱债务，出借人可以申请拍卖买卖合同标的物，以偿还债务。就拍卖所得的价款与应偿还借款本息之间的差额，借款人或者出借人有权主张返还或补偿。”从该规定可以看出，对于以房屋买卖为名，实为民间借贷担保的合同，应当按照真实的法律关系——民间借贷关系进行审理，根据当事人的真实意思表示，认定双方的法律关系，否则应当裁定驳回起诉。同时在借贷双方之间进行利益平衡，可以对买卖合同标的进行诉讼保全，在借款人不履行义务时，对买卖合同标的物进行拍卖，从而保证债权人利益的实现。

2015 年 12 月 4 日，最高人民法院公布 19 起合同纠纷典型案例，其案例十四“李某诉段某民间借贷纠纷案”认为，债权人在债权无法实现时，不要求履行借贷合同，而要求履行房屋买卖合同，是债权人撇开主合同而要求直接履行作为从合同的买卖合同，实际上是颠倒了主从合同关系，应当按照主合同的借贷关系处理。同时，该案例指出，应当保持物权法的一致性，“禁止流押”是物权法中的一项原则，旨在防止债权人利用优势地位损害债务人的利益，造成对抵押人实质上的不公平。在买卖合同担保借贷合同的交易模式下，债权人通过买卖合同在债务到期前就固定了担保物的价值，且由于预售登记的存在，债务人不可能另行通过交易途径实现担保物的市场价值，买卖合同事实上达到了流押的效果，有违“禁止流押”的强制性规定。但同时，为了保证债权人的利益，平衡借贷双方的利益，其认为债权人为保证其债权的顺利实现，签订的买卖合同标的物的价值通常都高于借贷合同的标的。如债权人直接取得买卖合同标的物的所有权，往往会给债务人带来一定的经济损失，同时可能会对其他债权人的合法权益造成损害。实践中，建议可在诉讼过程中对买卖合同标的物进行诉讼保全，通过合法手段保证债权人实现债权的可能性，对各方当事人的利益予以均衡保护。

名为买卖，实为借贷，实质上属于代物清偿预约。[①] 即双方当事人在清偿期之前，约定如债务人不履行债务，债权人或债务人得请求代物清偿。房屋

---

① 高治：《担保型买卖合同纠纷的法理辨析与裁判对策》，载《人民司法》2014 年第 23 期。

买卖合同双方当事人的真实意思是债务人不履行债务时，以物抵债。而并非支付价款和转移所有权的买卖合同意思表示。就房屋买卖合同而言，双方当事人属于通谋的虚伪表示，无效。如果隐藏其他的法律行为的，适用该法律行为的规定。[①] 而该房屋买卖合同所隐含的是代物清偿预约，由于违反“禁止流押”的强制性规定，因而也是无效的。

有观点认为，贷款人在履行清算义务的前提下，要求借款人办理房屋过户登记手续的，应予支持。房屋价值超过担保基础借贷债权（贷款本金、合法利息等）的，贷款人应将剩余款项返还给借款人。房屋价值以贷款人要求借款人办理房屋过户登记时予以确定。该观点认为之所以否定名为买卖，实为借贷合同的效力，在于此类合同提前预约，可能带来的重利盘剥，而附加以清算义务，则可以均衡双方的利益。然而在司法实践中，此观点并无可操作空间。首先，名为买卖，实为借贷，从根本上是违反物权法“禁止流押”原则的，因而其效力应当是无效的；其次，清算义务缺乏契约或者法律上的依据，法官应无职权直接确定双方的请求义务；最后，将清算义务作为认定合同的标准，不具有唯一性，导致合同效力的不确定性。

另外，应当指出的是，根据最高人民法院第72号指导性案例，即汤龙、刘新龙、马忠太、王洪刚诉新疆鄂尔多斯彦海房地产开发有限公司商品房买卖合同纠纷案中，借款合同双方当事人经协商一致，终止借款合同关系，建立商品房买卖合同关系，将借款本金及利息转化为已付购房款并经对账清算的，不属于《物权法》第186条规定禁止的情形，该商品房买卖合同的订立目的，亦不属于《最高人民法院关于审理民间借贷案件适用法律若干问题的规定》第24条规定的“作为民间借贷合同的担保”。在不存在《合同法》第52条规定情形的情况下，该商品房买卖合同具有法律效力。但对转化为已付购房款的借款本金及利息数额，人民法院应当结合借款合同等证据予以审查，以防止当事人将超出法律规定保护限额的高额利息转化为已付购房款。此种情形下，并非对代物清偿的预约，而是在借款合同履行过程中，将借贷关系转化变更为房屋买卖合同关系，因而是有效的，从而区别于担保型的房屋买卖合同。

综上，司法实践中，此类案件的裁判思路为：

---

① 梁慧星：《民法总论》，法律出版社2001年版，第195页。

首先，如果原被告双方一致认可房屋买卖合同为借贷合同提供担保的，应向原告释明，按照借贷合同主张诉讼请求。如原告坚持原诉讼请求，则裁定予以驳回。

其次，如果原告坚持主张房屋买卖合同，坚称与借贷无关，此时法官应当结合证据进行审查，如房屋买卖合同的房款与合同订立时的市场交易价格明显偏低；合同条款及其简单，仅仅有房屋、地点等核心内容，其他没有规定；房款往往全款或者支付大部分；合同对违约责任只字不提等，此时如果能够具备高度盖然性，则法官可以认定房屋买卖合同属于名为买卖，实为借贷，从而认定房屋买卖合同无效，判决驳回原告的诉讼请求。如果证据无法达到盖然性标准，此时法官也可以根据房屋买卖合同不具有真实性，驳回原告的诉讼请求。

最后，对于房屋买卖合同已经履行完毕，借款人又以房屋买卖合同不是真实意思表示为由，主张合同无效的。此时，应当审查是否确实存在欺诈、胁迫、显失公平的情形，否则应当认定合同有效。因为原被告双方已经履行完毕的情况下，可以视为借贷合同履行方式的变更，即将还款义务转化为代物清偿，因而应当维护合同的效力，从而保证法律关系的稳定性。

2.6 房屋买卖阴阳合同的效力如何认定

——钟某斌、钟某思诉郑某房屋买卖合同纠纷案[①]

关 键 词： 房屋买卖，阴阳合同，合同效力

问题提出： 房屋买卖过程中，订立阴阳两份合同，效力如何认定？

裁判要旨： 房屋买卖过程中，在签订第一份合同后，出于各自的目的，双方再签订一份房屋买卖合同，抬高或压低房价，第一份合同是双方真实的意思表示，应为有效。第二份合同除房屋价款无效外，其他部分仍为有效。应当按照双方当事人的真实意思和履行情况确定双方的权利义务。

---

① 一审法院为广东省广州市海珠区人民法院，案号：(2012) 穗海法民三初字第203号；二审法院为广东省广州市中级人民法院，案号：(2012) 穗中法民五终字第3114号。再审法院为广东省广州市中级人民法院，案号：(2013) 穗中法审监民再字第261号。

案情简介

申请再审人、申诉人（一审原告、反诉被告、二审上诉人）：钟某斌、钟某思。被申请人、被申诉人（一审被告、反诉原告、二审上诉人）：郑某。

广州市海珠区新港西路164号大院××号房原是钟某斌、钟某思共有的房屋。2011年8月17日，钟某斌、钟某思（甲方，卖方）与郑某（乙方，买方）、广州市海珠区某房地产代理服务部（中介方，以下简称某地产代理）签订《房屋买卖合同》，约定乙方向甲方购买上址房屋；成交价为950000元；物业移交时间为2011年11月1日前且甲方已收齐房款；交易税费交付方式为甲、乙双方交易税费全部由乙方支付；甲乙双方就楼价款的交付方式达成以下一致协议，一次性付款：（1）于签订本合同时支付30000元作为定金；（2）首期楼价款（含定金）共计700000元于签订《广州市房地产买卖合同》（2011年8月27日前）并取得房地产交易中心收缴证件收据当天付清；（3）楼价余款250000元于完税后支付，并即日完成过户手续，交易过户手续须于2011年9月25日前完成，如因房管局原因导致交易延迟则时间相应顺延；若甲方或乙方在签订本合同后未能卖出或买入该物业，则守约方于支付中介方中介服务费后可要求违约方赔偿其已支付的中介服务费；甲方逾期交付该物业的，或者未能按时履行合同约定的其他义务，从逾期之日起，应按日向乙方支付本合同约定成交价千分之一的违约金；逾期十日，乙方有权按本条约定向甲方收取违约金外并有权不再购买该物业，届时甲方需退还向乙方收取的全部款项并应向乙方支付成交价的10%的违约金；经甲乙双方友好协商，定金叁万元，乙方必须在2011年8月18日前补齐给甲方，否则视为乙方违约；乙方预留2万元楼款于双方交楼当天，乙方验收完毕再交给甲方；等。2011年8月18日，钟某斌、钟某思（甲方）与郑某（乙方）签订《合同补充协议》，约定“在交易过程中所产生的一切费用包括：税费、中介费等全部由乙方支付，甲方实收房价人民币玖拾伍万元整。”郑某在2011年8月18日前，分别支付了定金1万元及定金2万元给钟某斌、钟某思，钟某斌、钟某思开具了两张《收据》给郑某。

2011年9月2日，钟某斌、钟某思（甲方，卖方）与郑某（乙方，买方）前往房管部门办理涉案房屋的交易过户递件手续，签订了《存量房买卖合同》。该合同约定房地产地址海珠区新港西路164号大院××号房；该房地产按整套出售并计价，总金额331600元；甲乙双方同意该房地产交付使用的时间为卖方收齐楼款当天；等等。同日，钟某斌、钟某思、郑某签署《合同补充协议》，约定双方于交易递件后若交易税费超过壹拾贰万元整，则甲乙双方同意退件，取消此交易，甲方退还乙方已支付的所有款项；双方约定缴补房改房成本价各付一半，甲方最高出资肆万，多出部分由乙方全部支付；双方约定收楼当天，乙方余款柒万元付清给甲方。2011年9月3日，钟某斌、钟某思收到郑某交来的首期楼款550000元并开具《收据》。2011年9月13日，郑某向房地产交易登记部门缴交了地址为涉案房屋的买卖双方的房地产交易手续费各237元、房屋登记费50元、房屋契税9948元、证明费40元、广州市房改办住建办住房基金款3200元和63356.64元、国土出让交易补地价收入3316元。同日，郑某支付了房款268321.68元给钟某斌、钟某思，钟某斌、钟某思也出具《收据》（该收据的落款日期为2011年8月13日，经双方确认是笔误）给郑某。2011年9月19日，郑某代钟某斌、钟某思缴交了个人所得税3316元。2011年9月23日，广州市国土资源和房屋管理局核发了权属人为郑某的涉案房屋的《房地产权证》。

2011年12月19日，郑某通过银行转帐方式将剩余房款7万元划入钟某斌的工商银行账户，钟某斌也签名确认。2011年12月27日，因钟某斌、钟某思、郑某发生纠纷，钟某思、郑某分别向广州市公安局海珠区分局报警。

钟某斌、钟某思请求：1. 郑某依合同约定向钟某斌、钟某思支付已补缴的税费6378.8元；2. 郑某支付不按实际缴纳税费导致的违约金95000元。郑某反诉请求：1. 钟某斌、钟某思立即向郑某交付涉诉房屋；2. 钟某斌、钟某思共同向郑某支付违约金95000元（总房款950000元的10%）以及逾期交楼违约金（以950000元为本金，按每日千分之一的标准，从2011年11月1日开始计至钟某斌、钟某思实际交楼之日止）；3. 钟某斌、钟某思共同向郑某支付房屋中介费22000元；4. 钟某斌、钟某思共同赔偿郑某的损失（按每月1000元的标准，从2011年11月1日开始计至钟某斌、钟某思交楼之日止）。

各方观点

上诉人（原审原告）钟某斌、钟某思观点：一、郑某隐瞒重大事实并虚构房屋交易金额，目的是逃避巨额税费，导致钟某斌、钟某思背负巨大的法律风险。依据双方签订的《房屋买卖合同》及《合同补充协议》的约定，对涉案房屋以金额为95万元人民币成交，及对房屋买卖过程中产生法律规定的税费，郑某有缴纳的义务。正因为存在如此的约定，郑某为了达到少交税费的目的，利用钟某斌、钟某思对交易流程不熟的漏洞，故意隐瞒重大交易金额的事实，刻意回避合同交易总额，故意以房屋交易中心办事紧急为借口，一直紧抱合同不让钟某斌、钟某思细看，声称是和以前的合同一样所以无须再看，以331600元的超低价向税局申报纳税。直到办理完个人所得税完税凭证等单据后，钟某斌、钟某思才知道郑某向税务部门报缴的交税金额远远低于交易金额，不但给钟某斌、钟某思造成严重的补税、罚款等巨大的法律风险，还严重触犯国家税收法律。二、郑某使用阴阳合同向税务部门申报房屋买卖税费是不争的事实，钟某斌、钟某思投诉无门的情况下，向具有权威且是最后的保障的法院立案起诉，目的就在于摆脱由郑某一手炮制的偷逃税的不良后果，法院不但不加以区分和作出明确的相关判决，反而以一驳了之的方式处理钟某斌、钟某思的请求，且钟某斌、钟某思因此可能背上法律追责的风险，还无形地纵容了郑某偷逃税的非法行为。三、一审法院认可以低价报税交易的合同有效，严重违反合同法关于合同无效的规定，属适用法律错误。钟某斌、钟某思与郑某交易的涉案房屋实际以95万元成交，而郑某隐瞒真实的交易金额，虚假向税务部门申报缴纳房屋交易税费，而申报税费所使用的合同，根据《合同法》第52条第2项“恶意串通，损害国家、集体或者第三人利益”和第5项“违反法律、行政法规的强制性规定”的规定，为无效合同。

上诉人（原审被告）郑某观点：本案双方所签订的房屋买卖合同、网签合同都是在双方真实意思表示下所签署的，并非郑某有意为了避税才要求签订，交易额是由钟某斌、钟某思提出的。买卖合同都有双方的签名，郑某不存在隐瞒交易总额，钟某斌、钟某思是在确认合同有效的情况下签署。郑某多次要求钟某斌、钟某思交付郑某的合法财产，所以是对方存在违约行为，应当承担违约责任。

法院观点

一审法院观点：钟某斌、钟某思、郑某与某地产代理签订的《房屋买卖合同》以及钟某斌、钟某思、郑某签订的两份《合同补充协议》是签约当事人的真实意思表示，没有违反法律、行政法规的强制性规定，是合法有效的合同，双方均应按照合同约定全面履行自己的义务。2011 年 9 月 2 日签订的《合同补充协议》对《房屋买卖合同》中的部分约定进行了变更，上述两份协议约定不一致的条款应当以 2011 年 9 月 2 日签订的《合同补充协议》的约定为准。按照合同约定，交易过程中的双方交易税费全部由郑某支付；缴补房改房成本价各付一半，钟某斌、钟某思最高出资肆万，多出部分由郑某全部支付。郑某也依约支付了买卖双方的房地产交易手续费各 237 元、房屋登记费 50 元、房屋契税 9948 元、证明费 40 元、广州市房改办住建办住房基金款 3200 元和 63356. 64 元、国土出让交易补地价收入 3316 元等费用。诉讼中，钟某斌、钟某思提交的证据材料不足以证明其在 2011 年 12 月 28 日自行申报的个人所得税 6378. 8 元是因涉案房屋的交易过户产生，钟某斌、钟某思在涉案房屋的交易过户完成后，再要求郑某支付补交的税费 6378. 8 元并支付违约金 95000 元，依据不足，不予支持。钟某斌、钟某思认为郑某存在偷漏税的行为，应当由相关的行政部门进行查处，不属于法院调整的范围，在本案中不予处理。

根据《房屋买卖合同》和 2011 年 8 月 18 日签订的《合同补充协议》的约定，涉案房屋的成交价为 950000 元，钟某斌、钟某思实收房价 950000 元整，物业移交时间为 2011 年 11 月 1 日前且钟某斌、钟某思已收齐房款。在 2011 年 12 月 19 日前，郑某实际支付了房款 918321. 68 元给钟某斌、钟某思，郑某认为双方在 2011 年 9 月 2 日签订的《合同补充协议》中对购房款作出变更约定，郑某代钟某斌、钟某思支付的房改房成本价 31678. 32 元应当算作房款的一部分，钟某斌、钟某思对此不予确认。郑某对其主张没有提交相应的证据予以证实，故应承担相应的举证责任，对郑某的主张，不予采纳。郑某尚未付清房款 950000 元，要求钟某斌、钟某思将涉案房屋交付给其，依据不足，不予支持。郑某以钟某斌、钟某思逾期交楼为由要求钟某斌、钟某思承担违约责任并赔偿中介费和租房损失的诉讼请求，于法无据，予以驳回。一审法院判决：一、驳回钟某斌、钟某思的全部诉讼请求；二、驳回郑某的全部反诉请求。

判后，钟某斌、钟某思、郑某均不服原审判决，向广东省广州市中级人民法院提起上诉。

二审法院观点：钟某斌、钟某思与郑某签订的《房屋买卖合同》及两份《合同补充协议》是双方真实的意思表示，内容并未违反法律、行政法规的强制性规定，为有效合同，双方均应切实履行。关于钟某斌、钟某思抗辩称郑某存在偷逃税款行为的问题，法院认为，郑某是否偷逃税款，应当由相关行政主管部门进行认定及处理，法院对此不予调处。且双方签订的合同亦并未将支付税款作为交付房屋的条件之一，钟某斌、钟某思以郑某偷逃税款为由拒绝交付房屋，并要求郑某支付违约金95000元，依据不足，法院不予支持。该院作出（2012）穗中法民五终字第3114号民事判决，郑某上诉理由部分成立，对其上诉请求，法院予以部分支持。二审法院判决：一、变更一审民事判决第二项为：驳回郑某的其他反诉请求。二、钟某斌、钟某思在本判决送达之日起十五日内将广州市海珠区新港西路164号大院××号房交付给郑某；三、钟某斌、钟某思在本判决送达之日起十五日内向郑某支付逾期交房的违约金。

再审法院观点：双方当事人就海珠区新港西路164号大院大院××号房的买卖先后签订了《房屋买卖合同》《存量房买卖合同》，《房屋买卖合同》约定的交易价为95万元，且双方已按照该价格实际履行，该合同是双方真实意思表示，内容合法，应为有效合同。而《存量房买卖合同》载明的交易价为33.16万元，该合同约定的价格与双方实际成交的价格明显不符，差额巨大，由此产生大额的税费差异，现税务、房管部门已重新核定了房屋交易价。再审认为，《存量房买卖合同》约定的价格实际上是双方当事人恶意串通，以期达到逃避税费办理过户登记，损害国家利益的行为。《合同法》第52条规定，有下列情形之一的，合同无效：（二）恶意串通，损害国家、集体或者第三人利益。依法上述《存量房买卖合同》关于交易价格的约定无效。

关于郑某是否付清95万元房款的问题。再审法院认为，1. 根据双方在2011年9月2日签订的《合同补充协议》约定，补缴房改房成本价各付一半，钟某斌、钟某思最多出资4万。在实际履行中，按照交易时由广州市住房制度改革办公室核定的住房基金款已全部由郑某支付，且没有证据证实双方对上述补充协议的约定作出了变更。因此，原审认定将2011年9月13日郑某支付63356.64元的一半充抵购房款，符合双方的约定。2. 虽原审判决后，广州市住房制度改革办公室根据双方实际交易价格与网签价格之间的差额核定了应补交的住房基金 121249.80 元，但该款并非当时交易核定的住房基金，该款应由钟某斌、钟某思或郑某承担应由当事人另行解决，该款是否由钟某斌、钟某思或郑某任何一方承担均不影响对郑某已付住房基金 63356.64 的一半充抵房款的认定。3. 郑某于 2011 年 9 月 13 日所支付的广州市房改办住建办住房基金款 63356.64 元的一半为 31678.32 元，加上郑某之前支付的房款共 848321.68，合计 880000 元，尚余房款 70000 元未付，与双方在 2011 年 9 月 2 日签订的《合同补充协议》所约定的“双方约定收楼当天，乙方（郑某）余款柒万元付清给甲方（钟某斌、钟某思）”相符。且事实上，郑某已在 2011 年 12 月 19 日向钟某斌支付房款 70000 元，在本案诉讼中，钟某斌、钟某思亦确认该笔款项为购房“尾款”，按照通常的理解，“尾款”应为最后一笔房款，即除该笔购房款外，其他购房款应已支付完毕。因此，原审认定郑某支付全部房款 95 万元并无不当，再审予以维持。

关于本案双方当事人是否违约的问题。《房屋买卖合同》有效，对双方当事人均有约束力，当事人应依约履行合同。卖方钟某斌、钟某思及买方郑某均主张对方违约，对于双方违约责任的认定，再审认为，1. 关于郑某是否违约的认定。依据《房屋买卖合同》及补充协议约定“在交易过程中所产生的一切费用包括：税费、中介费等全部由乙方（郑某）支付，甲方（钟某斌、钟某思）实收房价人民币玖拾伍万元整。”“双方约定缴补房改房成本价各付一半，甲方（钟某斌、钟某思）最高出资肆万，多出部分由乙方（郑某）全部支付。”交易双方约定承担的税费、房改房成本价、土地出让金等费用，应以合同约定且当事人所能预见的，并经税务部门、房管部门核定的税费、房改房成本价、土地出让金等费用为准。本案中，虽双方实际成交价与网签合同交易价格不同，网签交易合同约定的价格无效，但房管、税务部门当时已依双方网签交易价格核定涉案房屋交易应缴纳、支付的税费、房改房成本价、土地出让金，且其中的房改房成本价应由钟某斌、钟某思负担的不超过 4 万元，依约涉案房屋交易时经税务部门、房管部门核定的全部税费、成本价的一半、土地出让金均应由郑某承担，郑某已全部缴纳、支付上述费用，已依约履行合同义务。至于交易过户后税务部门、房管部门重新核定交易价格并要求补缴的税费、支付的房改房成本价及土地出让金，均属当事人在交易过户当时不能预见的，事后核定的费用，不能作为认定各自是否违约的依据。

因此，钟某斌、钟某思主张郑某未依约缴纳全部税费构成违约理由不成立，原审不予支持并无不当。但钟某斌、钟某思事后缴纳的个人所得税 6378.8 元，双方当事人再审确认是因涉案房屋缴纳的个人所得税，依约应由郑某向钟某斌、钟某思支付。钟某斌、钟某思请求郑某支付个人所得税 6378.8 元依据充分，再审予以支持。2. 钟某斌、钟某思是否违约的认定。《房屋买卖合同》及其补充协议约定，“涉案房屋移交时间为 2011 年 11 月 1 日前且甲方（钟某斌、钟某思）已收齐房款。”“在交易过程中所产生的一切费用包括：税费、中介费等全部由乙方（郑某）支付，甲方（钟某斌、钟某思）实收房价人民币玖拾伍万元整。”“双方约定缴补房改房成本价各付一半，钟某斌、钟某思最高出资肆万，多出部分由乙方（郑某）全部支付。”依约郑某应负担房款 95 万元及交易税费、部分房改房成本价、土地出让金等，前述已认定郑某已全部支付房款 95 万元，并已缴纳、支付交易当时经税务部门、房管部门核定的税费、房改房成本价、土地出让金等，郑某已履行其交易当时应履行的合同义务，钟某斌、钟某思未依约交付房屋，已构成违约。原审认定钟某斌、钟某思因逾期交付房屋应承担违约责任理据充分，再审予以维持。综上所述，郑某不构成违约，钟某斌、钟某思主张郑某应承担违约责任无据，钟某斌、钟某思逾期交付房屋构成违约，应承担违约责任。

综上所述，因钟某斌、钟某思再审补强新证据，原审对于交易事后钟某斌、钟某思缴纳的个人所得税不应由郑某承担的认定不当，再审予以纠正。原审其他事实认定清楚，适用法律正确，应予以维持。法院判决：一、维持二审民事判决第二项、第三项、第四项；二、撤销二审民事判决第一项及一审民事判决第一项；三、郑某在本判决发生法律效力之日起十五日内支付 6378.8 元给钟某斌、钟某思；四、驳回钟某斌、钟某思的其他诉讼请求。

法官评析

房屋买卖的阴阳合同是交易双方基于某种目的，就同一房屋买卖订立两份或者多份合同，约定不同的成交价格，其目的是规避法律，牟取利益。阴阳合同的特征是隐蔽性与公开性并存。阳合同作为登记备案的合同，具有公开性。阴合同作为买卖合同双方达成的合同，往往是真实的意思表示，具有隐蔽性。

"阴阳合同"一般表现为两种形式：一种是抬高房价，阳合同中的房屋价格高于实际交易价格，并以阳合同作为向银行申请按揭贷款的依据，以此来达到多申请贷款，少交首付款的目的；另一种就是降低房价，在阳合同中的房价低于阴合同中约定价格，并以阳合同作为办理房产过户登记手续的依据，从而达到避税的目的①。

阴阳合同的问题是如何认定两份乃至多份合同的效力？对此有三种观点：一种观点认为，"阴阳合同"均无效。因为阴阳合同存在恶意串通和以合法形式掩盖非法目的的情形，因而是无效的；一种认为"阳合同"不是交易双方的真实意思表示，且合同内容主要条款之一的价格条款违法进而导致"阳合同"整体无效，而"阴合同"系合同双方的真实意思表示和实际履行的合同，在不存在其他影响合同效力因素的情况下应为合法有效合同；还有一种观点认为，"阴合同"有效，"阳合同"除价格条款部分无效外，其余条款应为有效。在合同实际履行中，应当综合考量合同双方的真实意思和履行的实际情况来确定合同效力。

对于第一种观点，由于房屋买卖合同中，阴阳合同大量存在，一律判定合同无效，不利于交易秩序的稳定，反而可能演化为买卖双方违约的工具。在房屋价格上涨或者下跌的情况下，卖方或者买方则可能均利用双方存在阴阳合同的情形，主张合同无效，从而达到自己的目的。并且阴阳合同是双方真实的意思表示，至于双方相互串通，损害国家税收或者银行的利益问题，则应通过国家房屋管理、税务部门、银行审查认定，而不宜从合同效力的角度予以否认。

对于第二、三种观点，均认可阴合同是双方当事人的真实意思表示，在效力上没有瑕疵，关键是在如何认定阳合同的效力上存在分歧。有观点认为阳合同规避法律，一律无效；有观点认为阳合同中价格条款无效，其他有效；也有观点认为阳合同除价格条款无效以外，由于其往往订立在后，因而其他条款应当以阳合同为准。此处，不能仅仅以订立的先后作为判定合同效力的标准。而应当根据当事人的意思表示和合同的履行情况，确定当事人之间的权利义务。

---

① 邓基联主编：《房屋买卖合同纠纷》，法律出版社2010年版，第165页。

2.7 一房数卖情况下，恶意登记行为是否有效

——董某诉王某房屋买卖合同纠纷案①

关 键 词： 一房数卖，合同履行，恶意登记

问题提出： 一房数卖合同履行中，恶意登记行为效力如何认定？

裁判要旨： 第三人购买诉争房屋时，明知合法买受人已经购买，并且合法占有，仍然与房屋转让人订立房屋买卖合同，并且进行房屋变更登记的，其行为侵害合法买受人的利益，属于恶意登记行为。其权利不能对抗合法买受人基于合法占有所取得的权利。

案情简介

上诉人（原审第三人）：梁某某

被上诉人（原审原告）：董某

被上诉人（原审被告）：王某

威海东发房地产开发公司曾将包括诉争房屋在内的19套房屋抵顶给王某。2000年11月1日，董某与王某签订《房地产买卖契约》，约定王某将诉争房屋及储藏室卖与董某，房屋建筑面积为72.91平方米，每平方米1180元，价款86033元；储藏室建筑面积15.66平方米，每平方米800元，价款12528元。同日，董某付款40000元，余款约定于2001年5月1日前付清。2001年8月9日，威海东发房地产公司与董某、王某签订《房屋移交合同》，将房屋交付给董某，董某装修后入住至今。后王某在未经董某同意的情况下，先后将诉争房产过户在其妻张某丽、其同学石某某名下，用以办理抵押贷款。后因董某未按约定付清房款，王某将房价提高至135000元，并于2007年9月16日，由董某、王某、石某某三人就诉争房屋签订一份补充协议书，约定董某于2007年9月16日前支付房款135000元，3年后即2010年9月16日为董某办理产权过户手续，以诉争房屋抵押所借贷款由王某、石某某负责偿还。

① 一审法院为山东省威海市火炬高技术产业开发区人民法院，案号：（2015）威高民初字第533号；二审法院为山东省威海市中级人民法院，案号：（2016）鲁10民终字第1342号。

协议签订后，董某付清全部房款。2009年3月，王某又将诉争房屋过户在案外人于某某名下，并抵押贷款240000元，由青岛海卓投资担保有限公司提供担保，案外人王某某提供反担保。同月，王某数次向案外人王某某借款共计120000元。同年3月19日，案外人于某某与王某某签订委托书，约定：由于于某某不能亲自办理涉及诉争房屋的归还银行贷款、解除抵押登记及办完前面事宜后的对外出售、代收房款及产权过户的一切事宜，故委托王某某代为办理，王某某在办理上述事宜中所签署的有关文件于某某均予以承认。同年3月22日，王某与案外人王某某签订合同，约定王某将诉争房屋及沈阳路××号××室除去贷款金额后余额抵押给王某某，借款期限每次15天，逾期王某某有权将公证委托的房屋进行拍卖过户。其中，高区沈阳路××号××室房屋评估价为250000元，贷款195000元；本案诉争房屋评估价310000元，贷款240000元。同年4月15日，王某因犯诈骗罪等被刑事拘留，后被判处有期徒刑14年，现服刑于山东潍坊监狱。2010年7月31日，青岛海卓投资担保有限公司威海分公司为于某某出具一份收款收据，收到于某某逾期代偿费等合计237646.49，此款实际为王某某偿还。同年8月5日，诉争房屋过户至王某某之母李某某名下，8月20日，又过户至王某某之舅妈梁某某名下，9月1日，李某某为梁某某出具收条，证明收到梁某某房款320000元。同年11月25日，梁某某以其已支付相应对价、合法取得诉争房屋产权为由，诉至原审法院，要求董某搬出房屋并支付相应占用费。

各方观点

被上诉人（原审原告）董某观点：董某基于与王某签订的房屋买卖合同及付清购房款的事实对诉争房屋的占有系合法占有，且已合法占有十余年。而梁某某的购房行为发生在后，根据原审法院对王某某的调查，应认定梁某某在购房时对董某此前购买了该房屋及长期居住是明知的，梁某某系恶意办理登记的买受人。因此，梁某某的权利不能优先于已经合法占有该房屋的买受人董某，本案不适用物权优先于债权的原则，无论王某某将诉争房屋过户给李某某前是否支付对价，并不影响已经先行合法占有该房屋的董某的权利。

被上诉人（原审被告）王某观点：原、被告已就涉案房屋达成过调解，被告的调解意见很明确，同意办理该房屋的过户。

上诉人（原审第三人）梁某某观点：2000 年以后，威海的房地产价格每年都有大幅度增值，被告选择了将房屋另售给石某某，并办理了过户手续。2007 年 9 月 19 日，涉案房屋的产权在石某某名下，当日所签协议是原、被告就 2000 年 11 月 1 日协议的补充，对石某某与原告而言是新的权利义务的确定。该协议的内容、效力、履行与否系原告能否合法购买诉争房屋的关键。原告绕过产权人石某某，无法达到诉讼目的，法院未追加石某某为共同被告，导致案件事实无法查清，极易形成错案，引发诉累，故第三人请求追加石某某、于某某为本案被告；因原告未按合同约定付清余款，诉争房屋产权人已变更为石某某，故该协议书法律意义上的售房人是石某某，不是被告。该房屋产权人变更为石某某的同时，已经办理了银行抵押贷款，这一点已在 2007 年 9 月 19 日的协议中对被告进行明确，原告签字认可。如果石某某、被告不能偿还银行抵押贷款，涉案房屋必然优先变现偿还银行抵押贷款，原告是无法通过 2007 年 9 月 19 日的协议书得到房产的。另外，协议书约定银行抵押贷款的持续时间是 2010 年 9 月 19 日，其间石某某、被告、于某某没有偿还银行抵押贷款，变现诉争房屋偿还银行抵押贷款就是必然的选择，不存在原告是受害者的情形。协议书约定的是 2007 年 9 月 19 日前再给付 13.5 万元是打印的，经过了三方当事人的反复校正，不存在原、被告陈述的笔误。按照 2007 年 9 月的威海房地产市场价格，涉案房屋的价值在 25 万元左右，这一点可以参照银行抵押贷款时的房屋评估价。2007 年 9 月 19 日前再给付 13.5 万元于情、于理、于法都可以说得过去。另外，再给付 13.5 万元的接收人是被告和石某某，而且主要是石某某，石某某来收款是没有任何争议的，原告事实上也没有支付过 13.5 万元。因为原告不可能承担再给付 13.5 万元而可能得不到该房产的风险。在 2007 年 9 月 19 日前，原告、被告、石某某有债权债务纠纷的，但是在签订该协议时达成了和解，相互放弃追究对方的违约责任。原告给付 13.5 万元后，只要被告和石某某能还上银行抵押贷款，3 年后就给原告办过户。根据以上陈述，原告不可能同意，但因为他有违约，房子已经在石某某名下，若原告不签订该协议书，被告和石某某立刻就会要求原告搬出去。原告当时也不可能打赢官司，不得已签订这份协议书；原告、被告、石某某在 2007 年 9 月 19 日的协议书上签字就已经说明卖房还贷是三人的必须选择，也是原告必须接受的事实。王某某只是代理人，代理人代理的后果是由被告、石某某、于某某来承担的，不论代理行为是有效还是无效，卖房所得的款项是被告、石某某、于某某用来偿还银行抵押贷款，为诉争房屋解除了抵押。原告、被告、石某某、于某某要实现房屋交付，前提是必须退还第三人购房款31万元及损失。

法院观点

一审法院观点：本案系房屋买卖合同纠纷。已生效的民事判决书认定董某自2000年购买诉争房屋后交付房款，并于2001年8月9日接受该房屋后一直占有使用至今，董某系该房屋的合法买受人。依据原、被告之间签订的《房地产买卖契约》及补充协议书，原告有权要求被告协助办理房屋的产权过户。第三人虽已办理诉争房屋所有权变更登记，但生效民事判决已认定梁某某主观上存在恶意串通的故意，其转让行为无效，梁某某并不享有该房屋的所有权。鉴于诉争房屋登记在第三人名下，原告有权要求第三人予以协助过户。一审法院判决：被告王某及第三人梁某某于判决生效之日起十日内协助原告董某办理威海市沈阳路××号××室房屋的过户手续，将房屋过户至原告董某名下。

二审法院观点：根据已生效裁判文书认定的事实，上诉人在购买诉争房屋时明知被上诉人董某此前已购买该房屋并居住其中多年之事实，被上诉人王某亦在明知该事实的情形下，为抵押贷款将诉争房屋先后过户至张某丽、石某某、于某某名下，并将该房屋之处分权赋予王某某，后王某某又在明知上述事实的情形下，将诉争房屋过户至其母李某某名下，李某某又将该房屋过户至上诉人名下。诉争房屋转让人李某某与上诉人之间存在恶意串通，且该行为因损害被上诉人董某之利益而无效，上诉人未取得诉争房屋之所有权，其权利亦不能对抗被上诉人董某因先占有诉争房屋而享有之权利。二审法院判决：驳回上诉，维持原判。

法官评析

在房屋多重转让的场合下，对于权利保护顺位有三种观点：登记优先说、占有优先说和生效在先合同优先说。对于登记优先说，尽管登记具有物权变动效力和登记公信力，但是由于不能解决恶意登记的问题，即第三人恶意先于合法买受人登记，导致合法买受人的权利无法得到保护，侵害合法买受人的利益，因而在实践中不具有可操作性；对于生效在先合同优先说，由于不符合债权的平等性原理，其为法官提供考量的依据，但是缺乏法理依据，不能解决房屋所有权的归属问题。而占有优先保护说，以“占有的绝对权”和“占有的权利推定规则”为理论支撑，为解决多重房屋转让场合下，保护的顺位问题提供比较好的思路。

就房屋买卖合同内部而言，合法买受人基于买卖合同关系占有房屋，属于有权占有，其可以对抗原权利人的返还请求权和其他的侵害。同时由于占有的绝对权，其也可以对抗第三人就房屋提出的请求权。

对于房屋买卖合同外部而言，占有具有一定的公示效力，通过占有可以对占有人的权利进行推定。另一个角度上，转移占有往往意味着风险的转移，其依据是“利益之所归，危险之所在”。反之，在合法买受人已经占有房屋的情况下，此时占有人承担房屋的风险，根据以上原理，“危险之所在，利益之所归”，因而将权利归属于合法占有人，也能够促进效率的最大化。

在司法实践中，常常出现第三人购买房屋而与占有人冲突的情形，此种情形下，应当具体分析：

一是第三人善意取得。第三人为善意的情况下，支付合理对价，已经办理房屋过户登记手续，此时第三人构成善意取得，由第三人取得房屋所有权。但是实践中，由于占有人占有房屋具有公示的效力，因而此时第三人就其善意应当承担较高的证明义务。

二是第三人恶意串通。如果第三人与原房屋转让人恶意串通，订立房屋买卖合同，完成房屋过户登记。此时由于第三人明知占有人合法占有房屋，仍然与房屋转让人订立房屋买卖合同，双方属于恶意串通，损害合法占有人的利益，构成恶意登记。第三人虽然具有房屋登记产权人的外观，但是其取得所有权的依据具有不法性，因而是无效的，不能对抗合法占有人的权利。

三是第三人未占有也未登记的情形。此时由于原合法占有人已经合法占有房屋，基于占有绝对权和占有推定的效力，原占有人可以对抗任何第三人。

综上，对于恶意登记行为，可以基于占有的绝对权和占有推定效力进行保护，避免房屋买卖过程中的利益失衡。

2.8 因委托代理机构未告知特定房屋已经售出而导致“一房二卖”，开发商应否承担赔偿责任

——苏某水诉湖北金华实业有限公司等商品房买卖合同纠纷再审案①

关 键 词：商品房买卖合同，“一房二卖”，表见代理，再审范围

问题提出：在房地产开发企业委托代理机构销售房屋的情况下，房地产开发企业因委托代理机构未告知其特定房屋已经售出而导致“一房二卖”，是否应当向买受人承担赔偿责任？

裁判要旨：商品房买卖合同订立后，出卖人又将该房屋出卖给第三人，不管出卖人是否具有恶意违约故意，无法取得房屋的买受人均可请求出卖人承担不超过已付购房款一倍的赔偿责任。房地产开发企业因委托代理机构未告知其特定房屋已经售出而导致“一房二卖”，属于其选择和监督委托代理人的经营风险，不得转嫁于购房者。

案情简介

申诉人（一审被告、二审被上诉人）：湖北金华实业有限公司（以下简称金华公司）

被申诉人（一审原告、二审上诉人）：苏某水

被申诉人（一审被告）：武汉皓羽地产顾问有限公司（以下简称皓羽公司）

2005年3月12日，金华公司与皓羽公司签订一份《“楚天星座”商品房保底包干销售合同》，同年6月，双方签订一份《销售代理补充协议》。2006年3月28日，双方签订一份《〈“楚天星座”商品房保底包干销售合同〉补充协议》。在《“楚天星座”商品房保底包干销售合同》中约定：皓羽公司代理销售由金华公司开发的“楚天星座”项目，项目位于武汉市江汉区青年路

---

① 此案例来源于《最高人民法院公报》2014年第1期。一审法院为湖北省武汉市中级人民法院，案号：（2008）武民初字第56号；二审法院为湖北省高级人民法院，案号：（2009）鄂民一终字第28号；再审法院为最高人民法院，案号：（2012）民抗字第24号。

与万松园横路交汇处，该商品房建筑面积约5万平方米；金华公司委托皓羽公司代理销售的商品房建筑面积除住宅两层、商铺700平方米外，其余全部属代理范围，所有对外销售面积由金华公司签字盖章后，交由皓羽公司负责对外销售，具体房型面积作为本合同的附件；为保证销售工作的正常进行，金华公司指定一名销售负责人联系及配合皓羽公司的销售工作，指定财务人员负责收取客户支付的房款并开具有效收据；该项目的《商品房买卖合同》以及文件均需由金华公司加盖公章后方能生效，其他任何单位和个人签订均属无效。在《〈"楚天星座"商品房保底包干销售合同〉补充协议》中约定有：2006年4月为宣传炒作本楼盘的策划月，此月暂封盘1个月。

2006年4月苏某水与金华公司就购买06号、07号商铺，双方签订了《〈楚天星座〉商品房认购合同》，该两份认购合同均载明甲方（出卖方）为金华公司，乙方（买受方）为苏某水，并均加盖有"湖北金华实业有限公司楚天星座销售合同专用章"，该两份认购合同亦载明售楼部地址是青年路与万松园横路交汇处以及认购房号分别是06号和07号商铺。同月，苏某水与金华公司的房屋销售代理商皓羽公司销售人员签署了两份《武汉市商品房买卖合同》。其中第一份合同约定：出卖人为金华公司，委托代理机构为皓羽公司，买受人为苏某水；买受人所购商品房为一层06号商铺；建筑面积为145.39平方米，价款为每平方米30476.72元，合计4431010元；该合同出卖人一份，买受人一份，房产部门一份，银行一份。在该合同的出卖人签章处盖有"湖北金华实业有限公司楚天星座销售合同专用章"，买受人签章处有苏某水的签字。该合同有多处涂改及所附图纸齐缝印不全的现象。另第二份合同约定的当事人与上述合同一致，其约定的买受人所购商品房为一层07号商铺；建筑面积为64.40平方米，价款为每平方米33385.09元，合计2150000元；该合同出卖人一份，买受人一份，房产部门一份。在该合同的委托代理机构签章处盖有"武汉皓羽地产顾问有限公司销售合同专用章"，买受人签章处有苏某水的签字，金华公司未在该合同的出卖人签章处签章。苏某水除20000元系现金支付外，于2006年4月11日和4月30日分五次通过皓羽公司报批安装在"楚天星座"的POS机向皓羽公司支付购房款4211010元，并于2006年5月17日通过银行转账支付了购房款1400000元。皓羽公司分别于2006年4月11日、4月30日和5月17日向苏某水开具2000000元、2231010

元和1400000元三张收款收据，其金额共计5631010元，其中，皓羽公司开具的2000000元收据载明为定金，与两份认购合同记载的定金合计金额相符。

皓羽公司于2006年6月20日向金华公司发出《解除〈“楚天星座”商品房保底包干销售合同〉的通知》，表示因金华公司提供不具备合法销售资格的房产，不能按约支付装修款，导致合同目的不能实现，故通知解除合同。此后，皓羽公司销售人员退出售楼部并于2006年7月30日对安装在“楚天星座”的POS机办理了撤机手续，金华公司重新组织人员对该项目进行销售。皓羽公司向金华公司发出解除合同通知后，仍持有部分房屋销售合同等材料的原件，湖北省武汉市中级人民法院已于2006年8月29日组织双方办理了移交手续。2006年9月29日，金华公司将本案讼争的07号商铺出售给李某，商品房买卖合同于2006年9月30日向武汉市房产管理局备案。2006年10月31日，苏某水到“楚天星座”售楼部要求办理交房手续时，金华公司以该公司并未与其签订合同，也未收到其购房款为由拒绝办理交房手续，从而引起本案纠纷。苏某水于2006年11月14日向武汉仲裁委员会申请仲裁。2007年1月16日，金华公司将本案讼争的06号商铺出售给李某伟，商品房买卖合同于2007年1月17日向武汉市房产管理局备案。2007年7月16日，武汉仲裁委员会作出（2006）武仲裁字第00858号裁决书。2007年9月20日，金华公司向湖北省武汉市中级人民法院申请撤销该裁决书。2008年1月11日，湖北省武汉市中级人民法院以（2007）武仲监字第369号民事裁定书撤销该裁决书。2008年4月7日，苏某水向湖北省武汉市中级人民法院提起本案诉讼，请求判令：1. 确认苏某水与金华公司就“楚天星座”06、07号商铺签署的《武汉市商品房买卖合同》有效；2. 金华公司的行为导致合同目的无法实现，判决解除苏某水与金华公司就“楚天星座”06、07号商铺签署的《武汉市商品房买卖合同》；3. 金华公司返还苏某水购房款5631010元，并赔偿利息损失689235元；4. 金华公司赔偿苏某水5631010元及仲裁费107240元；5. 皓羽公司就上述第三项请求承担连带责任；6. 由金华公司、皓羽公司承担本案全部诉讼费用及财产保全费用。

各方观点

最高人民检察院抗诉观点：上述二审判决适用法律错误。一、《最高人民法院关于审理商品房买卖合同纠纷案件适用法律若干问题的解释》第 8 条第 2 项规定，商品房买卖合同订立后，出卖人又将该房屋出卖给第三人的，可向出卖人主张不超过购房款一倍的赔偿。该条款作为对惩罚性赔偿金的规定，旨在制裁和遏制欺诈、恶意毁约等摒弃诚实信用原则、严重损害市场交易安全的行为。因此其适用的前提是出卖人具有恶意违约故意的情形。二、根据庭审查明的事实：皓羽公司并未将出售两处涉案商铺的事实告知金华公司。金华公司于 2006 年 9 月 30 日出售 07 号商铺时，苏某水尚未向其主张交房，该房屋纠纷亦未进入仲裁或诉讼程序，也即金华公司是在不知 07 号商铺已售的前提下另售他人，且 07 号合同“出卖人”处无签章，仅“委托代理机构”处盖有皓羽公司的公章。金华公司并无《最高人民法院关于审理商品房买卖合同纠纷案件适用法律若干问题的解释》第 8 条第 2 项中“一房数卖”的主观恶意，更没有隐瞒实情的欺诈故意；而金华公司出售 06 号商铺是在 2007 年 1 月 16 日，在苏某水向其主张交房，且涉房纠纷已进入仲裁审理过程之中而为，也即金华公司系在明知 06 号商铺存在纠纷且尚未解决的前提下再次出售，具有明显的故意，其行为是导致 06 号商铺在存在纠纷且尚未解决的情形下，出现“一房二售”客观事实的根本原因。由此可见，06 号合同与 07 号合同目的无法实现的根本原因不同，适用法律的前提亦不相同。二审判决适用该《最高人民法院关于审理商品房买卖合同纠纷案件适用法律若干问题的解释》第 8 条第 2 款判令金华公司向苏某水支付 06、07 两套商铺购房款 50% 的惩罚性赔偿，判令金华公司赔偿苏某水 2815505 元，适用法律确有错误。三、二审判决判令解除苏某水与金华公司签订的 06、07 号合同错误。06 号合同上盖有金华公司销售合同专用章，而 07 号合同“出卖人”处无签章，仅“委托代理机构”处盖有皓羽公司的公章，即皓羽公司出卖 07 号商铺与金华公司无关。且苏某水向皓羽公司支付的购房款 5631010 元，皓羽公司并未交付金华公司。金华公司完全在不知情的情况下将 07 号商铺另卖他人，金华公司不存在恶意。故 07 号商铺不存在解除合同的问题。二审判决判令解除苏某水与金华公司签订的 07 号合同错误。同理，金华公司对皓羽公司返还苏某水购房款 563 万元承担的补充赔偿责任亦不应包含 07 号商铺的购房款。

金华公司观点：一、皓羽公司无权销售“楚天星座”06、07 号商铺，该公司违反双方合同约定，超出代理销售范围，在“楚天星座”楼盘封盘期间，将“楚天星座”06、07号商铺出售给苏某水是越权行为，该行为对金华公司没有约束力，其责任由行为人皓羽公司承担。二、苏某水在购房中存在严重过错，不构成表见代理的法律特征。广告宣传系2006年5月1日“倾情推出”，苏某水却在2006年4月与皓羽公司签订合同；苏某水对存在明显缺陷的购房合同未尽到必要的审查义务，06号合同和07号合同版本不一致，两份合同主体印章不一致、内容不同，06号合同有多处涂改粘贴痕迹，付款收据由皓羽公司而非金华公司出具，苏某水部分房款系支付给了曾某婷个人。三、本案中皓羽公司超越代理权销售“楚天星座”06、07号商铺，且金华公司无过错，本案也不构成表见代理的法律特征，金华公司销售06、07号商铺的行为不构成违约，金华公司不应当承担对皓羽公司返还苏某水购房款的补充责任和向苏某水承担购房款50%的赔偿责任。请求撤销湖北省高级人民法院（2009）鄂民一终字第28号民事判决并改判06号合同、07号合同无效、驳回苏某水要求金华公司返还购房款、赔偿利息损失、赔偿5631010元及仲裁费的诉讼请求，一、二审诉讼费及财产保全费全部由苏某水承担。

苏某水观点：一、抗诉书认为两份购房合同是有效的，申诉人却认为两份合同无效，根据《最高人民法院关于适用〈中华人民共和国民事诉讼法〉审判监督程序若干问题的解释》第33条的规定，抗诉再审案件审理范围必须是抗诉支持当事人请求的范围，鉴于抗诉并未支持金华公司的申诉请求，本案再审程序应到此（指本案庭审时）终结，金华公司的观点不应纳入再审范围。二、就检察机关现有抗诉理由而言，违背了民事代理制度的基本原则，以牺牲交易安全为代价，对民事交易活动的诚信环境造成了极大损害。皓羽公司系金华公司授权销售代理人，皓羽公司有权代理销售涉案的房屋，本案是代理销售，不是表见代理，涉案合同直接约束商铺的出卖人。就07号商铺而言，购房合同首页已明确表明了金华公司的出卖人身份和皓羽公司的代理人身份，皓羽公司在合同尾页代理人签章处盖章，这是代理人表明被代理人身份情况下作出的代理销售行为，而抗诉书的观点仅仅因为尾页上只有皓羽公司的公章，就认为该合同与金华公司无关，绝对是对代理制度的严重误解。无论事实上金华公司是否知晓，皓羽公司的行为都代表了金华公司，在民事法律关系上只能认定金华公司知晓，即在房产已经销售后再次销售，导致苏某水合同目的无法实现，应承担双倍赔偿责任。二审判决仅判令金华公司承担对房款的补充赔偿和50%的违约赔偿责任，已是绝对宽容。三、湖北省武汉市中级人民法院撤销本案仲裁裁决、一审判决结果和执行行为均存在违法情形。四、金华公司逃避责任，其相关观点缺乏法律基础。本案仅需查明代理关系是否成立；金华公司认为合同存在涂改所以无效，但其提交一审法院的授权委托书、律所所函等均有明显涂改；苏某水作为购房人六年多以来房款没退房产被另售，而皓羽公司与金华公司既无任何损失也未实际承担责任；金华公司是在利用诉讼推卸自己选择伙伴不当的责任。五、本案应认定金华公司在两份销售合同中，具有“一房二售”的违约行为，导致合同目的无法实现，应判决金华公司承担全部款项的双倍赔偿责任，但苏某水尊重二审判决结果。请求以申诉人没有同意抗诉意见为由，驳回申诉人的申诉。

皓羽公司观点：一、皓羽公司作为金华公司楼盘销售代理人，其代理行为所产生的法律后果应由金华公司承受。本案中，皓羽公司作为金华公司所开发楼盘“楚天星座”的包销代理人，其代理权毋庸置疑，金华公司是否知晓皓羽公司的行为以及皓羽公司是否将苏某水交纳的房款交付金华公司的事实均不构成代理无效的事由，皓羽公司履行《商品房保底包干销售合同》所产生的违约行为不能对抗该合同以外的第三人；苏某水为买金华公司开发的“楚天星座”楼盘商铺而签署的《武汉市商品房买卖合同》合法有效，由此产生的一切法律后果依据合同法及民法通则之规定应由身为委托人的金华公司承受；皓羽公司承认截取苏某水购房款的行为不当，亦导致本案的发生，但皓羽公司的行为也系金华公司无故拒绝支付代理佣金及溢价分成之后的无奈之举，实为采取不恰当的自我救济措施将自身的经营风险转嫁于苏某水，为此，皓羽公司一再同意将对金华公司享有的近800万元债权转让于苏某水享有，以弥补自身行为给其造成的损失。二、二审判决金华公司承担“一房二卖”的赔偿责任认定事实清楚、适用法律准确。关于商品房买卖的司法解释中，未要求查明“一房二售”的主观故意。无论事实上金华公司是否知晓苏某水已签署《武汉市商品房买卖合同》，皓羽公司的行为均代表了金华公司。在民事法律事实上必然只能认定金华公司对此是知晓的。即金华公司在本案诉争商铺已经销售后再次销售的行为，导致苏某水签署的《武汉市商品房买卖合同》目的无法实现，则金华公司就应承担双倍以内的赔偿责任。请求维持二审判决。

法院观点

一审法院观点：一、关于对苏某水举证06号商铺《武汉市商品房买卖合同》（以下简称06号合同）的效力及其过错责任的认定。该合同虽是由皓羽公司与苏某水接洽签订，但鉴于该合同只有苏某水和金华公司的签章，而没有皓羽公司作为委托代理机构的签章，故该合同的主体只能确定为是苏某水和金华公司，所约定的内容仅对其双方有约束力，皓羽公司在该合同中不享有任何权利和义务。该合同虽然只有苏某水所持的一份原件，且合同原件中存在多处涂改及所附房屋平面图无齐缝印的不正常现象，均不足以证实该合同系他人伪造，因此，该合同所约定的内容应是双方真实意思的表示，合同形式和内容亦未违反法律规定，该合同应认定为有效合同。合同签订后，购房人应依购房合同的约定按时向房屋开发商交付购房款，但苏某水没有根据合同相对性原则向金华公司给付房款，而将购房款付给皓羽公司并由其出具收据，最终使得皓羽公司将该房款不当得利占有。可见，苏某水所付购房款不能依约交付给金华公司，致使该合同目的不能实现，应予解除，其过错系买受人苏某水自身造成。出卖人金华公司就此没有过错。二、关于07号商铺《武汉市商品房买卖合同》（以下简称07号合同）的效力及其过错责任的认定。由于该合同的签章处仅有苏某水和委托代理机构皓羽公司的签章，没有金华公司的签章，根据2001年4月4日建设部令第88号发布《商品房销售管理办法》第16条第1款的规定，该合同不具有商品房买卖合同的效力。苏某水作为购房人在签订该合同中即使不了解有关法律法规之规定，但按常理亦应明白所签订的房屋买卖合同必须要有房屋开发商签章这一基本交易常识，更不应以合同为凭直接向皓羽公司给付其购房款。因此，苏某水与皓羽公司之间所发生的这一购房行为，与金华公司无关联，金华公司对此不存在过错。综上，苏某水向皓羽公司付购房款共计5631010元的行为，完全是因苏某水自身的过错而造成，其责任不在金华公司。由于皓羽公司是不当收取苏某水的购房款，依据《中华人民共和国民法通则》第92条之规定，皓羽公司应将收取苏某水的购房款予以返还。苏某水要求皓羽公司承担返还购房款5631010元并赔偿其资金占用损失的连带责任的诉请，一审法院予以支持。苏某水要求解除06号合同的诉请，鉴于该合同双方已无继续履行的可能，一审法院予以确认。苏某水认为其签订购房合同及付购房款是基于皓羽公司的有权代理，至于代理人与被代理人之间的内部约定不约束购买人的理由，其实质是要法院确认皓羽公司在本案中的行为属表见代理，从而要求金华公司承担返还购房款5631010元及赔偿相应损失。合议庭评议认为，本案皓羽公司的行为是否属表见代理，应根据《中华人民共和国合同法》第49条的规定而确定。苏某水所签订的06号合同虽说是皓羽公司以被代理人的名义订立合同，但皓羽公司不是合同的相对方，苏某水没有理由向不是合同的相对方支付06号商铺的购房款；至于苏某水所签订的07号合同，皓羽公司并没有以被代理人的名义签订该合同，且苏某水也未向被代理人支付07号商铺的购房款。因此，本案中皓羽公司的行为均不构成表见代理。故，苏某水以此理由要求金华公司承担返还购房款5631010元及赔偿相应损失的诉请，不予支持。

一审法院湖北省武汉市中级人民法院于2008年12月2日作出（2008）武民初字第56号民事判决：一、解除苏某水与金华公司签订的06号商铺《武汉市商品房买卖合同》；二、皓羽公司于本判决生效之日起十日内向苏某水返还购房款5631010元并赔偿其资金占用损失（以购房款为基数，自2006年5月1日起至2008年4月7日止，按中国人民银行规定的同期贷款利率计付）；三、驳回苏某水的其他诉讼请求。案件受理费94151元，由苏某水负担45192.48元，皓羽公司负担48958.52元。诉前财产保全费5000元，由皓羽公司负担。

二审法院观点：一、根据金华公司与皓羽公司签订的《“楚天星座”商品房保底包干销售合同》《销售代理补充协议》及《〈“楚天星座”商品房保底包干销售合同〉补充协议》的约定，皓羽公司代理销售金华公司的“楚天星座”房屋，金华公司与皓羽公司间存在委托合同关系，金华公司系委托人，皓羽公司系受托人。皓羽公司将“楚天星座”一层06、07号商铺出售给苏某水，苏某水与皓羽公司销售人员签署了两份《武汉市商品房买卖合同》，苏某水应为第三人。二、关于06号合同的效力问题。因合同明确约定出卖人为金华公司，委托代理机构为皓羽公司，买受人为苏某水，虽然皓羽公司未在合同上盖章，但金华公司已在合同上加盖公章，苏某水亦在合同上签字，该合同应为有效。由于苏某水购买06号商铺一直与皓羽公司商谈，且06号合同中明确约定皓羽公司为委托代理机构，皓羽公司未在合同上盖章的行为并不影响皓羽公司的受托人身份。由于皓羽公司未向苏某水出具其与金华公司签订的《“楚天星座”商品房保底包干销售合同》，苏某水对于皓羽公司没有收取购房款的权限是不知情的，且在《武汉市商品房买卖合同》中对该事项未作出约定，金华公司亦未就此事项向苏某水宣示，故苏某水向皓羽公司支付购房款的行为并无不当。根据《中华人民共和国民法通则》第 65 条第 3 款“委托书授权不明的，被代理人应当向第三人承担民事责任，代理人负连带责任”的规定，应视为苏某水向金华公司支付了购房款，一审法院认定苏某水所付购房款不能依约交付金华公司，致使该合同目的不能实现而应予解除缺乏事实和法律依据，予以纠正。三、关于 07 号合同的效力问题。虽然金华公司未在合同上盖章，仅有皓羽公司的盖章，但是该合同中明确约定出卖人为金华公司，委托代理机构为皓羽公司，买受人为苏某水，且从 06 号合同签订过程看，苏某水对于皓羽公司作为受托人，有权代理金华公司销售“楚天星座”房屋的事实是清楚的，根据《中华人民共和国合同法》第 402 条“受托人以自己的名义，在委托人的授权范围内与第三人订立的合同，第三人在订立合同时知道受托人与委托人之间的代理关系的，该合同直接约束委托人和第三人，但有确切证据证明该合同只约束受托人和第三人的除外”的规定，07 号合同直接约束金华公司和苏某水，该合同应为有效。一审法院认定苏某水与皓羽公司就 07 号商铺发生的购房行为，与金华公司无关联，缺乏事实和法律依据。由于苏某水对于皓羽公司没有收取购房款的权限是不知情的，苏某水向皓羽公司支付购房款的行为并无不当，应视为苏某水向金华公司支付了购房款。至于皓羽公司收取了苏某水两份《武汉市商品房买卖合同》约定的购房款 5631010 元未交给金华公司，属另一法律关系，金华公司可另行主张权利。四、苏某水在两份商品房买卖合同交付后，依约向金华公司支付了购房款 5631010 元，已履行了合同约定的义务。而金华公司却擅自将出售给苏某水的 06、07 号商铺出售给他人，已构成违约，并导致合同已无继续履行的可能，苏某水要求解除两份《武汉市商品房买卖合同》的请求，符合《中华人民共和国合同法》的有关规定，予以支持。根据《最高人民法院关于审理商品房买卖合同纠纷案件适用法律若干问题的解释》第 8 条第 2 款的规定，金华公司应将购房款 5631010 元返还给苏某水并赔偿资金占用期间的利息损失，但由于苏某水交付的款项全部由皓羽公司收取，金华公司未收取任何款项，且在一审法院判决皓羽公司向苏某水返还购房款并赔偿其资金占用损失后，皓羽公司对一审判决并未提出上诉，应视为认可，故对此不作变更，金华公司对于皓羽公司不能偿还的部分承担补充赔偿责任。依据上条司法解释的规定，苏某水有权要求金华公司承担不超过已付购房款一倍的赔偿责任，但考虑到苏某水所持合同原件中存在多处涂改及所附房屋平面图无齐缝印的不正常现象，07 号合同仅有皓羽公司的印章而无金华公司的印章，由于苏某水疏于审查，对于本案纠纷的发生存在过失，酌情判决金华公司向苏某水承担购房款金额 50% 的赔偿责任 2815505 元，其余责任由苏某水自行承担。苏某水上诉主张的仲裁费用，因系其必然支出的诉讼费用，不予支持。综上，苏某水的相关上诉请求成立，予以支持，其他上诉请求缺乏事实和法律依据，予以驳回。一审法院认定事实基本清楚，但适用法律错误。

二审法院湖北省高级人民法院于 2009 年 12 月 23 日作出（2009）鄂民一终字第 28 号民事判决：一、维持湖北省武汉市中级人民法院（2008）武民初字第 56 号民事判决主文第二项；二、撤销湖北省武汉市中级人民法院（2008）武民初字第 56 号民事判决主文第一、三项；三、解除苏某水与湖北金华实业有限公司签订的 06 号、07 号商铺《武汉市商品房买卖合同》；四、湖北金华实业有限公司对武汉皓羽地产顾问有限公司的给付义务承担补充赔偿责任；五、湖北金华实业有限公司于本判决生效之日起十日内赔偿苏某水 2815505 元；六、驳回苏某水的其他诉讼请求。一审案件诉讼费按一审判决执行。二审案件受理费 94151 元，由苏某水负担 28245. 30 元，由湖北金华实业有限公司负担 65905. 70 元。

最高人民法院再审认为，关于原审对金华公司与皓羽公司之间签订的包干销售合同及补充协议合法有效的认定一节，鉴于金华公司与皓羽公司对其并无争议，检察机关亦未对其提出抗诉，且上述合同不违反法律法规的强制性规定，法院予以确认。基于检察机关的抗诉及当事人的诉辩意见，本案的主要争议焦点可以归纳为：一是皓羽公司向苏某水销售 06 号、07 号商铺行为的法律后果是否应归属于金华公司；二是金华公司是否因另售 06 号、07 号商铺而对苏某水承担相应赔偿责任。

一、关于皓羽公司向苏某水销售 06 号、07 号商铺行为的法律后果是否应归属于金华公司的问题。根据《中华人民共和国民法通则》第 63 条第 2 款的规定，被代理人对代理人在代理权限内以被代理人名义实施的代理行为，承担民事责任。因此，本案皓羽公司销售行为的法律后果归属于金华公司取决于皓羽公司的销售行为是否构成有权代理。法院认为皓羽公司的销售行为已构成有权代理，理由是：第一，在销售案涉楼盘时，金华公司已授予皓羽公司独家全程的代理权限。金华公司与皓羽公司签订的《“楚天星座”商品房保底包干销售合同》第二条约定，“甲方（指金华公司）授权乙方（指皓羽公司）为该项目独家全程销售代理，代理范围包括项目营销策划、销售代理、广告宣传等。非因本合同到期或解除及甲方前期界定之外，甲方不得自行销售，或委托其他公司、个人进行销售”，该条约定已明确授予皓羽公司销售案涉楼盘的代理权限，相关报纸广告等宣传材料上亦标明皓羽公司作为该楼盘“全程营销”的代理人的法律地位。第二，皓羽公司系以金华公司的名义而非以皓羽公司自身名义销售案涉商铺。06 号合同和 07 号合同首部均载明出卖人为金华公司，并明确皓羽公司的身份为金华公司的委托代理机构。第三，06 号合同和 07 号合同尾部均有苏某水签字，06 号合同尾部加盖有出卖人金华公司的销售合同专用章，07 号合同尾部亦有皓羽公司以金华公司委托代理人身份加盖的销售合同专用章。第四，苏某水购买商铺的过程中还取得了 06 号、07 号商铺的《〈楚天星座〉商品房认购合同》，该两份认购合同均加盖有金华公司的销售合同专用章。第五，苏某水系在楼盘售楼处现场签订 06 号合同与 07 号合同并通过现场 POS 机支付主要购房款。可见，皓羽公司以金华公司名义向苏某水销售案涉商铺的行为，足以认定构成有权代理，且苏某水作为普通购房者亦有较为充分的理由相信皓羽公司具有销售案涉商铺的代理权限。另外，部分楼盘宣传材料上虽有 2006 年 5 月 1 日倾情推出的表述，但此种表述并未包含对外宣示禁止皓羽公司于 2006 年 5 月 1 日之前销售案涉商铺的意思；同时，金华公司与皓羽公司就封盘期间、收款权限、签章权限等事项作出的若干约定均系金华公司与皓羽公司之间的内部约定，并未对外公示，不能对抗善意的购房者；而金华公司再审中主张 06 号、07 号商铺不在皓羽公司授权销售的范围之内但皓羽公司予以否认，且金华公司未能举证予以证实，故就金华公司关于皓羽公司销售案涉商铺系越权行为对金华公司无约束力的主张，法院不予支持。至于金华公司提出因存在苏某水未注意案涉楼盘广告宣传系 2006 年 5 月 1 日“倾情推出”、苏某水未对合同的版本、涂改和签章及收据出具主体等进行必要审查、苏某水部分款项系通过皓羽公司财务人员中转等情形而应认定苏某水在购房中存在严重过错从而不构成表见代理的主张，在论证前提上即与本案中皓羽公司销售行为应系有权代理的性质不符，且结合本案代理销售、广告营销、合同签订与款项支付的前述具体过程与情形，金华公司关于合同相对方过错标准的主张亦超出了苏某水作为普通购房者的合理注意义务，法院不予支持。综上，皓羽公司基于有效的委托代理关系所实施的代理行为不违反法律法规禁止性规定，应认定为有效，其代理行为的法律后果应直接约束被代理人，所产生的民事责任直接由被代理人承担。皓羽公司作为委托代理人签订的06号、07号合同应直接约束被代理人金华公司，皓羽公司作为委托代理人收取款项的法律后果亦应归属于被代理人金华公司，皓羽公司所为产生的相应民事责任应由金华公司承担。另，皓羽公司向苏某水销售案涉商铺系以被代理人金华公司的名义而并非以其自身名义，而成立隐名代理的必要前提之一系受托人以自己的名义与第三人订立合同，故二审判决适用《中华人民共和国合同法》第402条认为皓羽公司销售07号商铺的行为构成隐名代理，对合同效力的最终认定虽无影响，但属于适用法律不当，法院予以纠正。

二、关于金华公司是否因另售06号、07号商铺而对苏某水负担相应赔偿责任的问题。根据法院《关于审理商品房买卖合同纠纷案件适用法律若干问题的解释》第8条规定："具有下列情形之一，导致商品房买卖合同目的不能实现的，无法取得房屋的买受人可以请求解除合同、返还已付购房款及利息、赔偿损失，并可以请求出卖人承担不超过已付购房款一倍的赔偿责任：（一）商品房买卖合同订立后，出卖人未告知买受人又将该房屋抵押给第三人；（二）商品房买卖合同订立后，出卖人又将该房屋出卖给第三人。"可见，只要出卖人在商品房买卖合同订立后事实上存在将该房屋出卖给第三人的行为，无法取得房屋的买受人即可请求出卖人承担不超过已付购房款一倍的赔偿责任，且上述规定中并不存在此种赔偿责任的适用以出卖人具有恶意违约故意为前提的规定。2006年4月皓羽公司作为委托代理人与苏某水订立06号合同与07号合同，法律后果上即为被代理人金华公司已与苏某水订立06号合同与07号合同，此后金华公司向苏某水之外的第三人出卖房屋并导致苏某水无法取得06号、07号商铺，苏某水即有权依据《最高人民法院关于审理商品房买卖合同纠纷案件适用法律若干问题的解释》第 8 条第 2 项规定请求金华公司承担不超过其已付购房款一倍的赔偿责任。而金华公司的相关申诉请求实质上系将其选择及监督委托代理人的经营风险不当转嫁于购房者，法院不予支持。在金华公司另售商铺导致 06 号、07 号合同已无继续履行可能的情况下，二审法院依据苏某水的诉讼请求而判令解除 06 号、07 号合同并无不当。同时。二审酌情判决金华公司向苏某水承担购房款金额 50% 的赔偿责任，作为相关权利的有权处分人苏某水在再审中表示尊重二审该判决结果，故法院对该赔偿比例不予调整。

另外，一、关于再审审理范围的问题。苏某水再审中提出因抗诉并未支持金华公司的申诉请求，应根据《最高人民法院关于适用〈中华人民共和国民事诉讼法〉审判监督程序若干问题的解释》第 33 条规定，金华公司的观点不应纳入再审范围。苏某水该项主张的基础系其认为抗诉理由与金华公司对两份购房合同效力认识理由存在不同，但当事人的诉讼请求不同于支持当事人提出请求的理由和依据，金华公司对合同效力认识所提出的理由和依据不同于抗诉所提出的理由和依据，并不意味着其申诉请求未获得抗诉支持，且金华公司的再审请求并未超出本案原审的审理范围，因此对苏某水的该项主张，法院不予支持。苏某水再审中还提出此前湖北省武汉市中级人民法院撤销本案仲裁裁决、一审判决结果和执行行为均存在违法情形，因法院再审此案系基于最高人民检察院对湖北省高级人民法院二审判决所提出的抗诉，其审理范围一般应以原审审理范围为限，苏某水的前述主张并未在原审中主张，显然不属于本案再审审理范围，法院不予处理。二、关于二审判决确定皓羽公司所承担责任是否应当变更的问题。在委托代理人皓羽公司销售 06 号、07 号商铺的行为构成有权代理且 06 号、07 号合同被解除的情况下，根据法律的规定，应由被代理人金华公司单独承担向苏某水返还购房款及赔偿资金占用损失的给付义务，二审法院却判令皓羽公司向苏某水返还购房款及赔偿资金占用损失并由金华公司对此负补充赔偿责任，法院本应依法予以纠正，但考虑到如予改判将加重申诉人金华公司的责任负担，加之二审判决关于赔偿责任的此种认定既未超出苏某水诉讼请求的总体范围，也未实质损害苏某水的利益，还未损害国家利益和社会公共利益，同时苏某水再审中对此未提出异议，作为有权处分其自身权利的民事主体皓羽公司在再审中亦要求维持二审判决，故为尊重当事人的处分权和维护已进入稳定的社会关系和秩序，法院对此不作变更。

综上，判决如下：维持湖北省高级人民法院（2009）鄂民一终字第28号民事判决。

法官评析

本案是一起涉及“一房二卖”引发的商品房买卖合同纠纷案件。与实践中一般的“一房二卖”“一房多卖”情形不同，本案中商品房的买卖通过代理销售公司完成，出卖人本人并不知情，不具有恶意违约的目的和动机。在此情况下如何依法公正确定法律责任，有三个方面的问题应引起注意。

1. 关于代理关系的认定

代理是指代理人依据代理权，以被代理人的名义与第三人实施民事法律行为，而后果由该被代理人承担的行为。根据有无代理权，可以将代理分为有权代理和无权代理两类。有权代理是代理的完全形态，具有如下特征：(1) 代理人必须以被代理人许可的事项为限；(2) 代理人必须以被代理人的名义为意思表示；(3) 代理人必须在代理权限内为代理行为；(4) 代理人必须向相对人实施意思表示或受领意思表示；(5) 代理的法律效果直接归属于被代理人。对于无权代理，有以下三种情形：(1) 没有代理权的代理行为，即代理人未得到本人授权而代理本人于他人订立合同的情况；(2) 超越代理权的代理行为，即代理人虽然取得了本人的授权，但代理人未在本人的授权范围内实施代理行为；(3) 代理权终止后的代理行为，即代理人虽然取得了本人的授权，但在授权期限届满之后，以代理人的身份订立合同继续实施代理行为。而无权代理又分为表现代理和狭义的无权代理（也可称为绝对的无权代理）两类，二者的主要区别在于：在构成要件上，表现代理要求相对人为善意且有使相对人相信行为人具有代理权的客观理由；在法律后果上，无权代理由行为人对相对人承担不利的后果，而表见代理是由被代理人对第三人承担不利的后果。

本案中，金华公司已授予皓羽公司独家全程销售涉案楼盘的代理权限，相关报纸广告等宣传材料上亦标明皓羽公司作为该楼盘“全程营销”的代理人的法律地位。并且，在涉案的两个售房合同中，皓羽公司均以金华公司的名义而非以皓羽公司自身名义销售案涉商铺。根据合同相对性原则，皓羽公司与金华公司之间有关封盘期限、签章要求等均属于双方内部约定，不得以此约束第三人。因此，皓羽公司的销售行为构成有权代理，其销售商铺以及接受房款等行为产生的相应民事责任应由金华公司承担。

需要引起重视的是，在涉及民事代理的审判实践中，有的法官存在一种误解，即在当事人代理授权不明或双方对代理权范围有争议时，直接考虑是否构成表见代理，如本案一审判决。实际上这是一种审判思路的误区。表见代理与有权代理有本质区别，即是否欠缺代理权。另外，表见代理的立法宗旨系保护善意第三人的利益，因此，从构成要件上，表见代理有一重要要件即相对人主观上须为善意、无过失。这一要件要求法官应当对第三人的行为是否存在瑕疵以及是否为善意进行审查，而有权代理并无此构成要件。因此，在代理问题的审理上，应该循序渐进，不宜在尚未审查清楚有无代理权之前直接趋向表见代理。较为可行的审理思路是：应当审查当事人形式上是否构成代理；如果形式上构成代理，被代理人提出异议后，应审查是否确实授权，有授权的则构成真正的代理；在被代理人没有授权时，再对是否构成表见代理进行判断。

2. 因“一房多卖”适用惩罚性赔偿的条件

本案还涉及对《最高人民法院关于审理商品房买卖合同纠纷案件适用法律若干问题的解释》（以下简称商品房买卖合同解释）第8条规定如何正确理解和适用的问题。该条规定：“具有下列情形之一，导致商品房买卖合同目的不能实现的，无法取得房屋的买受人可以请求解除合同、返还已付购房款及利息、赔偿损失，并可以请求出卖人承担不超过已付购房款一倍的赔偿责任：（一）商品房买卖合同订立后，出卖人未告知买受人又将该房屋抵押给第三人；（二）商品房买卖合同订立后，出卖人又将该房屋出卖给第三人。”从该条规定内容上看，商品房买卖合同订立后，出卖人又将该房屋出卖给第三人的，可向出卖人主张不超过购房款一倍的赔偿。虽然该条款作为对惩罚性赔偿金的规定，旨在制裁和遏制欺诈、恶意毁约等摒弃诚实信用原则、严重损害市场交易安全的行为，但并不能因此得出其适用的前提是出卖人具有恶意违约故意的结论。笔者认为，适用该条款的条件在于出卖人是否存在“一房二卖”等导致商品房买卖合同目的不能实现的行为，而不论其主观上是否存在故意或者过失。本案中，虽然金华公司在案发前对于涉案的两份合同并不知情，也没有收到房款，但由于皓羽公司为有权代理，其与苏某水签订商品房买卖合同的行为，从民事法律效果上看，视为金华公司与苏某水签订了合同。后金华公司又与他人订立商品房买卖合同，导致与苏某水的合同目的不能实现，因此，应当根据商品房买卖合同解释第8条规定，承担相应的赔偿责任。

3. 再审的审理范围

关于再审的审理范围，《最高人民法院关于适用〈中华人民共和国民事诉讼法〉审判监督程序若干问题的解释》第33条作出了规定："人民法院应当在具体的再审请求范围内或在抗诉支持当事人请求的范围内审理再审案件。当事人超出原审范围增加、变更诉讼请求的，不属于再审审理范围。但涉及国家利益、社会公共利益，或者当事人在原审诉讼中已经依法要求增加、变更诉讼请求，原审未予审理且客观上不能形成其他诉讼的除外。"但实践中有的当事人对于"抗诉支持当事人请求的范围"还存在误解和偏差。如本案的当事人苏某水提出，检察院抗诉意见中的理由与支持当事人请求的理由不一致，应当视为抗诉未支持当事人请求。但正如最高人民法院判决中所指出的，"当事人的诉讼请求不同于支持当事人提出请求的理由和依据"，因此，抗诉所提出的理由和依据与金华公司不同，并不意味着其申诉请求未获得抗诉支持。由于金华公司的再审请求未超出本案原审的审理范围，未增加或变更诉讼请求，因此应当认定属于再审审理范围。

2.9 未取得权属证书的房屋买卖合同是否有效

——陈某某诉吴某某房屋买卖合同纠纷案①

关 键 词：合同效力，未登记领取权属证书，效力性强制性规定

问题提出：转让的房地产并未依法登记领取权属证书，买受人和出卖人签订的合同是否有效？

裁判要旨：未依法登记领取权属证书的房地产不得转让的规定不是效力性强制性规定，双方签订的合同不会当然无效。

---

① 审理法院为福建省厦门市思明区人民法院，案号：(2010) 思民初字第3594号。

案情简介

原告（反诉被告）：陈某某

被告（反诉原告）：吴某某

2009年4月20日，被告向厦门某大酒店预订了厦门某大酒店附属综合大厦A幢××室房屋（即讼争房屋），取得对于该房产的使用权益（但尚未签订书面的买卖合同）。2009年7月30日，被告与某房地产代理公司签订《独家房产销售委托书》，约定由被告委托某房地产代理公司代为转售讼争房屋。2009年8月27日，某房地产代理公司与原告签订《房屋购买意愿书》，约定原告以一次性支付24.72万元方式购买讼争房屋，并由某房地产代理公司向原告收取出价保证金2000元。2009年8月28日，被告与原告签署了《房产买卖协议》，约定被告将讼争房屋作价24.72万元转售给原告，直接由被告与厦门某大酒店签订讼争房屋的书面买卖合同，原告先支付购房定金20000元，待原告直接与厦门某大酒店签订书面合同当日（双方所约定的日期为2009年10月16日），原告再向被告支付全部购房款；被告应于2010年4月30日交付讼争房产，原告应向某房地产代理公司支付中介费4000元。该协议签订后，原告于2009年8月29日向被告支付20000元购房定金。之后，原告未依协议约定与厦门某大酒店签订讼争房产的合同。2010年2月6日，被告与厦门某大酒店签订了讼争房屋的买卖合同书，支付了讼争房屋的购房款。2010年4月1日，原告起诉至法院要求判令被告立即双倍返还购房定金40000元。被告反诉请求判令其有权没收原告的购房定金人民币20000元。

各方观点

原告陈某某观点：双方签订的合同是无效的。根据《城市房地产管理法》的规定，未取得产权证的房产是不得转让的；以划拨取得的房产转让应经有关部门的批准，没有批准是不能转让的；在双方签订合同时，被告并没有取得房产的权属证书，故双方的合同是无效的且无法履行。在双方约定的时间，被告仍没有取得出售房屋的产权，该房屋至今没有《预售许可证》，根本无法办理过户手续，其所有人也不是被告。被告根本无法依约向原告交付房屋，也无法要求某大厦与原告签订合同。被告与某房地产代理公司恶意串通，在被告并非产权人的情况下，约定向原告出售房产，而该房屋根本不具备出售条件，无法交易过户，故被告应承担双倍返还定金的责任。

被告吴某某观点：原告违约在先，原告要求被告双倍返还购房定金于法无据。原、被告于2009年8月28日签订的《房产买卖协议》明确约定：购买方（原告）应“于2009年10月16日前与某大酒店签合同”。然而，到了2009年10月16日这一天，原告却拒绝前往与某大酒店签订购买该套房屋的合同书。被告曾多次催中介某房地产代理公司督促原告尽快前往与某大酒店签合同，并且也主动打电话要求原告履行合同义务，可原告明确告知被告拒绝继续履行合同义务。为此被告自己不得不于2010年2月6日与某大酒店签订了讼争房屋的买卖合同书。原告通过中介公司的业务员及被告多次告知了原告关于该套房屋系商业、办公性质，买卖的是房屋的使用权，目前暂不能办理房屋产权，且带原告多次到现场看房。被告也于2009年4月就向嘉峰公司预订了该套房屋，已经取得了该套房屋使用权的处置权。况且，该房屋是否取得预售许可证并不影响被告作为有权处置该房屋的使用权与原告签订买卖协议。被告不仅可以依约按时做到由原告与某大酒店签订合同，也可以在2010年4月30日向原告交付房屋。双方的合同是有效的，中介方并没有与被告串通，且告知了原告房产的实际情况并领原告去看房了。合同并没有违反相关的强制性规定，根据合同的约定，是由原告与某大酒店签合同，而不是与被告签合同；同意退还10000元，是出于同情心，然按合同其定金是予以没收的；某出售房产的行为并没有受到相应的处罚。

法院观点

法院观点：

1. 双方签订的合同是否有效

虽然本案讼争房产尚未取得相应的权属证书，不符合原告所援引的法律规定，但该法律规定属管理性规范并非效力性强制性规定，违反之并不导致买卖合同的无效，换言之，本案讼争的尚未取得权属证书的房产买卖合同系有效合同；况且，本案双方之间所买卖的对象仅限于房屋的使用权益而非所有权。依据《合同法》第44条的规定“依法成立的合同，自成立时生效”，因此，原、被告签订的《房产买卖协议书》自签订时起即有效力，对合同双方当事人均具有约束力。

2. 原告的诉求有无事实和法律依据

（1）关于原告的诉求。依据前述争议焦点的认定，原、被告签订的《房产买卖协议书》为有效合同，原告基于《房产买卖协议书》无效而提出的诉求缺乏事实及法律依据，法院不予支持。被告的抗辩意见合法有据，法院予以采信。

（2）关于反诉原告的诉求。反诉原告主张反诉被告违约在先，依据《房产买卖协议书》第十一条的规定，反诉原告有权没收反诉被告支付的购房定金。对此，法院认为，依照《最高人民法院关于民事诉讼证据的若干规定》第5条第1款之规定，主张合同关系成立并生效的一方当事人对合同订立和生效的事实承担举证责任。经核实反诉原告提交的各份证据之内容——第一份证据“独家房产销售委托书”体现反诉原告委托转售讼争房产时即已明示了讼争房产及涉及的土地来源、状态；第二份证据“合同书”、第三份证据“公证书”、第四份证据“证明”、第六份证据“发票”除证明反诉原告拥有讼争房屋使用权的合法权益外，还印证讼争房产所涉及的土地来源及状态；第五份证据“证明、情况说明”证明关于未能签订合同的原因在于反诉被告及自始至终均披露讼争房产的性质、状况；第七份证据“房产买卖协议”证明双方约定的具体权责，该七份证据形成了有效的证据链，足以证明讼争协议订立和生效的事实，反诉原告已完成举证责任。反诉被告未按约定履行直接与厦门某大酒店签订讼争房屋买卖合同的义务，违反了《房产买卖协议书》第十一条的规定，构成违约，因此，反诉原告有权没收反诉被告支付的购房定金，反诉原告诉求应予支持。

法院判决如下：一、确认反诉原告吴某某有权没收反诉被告陈某某的购房定金20000元。二、驳回原告陈某某的诉讼请求。

法官评析

本案涉及的争议焦点问题为房屋买卖合同的效力问题。关于这一问题，实践中有三种不同意见：第一种意见认为，房屋买卖合同签订之时出卖人未取得房屋权属证书，违反了《房地产管理法》第38条的规定，属于违反法律强制性规定，应属无效；第二种意见认为，未取得产权证书的情况下，该房屋属于他人的财产，出卖人属于无权处分的行为，根据《合同法》第 51 条的规定，房屋买卖合同应当为效力待定的合同；第三种意见认为，《房地产管理法》第 38 条的规定并不是效力性强制性规定，房屋买卖合同有效。判决中采用了第三种意见。在本案合同的效力的判定中，关键是要判定《房地产管理法》是否属于效力性强制性规定。

1. 效力性强制性规定的法律依据

《合同法》第 52 条规定："有下列情形之一的，合同无效：……（五）违反法律、行政法规的强制性规定。"该规定中对于强制性规做了笼统的规定，此种"强制性"如何界定和解释，在司法实践中出现一些不同的认识。最高人民法院出台的《最高人民法院关于适用〈中华人民共和国合同法〉若干问题的解释（一）》对法律、行政法规的范围进行了限缩性解释。2009 年，最高人民法院出台了《最高人民法院关于适用〈中华人民共和国合同法〉若干问题的解释（二）》，对此问题进一步作出了规定，该解释第 14 条规定："合同法第五十二条第（五）项规定的'强制性规定'，是指效力性强制性规定。"该司法解释对能够导致合同无效的"强制性规定"作出了限缩性的解释，即合同必须违反效力性强制性规定，才应被确认为无效。但是，该规定并没有明确何种法律规定属于效力性强制性规定。此后最高人民法院又在《关于当前形势下审理民商事合同纠纷案件若干问题的指导意见》（以下简称《指导意见》）中对效力性强制性规定作出了进一步的说明。《指导意见》第 15 条指出："……人民法院应当注意根据《合同法解释（二）》第十四条之规定，注意区分效力性强制规定和管理性强制规定。违反效力性强制规定的，人民法院应当认定合同无效；违反管理性强制规定的，人民法院应当根据具体情形认定其效力。"这一条款明确了强制性规定的两种类型，即效力性强制规定和管理性强制规定，并指出了违反两种不同类型的规定的处理方法。同时，《指导意见》第 16 条又对如何区分判定效力性强制规定和管理性强制规定作出了如下规定："人民法院应当综合法律法规的意旨，权衡相互冲突的权益，诸如权益的种类、交易安全以及其所规制的对象等，综合认定强制性规定的类型。如果强制性规范规制的是合同行为本身即只要该合同行为发生即绝对地损害国家利益或者社会公共利益的，人民法院应当认定合同无效。如果强制性规定规制的是当事人的'市场准入'资格而非某种类型的合同行为，或者规制的是某种合同的履行行为而非某类合同行为，人民法院对于此类合同效力的认定，应当慎重把握，必要时应当征求相关立法部门的意见或者请示上级人民法院。”

鼓励交易是合同法的重要精神，在不妨碍社会基本秩序的情况下，尽量维持合同效力，尊重当事人意思自治，这样才能实现社会效益的最大化。从最高人民法院出台的两个司法解释和指导意见中，可以体现出对合同效力的判定采取慎重态度，不轻易否定合同的效力。

2.《房地产管理法》第38条是否属于效力性强制性规定

《城市房地产管理法》第38条规定：“下列房地产，不得转让……（六）未依法登记领取权属证书的……”分析该条款是否属于效力性强制性规定，应当依照最高人民法院《指导意见》第16条的规定，从法规的意旨，权衡相互冲突的权益，诸如权益的种类、交易安全以及其所规制的对象等，综合认定强制性规定的类型。具体可从以下几个方面考虑：

（1）条款内容。该条款规定内容中仅体现了未依法登记领取权属证书的房地产不得转让，但并没有说明如果进行了转让，房地产买卖合同是无效的。

（2）立法意旨。从立法本意上看，该条款规定是为了保证进入市场买卖的房屋是产权明晰不存在产权争议的房屋，避免产权不清的房屋进入市场扰乱市场秩序，同时也便于行政机关对房屋交易进行管理。由此可见，该条款属于管理性强制规定。

（3）权益冲突。从规制对象看，办理权属证书属于当事人的“市场准入”资格而并不是房屋买卖这一合同行为。出售没有取得权属证书的房屋可以产生的直接后果是无法办理过户登记，损害买受人利益，并不会损害国家利益和社会公共利益。如果仅因违反《城市房地产管理法》这一规定认定合同无效，则会影响交易安全，使得交易处于不稳定状态，损害双方当事人的利益。

综上，本案原被告签订的合同有效，从案件事实来看，原告没有按照约定履行合同，应当承担违约责任。

2.10 夫妻一方转让登记在自己名下的法定共有房屋，其合同效力如何认定

——周某某诉许某某、刘某居间合同纠纷案①

关 键 词： 房屋买卖，表见代理，无权处理，善意取得

问题提出： 夫妻一方转让登记在自己名下的法定共有房屋，其房屋买卖合同是否有效?

裁判要旨： 夫妻一方未经另一方同意，以自己名义转让登记在自己名下的法定共有房屋，当事人以出卖人在缔约时对房屋没有所有权或者处分权为由主张房屋买卖合同无效的，不予支持。房屋已经交付但尚未办理过户登记，不符合《物权法》第106条第1款规定的善意取得构成要件，买卖合同构成法律上的履行不能，买受人要求继续履行买卖合同办理房屋过户登记的，法院应当释明买受人可以主张解除合同，经释明买受人坚持不变更诉讼请求的，应当判决驳回其诉讼请求。房屋买卖合同解除的，善意买受人有权要求出卖人承担包括赔偿房屋差价损失在内的违约责任。房屋已经过户登记到买受人名下，但不符合《物权法》第106条第1款规定的善意取得其他构成要件，夫妻另一方依据该规定要求追回房屋的，应予支持。

案情简介

原告（被上诉人）：周某某

被告（上诉人）：许某某、刘某

广州市番禺区沙湾星河地产代理部（以下简称星河地产）为个体工商户，经营者为周某某。周某某持广州市房地产中介服务人员执业证书，具备提供房地产中介服务的资质。许某某、刘某为夫妻关系，位于广州市番禺区沙湾

① 一审法院为广东省广州市番禺区人民法院，案号：（2014）穗番法民三初字第1301号；二审法院为广东省广州市中级人民法院，案号：（2016）粤01民终字第1757号。

镇青云大道××号的房屋（以下简称涉讼房屋）为许某某与刘某共同共有。

2014年3月22日，许某某、刘某作为甲方（卖方），何某作为乙方（买方），星河地产作为丙方，签订《房屋买卖合同》。合同约定，甲方将涉讼房屋转让给乙方，物业建筑面积88.9平方米，物业交易总额为860000元，签订本合同时，乙方交付甲方的定金为30000元，其余款项在交易过户后以银行按揭方式付清；双方同意甲方收齐房款由甲方将该房地产交付给乙方使用；基于星河地产在促成该物业的买卖提供服务，丙方有权向乙方收取17200元作为中介费，付定金当天乙方50%的中介费支付给丙方，另外50%的中介费在交易过户当天支付给丙方；无论在任何情况下，甲、乙双方未能依本合同的条款购入或售出该物业，星河地产应收取中介服务费；甲、乙双方同意在2014年10月20日前携带有关资料到房地产交易主管部门办理过户手续、办公证，乙方将成交金额按双方协定的付款方式如期全部交付甲方，甲方同时将办理过户（房地产权证）等文件交付乙方；甲方保证上述物业没有产权纠纷和财务纠纷或其他权利限制，如发生买卖前即已存在任何纠纷或权利障碍的，即由甲方负责处理，并承担相应法律责任，由此给乙方造成经济损失的，由甲方负责赔偿；甲方决定在合同期内不卖及逾期仍未交付该物业时，作甲方违约处理，本合同即时告解除，甲方应在违约之日起三天内将所收定金及购房款退给乙方，另赔偿乙方定金数额作违约金及支付地产代理的中介费。

2014年9月18日，涉讼房屋由原审法院因（2014）穗番法民三初字第528-1号案件查封。

周某某于2014年10月29日以许某某、刘某欠缴中介费为由，向原审法院提起本案诉讼，请求：1. 许某某、刘某支付周某某中介费17200元；2. 本案诉讼费用由许某某、刘某承担。

各方观点

原告（被上诉人）周某某观点：2014年3月，许某某至星河地产放盘出售涉讼房屋，房屋为许某某与刘某共同共有，许某某称其与刘某为夫妻关系，刘某同意出售该房屋，但因其身在外地，无法到场签订合同；经周某某多次催促，刘某仍无法到场，故许某某代刘某与何某签订了《房屋买卖合同》；合同签订后，何某向许某某支付了30000元定金，但合同约定的过户期限届满前，涉讼房屋因另案被法院查封，无法过户；2014 年 10 月，许某某与刘某一同至星河地产与何某协商终止合同的事宜，并同意向何某退还 30000 元定金；《房屋买卖合同》签订时，何某向周某某支付了 8600 元中介费，但由于许某某、刘某违约导致《房屋买卖合同》无法继续履行，故中介费 17200 元应全部由许某某、刘某负担，周某某已向何某退还 8600 元中介费。许某某确认《房屋买卖合同》中刘某的签名为其代签，但其与刘某均主张，刘某并不知悉也未同意许某某卖房的行为，该《房屋买卖合同》为许某某私自与何某及周某某签订，由于未经房屋共有人同意，故合同无效；由于刘某不同意卖房，故 2014 年 10 月，刘某与许某某一同至星河地产要求终止合同，并向何某退还购房款。

被告（上诉人）许某某观点：广州市番禺区沙湾镇青云大道××号房屋为许某某、刘某共同共有，许某某在未经刘某同意的情况下私自卖房，刘某对此并不知情，许某某单独处理共有财产的行为无效，周某某、许某某及买方何某签订的《房屋买卖合同》无效。周某某与许某某之间的居间合同关系为《房屋买卖合同》的从合同，其效力依附于主合同，故居间合同亦为无效。许某某不同意向周某某支付中介费。

被告（上诉人）刘某观点：一、周某某与许某某、案外人何某签订的《房屋买卖合同》无效，其中周某某与许某某之间的居间合同也无效。涉讼房屋为许某某与刘某的夫妻共同财产，许某某未经刘某同意，在刘某毫不知情的情况下，单方出售涉讼房屋，且刘某未在该合同上签名确认，故该《房屋买卖合同》无效。二、周某某在提供居间服务的过程中存在重大过错，无权主张居间服务费。周某某明知涉讼房屋为许某某及刘某的夫妻共同财产，其作为专业居间代理人，应当知悉处分涉讼房屋须征得共有权人刘某的同意，周某某在未确认刘某同意出售涉讼房屋的情况下，与许某某和案外人何某签订《房屋买卖合同》，该居间行为无效。

法院观点

一审法院观点：关于许某某、何某与周某某签订的《房屋买卖合同》的效力问题。许某某、刘某主张许某某在未取得刘某授权的情况下对涉讼房屋没有处分权，其单方出售涉讼房屋的行为无效。根据《最高人民法院关于审理买卖合同纠纷案件适用法律问题的解释》第3条规定，当事人一方以出卖人在缔约时对标的物没有所有权或者处分权为由主张合同无效的，人民法院不予支持，故对许某某、刘某关于《房屋买卖合同》无效的主张，不予支持。《中华人民共和国合同法》第49条规定："行为人没有代理权、超越代理权或者代理权终止后以被代理人名义订立合同，相对人有理由相信行为人有代理权的，该代理行为有效。"由于许某某与刘某为夫妻关系，其对周某某称出售涉讼房屋为其与刘某的夫妻共同意思表示，按照日常生活经验，周某某有理由相信许某某具有代理刘某签订《房屋买卖合同》的权利；且结合何某出具的《证明》以及涉讼房屋被查封的客观情况，《房屋买卖合同》无法履行是由于房屋被查封无法交易，并非许某某与刘某所主张的因刘某不同意出售涉讼房屋导致交易无法继续。因此，原审法院认为，周某某对于《房屋买卖合同》签订及履行经过的陈述较为合情合理，许某某代刘某签订《房屋买卖合同》的行为构成表见代理。《房屋买卖合同》主体适格、内容合法、意思表示真实，无违反法律法规的强制性规定，合法有效，对许某某与刘某均发生法律效力。《房屋买卖合同》中包含的许某某、刘某与星河地产之间的居间合同关系亦合法有效。由于星河地产为个体工商户，其合同责任应由经营者周某某承担。

关于中介费的支付责任问题。根据《房屋买卖合同》的约定，星河地产已促成买卖双方签订合同，何某应当向星河地产支付17200元中介费，若许某某、刘某不能按合同约定出售涉讼房屋，则中介费应由许某某、刘某承担。现涉讼房屋于2014年9月18日由原审法院应另案查封，在合同约定的过户时间2014年10月20日前仍处于查封状态，无法办理过户手续，故《房屋买卖合同》无法继续履行，许某某、刘某应当承担违约责任。周某某将何某交付的8600元中介费退回给何某，故周某某要求许某某、刘某向其支付中介费17200元的请求，予以支持。

二审法院观点：《房屋买卖合同》包括许某某、刘某与何某之间的房屋买卖合同关系，也包括许某某、刘某、何某与周某某之间的居间合同关系。现周某某起诉要求许某某、刘某支付中介费，故本案应围绕双方之间的居间合同关系进行审理。周某某与买卖双方居间合同是双方真实意思，且不违反法律及行政法规的禁止性规定，合法有效。根据业已查明的事实，刘某本人在签订房屋买卖合同时虽未到场而由许某某代为签名，但许某某与刘某为夫妻关系，周某某作为中介方有理由相信许某某有权代理刘某签订房屋买卖合同；况且上述合同自2014年3月22日签订后，直至同年10月涉案房屋被查封导致买卖合同履行受阻，许某某、刘某才要求终止合同，并向何某退回房款，故许某某、刘某上诉主张周某某在提供居间服务的过程中存在违法行为或重大过错，依据不足，法院不予采信。周某某作为中介方促成许某某、刘某与何某签订买卖合同，根据《中华人民共和国合同法》第426条规定，居间人促成合同成立后，委托人应当按照约定支付报酬。现买卖合同明确约定若许某某、刘某不能按合同约定出售房屋，则中介费应由许某某、刘某支付，因此，周某某要求许某某、刘某支付中介方17200元有合同依据，原审判决予以支持处理正确，法院予以维持。

法官评析

司法实践中，有以未经配偶同意，主张合同无效，恶意违约的情形，也有隐瞒配偶，转移夫妻共有财产的情况，此时如何平衡夫妻内部关系与外部交易安全，需要对夫妻共有房产处分涉及的表见代理、无权处分、善意取得进行梳理。

实践中，许多实质上由夫妻共同共有的房屋，在进行房屋登记时，登记在夫妻一方名下，但由于房产是夫妻关系存续期间取得的财产，因而属于夫妻共同财产。因而在转让夫妻共有房产时，可能出现两种情况，一种情况是夫妻一方未经对方同意，与第三人签订房屋买卖合同，之后卖房人的配偶作为房屋的共有人，以卖房人未经其同意为由，主张房屋买卖合同无效；另外一种情况是，夫妻双方对出售房屋是明知的，但是由于房屋价格上涨，配偶一方以未经其同意为由，主张房屋买卖合同无效。

《最高人民法院关于审理买卖合同纠纷案件适用法律问题的解释》第3条第1款规定："当事人一方以出卖人在缔约时对标的物没有所有权或者处分权为由主张合同无效的，人民法院不予支持。"根据该条规定，夫妻一方未经另一方同意，以自己名义转让登记在自己名下的法定共有房屋，此时房屋买卖合同应为有效，从而保护买受人的利益，避免因合同无效，导致权利维护的障碍。同时，买受人如果有证据证明，卖房人配偶知道或者应当知道房屋买卖，则此时合同有效，夫妻双方负有协助办理房屋过户手续和交付房屋的义务。在此，有观点认为，如果房屋属于夫妻唯一住房，如果认定合同有效，并要求履行，可能危及其居住权。我们认为此种情形下，应当首先维护市场交易秩序，保障交易安全。对于夫妻唯一住房，存在不同的情形，可能该住房属于别墅或面积较大，房屋出售后，其可以另行购置房屋。因而关于履行的问题，应当在执行阶段解决，而不是通过否定合同效力加以保障。

如果买受人没有证据证明，卖房人配偶知情，此时由于房屋买卖由于没有经过共有人的同意，根据《物权法》第 97 条规定，处分共有的不动产或者动产以及对共有的不动产或者动产作重大修缮的，应当经占份额三分之二以上的按份共有人或者全体共同共有人同意，但共有人之间另有约定的除外。房屋买卖合同存在履行的障碍，因而买受人要求继续履行买卖合同办理房屋过户登记的，法院应当释明买受人可以主张解除合同，经释明买受人坚持不变更诉讼请求的，应当判决驳回其诉讼请求。房屋买卖合同解除的，善意买受人有权要求出卖人承担包括赔偿房屋差价损失在内的违约责任。

对于卖房人以配偶名义订立合同，此时合同效力应当按照表见代理的规则进行认定。根据《合同法》第 49 条的规定，行为人没有代理权、超越代理权或者代理权终止后以被代理人名义订立合同，相对人有理由相信行为人有代理权的，该代理行为有效。此时，买受人应当承担举证责任，证明符合代理的表面要件。

对于配偶一方未经另一方同意，与第三人签订房屋买卖合同，房屋已经办理变更登记的，此时在夫妻内部关系和外部交易秩序之间，通过善意取得制度进行平衡。根据《最高人民法院关于适用〈中华人民共和国婚姻法〉若干问题的解释（三）》第 11 条第 1 款的规定，一方未经另一方同意出售夫妻共同共有的房屋，第三人善意购买、支付合理对价并办理产权登记手续，另一方主张追回该房屋的，人民法院不予支持。此时，善意取得的要件是：主观上第三人是善意的；支付合理对价；已经办理产权登记手续。在符合以上要件的情况下，房屋所有权发生转移，配偶另一方不得再对房屋主张权利。但是为维护配偶权利，婚姻法司法解释同时规定，夫妻一方擅自处分共同共有的房屋造成另一方损失，离婚时另一方请求赔偿损失的，人民法院应予支持。即通过离婚损害赔偿制度进行平衡。对于配偶一方恶意转移财产，以不合理低价转移财产，应当认为不符合善意取得的要件，此时配偶一方得依据共有权追回房屋。

在具体的诉讼制度上，夫妻另一方以出卖人构成无权处分为由要求追回房屋的，可以作为有独立请求权第三人参加诉讼。夫妻另一方向法院表示同意出卖人转让房屋的，可以不追加其参加诉讼。经审查夫妻另一方追认出卖人的处分行为或有证据证明其以自己的行为同意履行的，构成对房屋过户登记债务的加入，应当判决夫妻双方共同为买受人办理房屋过户登记手续；出卖人的行为构成《最高人民法院关于适用〈中华人民共和国婚姻法〉若干问题的解释（一）》第17条第2项或《民法通则》第66条第1款规定的，该买卖合同对夫妻另一方具有约束力，应当判决夫妻双方共同为买受人办理房屋过户登记手续。

2.11 房屋买卖合同中关于交易税费负担的约定是否有效

——张某诉孙某房屋买卖合同纠纷案[①]

关 键 词：房屋买卖，交易税费，负担

问题提出：房屋买卖合同中，当事人关于房屋交易税费负担的约定是否对合同效力产生影响？

裁判要旨：房屋买卖合同中，约定房屋交易税费由一方（通常为买方）承担，不违反法律规定，也不损害国家利益，对其约定应认定为有效。

案情简介

原告：张某

被告：孙某

2008年5月，张某经朋友介绍找到天津隆众置业经纪有限公司金海道店，告诉该店的工作人员王某自己要买房屋的意愿。过了几天，王某在网上看到

---

① 案情参见高治：《房屋交易税由买方负担有效》，载《人民法院报》2010年1月14日，第7版。

了孙某发布的卖房信息后就与张某联系，张某两次看房后决定购买孙某所有的位于天津市河北区某小区的单元房一套。双方约定：张某购买孙某所有的单元房一套，孙某净得房款425000元，其他一切交易税费均由买方张某负担。2008年5月16日，双方到天津市河北区房管局签订《天津市房产买卖协议》，5月19日，张某、孙某及中介人王某到天津市河北区房地产管理局办理过户手续，办理过户手续时，张某交纳了房屋转让所得税4250元，营业税及附加税23587.5元，合计27837.5元。后张某取得所买房屋的所有权证并实际入住该房。张某偶然听别人说，房屋交易税依现行税法规定应由卖方缴纳。于是，张某反悔并以房屋转让所得税、营业税及附加税根据现行法律规定均应由卖方孙某负担为由，将孙某诉至天津市河北区人民法院，要求孙某返还上述各项税款合计27837.5元。而孙某则认为，双方有约在先，卖方净得房款425000元，其他一切交易税费均由买方负担，故不同意张某的要求。

各方观点

原告张某观点：根据我国税收法律、行政法规的规定，应当由卖方承担房屋交易的营业税、所得税、土地增值税等，而买受人仅仅承担契税、印花税等。即使双方约定交易税费由一方承担，也违反法律禁止性规定，应当认定无效。

被告孙某观点：交易税费由一方负担不违反法律法规的强制性规定，没有损害国家的利益，合同应为有效。双方约定交易税费由买方承担，卖方是净得价。

居间方王某观点：在二手房交易中，多数房屋买卖合同约定房屋买卖交易税费由买方负担，这是市场交易选择的结果，是受二手房供求关系影响的结果。因而应当认定约定有效。

法院观点

法院观点：本案中房屋交易双方的这种约定并不违反相关法律法规的强制性规定。虽然我国税收管理方面的法律、法规对于各种税收的征收均明确规定了税种、税率、税额及纳税义务人，但是并未禁止纳税义务人与合同相对人或第三人约定由合同相对人或第三人缴纳税款，即对于实际由谁缴纳税款并未作出强制性或禁止性规定。因此，如果合同当事人约定由合同相对人或第三人实际缴纳税款，并不违反法律规定，也不损害国家利益，对其约定应认定为有效。本案中，所谓“卖方净得房款425000元，其他一切税费由买方负担”，实际意味着部分原本按照税法应该由卖方负担的税款通过约定的方式转嫁给了买方。该约定是双方当事人的真实意思表示，从合同法鼓励交易、促进交易之立法精神出发应认定合法有效，且这样的认定也符合当事人的意思自治原则、处分原则和契约自由原则。遂判决驳回原告的诉讼请求。一审宣判后，双方当事人均未上诉。

法官评析

在房屋买卖的过程中，税费如何负担，是双方关心的重要问题。在司法实践中，二手房交易税费由买方承担是房屋买卖交易“潜规则”，因为房屋交易税费负担导致纠纷的情形也比较常见。在这种情况下，如何认定该约定的效力？房屋买卖合同中，约定房屋交易税费由一方（通常为买方）承担，不违反法律规定，也不损害国家利益，对其约定应认定为有效。

有观点认为，根据我国的税法和相关条例的规定，负有纳税义务的单位或个人必须依照规定履行纳税义务、缴纳税款，其签订的合同与税收法律、行政法规相抵触的，一律无效。因而在房屋买卖合同中，约定房屋交易税费由买方负担，违反税法的强制性规定，容易导致房屋价格被认为降低，从而损害国家的税收利益，因而应当认定该条款无效。

我们认为该约定并不违反法律法规的强制性规定，也不损害国家利益，对其约定应认定有效。一是纳税义务不具有专属性。税收以金钱给付为标的，因而其并不禁止由第三人代为履行纳税义务。即使法律法规明确规定纳税义务人，也并不排斥他人代为履行义务。二是房屋买卖双方关于税费的约定，属于当事人履行义务的约定，是买卖双方之间的意思自治，无须税收机关的认可或者同意。其仅仅在双方之间产生民法意义上的约束力，只是最终由一方代替另外一方承担税务负担，不影响最终国家税收的收取。三是税费一方承担，是市场选择的结果。在市场交易中，买方负担税费，卖方获得净房价是常见现象。该种现象是买卖双方自由选择的结果。一种观点认为，此种约定可能造成房价中没有包含税费，因而价格低于应有价格，造成国家税款的流失。实际上，当前交易常态下，如果卖方承担税费，并将之包含到房价中，实际的结果是卖方往往因为房价过高，而难以达成交易，其并不符合市场的规律。

房屋买卖过程中，当事人往往订立两份合同，一份是双方通过中介或者自行协商订立的合同，另一份则是通过房管部门订立的合同。在两份合同中，关于税费负担的约定往往不一致。如自行订立的合同中约定房屋交易税费由一方负担，而在房管局订立的合同则约定由双方分别负担。此时应当如何认定合同的效力？

笔者认为，应当按照当事人的真实意思和履行情况确定税负的分担。一般情况下，通过房管部门签订的房屋买卖合同，大多是房管部门的格式文本，关于税费负担，往往是格式化的表述，因而此时关于税费负担的约定，应当结合房屋买卖合同签订的过程、房屋价款、协商情况进行综合认定，而不能机械地以某一种合同为准，从而保障市场交易的秩序。

第三章　房屋买卖合同的履行

3.1 商品房不具备交付条件与商品房瑕疵交付如何区分

——周某诉涟水某房地产开发有限公司商品房买卖合同纠纷案①

关 键 词： 商品房，交付，瑕疵，根本违约

问题提出： 商品房能否交付的标准确定

裁判要旨： 商品房经验收合格并取得交付使用批准文件，即具备交付的法定强制性条件，交付的商品房装饰、设备标准不符合约定标准的属于瑕疵交付，只要相关装饰、设备标准不影响该商品房的功能性质量。商品房的瑕疵交付不构成交付不能，开发商未实际履行商品房交付义务的，应承担合同违约责任。但买受人有过错的，应适当减轻开发商的责任。

案情简介

原告（被上诉人）：周某

被告（上诉人）：涟水某房地产开发有限公司（以下简称涟水公司）

2012年1月19日，周某与涟水公司签订商品房买卖合同，约定将涟水公司开发的某小区5号楼一套商品房出售给周某，房价1150000元，涟水公司于2012年10月31日前交付房屋，逾期交付，每日按房款的万分之二支付违约金。商品房达到交付标准后，涟水公司应书面通知买受人办理交付手续。双方在商品房买卖合同中对交付条件的4个选项中，约定该商品房经验收合格（另三项为：该商品房经综合验收合格、该商品房经分期综合验收合格、

① 本案例来源于《人民司法》2015年第20期。一审法院为江苏省涟水县人民法院，案号：（2013）涟民初字第2594号；二审法院为江苏省淮安市中级人民法院，案号：（2014）淮中民终字第1203号。

该商品房取得商品住宅交付使用批准文件)。合同签订后，周某依约支付房款1150000元。2012年12月20日，该房屋经房地产开发主管部门验收合格并取得交付使用批准文件，整个小区亦于2014年1月29日进行整体备案。2013年7月31日，涟水公司电话通知周某接收房屋，但周某看过房屋后，发现屋内未粉刷且堆放有杂物，窗户缺玻璃，认为商品房不符合约定的装饰、设备标准，拒绝接收。后周某以涟水公司逾期交付房屋为由诉至法院，请求法院判决涟水公司交付房屋并承担违约金。

各方观点

原告（被上诉人）周某观点：2012年1月19日，原、被告签订商品房买卖合同，约定原告购买被告开发的涟水县锦绣前城小区一套房屋，房屋价格150000元，被告应于2012年10月31日前交付经验收合格的房屋，逾期交房，每日按房款的万分之二支付违约金。合同签订后，原告依约支付房款。合同约定交付期限届满后，多次向上诉人主张交房，2013年七八月去拿房时，屋内未粉刷且堆放有杂物，窗户缺玻璃，因上诉人未向其出示符合国家规定的交付房屋条件，且未接到上诉人书面通知。现被告至起诉之日，尚未交付符合合同约定的房屋，要求被告依约交付房屋并支付违约金至2014年5月4日，剩余违约金按日计算至判决生效之日。

被告（上诉人）涟水公司观点：原、被告之间签订商品房买卖合同是事实，但原告所购房屋已于2012年12月底经房地产开发主管部门验收合格并取得交付使用批准文件，整个小区亦于2014年1月29日进行整体备案，证明涉案的5号楼于2012年12月20日已符合合同约定的交付条件，即该商品房经验收合格。同时被告已经通知原告交付使用，因原告恶意不领取，导致被告至今没有办理相关的交付手续。另双方约定违约金过高，请求法庭予以调整降低。

法院观点

一审法院观点：原、被告之间签订的商品房买卖合同，系双方真实意思表示，且不违反国家法律法规强制性规定，属于有效合同，原、被告双方应予履行。本案中，被告未能在合同约定的时间内交付房屋，且房屋业已具备合同约定的交付条件，故对原告要求被告交房并承担逾期交房的违约责任的诉讼请求应予支持。被告辩称房屋验收合格后电话通知原告，原告拒不接收房屋，房屋合格后的逾期交房的责任在原告，对此原告予以否认，被告又无证据证明其履行了合同约定的书面通知义务，被告的辩解理由不能成立，法院不予支持。被告要求调整减低违约金，因合同约定的违约金并不违反有关法律规定，法院不予调整。涟水县人民法院判决：涟水公司于判决生效后3日内向周某交付位于某小区5号楼的房屋，同时承担2012年10月31日起至判决生效之日的逾期交房违约金。

二审法院观点：涉案5号楼于2012年12月底验收合格并经备案，已符合合同约定的商品房交付条件，故法院认定涉案5号楼于2012年12月底符合合同约定的交付条件。涟水公司曾多次向上诉人主张交房，周某也自认2013年七八月份接收房屋时，发现屋内未粉刷，有杂物堆放。法院认为，周某完全可以在接收房屋后，要求上诉人履行维修、清理杂物等义务。法院根据涉案房屋符合交付的时间，未能交付的原因、责任等因素，酌情认定涟水公司于2013年7月底已通知被上诉人领取房屋，其应承担违约金的数额为62790元(2012年11月1日至2013年7月31日止，共计273天×230元)，剩余损失由周某自行承担。淮安市中级人民法院判决涟水公司于判决生效后3日内向周某交付位于某小区5号楼的房屋，同时承担逾期交房违约金62790元。

法官评析

商品房的交付是商品房买卖的重要环节，开发商应当保证房屋具备相应合格条件后才能将房屋交付给买受人，买受人认为房屋符合购买目的后才会接收房屋。买卖合同中一般都会确定明确的房屋交付时间、交付条件和逾期交付房屋的违约金。但在实际生活中，常出现因对房屋交付标准有争议而引起诉讼争端。对此应当根据相关法律规定，结合《合同法》的相关精神，综合确定房屋交付的标准，便于案件的审理。

1. 房屋交付标准的法律基础

《合同法》第60条第1款规定，当事人应当按照约定全面履行自己的义务。这是商品房买卖合同应当遵守的基本原则。《最高人民法院关于审理商品房买卖合同纠纷案件适用法律若干问题的解释》（以下简称《解释》）第11

条第1款规定："对房屋的转移占有，视为房屋的交付使用，但当事人另有约定的除外。"上述法律法规对房屋交付应当具备何种标准并无阐述。

由于商品房不同于买卖合同其他的一般标的物，由于其价值高昂，对人们的"安居"有决定性的影响，商品房的建设必须有严格的质量要求，需要通过相应的行业标准来衡量其质量是否符合要求，只有具备相应的专业知识才能够独自检查验收，因此国家通过《城市房地产管理法》《建筑法》《城市房地产开发经营管理条例》《建设工程质量管理条例》《商品房销售管理办法》等一系列规定对房地产的开发、质量监管、销售等整个环节作出行政规制，部分地区的房地产管理部门在此基础上制定了更加细化的管理办法。而在销售时，合同双方有可能对房屋建筑质量以外的内容进行特别约定，包括房屋本身的装饰、设备房屋以外小区以内的相关配套设施进行约定。因此，在法律法规对房屋交付标准并无明确约定的前提下，评定待交付房屋是否符合合同要求，应当既要符合国家强制标准，又要符合合同作出的其他超出国家强制标准的其他要求。

2. 商品房交付符合法定强制性标准的司法认定

《城市房地产开发经营管理条例》第17条第1款规定："房地产开发项目竣工，经验收合格后，方可交付使用；未经验收或者验收不合格的，不得交付使用。"因此，竣工验收是房屋交付的前置条件。但对于"验收合格"如何判定并未作出明确规定。由于对相关规定条文的不同理解，一般分为三种观点：

（1）以经建设单位组织竣工验收，形成建设工程竣工验收报告为判断依据。其主要根据是《建设工程质量管理条例》第16条第1款的规定："建设单位收到建设工程竣工报告后，应当组织设计、施工、工程监理等有关单位进行竣工验收。"该观点认为一旦通过上述建设工程质量专项验收，则说明建设工程质量验收合格。

（2）经建设单位组织竣工验收形成建设工程竣工验收报告，并通过验收备案取得《商品房竣工验收备案表》为标准。其主要依据是《建设工程质量管理条例》第49条第1款的规定："建设单位应当自建设工程竣工验收合格之日起15日内，将建设工程竣工验收报告和规划、公安消防、环保等部门出具的认可文件或者准许使用文件报建设行政主管部门或者其他有关部门备案。”《商品房销售管理办法》第8条也规定：“房地产开发企业应当在商品房现售前将房地产项目手册及符合商品房现售条件的有关证明文件报送房地产开发主管部门备案。”相较于建筑单位自己组织竣工验收合格来说，购房者基更愿意将商品房的验收合格标准理解为商品房经过建设行政主管部门的备案登记，并取得备案合格的证明文件《商品房竣工验收备案表》。《商品房竣工验收备案表》是确认可以交房的相关文件，具有高度的可信度。

（3）房屋经综合验收合格才能交付。其依据是《城市房地产开发经营管理条例》第18条，“住宅小区等群体房地产开发项目竣工应当进行综合验收。验收内容包括以下五项：城市规划设计条件的落实情况；城市规划要求配套的基础设施和公共设施的建设情况；单项工程的工程质量验收情况；拆迁安置方案的落实情况；物业管理的落实情况。”①

这三种观点各有支持，但2000年以后，国务院逐步取消《城市房地产开发经营管理条例》中关于房地产开发项目竣工验收以及群体房地产开发项目综合验收的行政审批项目，以建筑单位组织进行、由建设行政主管部门委托质量监督机构进行监督的竣工验收制度逐步取代了建设行政主管部门组织竣工验收及住宅小区竣工验收相关制度。竣工验收由建设单位组织五方部门进行，由质监机构实施监督；竣工验收现施行的是质监机构确认下的五方验收标准。② 在此情况下，建设单位组织的竣工验收并非自行开展，而是在相关机构监督下进行，是国家简化行政审批项目的成果之一，不能一味否认其效力。

3. 房屋符合当事人约定交付标准的司法认定

（1）自行约定房屋交付的一般标准

本案涉诉合同中关于房屋交付条件约定是“该商品房经验收合格”，（其他三项为：该商品房经综合验收合格；该商品房经分期综合验收合格；该商品房取得商品房住宅交付使用批准文件）。由于上文也归纳了对房屋验收合格认定标准的争议观点，而对于当事人选择该项的效力同样也有争议。有观点认为开发商不能通过合同约定规避国家管理。如果开发商与购房人在商品房合同中约定的交付条件低于商品房综合验收标准，那么以综合验收为交付条

---

① 住宅小区等群体房地产开发项目实行分期开发的，可以分期验收。

② 吴兆祥主编：《房屋买卖 租赁案件裁判要点与观点》，法律出版社2016年版，第181页。

件标准，如果双方的约定高于商品房综合验收标准，则以双方的约定为交付条件标准。笔者认为，建设部制定的商品房买卖合同示范文本规定4个交付条件，供买卖双方选择，且合同另有空白一栏以便双方当事人自行约定交付的条件。表明合同双方当事人对商品房的交付条件可进行自行约定，三种验收方式只是效力程度不同，但都具备法律效力。当事人选择其中任一个条款，就应当认定其具备效力，对合同双方均具有约束力。

（2）自行约定的其他标准

《解释》第11条规定了当事人对房屋的交付有约定的，应符合该约定。因此，房屋交付除符合国家强制标准，还需符合当事人的自行约定。如对于精装修的程度，物业配置、小区环境的配置。如合同对此作出约定，而交付房屋时不具备上述条件，也可认定开发商不具备交付条件。

（3）未约定的相关房屋设施未装备或未达到标准时的司法认定

开发商符合上述的各项条件后，是否买受人都应接受房屋应当参考相关法律综合进行判定，无特殊情况，买受人都不得拒收房屋。而依据《解释》的规定，针对房屋主体结构质量不合格、因房屋质量问题严重影响正常居住使用、房屋面积误差比绝对值超出3%等情况，买受人可请求解除合同。因此除了上述三种情况，买受人不得解除合同也不得拒绝接受房屋。而交付房屋时房屋设施不齐全的性质如何认定？本案中涉案的5号楼单位工程业已经过竣工验收，并取得当地房地产开发管理机构交付使用的批准文件，符合商品房交付使用的法定强制性标准。但因为其屋内未粉刷且堆放有杂物，窗户缺玻璃，属于房屋使用的必备条件未完全具备，并不属于上述拒收房屋的三种条件，在合同对此未作出约定的情况下，不能认为开发商存在根本违约，只能认定交付的房屋存在瑕疵。买受人可在接受房屋要求开发商承担修补的责任，而不应拒绝接收房屋。最终虽然至本案判决之日即2014年12月28日止买受人尚未接收房屋，但法院考虑周某拒绝接收房屋的方式存在一定过错，酌定减轻涟水公司承担的违约金责任，判决涟水公司给付周某自合同约定交房之日起至2013年7月31日的逾期交房违约金。

3.2 房屋经过工程建设强制性标准审查后仍存在质量缺陷，开发商承担何种责任

——杨某诉东台市某房地产开发有限公司商品房销售合同纠纷案①

关 键 词： 商品房建设强制性标准，质量缺陷，修复

问题提出： 房屋通过行政管理部门的工程建设强制性标准审查后，房屋买受人是否可因房屋存在质量缺陷向出卖人主张修复等民事责任？

裁判要旨： 建设行政主管部门的审批文件及质量合格文件在房屋建筑工程质量的诉讼中仅属诉讼证据；房屋虽通过了行政管理部门的工程建设强制性标准审查，但房屋买受人因房屋存在质量缺陷向出卖人主张修复等民事责任的，予以支持。

案情简介

原告（被上诉人）：杨某

被告（上诉人）：东台市某房地产开发有限公司（以下简称某房地产公司）

2006年3月25日，原告杨某购买被告某房地产公司开发的水景湾10号楼房屋一套，该商品房的用途为居住，双方签订商品房买卖合同一份，该合同载明，该商品房总价款为441430元，车库总价为34160元，买受人购买的商品房为商品住宅的，《住宅质量保证书》作为本合同的附件。出卖人自商品住宅交付使用之日起，按照《住宅质量保证书》承诺的内容承担相应的保修责任。在商品房保修范围和保修期限内发生质量问题，出卖人应当履行保修义务。因不可抗力或者非出卖人原因造成的损坏，出卖人不承担，但可协助维修，维修费用由购买人承担。水景湾10号楼为叠加别墅，除去顶楼阁楼层后有4个结构层，为砖混结构，屋面未设置保温层，对此，被告某房地产公司向原告杨某出售商品房时并未予告知；该楼的设计单位为通州市建筑设计院，施工单位为通州市华建建筑安装工程公司，监理单位为通州市天元建设监理咨询有限公司；该楼于2005年4月1日开工，2006年1月20日竣工。

① 此案例来源于《江苏省高级人民法院公报》2009年第6辑。

2006年6月21日，原告杨某领取了该商品房的房屋所有权证，并进行装修，在装修、居住过程中，原告杨某发现墙体多处裂缝、窗户渗漏等问题，多次报修，被告某房地产公司多次派员维修，但均无法修复。为此，2007年9月3日，原告杨某起诉要求被告某房地产公司对裂缝进行修复，审理中，杨某申请对墙体裂缝（渗漏）的原因及维修方案进行鉴定。经鉴定：涉诉房屋产生墙体裂缝的主要原因是温度变化时结构材料的不均匀收缩所致，屋面未做保温层和墙体砌筑质量较差导致顶部楼层温度裂缝明显，上述裂缝对主体结构安全没有影响，但严重影响观瞻和使用功能。其整改修复方案为：(1）现有裂缝的修复方案，对内外贯通的裂缝可采用结构胶进行灌缝，对墙面粉刷层的裂缝，可铲除原粉刷层，进行重新粉刷。(2）防止裂缝继续发展的处理方案，由于涉诉房屋的裂缝基本上都属于温度缝，当温差较大时，房屋的裂缝发展会比较明显，虽然温度裂缝不影响主体结构的安全性能，但是会影响建筑的观瞻和使用性，因此，应该采取措施，降低温度变化带给建筑的损伤，考虑到涉诉房屋的屋面未设置保温层，建议拆除原屋面瓦，新做保温屋面，并提出了建议方案。2007年12月19日，原告杨某向法院提出撤诉的申请，同日法院作出（2007）东民一初字第1895号民事裁定书，裁定准许原告杨某撤诉，同年12月21日，原告杨某另行起诉要求被告某房地产公司承担根治修复房屋裂缝渗漏的民事责任及相关费用，赔偿因裂缝渗漏造成的损失7100元。

2008年1月7日，杨某申请对涉诉房屋整改修复工程造价进行评估。2008年7月9日，中国建设银行股份有限公司江苏省分行作出整改修复工程造价的鉴定意见，结论为：涉诉房屋房屋整改修复工程造价结果为35481.36元。

各方观点

原告（被上诉人）杨某观点：原告购买被告开发的房屋，在装修、居住过程中，房屋出现墙体裂缝、窗户渗漏等问题，被告虽然对墙体裂缝渗漏多次处理，但仍未能根治修复，给原告造成了损失，后南京东南建设工程安全鉴定有限公司对裂缝（渗漏）原因及修复方案进行了鉴定，认定墙体裂缝主要原因是温度变化时结构材料的不均匀收缩所致，屋面未做保温层和墙体砌筑质量较差导致楼层温度裂缝明显，而墙体裂缝是窗户部位产生渗漏的直接原因，故诉至法院，要求被告承担根治修复房屋裂缝渗漏的民事责任及相关费用，赔偿因裂缝渗漏造成的损失 7100 元。

被告（上诉人）某房地产公司观点：被告交付给原告的房屋，是经竣工验收合格的产品，对其品质在保修期限内依据合同约定和法律规定承担维修责任；温度变化时不同的结构材料产生不均匀收缩引起的温度裂缝，在目前仍属工程质量通病，只能预防和控制，且我公司的施工图设计文件通过了有权部门审查，符合国家强制性标准规范的要求，屋面保温层不符合设计规范要求，不是我公司的过错，新建或增建或改建屋面保温层不是我公司的法定义务，在房屋裂缝成因的责任未明确之前，原告主张损失赔偿没有依据，故不同意原告的诉讼请求。

法院观点

一审法院观点：商品房买卖合同成立生效后，买受人有权利取得符合合同规定质量的房屋，出卖人也应保证交付的房屋符合国家标准及质量要求，即出卖人负有瑕疵担保义务，其应当保证对出卖的标的物具有完全的所有权，并保证出卖的标的物必须符合法律规定或者合同约定的品质，当出卖人所交付的标的物有瑕疵或者不能够完全将所有权转移给买受人时，出卖人应当承担有关法律责任，该责任仅以出卖的标的物是否存在瑕疵为前提，而不以出卖人有无过错而改变。出卖人交付的标的物不符合质量要求的，买受人可依照《中华人民共和国合同法》第 111 条的规定要求出卖人承担违约责任。本案中，被告交付给原告的商品房未设置保温层，产生墙体裂缝的主要原因是温度变化时结构材料不匀称收缩，屋面设计瑕疵和墙体砌筑质量较差导致顶部楼层温度裂缝明显，从而严重影响该房屋的居住使用，此瑕疵属隐蔽质量瑕疵，在标的物交付时即已存在，原告通过通常方法一时不易发现，须经过专门鉴定或在房屋的使用过程中才能发现，而原告在发现房屋质量存在问题时即通知了被告。被告所提房屋竣工验收合格、裂缝为工程通病、图纸经过审查、屋面保温层为非强制性规范等诸多抗辩，即使属实，亦均不能对抗裂缝、渗漏的情况与社会共同认可的质量不合的现实，故被告作为出卖人应当承担相应责任。

关于责任的承担方式。根据法律规定，质量不符合要求的，应当按照当事人的约定承担违约责任，对违约责任没有约定或约定不明确，依照《中华人民共和国合同法》第61条的规定仍不能确定的，受损害方根据标的的性质以及损失的大小，可以合理选择要求对方承担修理、更换、重作、退货、减少价款或者报酬等违约责任。本案中，原、被告对质量不符合约定的违约责任没有约定，依《中华人民共和国合同法》第61条的规定仍不能确定，原告选择要求被告承担根治修复房屋裂缝渗漏的民事责任，并无不当，依法应当支持，应由被告按南京东南建设工程安全鉴定有限公司作出的第SF207078-1号《东台市涉诉房屋裂缝原因及维修方案鉴定报告》中所明确的整改修复方案履行整改修复义务，关于原告要求被告承担根治修复房屋裂缝渗漏的相关费用的诉讼请求，因该费用现在尚未实际发生，由被告将该费用直接支付给原告，依法无据，法院不予支持。关于原告要求被告赔偿因裂缝渗漏造成的损失7100元，证据不足，故对原告其他的诉讼请求，不予支持。据此，江苏东台市人民法院于2008年12月14日作出（2008）东民一初字第28号民事判决：一、被告某房地产开发有限公司于本判决生效之日起三个月内对属于原告杨某所有的涉诉房屋按南京东南建设工程安全鉴定有限公司作出的第SF207078-1号涉诉房屋《裂缝原因及维修方案鉴定报告》中所明确的整改修复方案进行整改修复；二、驳回原告杨某的其他诉讼请求。

一审宣判后，某房地产开发有限公司不服判决，向盐城市中级人民法院提起上诉，盐城市中级人民法院于2009年5月以原审判决事实认定清楚、法律适用正确为由，裁定：驳回上诉，维持原判。

法官评析

《合同法》第153条规定，出卖人应当按照约定的质量交付标的物。因此，房地产开发商在商品房买卖合同中对其开发的房屋承担瑕疵担保义务，即保证房屋的质量符合合同约定。出卖人交付的标的物不符合质量要求的，买受人可依照《合同法》第111条的规定要求出卖人承担违约责任。开发商承担瑕疵担保责任仅以出卖的标的物是否存在瑕疵为前提，而不在于出卖人有无过错。因此，本案的关键在于房屋质量问题的认定和处理。

1. 房屋质量问题的认定和处理

在司法实践中，依据房屋质量的程度不同，分为以下两种情况：

（1）房屋主体结构质量问题

房屋主体结构出现质量问题不能交付使用，或者房屋交付使用后，房屋主体结构质量经核验确属不合格。房屋主体结构涉及当事人的生命财产安全，一般来说房屋主体结构存在质量问题无法通过竣工验收，也就无法合法地进行商品房交付，在此情况下，买受人只需要审查开发商是否能够提供竣工验收合格证明即可。

（2）其他质量问题

除房屋主体结构以外的其他质量问题可通过修复等方式予以恢复。依据房屋质量的检测方式不同，可分为两种：

一是明显瑕疵，即房屋外观方面的瑕疵，不需要通过特别检测手段，就能够发现和注意到的瑕疵，如房屋外墙开裂、渗水等①；凡是一般验收能够发现的显而易见的瑕疵，就属于明显的瑕疵。对于明显的瑕疵，买受人应该在接收时提出。在取得房屋后买受人发现的这种明显的房屋质量瑕疵的，出卖人可以不再负责任，应由买受人负责维修。主要原因在于此种外观上的瑕疵原因多样，易发生易改善，开发商的建筑行为可以造成瑕疵，买受人的居住使用行为也可能导致。将房屋交付作为责任承担的界线，目的是提醒买受人作出必要、谨慎的注意义务，避免接收房屋后因瑕疵原因无法查明导致必要的纠纷。

二是隐蔽瑕疵，即不能从外观上发现，只有通过特别的检测手段或较长时间的使用观察才能发现的内在瑕疵。隐蔽瑕疵一般可能是房屋建筑缺陷或设计缺陷导致。买受人在出现问题后及时向出卖人提出的，出卖人承担相应责任。质量瑕疵程度较轻的，开发商负责维修，或者适当减少房屋价金。房屋质量问题较重，甚至不能使用时，买受人可以解除房屋买卖合同，出卖人赔偿因此对买受人造成的财产和人身损失。

2. 房屋行政强制标准与房屋质量问题认定的关系

国家对商品房的建设有严格的质量要求，通过相应的行业标准来衡量其质量是否符合要求。但应当强调的是，一般国家强制标准主要对房屋主体结构的建筑标准进行规定，主要目的是保护当事人的生命财产不受侵害。本案被告出售给原告的房屋经验收合格说明涉诉房屋的建设符合国家的强制标准，主体结构当然不存在问题，其他方面也是都不违反相关规定，从而说明屋面

① 洪学军主编：《房地产法原理精要与实务指南》，人民法院出版社2008年版，第443－444页。

保温等节能设计在房屋建设时期并不属于国家强制标准的范畴，但涉诉房屋出现墙体多裂缝、窗户渗漏等问题，经鉴定该裂缝属温度裂缝，屋面未做保温层等导致顶楼屋面裂缝明显，这一情况严重影响买受人的使用，系因建筑导致的质量问题，虽然对此并无质量认定标准，但符合普通大众对质量问题的认定，则认定开发商需承担瑕疵担保责任。

3. 质量瑕疵的处理

《合同法》第111条规定："质量不符合约定的，应当按照当事人的约定承担违约责任。对违约责任没有约定或者约定不明确，依照本法第六十一条的规定仍不能确定的，受损害方根据标的的性质以及损失的大小，可以合理选择要求对方承担修理、更换、重作、退货、减少价款或者报酬等违约责任。"本案涉诉房屋并未约定相应的违约责任。买受人提出修复请求后，出卖人应对标的物进行修理，除去标的物的瑕疵，使其符合规定的品质。买受人也可以自行修理，其修理费用由出卖人承担。

3.3 房屋买卖合同履行过程中不安抗辩权如何行使

——郭某诉胡某房屋买卖合同纠纷案①

关 键 词： 不安抗辩权，失信被执行人，解除合同

问题提出： 当事人被人民法院列入失信被执行人名单是否构成有丧失或者可能丧失履行债务能力之情形，合同相对方是否可以因此而解除合同？

裁判要旨： 原告因拒不履行已生效的民事判决，法院将其列入失信被执行人名单，可以认定，原告属于有丧失或者可能丧失履行债务能力的情形，被告作为房屋买卖合同的相对方有权中止履行合同。

案情简介

原告：郭某

被告：胡某

① 案情参见何春晓、张春雷：《如今"老赖"买房也挺难　卖房者主张解除合同获支持》，载《人民法院报》2017年3月4日，第3版。

2016年5月18日，胡某与郭某通过房产中介公司签订房产买卖及代办协议一份，约定：胡某以64万元将位于厦门市翔安区的房屋出售给郭某。房产买卖及代办协议签订后，郭某向房产中介公司支付定金5万元，房产中介公司将其中的2000元作为胡某支付的交房保证金，其余4.8万元转账支付给胡某。2016年5月31日至6月5日期间，郭某和房产中介公司员工多次以短信息方式催促胡某办理解押，但胡某一直未予办理。另外，郭某因拒不履行已生效的民事判决，福建省厦门市翔安区人民法院于2014年6月25日将其列入失信被执行人名单。

郭某遂诉至法院，认为胡某构成违约，应当继续履行合同并承担违约责任。

各方观点

原告郭某观点：认为其按约定准备好20万元解押款后，多次催促胡某一起去银行办理解押事宜，但胡某一直不予理会，故已构成违约，应当继续履行合同并承担违约责任。

被告胡某观点：郭某被列为失信被执行人，致使合同目的最终无法实现。根据协议约定，郭某需要以按揭贷款支付购房款，但是签订协议时，郭某与房产中介公司未就郭某被列入失信被执行人名单的事宜向其进行充分的说明，直到2016年5月底郭某才告知其于2014年6月25日已被法院列入失信被执行人名单，按规定郭某已不能购买不动产，无法办理按揭贷款。由于郭某系失信被执行人，已丧失了履行债务的能力，故胡某有权行使不安抗辩权，并向法院提起反诉，主张解除合同。

法院观点

法院观点：郭某因拒不履行已生效的（2013）翔民初字第413号民事判决，法院于2014年6月25日将其列入失信被执行人名单。因此，可以认定郭某有丧失或者可能丧失履行债务能力的情形，而胡某一直未办理解押的行为可认定为其中止履行房产买卖及代办协议的意思表示。

在诉讼中，胡某已明确主张行使不安抗辩权，之后，郭某的失信被执行人名单信息仍未被屏蔽或撤销，其既未提供担保，亦未能证明自己具有履行能力，故胡某要求解除房产买卖及代办协议的主张，符合法律规定，应当予以支持。基于此，郭某要求胡某继续履行双方所签的房产买卖及代办协议并承担违约责任的诉讼请求，缺乏事实与法律依据，法院不予支持。

法官评析

所谓不安抗辩权，又称拒绝权，指在双务合同中，当事人互负债务，有先后履行顺序的，先履行的一方有确切证据表明另一方丧失履行债务能力时，在对方没有履行或者没有提供担保之前，有权中止合同履行的权利。不安抗辩权本质上并不是一种真正的抗辩权，而是一种以情势变更观念为基础旨在消除履约危险的积极自助权。[①]

《合同法》第68条第1款明确了行使不安抗辩权的几种法定事由，该条规定："应当先履行债务的当事人，有确切证据证明对方有下列情形之一的，可以中止履行：(一)经营状况严重恶化；(二)转移财产、抽逃资金，以逃避债务；(三)丧失商业信誉；(四)有丧失或者可能丧失履行债务能力的其他情形。"该条前三项规定的事由较为明确，第四项则为兜底条款，对行使不安抗辩权的法定事由作了抽象规定，旨在防止法律漏洞的出现。法律规定不安抗辩权，一方面对于保护先履行一方当事人的合法权益，防止借合同进行欺诈；另一方面也可能给试图通过行使此种抗辩来推卸合同责任带来可乘之机，从而影响合同的正常履行。为此，不安抗辩权的行使须由主张行使一方承担举证责任，证明相对方有《合同法》第68条规定的几种情形，才可以中止履行合同。此外，不安事由的出现，须是对方债权的实现受到威胁，如果合同自始附有担保，就不能行使不安抗辩权。

本案中，被告胡某行使不安抗辩权，就原告郭某丧失了履行债务的能力承担举证责任胡某称，原告郭某被人民法院列为失信被执行人，致使合同无法继续履行。所谓"失信被执行人"，是指被人民法院纳入失信名单的对具有履行能力而不履行生效法律文书确定的义务的被执行人。《最高人民法院关于公布失信被执行人名单信息的若干规定》规定，被执行人具有履行能力而不履行生效法律文书确定的义务，并具有下列情形之一的，人民法院应当将其

---

① 朱广新：《合同法总则》(第二版)，中国人民大学出版社2012年版，第499页。

纳入失信被执行人名单，依法对其进行信用惩戒：（一）以伪造证据、暴力、威胁等方法妨碍、抗拒执行的；（二）以虚假诉讼、虚假仲裁或者以隐匿、转移财产等方法规避执行的；（三）违反财产报告制度的；（四）违反限制高消费令的；（五）被执行人无正当理由拒不履行执行和解协议的；（六）其他有履行能力而拒不履行生效法律文书确定义务的。对于失信被执行人，人民法院可以采取下列限制性措施：一是禁止部分高消费行为，包括禁止乘坐飞机、列车软卧；二是实施其他信用惩戒，包括限制在金融机构贷款或办理信用卡；三是失信被执行人为自然人的，不得担任企业的法定代表人、董事、监事、高级管理人员等。可见，被纳入失信被执行人名单的当事人，已经丧失了商业信誉和个人信用，属于《合同法》第68条规定的得行使不安抗辩权之情形。失信被执行人如果为单位，应当适用《合同法》第68条第1款第3项，属“丧失商业信誉”的情形；失信被执行人如果为个人，则可以适用《合同法》第68条第1款第4项，属“有丧失或者可能丧失履行债务能力的其他情形”。

不安抗辩权一旦成立，先履行一方可以获得中止履行权和合同解除权两种性质不同的自自助权。《合同法》第69条规定：“当事人依照本法第六十八条的规定中止履行的，应当及时通知对方。对方提供适当担保时，应当恢复履行。中止履行后，对方在合理期限内未恢复履行能力并且未提供适当担保的，中止履行的一方可以解除合同。”先履行一方行使不安抗辩权，中止履行合同的，应当及时通知对方。先履行一方如未将中止履行的事实及时通知后履行一方，解除合同所必备的“合理期限”，应从后履行一方按通常情形知道中止履行的事实之时起算。如因未及时通知，致使后履行一方迟延提供担保，并因此遭受损失的，先履行一方应当承担赔偿责任。①

本案案情所给出的信息不足，无法看出被告胡某是否向原告郭某发出中止履行的通知。不安抗辩权作为一种自助权，其行使无须征得对方同意，但基于平衡合同双方利益的考虑，避免对方遭受损害，法律规定了先履行义务一方的通知义务。通知的另一个目的是督促对方提供适当的担保，以此消灭不安抗辩权。

① 参见朱广新：《合同法总则》（第二版），中国人民大学出版社2012年版，第505－506页。

3.4 房屋买卖合同继续履行需要符合哪些条件

——宋某某诉陈某、某房地产信息咨询公司房屋买卖合同纠纷案①

关 键 词： 继续履行

问题提出： 合法有效的房屋买卖合同，一方明确表示拒绝履行合同，相对方在何种情况下可以主张继续履行合同？

裁判要旨： 当事人一方不履行合同义务或者履行合同义务不符合约定的，应当承担继续履行、采取补救措施或者赔偿损失等违约责任。现原告要求继续履行房屋买卖合同，被告亦不能说明本案存在其他不能继续履行的法定情形，被告应当协助原告办理过户手续等继续履行之义务。

案情简介

上诉人（原审被告）：陈某

被上诉人（原告）：宋某某

被上诉人（被告）：某房地产信息咨询公司

被告：陈某

涉案房屋位于天津市和平区西安道与长沙路交口东北侧诚基经贸中心××号，所有权人系被告陈某。2016年1月12日经被告某房地产信息咨询公司居间介绍，原告与被告陈某签订房屋买卖居间合同，约定原告购买涉案房屋。因涉案房屋尚有贷款余额未还清，且有抵押登记。双方约定由原告垫资，由被告陈某于2016年2月28日前还清贷款并撤销抵押他项权证。此外，三方特别约定原告将定金25万支付给被告某房地产信息咨询公司，由被告某房地产信息咨询公司保管。后三方签订《补充协议》，约定被告陈某所得房款238万元为净得款，垫资及违约金由原告承担。庭审中，原告与被告某房地产信息咨询公司均认可垫资所需要资金由某房地产信息咨询公司负责，因垫资产生

① 一审法院为天津市和平区人民法院，案号：（2016）津0101民初字第1370号；二审法院为天津市第一中级人民法院，案号：（2016）津01民终字第5354号。

的利息及因提前还款产生的违约金由原告负责。签订合同当日原告支付被告某房地产信息咨询公司定金25万元。

因被告陈某系贷款合同主体，被告陈某当庭表示2016年2月1日预约还款后银行一直没有回复，2月28日后电话联系银行，银行表示3月不允许清贷，四五月才能还款。每月27日是还款日，没有及时清贷导致原告需要偿还2016年2月、3月两个月的贷款，因为原告承诺垫资，想让原告承担这两个月的银行贷款，故2016年3月8日发短信给原告及被告某房地产信息咨询公司，由其负担该额外的费用并于3月10日前清偿贷款，否则将解除合同。原告收到短信后次日即到一审法院起诉立案。

另询被告陈某认可约定净得房款238万中包括有垫付的费用，即需要将垫资的部分归还给原告。涉案房屋存在抵押，抵押权人为中国工商银行股份有限公司天津河北支行，抵押期限自2015年4月9日至2045年4月9日。经询原告表示同意给付全款并清偿银行贷款以涤除抵押权。

宋某某向一审法院起诉请求：1. 判令被告陈某继续履行与原告签订房屋买卖合同，将位于天津市和平区西安道与长沙路交口东北侧诚基大厦××号房屋过户到原告名下，被告某房地产信息咨询公司予以配合；2. 因迟延履行，导致原告无法收取现租户2016年1月12日至2016年4月12日期间的租金损失16500元及10%的税费1650元。

各方观点

宋某某观点：陈某未履行合同义务存在违约行为，宋某某没有违约行为。同意一审判决，请求二审法院驳回上诉，维持原判。

陈某观点：1.《补充协议》明确约定由宋某某承担垫资义务，但其明确表示拒绝履行。某房地产信息咨询公司虽表示愿意承担垫资义务，但陈某并不认可，该条款依法不具备法律效力，且某房地产信息咨询公司未实际垫资，因此，陈某有权依法解除合同。2. 宋某某未能提供证据证实宋某珏支付赵某的款项系为诉争房屋支付的定金。3. 房屋买卖合同存在履行障碍，涉案房屋有银行抵押，现贷款未清偿完毕，无法继续履行。4. 一审法院存在未通知第三人参与诉讼、未释明索赔权或限定起诉期限而直接裁定解除查封等程序违法行为，侵犯了陈某的基本诉讼权利。

某房地产信息咨询公司观点：作为中介第三方，愿意积极配合原、被告双方履行合同。

法院观点

一审法院观点：原告与二被告签订的房屋居间合同系其真实意思表示，不违反法律法规强制性规定，一审法院予以确认。

被告陈某以原告未将定金支付给被告主张解除合同，但双方在房屋买卖合同中特别约定，定金支付给被告某房地产信息咨询公司而非被告陈某，现原告支付定金的方式符合合同约定，被告陈某以该理由主张解除不能成立，一审法院不予支持。

被告陈某抗辩主张合同约定原告应于2016年3月25日前支付被告房款238万元，现未按约定支付该款项，属于违约。房屋买卖居间合同约定被告陈某应于2016年2月28日前先行还清贷款并撤销抵押他项权证，然后于2016年3月15日前到房管部门签订《天津市房产买卖协议》并交纳剩余房款和办理贷款。现被告陈某尚未办理他项权注销手续，也未通知原告交纳用于提前清偿抵押权的费用，更未到房管部门签订《天津市房产买卖协议》，即尚未到达支付房款238万的条件，被告陈某以该理由解除合同亦不能成立。

被告陈某主张涉案房屋有银行抵押，现银行贷款未清偿完毕，合同继续存在履行障碍，无法继续履行。根据《物权法》的规定，抵押期间，抵押人未经抵押权人同意，不得转让抵押财产，但受让人代为清偿债务消灭抵押权的除外。经询原告同意代为清偿债务以消灭抵押权，原告以该理由主张不能继续履行不能成立。

根据《合同法》规定，当事人一方不履行合同义务或者履行合同义务不符合约定的，应当承担继续履行、采取补救措施或者赔偿损失等违约责任。现原告要求继续履行，被告陈某亦不能说明本案存在其它不能继续履行的法定情形，原告要求继续履行，二被告协助原告办理过户手续的诉讼请求，一审法院应予以支持。

对于原告主张无法收取现租户的租金及税费损失，现原告尚未取得房屋所有权，也未就租金收取进行约定，现向被告陈某主张租金损失无法律和事实依据，一审法院亦不予支持。

一审法院判决：一、被告陈某到中国工商银行股份有限公司天津河北支行办理抵押贷款清偿手续，全部费用由原告负担，清偿完毕后被告陈某立即到房管部门办理抵押权撤销手续；二、判决第一项执行完毕后十日内，被告陈某协助原告办理涉案房屋所有权转移登记，将天津市和平区西安道与长沙路交口东北侧诚基大厦××号房屋过户至原告名下，全部税费由原告负担；三、判决第二项执行完毕三日，原告给付被告全部房款，具体数额为213万减去用于偿还中国工商银行股份有限公司天津河北支行的贷款，不含原告应承担的因提前清偿贷款应支付的违约金；四、判决第二项执行完毕三日，被告源益某房地产信息咨询公司支付被告陈某代为收取的定金25万元；五、驳回原告的其他诉讼请求。

二审法院观点：合同是当事人之间设立、变更、终止民事权利义务关系的协议。依法成立的合同受法律保护。当事人应当按照约定全面履行自己的义务。本案上诉人陈某、被上诉人宋某某与被上诉人某房地产信息咨询公司签订的房屋买卖居间合同系其真实意思表示，具有法律效力。该合同明确约定被上诉人宋某某应将定金支付给某房地产信息咨询公司，被上诉人宋某某在签订合同当日即以案外人宋某珏的名义将定金25万元存入被上诉人某房地产信息咨询公司法定代表人赵某账户内，履行了合同所规定的义务，上诉人陈某以被上诉人宋某某未支付定金而主张其违约的请求缺乏事实依据，法院不予支持。

双方合同另约定，由被上诉人宋某某承担清偿房贷垫资义务，但贷款银行通知上诉人陈某2016年4月5日方可清偿贷款，因此，被上诉人宋某某在该日期前将房款存入上诉人陈某贷款账户即可，上诉人陈某要求被上诉人宋某某于2016年3月10日前清偿贷款否则将解除合同亦缺乏法律依据，一审法院对其解除合同的请求不予支持并无不当。另，根据《物权法》的规定，抵押期间，抵押人未经抵押权人同意，不得转让抵押财产，但受让人代为清偿债务消灭抵押权的除外。现被上诉人宋某某同意代为清偿债务以消灭抵押权，上诉人主张合同不能继续履行不能成立。

因被上诉人宋某某主张继续履行合同，上诉人不能举证证明本案不具有继续履行的法定情形，故一审法院判决继续履行，上诉人以及被上诉人某房地产信息咨询公司协助被上诉人宋某某办理过户手续是正确的，法院予以确认。

一审法院审理本案并不存在违反法定程序之处，上诉人陈某主张一审法院程序违法缺乏依据，法院不予采信。

综上所述，陈某的上诉请求不能成立，应予驳回；一审判决认定事实清楚，适用法律正确，应予维持。判决：驳回上诉，维持原判。

法官评析

1. 继续履行合同的条件与形态

在房屋买卖合同中，卖方不履行合同情况下，买方往往会要求继续履行合同，包括：向卖方支付价款、卖方协助办理过户手续、卖方向买方交付房屋等。而买方的这些请求能否获得支持，或者说在何种情况下支持买方的这些请求，一直是审理房屋买卖案件的难点。

《合同法》第107条规定："当事人一方不履行合同义务或者履行合同义务不符合约定的，应当承担继续履行、采取补救措施或者赔偿损失等违约责任。"这里的"继续履行"，也被称作"强制履行"，系指在违约方不履行合同时，由人民法院以判决确认的方式强制违约方继续履行合同约定义务的违约责任方式。

强制履行虽然是合同履行的继续，仍然是履行原合同债务，但它同一般的履行合同债务的行为有如下区别：一是履行时间不同，强制履行的时间晚于履行原合同债务的时间；二是作为法律规定的民事责任方式，强制履行比正常合同履行增加了一层国家强制，多了一层道德和法律对违约行为的否定性评价。强制履行属于违约责任的方式，并非单纯的合同债务的履行。[①]适用强制履行包括以下要件：存在违约行为；违约方能够继续履行性合同；守约方请求违约方继续履行合同。

依照《合同法》第110条的规定，下列几种情形不适用继续履行：法律上或者事实上不能履行；债务的标的不适于强制履行或者履行费用过高；债权人在合理期限内没有要求强制履行。在上述三种情况下，守约方不能强行要求违约方实际履行，即使通过诉讼主张强制履行也得不到法院的支持。在此情形下，守约方只能要求违约方支付违约金或者赔偿因不履行合同所造成的损失。

---

① 韩世远：《合同法总论》，法律出版社2011年版，第603页。

《合同法》第110条第1项规定的“法律上或者事实上不能履行”，又被称为“履行不能”，是作为债权客体的给付不可能的状态。该条文将履行不能区分为“事实上的履行不能”和“法律上的履行不能”两个概念。事实上的履行不能指基于自然法则的履行不可能，比如合同标的物灭失导致的履行不能；法律上的履行不能指基于法律规定的履行不可能，比如因合同约定的标的物为法律禁止交易的物导致合同履行不能。在合同履行不能的情形下，守约方要求违约方继续履行合同的诉讼请求，不能获得支持。

2. 实践中对房屋买卖案件中继续履行问题的处理规则

在房价平稳时，房屋买卖合同当事人一方违约时，违约不会造成太大损失，相对方对标的房屋可选择余地较大，守约方往往主张违约方承担支付违约金或赔偿相关损失，而不要求违约方继续履行合同。而在房价出现大幅波动时，一方违约往往会给对方带来巨大损失，守约方更愿意选择相对方继续履行合同，来维护自己的权益。本案情况即如此，原告宋某（买方）与被告陈某（卖方）经中介居间签订房屋买卖合同，涉案房屋系被告所有，尚有贷款未还，合同约定由原告垫资清贷后，被告注销抵押权登记，双方办理过户手续，全部费用由原告承担，后被告提出解除合同，原告诉至法院要求被告继续履行合同。本案所涉的房屋买卖交易恰逢房价短期内暴涨，合同中约定的违约金数额已明显低于房价的涨幅，本案原告选择要求被告继续履行合同来维护自己的合法权益。

本案中，双方当事人签订了房产买卖协议，但尚未签订《天津市房产买卖协议》(即所谓的房管局“网签协议”)。但法院认为，本案并不具备《合同法》第110条规定的不得要求继续履行的情形，综合考虑房地产行政主管部门意见、合同履行进度、款项交付情况、房屋实际状态等因素，确认具备继续履行的条件，判决被告履行房屋买卖合同。与一般案件相比，本案所涉房屋买卖合同有一项特别约定，即“因涉案房屋尚有贷款余额未还清，且有抵押登记。双方约定由原告垫资，由被告陈某于2016年2月28日前还清贷款并撤销抵押他项权证。”买方负责为涉案房屋的贷款余额垫资代为清偿，为合同继续履行扫清了障碍。

各地法院的裁判指导意见一般也认可，在不存在履行的现实困难，且不存在《合同法》第110条规定不得要求继续履行情形的，守约方要求继续履行合同的，应当予以支持。例如，《北京市高级人民法院关于审理房屋买卖合同纠纷案件适用法律若干问题的指导意见（试行）》（京高法发〔2010〕458号）第22条规定："房屋买卖合同签订后，一方当事人不同意继续履行，愿意以承担相应违约责任为代价解除合同，而另一方坚持要求继续履行，经审查合同继续履行不存在现实困难的，应当判决双方继续履行合同，但合同另有解约定金等约定或符合《合同法》第一百一十条规定情形的除外。"又如，《上海市高级人民法院关于审理"二手房"买卖案件若干问题的解答》（2005年12月16日）第6条规定："按照约定全面履行合同义务是合同履行的一项基本原则。因此，除合同另有约定或出现可单方解除合同的法定情形外，无论是合同签订后的预期违约还是合同履行期届满后的实际违约，如另一方坚决要求继续履行的，除符合《合同法》第一百一十条规定外，应责令双方继续履行。在履行义务的同时，另一方还有其他损失的，应当赔偿损失。"再如，《天津市高级人民法院关于依法妥善审理房屋买卖合同纠纷案件的通知》（津高法〔2016〕158号）第4条规定："当事人按照房地产行政主管部门的要求签订《天津市房产买卖协议》以后，一方已依约履行主要义务并主张继续履行合同，另一方拒绝履行产权过户、交接房款、交付房屋等后续合同义务，除属于《合同法》第一百一十条规定情形以外，人民法院应予支持。当事人已经签订房产买卖协议或者已经与房产中介机构签订包含居间内容的房产买卖协议，但尚未签订《天津市房产买卖协议》的，一方主张继续履行合同，另一方拒绝履行合同义务的，除属于《合同法》第一百一十条规定情形以外，人民法院应综合考量房地产行政主管部门意见、合同履行进度、房款交付情况、房屋实际状态等因素，确定涉案房屋买卖合同是否具备继续履行的条件。如果具备继续履行合同条件的，人民法院可以支持当事人继续履行合同的诉讼请求。如果不具备继续履行合同条件的，人民法院可以向当事人释明无法执行的风险，并告知其可以变更诉讼请求。当事人对合同的履行与解除有特别约定的，从其约定。当事人要求继续履行合同，应当在诉讼请求中明确具体履行内容，如支付购房款、交付房屋、办理产权过户登记等。对于出卖人不履行产权过户义务的，买受人可以按合同约定要求出卖人履行产权过户义务，但不能直接请求人民法院确认房屋产权归其所有。"天津市高级人民法院的这一规定，明确了是否支持房屋买卖合同继续履行，应以在房管部门签订“网签协议”为节点，对于已经过“网签”的合同，一般应准许合同继续履行；而对于尚未“网签”的合同，在综合考量房地产行政主管部门意见、合同履行进度、房款交付情况、房屋实际状态等因素的情况下，如果没有履行上的障碍，亦应准许合同继续履行。

当事人在提出继续履行合同的诉讼请求时，应当明确继续履行的具体事项。《北京市高级人民法院关于审理房屋买卖合同纠纷案件若干疑难问题的会议纪要》（京高法发〔2014〕489号）第11条规定：“当事人要求继续履行房屋买卖合同，但诉讼请求中没有具体履行内容的，法院应当向当事人释明，要求其变更诉讼请求明确具体履行内容，如支付购房款、交付房屋、办理房屋过户登记等，并告知仅判决继续履行合同存在履行内容不明确无法执行的风险；当事人坚持不变更的，可以根据当事人的请求作出相应的判决，并告知当事人在履行中发生新的争议可就具体履行内容另行起诉。”《天津市高级人民法院关于依法妥善审理房屋买卖合同纠纷案件的通知》（津高法〔2016〕158号）第4条第4款亦有类似规定：“当事人要求继续履行合同，应当在诉讼请求中明确具体履行内容，如支付购房款、交付房屋、办理产权过户登记等。”

3.5 标的房屋上设定了抵押权，买受人继续履行合同、办理过户手续的诉讼请求能否获得支持

——黄某某、凌某某诉张某某、王某某房屋买卖合同纠纷上诉案①

关 键 词： 抵押，履行不能，涤除权

问题提出： 在标的房屋上设定了抵押权的情况下，房屋买卖合同效力如何？抵押权的存在可否认定为履行不能，买受人要求继续履行合同、办理所有权转移登记手续的诉讼请求可否支持？

裁判要旨： 当事人就系争房屋签订的房屋买卖合同合法有效，签约双方均应按约履行。现买受人诉至法院提出要求判令出卖人继续履行合同以及出卖人与抵押权人一起注销抵押登记及办理房屋过户手续等诉讼

---

① 一审法院为上海市松江区人民法院，案号：（2013）松民三（民）初字第2943号；二审法院为上海市第一中级人民法院，案号：（2015）沪一中民二（民）终字第2449号。

请求，但鉴于系争房屋上设定了诸多抵押，继续履行合同客观上存在障碍，因此，买受人要求继续履行合同等诉讼请求无法实现。

案情简介

原告（上诉人）：黄某某、凌某某

被告（被上诉人）：张某某、王某某

原审第三人：甲银行、杨某某

2011年7月，张某某、王某某登记为上海市松江区洞泾镇××弄××号701室房屋（以下简称系争房屋）的权利人。2013年8月21日，黄某某与张某某、王某某一方签署《房屋买卖定金合同》，约定张某某、王某某将系争房屋以146.80万元价格出售给黄某某。合同对其他事宜进行了约定。当日，黄某某向张某某交付了定金2万元。

凌某某与张某某于2013年10月13日签订《房屋买卖定金合同》，约定张某某、王某某将系争房屋以145万元价格出售给凌某某；凌某某于2013年8月21日支付定金2万元，于2013年10月14日前支付85万元作为首付款，于2013年10月30日前支付10万元，于2013年11月10日之前即办理过户当日支付48万元；税费各自承担；房屋价格按照本合同为准；双方于2013年10月15日前签订《上海市房地产买卖合同》。该合同对其他事宜进行了约定。张某某代王某某签署了该合同。

2013年10月13日，凌某某、黄某某与张某某签订《上海市房地产买卖合同》，约定由张某某、王某某将系争房屋出售给凌某某、黄某某，转让价格为122万元，双方确认于2013年11月10日前办理过户手续，张某某、王某某应于2013年11月10日前腾出房屋并通知凌某某、黄某某进行验收交接。该合同对其他事宜进行了约定。王某某表示认可该合同。同日，凌某某向张某某交付了房款85万元。

2013年11月，黄某某、凌某某诉至原审法院，请求判令：1. 解除双方于2013年10月13日签订的《上海市房地产买卖合同》；2. 张某某、王某某返还凌某某、黄某某购房款87万元；3. 张某某、王某某按照人民银行同期贷款利率向凌某某、黄某某支付上述金额自2013年10月14日至法院判决日止的违约金。审理中，黄某某、凌某某变更诉讼请求为：1. 判令继续履行双方之间于2013年10月13日签订的《上海市房地产买卖合同》；2. 判令张某某、王某某清偿位于系争房屋上抵押权人即第三人的债务；3. 判令张某某、王某某及第三人于债务清偿之日办理房屋抵押登记注销手续；4. 判令张某某、王某某于抵押登记注销之日协助黄某某、凌某某办理房屋过户手续；5. 判令张某某、王某某支付逾期办理产证的违约金（以已付房款87万元为本金，按照人民银行同期贷款利率标准，自2013年11月11日计算至本判决生效之日止）。

第三人甲银行与张某某、王某某于2011年6月30日签订《个人住房（商业用房）抵押借款合同》，约定张某某向甲银行借款85万元。合同对其他事项亦作了约定。王某某作为抵押人也签署了该合同。2011年7月，第三人甲银行被核准登记为系争房屋的抵押权人，登记的债权数额为85万元。

2013年1月30日，张某某、王某某与第三人杨某某签订《抵押借款协议书》，约定张某某、王某某向第三人杨某某借款30万元，并以系争房屋进行抵押。该协议书对其他事项作了约定。公证处于2013年1月30日就上述《抵押借款协议书》出具了《具有强制执行效力的债权文书公证书》。第三人杨某某于2013年2月被核准登记为系争房屋的抵押权人，登记的债权数额30万元。2013年12月23日，公证处就有关上述《抵押借款协议书》出具了执行证书。

审理中，黄某某、凌某某提供了一份2014年1月10日的《协议书》。该《协议书》载明："甲方为凌某某、黄某某，乙方为李某。因凌某某通过A公司购买松江区泗泾镇××弄××号701室房屋买卖产生的纠纷，经与凌某某协商一致同意解决处理张某某房屋抵押人民币：叁拾万元整，现有李某垫资拿出人民币：壹拾肆万元整，张某某拿出人民币：壹拾肆万元整解决叁拾万抵押。张某某银行贷款人民币：捌拾伍万元整有凌某某自己解决，之后B公司协助办理产权过户，还银行贷款有凌某某承担。如果凌某某跟张某某要到钱，与李某各分得百分之五十。从此双方不得无故影响双方的正常营业和正常生活，如果干涉影响到B公司和C公司的营业，凌某某无条件于三天之内还给李某人民币：壹拾肆万元整。如果李某影响到凌某某的正常生活，三天之内也无条件赔偿壹拾肆万元整"。黄某某、凌某某陈述，中介方李某曾退还黄某某、凌某某房款14万元，张某某、王某某曾退还黄某某、凌某某房款2万元，用于归还张某某、王某某欠第三人杨某某的借款，但实际并未归还给第三人杨某某。

审理中，法院曾向黄某某、凌某某释明系争房屋上尚存在抵押登记，系争房屋不具备过户条件，并询问了黄某某、凌某某是否要求变更诉讼请求，即提起解除合同的相关诉讼请求，但黄某某、凌某某坚持其要求继续履行合同的相关诉讼请求。

各方观点

原告（上诉人）黄某某、凌某某观点：原、被告签订的《上海市房地产买卖合同》合法有效，应当受到法律的保护。现由于系争房屋存在抵押登记而影响房屋过户，原告完全有权要求清偿债务并注销抵押登记。至于被告是否有能力清偿债务并注销抵押登记是执行阶段的问题，同时原告在一审中也曾表示如果被告不能清偿抵押权人的债务，原告同意也有能力代为清偿，合同继续履行不存在障碍。

被告（被上诉人）张某某、王某某观点：愿意继续履行与黄某某、凌某某之间的房屋买卖合同，同意将房屋过户给黄某某、凌某某。关于违约金，由法院依法判决，现在无力承担。第三人中国建设银行股份有限公司上海松江支行（以下简称甲银行）述称黄某某、凌某某无权要求张某某、王某某清偿欠第三人甲银行的债务。在张某某、王某某欠第三人甲银行的债务清偿前，不得注销抵押登记。第三人杨某某述称，系争房屋上尚有抵押登记，在债务未清偿前，抵押权一直存在，房屋买卖合同客观上无法继续履行。第三人杨某某已经就其债权向法院申请执行并进入了执行程序，黄某某、凌某某并无要求张某某、王某某清偿欠杨某某债务的权利，黄某某、凌某某也无权要求张某某、王某某注销抵押登记。关于违约金，由法院依法判决。

第三人甲银行观点：抵押借款合同已经法院判决并生效，只要对方支付还款、利息及相关费用，则甲银行可以配合注销抵押。

第三人杨某某观点：杨某某依据强制执行公证文书申请强制执行，但计算至2013年10月29日仍有300000元本金、21600元利息、27900元违约金以及自2013年10月30日起至实际还款日止的按照银行同期贷款利率4倍计算的300000元本金的逾期还款违约金，只要对方能够清偿债务，则杨某某也同意配合办理房屋过户手续。

法院观点

一审法院观点：黄某某、凌某某与张某某、王某某之间所签订的《上海市房地产买卖合同》合法有效，合同当事人均应当恪守履行合同义务。关于房屋转让价格，虽然《上海市房地产买卖合同》约定房屋总价为 122 万元，但根据 2013 年 10 月 13 日《房屋买卖定金合同》所作的房屋价格按此合同为准的约定，房屋总价应当以 145 万元价格为准。

关于黄某某、凌某某起诉要求判令继续履行合同以及张某某与王某某清偿位于系争房屋上抵押权人即第三人的债务、张某某与王某某及第三人办理房屋抵押登记注销手续及协助办理房屋过户手续等请求，因系争房屋上尚存在抵押登记，目前继续履行合同存在障碍，尚不具备继续履行的条件，故黄某某、凌某某所提出的上述请求，法院均不予支持。如果在上述抵押登记涤除后，且合同继续履行具备条件时，黄某某、凌某某可另行起诉。

关于黄某某、凌某某要求张某某、王某某支付逾期办理产证的违约金的诉请，因双方并未约定逾期办理产证的违约金，故黄某某、凌某某此项诉请无合同依据，法院亦不予支持。

一审法院判决：驳回原告黄某某、凌某某的诉讼请求。

二审法院观点：上诉人黄某某、凌某某与被上诉人张某某、王某某就系争房屋签订的《上海市房地产买卖合同》合法有效，签约双方均应按约履行。现黄某某、凌某某诉至法院提出要求判令张某某、王某某继续履行合同以及张某某、王某某与第三人甲银行、杨某某一起注销抵押登记及办理房屋过户手续等诉请，但鉴于张某某、王某某在系争房屋上设定了诸多抵押，继续履行合同客观上存在障碍，因此，黄某某、凌某某要求继续履行合同等诉请无法实现。而一、二审审理中法院均主持进行了调解，但各方当事人最终未能达成一致意见，系争房屋过户仍存在障碍，尚不具备继续履行合同等条件，在此情况下，上诉人黄某某、凌某某的诉请，法院实难支持。原审据此所作判决并无不当，法院依法应予维持。上诉人黄某某、凌某某的上诉请求，缺乏依据，法院难予支持。据此，判决如下：驳回上诉，维持原判。

法官评析

1. 设定抵押权房屋买卖合同的效力

根据《物权法》第15条的规定，当事人之间订立有关设立、变更、转让和消灭不动产物权的合同，除法律另有规定或合同另有约定外，自合同成立时生效；未办理物权登记的，不影响合同效力。这一规定明确了不动产物权变动的原因与结果相分离原则，物权转让行为不能成就的，并不必然影响物权转让的原因即债权合同无效。黄某某、凌某某与张某某、王某某之间所签订的《房地产买卖合同》，作为不动产物权转让的原因行为，是一种债权形成行为，并非不动产物权变动行为。

《物权法》第191条规定："抵押期间，抵押人经抵押权人同意转让抵押财产的，应当将转让所得的价款向抵押权人提前清偿债务或者提存。转让的价款超过债权数额的部分归抵押人所有，不足部分由债务人清偿。"《担保法》第49条第1款规定："抵押期间，抵押人转让已办理登记的抵押物的，应当通知抵押权人并告知受让人转让物已经抵押的情况；抵押人未通知抵押权人或者未告知受让人的，转让行为无效。"前述条文关于未经抵押权人同意或者未通知抵押权人而导致物权转让行为无效的规定，其效力不应及于物权变动行为的原因行为，换言之，未经通知抵押权人的物权转让不能发生物权变动的结果，但物权转让合同是有效的。当事人可以通过在合同中约定完善物权转让的条件，来促成转让行为符合法律规定。最高人民法院有关司法政策持同样立场，《2011年全国民事审判工作会议纪要》（2011年6月）第8条规定："未经抵押权人同意转让抵押财产的，不能依据物权法第一百九十一条第二款规定认定转让合同无效。受让人因抵押权登记未涂销，请求解除合同的，应予支持；受让人要求转让人承担相应民事责任的，根据当事人的过错程度等予以确定。"可以说，房屋抵押期间，出卖人（抵押人）未经抵押权人同意转让抵押房屋的，不影响房屋买卖合同的效力。

2. 设定抵押权房屋买卖合同的继续履行

依照《房屋登记办法》第34条的规定，抵押期间，抵押人转让抵押房屋的所有权，申请房屋所有权转移登记的，需要"提交抵押权人的身份证明、抵押权人同意抵押房屋转让的是书面文件、他项权利证书"。若无法提交上述材料，则无法办理所有权过户手续，房屋买卖合同无法继续履行。出卖人在合同约定的履行期限届满时仍未能消灭抵押权的，致使买受人无法办理房屋所有权转移登记，买受人可以请求解除合同。

抵押权无法消除，构成履行不能，如果买受人要求继续履行合同，办理房屋所有权转移登记，则法院应当向其释明，告知其变更诉讼请求，当事人坚持诉讼请求不予变更的，人民法院应当驳回其诉讼请求。

需要注意的是，此种情况虽属履行不能，但并非永久履行不能。如果买受人依据《物权法》的规定行使涤除权，法院应予准许，并判决买受人直接代出卖人向抵押权人清偿债务消灭抵押权，再将该部分款项从未付购房款中予以扣除，待抵押权消灭后再为买受人办理房屋所有权转移登记手续。[①] 买受人要求出卖人继续履行房屋买卖合同的请求得以实现。在程序上，抵押权人可以作为第三人参加诉讼。

有的房屋买卖合同中，买卖双方实现约定买受人负责涤除因房贷而在标的房屋上设定的抵押，审理此种合同纠纷时，可以将贷款银行追加为本案第三人，在买受人能够按照合同约定涤除抵押权的，人民法院可以判决支持买受人继续履行合同的诉讼请求。本案中，二审法院以涉案房屋存在多重抵押、涤除抵押权存在障碍为由，没有支持原告继续履行的诉讼请求，但从原告有意涤除抵押权并代为清偿，以及第三人甲银行、杨某某的意思表示来看，本案裁判结果尚有进一步探讨的空间。

3.6 涉诉房屋被人民法院依法查封是否构成履行不能

——李甲诉杨乙、王丙房屋买卖合同纠纷案[②]

关 键 词：查封，履行不能，合同效力

问题提出：房屋买卖合同所涉房屋如被人民法院查封，是否构成履行不能，买方可否要求卖方继续履行合同，办理房屋产权过户手续？

---

① 王林清、郭燕枝、杨心忠：《房屋买卖合同纠纷裁判思路与裁判规则》，法律出版社2016年版，第381页。

② 一审法院为山东省泰安市岱岳区人民法院，案号：(2014) 岱民再初字第6号；二审法院为山东省泰安市中级人民法院，案号：(2015) 泰民再字第13号。

裁判要旨： 人民法院查封的房产，因权利受到限制而依法不能在查封期间产生物权变动的法律后果，构成客观上的履行不能，当事人不能要求对方继续履行。但是免除继续履行责任不等于免除违约责任，履行不能导致合同目的不能实现的，守约方有权要求解除合同。在约定有违约金的情况下，守约方可以主张违约金；在约定有定金情况下，守约方可以主张定金；在无特别约定情况下，守约方仍得请求赔偿实际损失。

案情简介

原告（上诉人）：李甲

被告（被上诉人）：杨乙

原审被告：王丙（杨乙之妻）

2012年3月19日，原审原告李甲诉称，2010年6月28日原、被告签订购房协议书，约定被告将自己所有的某小区8号楼西单元4楼东户卖给原告，原告支付房款25万元后，被告违约不协助原告办理房产过户手续。为维护原告合法权益，特诉至法院，要求依法判令位于泰山区某小区8号楼西单元4楼东户归原告所有，被告协助原告办理房产过户并承担本案诉讼费用。原审被告杨乙、王丙辩称，原告所诉属实，因该房抵押贷款，房产证在银行，所以未能办理过户手续。

岱岳区人民法院一审查明，2010年6月28日原、被告签订购房协议书，约定，两被告将其所有的位于旧镇路2号泰山某小区8号楼西单元4楼东户楼房一套，建筑面积61平方米，出售给原告，房款25万元，原告一次性付清。两被告保证拥有独立产权，在60日内协助原告办理相关过户手续。同日，原告支付被告房款25万元，两被告将楼房交付原告。

另查明，两被告系夫妻关系，房产所有人为被告杨乙，所有权证号是泰房权证泰字第××号，2010年7月12日被告杨乙以该房作抵押从中国农业银行股份有限公司贷款，抵押金额8万元。

岱岳区人民法院一审认为，原、被告签订的房屋买卖合同，双方意思表示真实，内容不违反法律法规的强制性规定，形式要件齐备，属有效合同，双方应自觉履行。合同签订后，原告支付被告购房款25万元，已按约履行合同义务。两被告将房屋交付原告后，应及时归还贷款并按约协助原告办理房产过户手续，久拖不予办理，于法相悖。故原告要求办理过户手续，应予支持。判决：限被告杨乙、王丙自本判决生效之日起三十日内协助原告李甲将位于泰安市旧镇路2号泰山某小区8号楼西单元4楼东户楼房一处，过户至原告名下。

岱岳区法院再审过程中，原审原告李甲称，坚持原审诉讼请求并请求判令双方签订的房屋买卖合同有效。原审被告杨乙答辩称，涉案房产确已卖给了李甲，原审判决正确，应予维持。原审被告王丙未答辩。

岱岳区人民法院再审查明，2011年4月25日，因刘某斌诉杨某银、杨乙(本案原审被告)、石某美民间借贷纠纷一案，泰安市泰山区人民法院以(2011)泰山民初字第1272号民事裁定，查封了涉案房产，查封期限至2013年4月24日。现该房产仍处于继续查封期间。其他事实与原审查明一致。

各方观点

李甲观点：一审判决认定事实错误，本案中我同杨乙签订的合同真实有效，并无任何虚假，也符合法律规定。并且，我已经履行合同约定的付款义务，而杨乙在合同签订当天就将房屋交付给我使用，房屋所有权已经转移给我所有。刘某斌不是合同签订主体，无权对我们的房屋买卖合同提出异议。本案属于房屋买卖合同，不是房屋确权纠纷，因此，本案原审判决并无不当，再审结果推翻原判结果是错误的。一审法院遗漏上诉人的一审诉讼请求明显不当。请求依法撤销岱岳区法院再审判决，依法发回重审或直接查明事实改判确认双方的房屋买卖合同有效，被上诉人协助上诉人办理过户手续。一、二审诉讼费用、保全费全部由被上诉人承担。

杨乙、王丙观点：上诉人所说都是事实，请求法院认可购房合同有效，并且房屋使用权已经交结完毕。

法院观点

一审法院观点：原审原、被告虽然就涉案房屋买卖协商一致并订立了购房协议，但此后原审被告未将该房产及时过户于原审原告名下，其间，原审被告杨乙因涉另案诉讼此房产随被法院查封，且至原审成讼时一直处于查封期间，《中华人民共和国城市房地产管理法》第38条第2项规定：司法机关和行政机关依法裁定、决定查封或者以其他形式限制房地产权利的房地产，不得转让。据此，原审原告再行主张办理房屋过户手续，转移所有权，已受到司法查封的限制。原审判令两原审被告限期协助原审原告将该房产过户于其名下，即强制实际履行，违反了上述法律规定，属法律上不能履行，原审适用法律错误，依法应予撤销。原审原告可另行主张权利。判决如下：撤销法院（2012）岱民初字第912号民事判决；驳回原审原告李甲的诉讼请求。

二审法院观点：1. 关于双方签订的房屋买卖合同的效力问题，上诉人李甲与被上诉人杨乙、原审被告王丙于2010年6月28日签订购房协议书。本案在审理中，双方均对该房屋买卖合同签订及购房款支付情况认可，且涉案房屋登记在杨乙名下。该房屋买卖合同，形式要件完备，意思表示真实，内容不违反法律法规的强制性规定，目前也无证据证明该房屋买卖合同为虚假合同，因此可以认定为有效合同。2. 关于涉案房屋能否协助办理过户手续的问题，涉案房屋因另案泰山区人民法院于2011年4月25日予以查封。该涉案房产因权利受到限制而依法不能在查封期间产生物权变动的法律后果，故上诉人李甲要求被上诉人杨乙履行协助过户义务，以进而达到所有权转移的目的，目前在法律上尚不具备可行性，是客观上的履行不能。因此对该项诉讼请求不予支持。对这一诉求，上诉人可另行处理。判决如下：驳回上诉，维持岱岳区人民法院（2014）岱民再初字第6号民事判决。

法官评析

1. 履行不能的分类

履行不能是作为债权客体的给付不可能的状态。本案中，原审原、被告虽然就涉案房屋买卖协商一致并订立了购房协议，但此后原审被告未将该房产及时过户于原审原告名下，期间，原审被告杨乙因涉另案诉讼此房产随被法院查封，且至原审成讼时一直处于查封期间。一审法院重审认为，此种情况属“法律上不能履行”；二审法院认为，此种情况属“客观上的履行不能”。这就涉及履行不能的分类问题。《合同法》第110条第2项将履行不能分为法律上或者事实上的履行不能：法律上的不能，即基于法律规定的履行不能，或者说因法律的理由而导致的履行不能；事实上的不能，又被称为自然不能，指基于自然法则而不能。本案所涉情况属于法律上的履行不能。《城市房地产管理法》第38条第2项规定，司法机关和行政机关依法裁定、决定查封或者以其他形式限制房地产权利的房地产，不得转让。依照此规定，在涉案房屋已在另案中被人民法院司法查封，应被认定为构成法律上的履行不能，原审原告主张办理房屋过户手续转移所有权，不应得到支持。此外，履行不能还可以区分为客观不能和主观不能：如果任何人都不能做出履行，此种属于客观不能；债务人虽然不能履行，但债务人以外的人有能力履行的，属于主观不能。本案所涉房屋被司法查封，按照法律规定无法办理过户手续，这对任何人来说都是如此。故二审法院认定本案情况属事实上的不能也是正确的。

履行不能还有如下几种分类[①]：第一种是自始履行不能与嗣后履行不能，自始履行不能是指不能履行的情况在合同成立时即存在；嗣后履行不能是指合同成立以后发生履行不能的情况。第二种是永久履行不能和一时履行不能，永久履行不能指在债务履行期或者在债务人可以履行的期间，其履行不能；如果只是此期间内的一部分有障碍，则是一时履行不能。第三种是全部履行不能与一部履行不能，全部履行不能指给付的全部履行不能；一部履行不能指给付物体的一部不能。

2. 履行不能的效力

我国民法上的履行不能并不导致合同无效，无论是自始主观不能还是自始客观不能，司法实践通常是以合同有效为前提，依违约责任处理。[②] 本案生效判决确认，上诉人李甲与被上诉人杨乙、原审被告王丙签订的房屋买卖合同，形式要件完备，意思表示真实，内容不违反法律法规的强制性规定，也无证据证明该房屋买卖合同为虚假合同，认定为有效合同。如果一方当事人在缔约时明知合同不能履行，仍与相对方缔约，则可能构成欺诈，相对方有权请求人民法院撤销合同。当然，如果合同本身违反社会公共利益，则有可能被确认为无效合同。本案中，上诉人李甲与被上诉人杨乙、原审被告王丙签订房屋买卖合同以后，在合同履行期间，标的房屋才因涉另案被法院查封，卖方缔约时并无过错，故不影响合同效力。

---

① 关于履行不能的分类，参见韩世远：《履行障碍法的体系》，法律出版社2006年版，第83－85页。

② 韩世远：《合同法总论》（第三版），法律出版社2011年版，第411－413页。

按照《合同法》第110条的规定，法律上或者事实上不能履行的，当事人不能要求对方继续履行。但是免除继续履行责任不等于免除违约责任，履行不能已经导致合同目的不能实现的，守约方有权要求解除合同。在约定有违约金情况下，守约方可以主张违约金；在约定有定金情况下，守约方可以主张定金；在无特别约定情况下，守约方仍得请求赔偿实际损失。

在合同有效的情况下，合同对双方当事人均有拘束力，一方当事人履行不能，如有免责事由，则无需承担违约责任，依风险负担规则处理；如果当事人履行不能没有免责事由的，仍然应当承担违约责任。本案中，上诉人李甲坚持要求被上诉人杨乙、原审被告王丙继续履行房屋买卖合同，办理过户手续，在构成履行不能的场合下，法院驳回其诉讼请求。当然，李甲仍可通过另诉主张杨乙、王丙承担违约责任。

第四章　房屋买卖合同的撤销与解除

4.1 房屋买受人未实际看房能否认定重大误解

——盖某某诉嘉兴市华源房地产开发建设有限公司商品房销售合同纠纷案①

关 键 词： 重大误解、可撤销合同、合同撤销后的责任承担

问题提出： 商品房盖好后买受人在可以看房的情况下未实际看房，能否认定重大误解？

裁判要旨： 商品房的结构与普通商品房不同，开发商在签订合同时没有进行告知，使购房者利益受到损失，即便买受人对没有实际看房存在一定过错，亦应当认定为重大误解，商品房买卖合同应予撤销，但可以在一定程度上减轻开发商的赔偿责任。

案情简介

原告：盖某某

被告：嘉兴市华源房地产开发建设有限公司

2010年8月6日，原、被告签订了《浙江省商品房买卖合同》，约定原告向被告购买商品房一套，建筑层数地上2层，该商品房位于1—2层，建筑面积约180.32平方米，其中套内建筑面积160.90米，应分摊的共有建筑面积19.42平方米，单价每平方米9200元，总价款1658944元，2010年8月6日前已付款838944元，余款820000元办理银行按揭贷款一周内办妥相关手续，被告需在2011年12月31日前将符合交付条件的商品房交付原告使用等，合同订立后原告于2010年8月6日支付被告购房款838944元，于2010年8月20日通过申请中国建设银行股份有限公司平湖支行的个人贷款向被告支付购

① 审理法院为浙江省平湖市人民法院，案号：(2012) 嘉平民初字第1028号。

房余款820000元，被告于2011年12月底通知原告办理交房手续。

另查明，涉案商品房地上1层部分设计有夹层，原、被告订立的合同中并未对夹层部分进行约定，作为合同附件一的房屋平面图亦未针对夹层部分进行明确标示。原、被告订立合同时，涉案商品房已造至5楼。

原告请求判令：1. 撤销双方签订的商品房买卖合同；2. 被告返还原告已支付的房款1658944元，并赔偿损失197104元（按银行贷款基准利率，以838944元为基数，自2010年8月6日计算至判决确定的履行之日；以820000元为基数，自2010年8月20日计算至判决确定的履行之日）。

各方观点

原告观点：被告建造的商品房结构与其他普通商铺不同，实用面积较小，商业价值较低，但被告在签订合同时并未如实告知原告，也未提供其他说明，导致原告误以为该商铺的结构与普通的商铺结构相同。原告对房屋情况的理解依赖于被告的陈述，被告除陈述房屋上下两层各90平方米外，其余情况未阐述，一般的商铺前后应是相通的，不存在夹层，被告未告知原告房屋存在夹层，原告亦未想到房屋的实际情况与原告的理解差别太大。鉴于双方对于拟建造的商品房的结构存在重大误解，履行该合同将严重侵害原告的合法权益。

被告观点：被告系按照规划设计图建造房屋的，中途并未变更过，原、被告订立合同的时候涉案房屋已经造到了5楼，且被告也带原告去看过房屋，原告应该知道1层部分是有夹层的，且买卖房屋是大事情，按照一般的理解，买方在订立合同之前也应该去看过房屋。

法院观点

法院观点：原、被告订立的商品房买卖合同中并未以文字或者平面图的方式明确标示该房屋存在夹层，作为购买方，原告享有知悉涉案房屋的详细结构的权利，作为出售方，被告有义务向原告告知有关涉案房屋的真实信息，被告虽主张曾口头告知原告涉案房屋存在夹层的情况，并带领原告看过现场，但未能提供证据证明，法院不予采信，故法院认定原告在订立合同时对房屋的结构存在着重大误解，对于原告据此要求撤销合同的诉请，予以支持。合同被撤销以后，因合同取得的财产，应该予以返还，有过错的一方应赔偿对方因此所受到的损失，双方都有过错的，应各自承担相应的责任。本案中，一方面，原告对房屋真实信息的理解来源于被告的口头和书面描述，被告未能提供证据证明已将房屋的具体情况告知原告，原告对于房屋的结构存在重大误解，被告存在过错，应在返还购房款的同时对原告的损失承担赔偿责任；另一方面，虽然买卖标的物系尚在开发建设中的房屋，然订立合同时该商铺所在的房屋已造至5楼，关于1层商铺存在夹层的事实已能通过实地看房而直观感受到，作为买房一方，为对房屋的情况有客观的了解，在房屋结构已基本形成的情况下，先实地看房后付款买房比较符合通常情况下的一般做法，本案中原告陈述在订立合同之前未看过房屋，直至2011年年底被告通知交付的时候才知道房屋有夹层，法院认为，原告未尽购买方的谨慎注意义务，对于合同的撤销亦有一定的过错，故应适当减轻被告的赔偿责任，对于原告的损失，由被告承担80%为宜。至于原告的损失，原告主张以已付购房款为基数，按照银行同期贷款利率从付款之日起计算至判决确定的履行之日止，未超出相关规定，予以支持。法院判决：一、撤销原告盖某某与被告嘉兴市华源房地产开发建设有限公司2010年8月6日签订的《浙江省商品房买卖合同》；二、被告嘉兴市华源房地产开发建设有限公司返还原告盖某某购房款1658944元；三、被告嘉兴市华源房地产开发建设有限公司赔偿原告盖某某80%的利息损失（利息损失计算方式如下：按照中国人民银行同期同类贷款利率，以838944元为基数，从2010年8月6日起计算至判决确定的履行日止；以820000元为基数，从2010年8月20日起计算至判决确定的履行日止，利息损失为上述两部分相加）；四、驳回原告盖某某的其他诉讼请求。

法官评析

本案的争议焦点为：双方签订的商品房买卖合同是否为因重大误解订立的合同。

1. 重大误解的概念和构成条件。

《合同法》第54条规定："下列合同，当事人一方有权请求人民法院或者仲裁机构变更或者撤销：（一）因重大误解订立的；……"《最高人民法院关于贯彻执行〈中华人民共和国民法通则〉若干问题的意见（试行）》第71条规定："行为人因对行为的性质、对方当事人、标的物的品种、质量、规格和数量等的错误认识，使行为的后果与自己的意思相悖，并造成较大损失的，可以认定为重大误解。”构成重大误解的条件为：（1）认识错误。包括对合同性质、当事人、标的物等的错误认识。本案中，原告对房屋的结构存在认识错误，误认为房屋与普通商品房结构相同，不存在夹层。（2）违背真实意思。即效果意思与表示行为的不一致，而该种不一致是由于表意人的不知或误认造成的。本案中，原告的真实意思是购买建筑面积约180.32平方米，套内建筑面积160.90米的商品房，而事实上，被告能够交付给原告的房屋，设计上与原告所认知的房屋结构不一致。（3）造成较大损失。如果履行因重大误解而订立的合同，则会给当事人造成较大损失。因房屋结构问题，使原告可以利用的空间缩小，应当认定履行合同将给原告造成较大损失。综上，本案诉争的合同属于因重大误解订立的合同，应当予以撤销。

2. 购房人自身存在过错是否不能主张存在重大误解

被告抗辩称原告可以看房却没有看房，应当自行承担后果，不能确认为重大误解。从重大误解的定义来看。是行为人基于错误认识签订的合同。这种错误认识多数情况下是行为人自身的过失造成的，即因为不注意或者无知造成的。不能因为行为人的过失，而使其陷入必须履行因重大误解而订立合同，而产生较大损失的境地。否则，将违背合同法诚实信用、等价有偿的原则。因此，即便购房人自身存在过错，亦可以认定重大误解。

3. 合同撤销的后果

《合同法》第58条规定：“合同无效或者被撤销后，因该合同取得的财产，应当予以返还；不能返还或者没有必要返还的，应当折价补偿。有过错的一方应当赔偿对方因此所受到的损失，双方都有过错的，应当各自承担相应的责任。”合同撤销后，被告理应返还购房款。对于导致合同撤销的责任承担，应当综合分析双方的过错程度。被告明知涉诉房屋设计与普通房屋设计有所不同，在订立合同时没有对原告进行提示。双方签订合同时，房屋已经建造到五层，被告没有带领原告进行实地看房。因此，被告对合同的撤销应当承担主要责任。原告可以通过实际看房的方式发现房屋结构问题，但是没有要求看房，就签订了合同，亦应当承担一定的责任。

4. 注意此种情况与欺诈的区别

欺诈是指一方当事人故意告知对方虚假情况，或者故意隐瞒真实情况，诱使对方做出错误意思表示的行为。欺诈与重大误解的关键区别在于欺诈方有欺诈的故意。本案中，原告并没有主张被告有欺诈的情况，通过原告提交的证据也不能认定被告是故意隐瞒原告关于房屋结构的问题，故不构成欺诈。

4.2 买房人可否因卖房人隐瞒“凶宅”事实而请求撤销房屋买卖合同

——王某某诉缪某某房屋买卖合同纠纷案①

关 键 词：凶宅，物的瑕疵担保责任，欺诈，撤销合同

问题提出：卖房人隐瞒“凶宅”的事实，是否构成对买房人的欺诈？买房人可否据此请求人民法院撤销房屋买卖合同？卖房人隐瞒“凶宅”的事实，是否需要承担物的瑕疵担保责任？

裁判要旨：虽该“凶宅”在实物及权利形态上没有瑕疵，但民众普遍对于发生过此类事件的房屋存在忌讳心态，并因避讳心理而不购买此类房屋。被告在出售房屋时未将凶宅情况如实披露，对原告是否选择购买该房屋造成重大影响，且该事件对房屋的市场价值亦造成贬损。故被告隐瞒事实的行为，有违诚实信用原则，原告要求撤销房屋买卖合同的诉讼请求应予支持。

案情简介

原告：王某某

被告：缪某某

2014年7月15日，王某某（乙方）与缪某某（甲方）签订《上海市房地产买卖合同》，主要约定，乙方购买甲方503室房屋，房价为115万元；甲方于2014年10月31日前腾出房屋并通知乙方验收交接；甲乙双方确认于2014年9月15日之前办理转让过户手续。合同补充条款约定，乙方根据国家法律、法规、规章、政策等规定承担本交易中甲、乙双方所产生的税、费。当日，王某某（乙方）与缪某某（甲方）签订协议书，主要约定，乙方购买503室房屋的实际成交价为127.5万元，《上海市房地产买卖合同》的操作价

---

① 审理法院为上海市宝山区人民法院，案号：（2015）宝民三（民）初字第818号。

格为115万元；操作价格与实际成交价格差额12.5万元，乙方以装修补偿款的形式支付给甲方。合同签订后，王某某陆续支付了缪某某127.5万元，缪某某向王某某交付了503室房屋及房地产权利。

另查明，缪某某父亲缪某于2013年9月在503室房屋内机械性窒息死亡。

还查明，王某某向建行宝钢宝山支行公积金贷款40万元，第三人某置业担保公司在503室房屋上设定了抵押权。

各方观点

原告王某某观点：合同签订后，缪某某完成了交房和过户手续，王某某也付清了全部房款。2014年年底，邻居提醒王某某称，缪某某的父亲缪某曾在503室房屋内自杀死亡。王某某得知该情况后充满了恐惧，不敢再居住在该房屋内，遂要求退房，遭到缪某某拒绝。王某某认为，基于社会大众对于发生非正常死亡房屋的避讳心理，房屋交易价值会大打折扣。缪某某故意隐瞒了重大事实，违反了诚信原则。故王某某起诉要求撤销《上海市房地产买卖合同》及协议书，缪某某配合王某某将503室房屋房地产权利过户至缪某某名下，并返还房款127.5万元，还要求缪某某赔偿中介费19000元、公积金担保费3248元、房屋登记费120元、房地产交易手续费290元、个人所得税11500元，共计34158元。

被告缪某某观点：缪某某的父亲缪某因生意亏损，患有轻度抑郁，在503室房屋内自杀，503室房屋并非法律意义或民间意义上的“凶宅”。缪某某没有法定或约定义务告知该房屋内发生非正常死亡事件，王某某也未询问过缪某某上述情况，故缪某某没有告知不属于故意隐瞒。因该事件涉及缪某某父亲的隐私，且考虑到家属的感受，缪某某不可能向每个购房对象主动披露此事实。综上，王某某要求撤销合同及协议书的理由不成立，不同意王某某的诉讼请求。

法院观点

法院观点：缪某某在503室房屋内发生自杀事件后不久即将该房屋出售给了王某某，虽该房屋在实物及权利形态上没有瑕疵，但民众普遍对于发生过此类事件的房屋存在忌讳心态，并因避讳心理而不购买此类房屋。缪某某明知503室房屋内发生过自杀事件，在出售房屋时未将该情况如实披露，对王某某是否选择购买该房屋造成重大影响，且该事件对房屋的市场价值亦造成贬损。故缪某某隐瞒事实的行为，有违诚实信用原则，造成了王某某的利益受损，王某某要求撤销503室房屋的《上海市房地产买卖合同》及协议书，缪某某返还房款127.5万元，符合法律规定，法院予以准许。

合同补充条款约定，王某某根据国家法律、法规、规章、政策等规定承担本交易中缪某某、王某某双方所产生的税、费。现缴纳税、费的相关凭证均在王某某处，王某某主张上述费用均由其缴纳，法院予以采信。王某某缴纳的交易税、费，及佣金、担保费均系其损失，王某某要求缪某某赔偿上述损失共计34158元，法院予以准许。合同撤销后，王某某应当将503室房屋返还给缪某某，鉴于该房屋上设有建行宝钢宝山支行的抵押权，王某某应还清贷款，注销抵押后将该房屋及房地产权利返还给缪某某。

据此，判决如下：一、撤销原告王某某与被告缪某某就503室房屋签订的《上海市房地产买卖合同》及协议书；二、被告缪某某于本判决生效之日起十日内返还原告王某某房款127.5万元，并赔偿损失34158元；三、原告王某某于本判决生效之日起十日内，在还清第三人中国建设银行股份有限公司上海宝钢宝山支行借款的情况下，注销设定在503室房屋上的抵押权，并将该房屋及该房屋房地产权利返还给被告缪某某。

法官评析

1. “凶宅”是否构成物的瑕疵

据人们的一般认知，“凶宅”系指曾发生过凶杀、自杀、意外致死等非自然原因死亡事件的房屋或场所。就房屋市场的交易观念而言，如果一处房产内发生过非自然死亡事件，一般都会给购房者带来内心的恐惧，从而影响购房意愿。在交易上，由于受一般观念的影响，房屋的价值会大打折扣，甚至会出现无人问津的情况。

既然是否为“凶宅”，对于房屋交易价值影响如此之巨大，“凶宅”可否构成物的瑕疵，由出卖人承担物的瑕疵担保责任呢？这里，首先需要明确物的瑕疵的概念。按照学理上的一般认识，物的瑕疵是指出卖人所交付的标的物在品质上不符合合同约定或者法律规定的标准，抑或是不符合交易上的习惯，致使该标的物的用途和价值降低或丧失。在房屋买卖合同中，作为标的物的房屋如果发生过非自然死亡的情事，对于房屋用途上不会产生影响，但在成交价格上却是明显降低的。

我国《合同法》对于物的瑕疵没有做出类型化的区分，在分则中“买卖合同”一章，第153条、第155条的规定属于物的瑕疵担保的规定。第153条规定：“出卖人应当按照约定的质量要求交付标的物。出卖人提供有关标的物质量说明的，交付的标的物应当符合该说明的质量要求。”第155条规定：“出卖人交付的标的物不符合质量要求的，买受人可以依照本法第一百一十一条的规定要求承担违约责任。”我国《合同法》对物的瑕疵的概念上的关注点在于“质量”，而质量一词，据字面理解，是指事物、产品或工作的优劣程度和数量，并不关乎事物本身的价值。这一规定甚至可以称之为关于“物的质量瑕疵担保责任”的规定，而如此诠释物的瑕疵这一概念，显得过于狭隘了。

我国台湾地区“民法”即明确了物的瑕疵的类型，第354条规定，物的出卖人对于买受人应担保其物“无灭失或减少其价值之瑕疵，亦无灭失或减少其通常效用或契约预定效用之瑕疵”，“但减少之程度，无关紧要者，不得视为瑕疵”，“出卖人并应担保其物于危险移转时，具有其所保证之品质”。这一规定为物的瑕疵确立了三种类型：价值瑕疵、效用瑕疵、品质瑕疵。效用瑕疵和品质瑕疵不难理解，如同《合同法》规定的“质量瑕疵”，关注的是物的使用价值。价值瑕疵是指，对于标的物的交换价值，出卖人应当保证没有灭失或减少其价值的瑕疵，换句话说，对于可能使受让人降低交易价格的物的某些特殊情况属于价值瑕疵，出让人出售时应当向受让人说明这些情况，否则将承担瑕疵担保责任。例如，出售的食物腐化变质，即属于丧失价值的情形，而出售的食物仅仅是外包装出现破损，则存在的只是减少价值的情形，但这两种情形都属于存在物的价值瑕疵。当然，无论是食物变质还是食物包装破损，也都属于物的质量瑕疵。回到本案中，买卖合同的标的物如果是“凶宅”，无疑它的交易价值或曰市场价格会大为降低，成交的可能性也会降低，房屋中发生的“非正常死亡”的事实当然会构成物的价值瑕疵。但从房屋质量上而言，是否为“凶宅”并不影响其使用价值，就是说即便是“凶宅”，其效用上也未发生变化。与前面例子不同，“凶宅”只存在价值瑕疵，而无质量瑕疵。此外，物的价值瑕疵也不同于“隐蔽瑕疵”。隐蔽瑕疵是指通过通常的感官检验方法无法发现的瑕疵，需要借助于理化、生物等科技手段检验或对标的物长时间使用才能发现的瑕疵，仍然属于质量瑕疵的范畴。

很明显，在学理上物的瑕疵可以扩展到价值瑕疵层面，而从法律条文规定上看物的瑕疵被局限在质量瑕疵之内。但从法律适用角度，笔者认为，应当将物的瑕疵担保责任中的“物的瑕疵”作扩大解释，理由如下：一是符合诚实信用原则。卖房人隐瞒“凶宅”的有关情况，目的是及时将房屋售出并卖得好价钱，这显然有悖交易诚信。二是物的交易价值为合同缔约方所关注。对于买受人来说，关注的是购买的东西“是不是值这个价”，对于出让人来说，关注的是卖出的东西“价格上是不是合理”。既然双方都关注物的交易价值，出让人自然有保证所售之物在价值上不应有瑕疵的义务。三是若是物的瑕疵仅仅限定在质量瑕疵或者说使用价值上，那如果买受人所购之物是为了再行售卖，其利益又如何保障？在本案中，假设原告买房目的并非用于自住而是用于投资，在未知情的情况下买入“凶宅”，待出售时“凶宅”之事已被周知，岂不遭受重大损失，而这一损失又是由于前手隐瞒真相所致。瑕疵担保责任制度的价值就在于平衡买卖双方的利益，保证交易的公平性。一方面，当物存在瑕疵之时，授以买受人以救济渠道；另外，规定买受人提出物的瑕疵的异议期，促进已完成的交易的安定性。

瑕疵担保责任是一种无过错责任，其构成不以出卖人主观上有过错为条件，只要出卖人交付的标的物存在瑕疵，出卖人即应依法承担瑕疵担保责任。本案被告即使事先对房屋内发生的特殊事件并不知情，也应承担降低价款、赔偿损失、解除合同等法律责任。参照《最高人民法院关于审理买卖合同纠纷案件适用法律问题的解释》第33条的规定，如果本案原告在购买房屋时已经获知或应当获知房屋系所谓“凶宅”，主张被告承担瑕疵担保责任的，人民法院不予支持。

2. 出售“凶宅”是否构成欺诈

另有意见认为，可以通过认定卖房人故意隐瞒房屋有关真实情况构成欺诈，来保障购房人的合理利益。欺诈一经确认，本案原告可以通过撤销房屋买卖合同来维护自己的权益，被告所承担的是缔约过失责任。

一方当事人故意告知对方虚假情况，或者故意隐瞒真实情况，诱使对方当事人作出错误的意思表示的，可以认定为欺诈。通说认为，欺诈的构成须以欺诈人有欺诈之故意为前提。所谓的欺诈故意，可以理解为有使对方限于错误认识的故意和使对方因此作出错误意思表示的故意。本案中，买房人原告若想证明卖房人被告构成欺诈，需证明如下问题：其一，被告有故意隐瞒的行为，其目的是为了获取更为高额的价款；其二，由于被告的隐瞒行为，造成原告误认为房屋无瑕疵而买入。换言之，原告需要证明被告在缔约过程中存在过错，并且是违反法律以及诚实信用原则的过错，这种过错足以违反交易上要求的诚信。

对于买房人来说，其证明责任是否过于苛刻呢？按照一般的房屋买卖格式合同，显然并不包含“凶宅”条款，又怎么断定这种情况违反了“交易上要求的诚信”呢？本案的被告也抗辩，对房屋内发生“非正常死亡”事件并不知情，倘若在某些情况下果真如此，比如被告所有的“凶宅”也是通过二手房交易方式取得而并不了解其中实情，这种情况下并不构成欺诈，原告也就无法向其主张缔约责任。从对购房人权益保护的周全性而言，主张缔约过失责任显然不及主张物的瑕疵担保责任。缔约过失责任的赔偿范围为“由此产生的费用和给相对人造成的实际损失”，大多为信赖利益的损失。此外，原告如果通过证明对方欺诈来维权，则能否行使减价权也是个值得研究的问题。减价责任一般来说是一种违约责任，很难在主张缔约过失责任中行使。如果买房人仅仅是有减少价款的需求而不要求退房，此时主张欺诈成立则只能带来合同的撤销，而无法将减价作为救济手段。总之，对于维护合同的公平与追求诚信价值而言，此类案件的处理适用物的瑕疵担保责任制度显然比适用缔约过失责任制度更为妥当。

本案中，原告基于被告在签订房屋买卖合同过程中，故意隐瞒了交易房屋系“凶宅”的重大事实，违反了诚实信用原则，起诉要求撤销房屋买卖合同。依据《合同法》第 54 条规定，“下列合同，当事人一方有权请求人民法院或者仲裁机构变更或者撤销：（一）因重大误解订立的；（二）在订立合同时显失公平的。一方以欺诈、胁迫的手段或者乘人之危，使对方在违背真实意思的情况下订立的合同，受损害方有权请求人民法院或者仲裁机构变更或者撤销。”原告的请求权基础应当是，因被告故意隐瞒的欺诈行为而行使合同撤销权。从涉案房屋构成凶宅的原因来看，系被告之父在房屋内自杀行为所致，被告对此不存在不知情的可能，在被告明悉交易房屋为“凶宅”的情况下，被告对原告未予披露这一情况构成以欺诈的手段使对方在违背真实意思的情况下订立的合同之情形。该房屋买卖合同应予撤销，被告方应承担缔约过失责任，返还原告房款，并承担相应损失。

4.3 房屋交易价格明显低于市场价格能否认定为显失公平

——何某某、康某某、金某某诉施某、蒋某房屋买卖合同纠纷案[①]

关 键 词：价格过低，显失公平，撤销合同

问题提出：房屋交易价格明显低于市场价格能否认定为显失公平？

裁判要旨：一方当事人故意利用优势地位或利用对方没有经验等订立了房屋买卖合同，如果房屋交易价格达不到交易时交易地的指导价或者市场交易价百分之七十的，应认定为显失公平，合同应予以撤销。

案情简介

原告（被上诉人）：何某某、康某某、金某某

被告（上诉人）：施某

被告（被上诉人）：蒋某

2014年4月17日，康某某、案外人张某某与案外人斯某签订了房地产抵押借款合同，约定康某某与案外人张某某向斯某借款100万元，借款期限自2014年4月17日起至2014年10月16日止，以系争房屋作为抵押，双方议定抵押物价值为225万元。同日，何某某、康某某、金某某及张某某委托案外人董某代为办理系争房屋买卖过程中的相关事宜，委托权限包括：代为签订买卖合同；代为办理房地产转移登记手续、代为收取房价款、代为办理审税、核价、房地产评估和代为交房等，委托期限自2014年10月17日起至2015年10月16日止，受托人有转委托权。上述委托书经上海市东方公证处公证。2014年4月21日，抵押权人为斯某债权数额为100万元的抵押权经核准登记于系争房屋之上。2015年6月8日，案外人董某转委托蒋某，委托其

① 一审法院为上海市嘉定区人民法院，案号：(2016) 沪0114民初字第634号；二审法院为上海市第二中级人民法院，案号：(2016) 沪02民终字第7789号。

代为办理系争房屋买卖过程中的相关事宜，委托权限同上述委托书，委托期限自2015年6月8日起至2015年10月16日止，上述转委托书经上海市东方公证处公证。2015年7月30日，蒋某代何某某、康某某、金某某与施某签订了《补充协议》，约定将系争房屋出售给施某的合同价为150万元，并约定了过户时间、交房时间及违约责任。2015年8月5日，施某现金支付给蒋某购买系争房屋的定金5万元，并由蒋某出具了房款定金收据；2015年8月25日，施某转账支付给蒋某120万元，及现金支付给蒋某1850元，并由蒋某出具了房款收据。2015年9月9日，蒋某代何某某、康某某、金某某与施某签订了《上海市房地产买卖合同》，约定何某某、康某某、金某某将其所有的系争房屋出售给施某，房屋建筑面积122.05平方米，总价150万元，约定付款方式为：签约日支付定金5万元，过户日支付115万元，交房日支付30万元，约定交房时间为2015年10月7日前，过户时间为2015年9月30日前。同日，蒋某代何某某、康某某、金某某与施某申请办理系争房屋的过户手续。2015年9月23日，原登记在何某某、康某某、金某某名下的系争房屋经核准登记至施某名下。后施某要求何某某、康某某、金某某搬离系争房屋，并于2015年11月11日向康某某支付搬家安置费15000元，并由康某某出具了收据。当日，何某某、康某某、金某某搬离系争房屋。系争房屋的此次交易审税价为207.4万元。一审法院庭审中，蒋某提供了由斯某于2016年3月13日出具的蒋某支付120万元的情况说明，载明斯某于2015年8月26日在嘉定区房地产交易中心收到蒋某转账汇款108万元和现金2万元，并于2015年9月5日收到蒋某支付的现金10万元。施某为证明佣金损失，提供了蒋某代何某某、康某某、金某某与居间方上海锦天弘房地产经纪有限公司于2015年7月30日签订的《佣金确认书》，载明本次交易的居间费5万元，由何某某、康某某、金某某于房屋过户时支付，并提交了由施某于2015年9月9日代为向居间方支付的5万元佣金的收据。

各方观点

原告（被上诉人）何某某、康某某、金某某观点：斯某以设定抵押需要办理公证手续为名，要求原告办理公证书，于是原告至公证处按斯某的要求在委托书上签字。2015年10月20日，被告施某委托案外人到系争房屋通知原告，施某系该房屋的产权人，要求原告搬离系争房屋。原告去房产交易中心查询才知道系争房屋已经被交易过户。原告公证委托的受托人董某又转委托被告蒋某出售了系争房屋，2015 年 9 月 9 日，两被告签订了《上海市房地产买卖合同》，约定三原告将系争房屋以人民币（以下币种同）150 万元的价格转让给被告施某，合同签署当日，两被告立即申请办理了过户手续。上述合同及房地产登记申请书上的原告签名均为被告蒋某代签。两被告以明显不合理的低价进行交易，认为合同签订显失公平，起诉要求：1. 撤销蒋某代何某某、康某某、金某某与施某签订的《上海市房地产买卖合同》；2. 施某向何某某、康某某、金某某返还系争房屋，并将系争房屋恢复登记至何某某、康某某、金某某名下。

被告（上诉人）施某观点：不同意原告的诉请，与被告蒋某签订的合同是真实意思表示且不违反法律规定，是真实有效的。系争房屋的抵押价值人民币 225 万元与审税价值 207.4 万元并不是市场价，双方间 150 万元的成交价是该房屋的合理价格。实际成交价也没有低于审税价的 50%，不是过低价。其已支付了对价，履行了相应的合同义务，原告的请求没有事实和法律依据，请求法院予以驳回。如果判决撤销合同，则要求：1. 原告返还被告已付购房款 1251850 元；2. 原告返还搬家安置费 15000 元；3. 要求原告赔偿 5 万元佣金。

被告（被上诉人）蒋某观点：买卖合同是双方真实意思表示，其作为受托人的手续合法，150 万元的价格是在房屋存在瑕疵并经双方协商后的真实意思表示，故房屋买卖合同合法有效，请求驳回原告诉讼请求。其已经收到被告施某支付的房款共计 1251850 元，并将其中 120 万支付给了斯某，余款作为其代理费用。

法院观点

一审法院观点：双方签订的房屋买卖合同是否显失公平，是否符合撤销要件。法院认为，民事活动应当遵循自愿、公平、等价有偿和诚实信用的原则，在订立合同时显失公平的，当事人一方有权请求人民法院或仲裁机构变更或撤销。合同显失公平应具备如下条件，一是客观上合同造成当事人的利益不平衡；二是主观上一方当事人故意利用其优势或另一方当事人的草率、无经验等订立了合同。本案中，一方面，房屋买卖合同约定的150万元的交易价格明显低于同期该房屋的市场交易价格，亦低于抵押借款合同中约定的抵押物价值225万元，甚至也远低于审税价207.4万元，形成了价值和价款过于悬殊的客观状况。另一方面，考虑到施某并未提交证据证明其已实地看房，其在尚未签订买卖合同时即支付了大部分房款，未与产权人即何某某、康某某、金某某沟通即与何某某、康某某、金某某代理人完成了签订房屋买卖合同、付款、审税、过户等全部手续，在签约当日即申请办理过户手续等一系列违反交易习惯的行为，以及施某明知审税价格远高于交易价格等因素，可以认定施某利用了何某某、康某某、金某某因欠款而抵押系争房屋并与代理人签订出售房屋委托书的劣势，在何某某、康某某、金某某未参与的情况下，与代理人磋商了价格并完成了本次交易。其对于转让价款明显低于市场价格在主观上应是明知的。基于以上理由，双方签订的房屋买卖合同存在显失公平的情形，故何某某、康某某、金某某主张撤销房屋买卖合同，符合显失公平的主、客观要件，合法有据，法院予以支持。根据法律规定，合同被撤销后，因该合同取得的财产，应当予以返还；不能返还或没有必要返还的，应当折价补偿。有过错的一方应当赔偿对方因此所受到的损失，双方都有过错的，应当各自承担相应的责任。因此，何某某、康某某、金某某要求施某返还系争房屋并将系争房屋恢复登记至何某某、康某某、金某某名下的请求，合法有据，法院予以支持。同时，何某某、康某某、金某某亦应当返还施某已付购房款1251850元及搬家安置费15000元。因蒋某经何某某、康某某、金某某合法授权收取房款，故施某向蒋某支付的房款可视为已支付至何某某、康某某、金某某，故何某某、康某某、金某某主张未收到任何款项，应当由蒋某返还的意见，法院不予支持。至于蒋某未将房款实际给付何某某、康某某、金某某，何某某、康某某、金某某可另行向其主张。至于施某要求何某某、康某某、金某某赔偿的5万元佣金损失，根据上海市关于房屋买卖中介经纪服务收费规定，该佣金明显过高，且考虑到双方过错情况，法院酌情确定何某某、康某某、金某某赔偿施某佣金损失1.5万元。一审法院判决如下：一、撤销何某某、康某某、金某某与施某于2015年9月9日签订的《上海市房地产买卖合同》；二、施某应于判决生效之日起十日内将上述房屋返还何某某、康某某、金某某，并将上述房屋恢复登记至何某某、康某某、金某某名下；三、何某某、康某某、金某某应于判决生效之日起十日内返还施某购房款1251850元；四、何某某、康某某、金某某应于判决生效之日起十日内返还施某搬家安置费15000元；五、何某某、康某某、金某某应于判决生效之日起十日内赔偿施某佣金损失15000元。二审法院维持了上述判决结果。

法官评析

《合同法》第54条第1款规定："下列合同，当事人一方有权请求人民法院或者仲裁机构变更或者撤销：（一）因重大误解订立的；（二）在订立合同时显失公平的。"《最高人民法院关于贯彻执行〈中华人民共和国民法通则〉若干问题的意见（试行）》第72条对显失公平的认定解释为："一方当事人利用优势或者利用对方没有经验，致使双方的权利与义务明显违反公平、等价有偿原则的，可以认定为显失公平。"显失公平的构成要件是：(1) 须为有偿行为。(2) 须于行为成立时内容明显违反公平原则。(3) 该不公平的结果是表意人无经验或者相对人利用优势地位所致，表意人是独立进行意思表示，而不是受他人不正当干涉的结果。(4) 无错误情事。[①] 具体到本案中，涉及的房屋买卖合同是否属于显失公平的认定，应当确认以下两点主客观条件：

1. 客观条件：房屋价格明显低于市场价格

公平原则是民法的基本原则，要求当事人之间的权利义务平衡。在房屋买卖合同交易中，应当遵循公平原则和等价有偿原则。关于明显低于市场价格的标准，可以参照《最高人民法院关于适用〈华人民共和国合同法〉若干问题的解释（二）》第59条第1款、第2款的规定："对于合同法第七十四条规定的'明显不合理的低价'，人民法院应当以交易当地一般经营者的判断，并参考交易当时交易地的物价部门指导价或者市场交易价，结合其他相关因素综合考虑予以确认。转让价格达不到交易时交易地的指导价或者市场交易价百分之七十的，一般可以视为明显不合理的低价；对转让价格高于当地指导价或者市场交易价百分之三十的，一般可以视为明显不合理的高价。"本案中，抵押物价值为225万元，可以认定为当地的市场价格，而交易价格为150万元，没有达到抵押物价值的70%，可以认定为交易价格明显低于房屋市场

① 魏振瀛主编：《民法》，北京大学出版社、高等教育出版社2013年版，第167页。

交易价格。

2. 主观条件：不公平的结果是基于买受人故意利用优势地位或出卖人无经验而造成的

如果交易价格明显低于市场价格是在出卖人充分了解的情况下，在平等协商基础上做出的自愿决定，没有形成错误的认识，意思表示真实，则应当认定房屋买卖合同有效。而本案中，应当确定为显失公平。首先，买卖合同系出卖人委托他人签订，房屋价格出卖人并不知晓，买受人利用了出卖人不知情的劣势。其次，出卖人在欠款并将房产抵押的情况下，出于急于出售房产的考虑轻率做出售房屋决定。最后，买受人在明知房屋价格明显低于市场价格的情况下，没有尽到善良告知义务，而是利用其优势地位，在没有实地看房且尚未签订买卖合同的情况下，即支付了大部分房款。在未与产权人沟通的情况下就办理了签约手续，并于同日过户。这些情况都表明其对利用优势地位主观上是明知的。

综上，本案中的情况符合显失公平的主客观要件，应当认定为显失公平，对合同予以撤销。

4.4 约定解除权未在合理期限内行使的，可否再行主张

*——唐某、赖某诉谢某房屋买卖合同纠纷案*①

关 键 词：房屋买卖合同，约定解除权，法定期限，权利消灭

问题提出：当事人在房屋买卖合同中约定了解约条款，但未约定解除权行使期限。解除权人取得合同解除权后，行使解除权是否须有期限限制？解除权人未及时行使解除权，该权利是否消灭？

裁判要旨：合同解除权应当及时行使。合同生效后，出现了符合合同解除的情形，但房屋出卖人与买受人均未行使合同解除权，因此，合同应当继续履行。

---

① 审理法院为江西省广昌县人民法院，案号：（2014）广民初字第1628号。

案情简介

原告（反诉被告）：唐某、赖某

被告（反诉原告）：谢某

2013年1月7日，出卖人唐某、赖某与买受人谢某签订了房屋买卖协议，约定如下：出卖人将位于广昌县莲花大道中段小桥处北侧爱莲小区6号楼住房一套及本号房楼下车库（住房建筑面积约139平方米、车库建筑面积约20平方米）出卖给谢某。双方约定住房价格为每平方米2580元，车库价格为每平方米3800元，合计总金额为434620元，最后结算以实际测量房屋面积多还少补。办理房产证、土地证的工本费用、测量费、契税由买受人承担。协议签订后，买受人一次性交付出卖人100000元作为购房定金，在房屋验收合格交付给买受人使用时，买受人支付184620元，房屋交付后两个月内再支付100000元。最后，只留办理房产证和土地证押金50000元，待两证办好交付买受人时，买受人必须付清全部房价及相应费用。出卖人须在2013年5月30日前将该房屋验收合格后交付买受人使用，并在房屋验收合格后两年内，将产权证交付给买受人。买受人未按约定时间付款，出卖人有权按应付房款银行贷款利息的3倍收取买受人滞纳金；出卖人未按约定时间将房屋交付买受人使用或未按约定时间将相关证件交付买受人，买受人有权终止协议，出卖人须退回买受人所付款项并以所付款项银行贷款利息的3倍赔偿买受人的损失。

协议签订后，买受人谢某按约定预付了购房款100000元。2013年5月30日交付时间到期后，出卖人唐某、赖某并没有交付房屋给买受人，买受人谢某也未再付购房尾款。2013年12月18日，出卖人为买受人谢某办理了土地证。2013年12月27日，出卖人为买受人谢某办理了房产证。之后，合同双方当事人因房屋交付及付款问题产生矛盾，经协商未果，唐某、赖某诉至法院，请求判令谢某给付唐某、赖某购房款334620元及违约金，诉讼费由谢某承担。

各方观点

唐某、赖某观点：2013年1月7日，出卖人唐某、赖某与买受人谢某签订了房屋买卖协议，约定唐某、赖某将位于莲花大道中断小桥处北侧爱莲小区6号楼住房一套及本号房楼下车库出卖给谢某。双方确认交易价格为住房每平方米2580元，车库每平方米3800元，合计总金额为434620元。最后结算以实际测量房屋面积多还少补。双方约定，谢某一次性交付给唐某、赖某100000元作为购房定金，在房屋验收合格交付谢某使用时，谢某支付184620元，房屋交付后两个月内再支付100000元，最后只留办理房产证和土地证押金50000元。嗣后，唐某、赖某按合同约定为谢某办理了房产证、土地证，全面履行和合同义务。谢某除签订合同时支付了100000元定金外，未按约定给付购房尾款，唐某、赖某多次催促，谢某置之不理。

谢某观点：唐某、赖某与谢某签订的房屋买卖协议中约定出卖人未按约定时间将房屋交付买受人使用或未按约定时间将相关证件交付买受人，买受人有权终止协议。出卖人唐某、谢某未及时交付房屋，应向买受人谢某支付违约金，否则不同意继续支付购房款。

法院观点

法院观点：唐某、赖某与谢某签订的房屋买卖协议是双方真实意思表示，双方对协议的真实性在庭上均不持异议，双方签订的合同应当认定为有效。在合同生效后，出现了符合合同解除的情形，但房屋出卖人与买受人均未行使合同解除权，因此，合同应当继续履行。但是，双方在签订和履行合同过程中均存在过错，且过错程度相当，违约责任可以互相抵销，双方要求对方承担违约金的诉讼请求，法院均不予支持。因此，法院判决原告（反诉被告）唐某、赖某与被告（反诉原告）谢某签订的房屋买卖协议有效，应当继续履行。被告（反诉原告）谢某在判决生效之日起十五日内支付原告（反诉被告）唐某、赖某购房款334620元。驳回原告（反诉被告）唐某、赖某的其他诉讼请求。驳回被告（反诉原告）谢某的诉讼请求。

法官评析

所谓合同解除权，是指合同订立后尚未履行或者尚未完全履行之前，当事人可以依单方意思表示解除合同的权利。它的行使，产生合同解除的法律效果，故属于形成权。《合同法》第93条、第94条分别规定了约定解除和法定解除。约定解除是当事人以合同形式为一方或双方保留解除权的解除。其中，保留解除权的合意，被称为解约条款。本案出卖人唐某、赖某与买受人谢某在合同中约定“出卖人未按约定时间将房屋交付买受人使用或未按约定时间将相关证件交付买受人，买受人有权终止协议”，即属于解约条款。

1. 约定解除与附解除条件的区别

在合同解除的相关概念中，附解除条件是最容易与约定解除相混淆的概念。附解除条件，是指已经发生法律效力的合同，在约定的解除条件成就时失去效力。二者区别在于：在约定解除的情况下，当约定的解除事由产生时，享有解除权的当事人若行使解除权，则产生合同解除的法律效果；享有解除权的当事人若不行使解除权，则合同继续有效。而在附解除条件的情况下，在当事人约定的解除条件成就时，合同当然失去效力，即使当事人仍希望合同继续有效，也是枉然。上述区分，是有其实践意义的。本案中，当事人约定“出卖人未按期交房或交付房产证，买受人有权解除合同”，即约定解除。出卖人唐某、赖某出现逾期交付房屋的违约行为后，合同并不当然解除，买受人谢某需行使解除权，方能产生合同解除的法律后果。假设双方当事人约定“出卖人未按期交付房屋超出30日的，合同自动解除”，就应当认定为附解除条件，即只要“逾期交付房屋超出30日”的条件成就，合同就当然解除，无须买受人行使解除权。

2. 约定解除权的须在合理期限内行使

《合同法》第96条第1款规定了解除权的行使方式：“主张解除合同的，应当通知对方。合同自通知到达对方时解除。”解除权对权利人来讲是一种利益，这种利益是否被解除权人舍弃，应当遵其意愿。比如，在房屋买卖合同纠纷中，出卖人因房屋价格上涨而拒绝继续履行合同，买受人因此取得解除权后，其可以选择解除合同，要求出卖人承担违约赔偿责任，也可以选择放弃解除权，主张出卖人继续履行合同。但我们应当看到，因一方当事人享有约定解除权时，其是否行使，会产生合同解除或继续履行两种截然相反的法律效果，如果享有解除权的一方不及时行使，合同效力将处于极不稳定的状态，另一方当事人必然无所适从。故此，法律有必要对约定解除权的行使期限做出限制。根据《合同法》第95条及其他法律规定，解除权的行使应受如下限制：

（1）解除权须在约定期限内行使。如果双方当事人在合同中约定了解除权的行使期限，解除权人未在约定期限内行使，解除权消灭。

（2）解除权须在法定期限内行使。当事人仅约定了解约事由，并未明确约定解除权行使期限，但法律对解除权行使期限作出规定的，解除权人应在法定期限内行使。例如，《保险法》第16条规定，订立保险合同，保险人就保险标的或者被保险人的有关情况提出询问的，投保人应当如实告知。投保人故意或者因重大过失未履行前款规定的如实告知义务，足以影响保险人决定是否同意承保或者提高保险费率的，保险人有权解除合同。前款规定的合同解除权，自保险人知道有解除事由之日起，超过30日不行使而消灭。

（3）法律没有规定或者当事人没有约定解除权行使期限，经对方催告后，应在合理期限内行使。值得注意的是，在审判实践中，该“合理期限”，应当结合合同目的、履行情况等情节综合加以判定。

（4）对方当事人没有催告的，亦应自知道解除事由后在一定期限内行使。《合同法》第95条没有考虑到该种情形，留下了立法上的遗憾，但实践中这种对方当事人不进行催告的情况又是普遍存在的。合同约定的解除事由，最常见的是对方当事人存在违约行为，而一旦出现违约行为后，违约方出于对自己利益的考虑，很少主动催告对方行使解除权。在此情况下，如果对解除权的行使期限不加限制，放任合同长期处于悬而未决的不稳定状态，是不符合合同法立法目的的。《最高人民法院关于审理商品房买卖合同纠纷案件适用法律若干问题的解释》第15条第2款规定，对方当事人没有催告的，解除权应当在解除权发生之日起一年内行使；逾期不行使的，解除权消灭，为填补《合同法》的立法空白树立了一个良好范例。

（5）解除权人自愿放弃解除权的，不得再行主张。解除事由出现后，解除权人声明放弃解除权，愿意继续履行合同，或者已做出继续履行行为的，应视为其对权利的自行处分，嗣后不得违反诚信原则，再行主张解除权。

本案中，出卖人唐某、赖某逾期交付房屋的违约行为发生后，买受人谢某取得合同解除权。双方当事人在合同中未约定解除权的行使期限，法律法规对房屋买卖合同的解除权行使期限亦未作出明确规定，这就排除了《合同法》第95条第1款的适用。此外，解约事由出现后，出卖人唐某、赖某并未向买受人谢某发出是否行使解除权的催告，故此也排除《合同法》第95条第2款的适用。同时，《最高人民法院关于审理商品房买卖合同纠纷案件适用法律若干问题的解释》第15条第2款的规定虽然填补了《合同法》的立法空白，但该司法解释的适用范围仅限于房地产开发企业向社会公开销售房屋形成的商品房买卖合同关系，如果类推适用到其他合同场合，也存在法律适用的风险。由此可见，法院在审理本案时，面临着法律适用方面的难题。但法院在审理中，查实出卖人唐某、赖某逾期交付房产后，买受人谢某仅以不再按约支付购房款为由抗辩，而未明确主张解除合同，此后出卖人唐某、赖某为买受人谢某办理房产证、土地证时，又得到了买受人谢某的配合等合同履行情节，从而从买受人谢某在取得解除权后又存在继续履约行为入手，得出买受人以自己的行为表示放弃合同解除权的结论，从维护交易秩序的原则出发，最终认定合同应当继续履行。法院判决思路清晰，深刻理解《合同法》的立法目的，并在审判实践中做到了灵活运用，是值得赞赏的。

4.5 房屋产权转移登记完成后，出卖人是否有权解除合同

——杜某大诉杜某房屋买卖合同纠纷案[①]

关 键 词：合同履行，不动产登记，合同解除权

问题提出：当事人签订房屋买卖合同后，出卖人已经依照合同约定协助买受人办理房屋产权转移登记。买受人拖欠房款，出卖人是否可以主张解除合同？

裁判要旨：买卖双方在房屋行政主管部门签订《房产买卖协议书》，约定房屋买卖价款不纳入二手房交易资金监管，而由双方自行交割。虽然双方已经办结房屋产权转移登记，但买受人未依约定支付房款的，出卖人有权解除合同。

案情简介

原告（被上诉人）：杜某大

被告（上诉人）：杜某

上诉人杜某系被上诉人杜某大之子，坐落在天津市河东区中山门和睦北

---

① 一审法院为天津市河东区人民法院，案号：（2013）东民初字第2590号；二审法院为天津市第二中级人民法院，案号：（2014）二中民四终字第740号。

里××号房屋原登记于杜某大名下之私产住房。2010年1月26日，杜某大与杜某签订《天津市房产买卖协议》，杜某大为出卖人（甲方），杜某为买受人（乙方），房屋坐落在天津市河东区中山门和睦北里××号，所有人杜某大。房产价款为440000元，（大写）肆拾肆万元整，乙方付款形式、付款时间为：过户当日一次付清。双方签字按押。同日，双方签署确认书载明：出卖人（甲方）杜某大，买受人（乙方）杜某，房屋坐落天津市河东区中山门和睦北里××号，甲乙双方经协商，上述房屋买卖交易房款不纳入二手房交易资金监管，由双方自行交割，并负相应责任。双方签字按押。2010年2月22日，杜某取得涉案房屋的房地产权证。杜某大未搬离涉案房屋。另查，房屋约定买卖交易房款未纳入二手房交易资金监管，杜某在合同签订后未给付杜某大房款。

各方观点

被上诉人（原审原告）杜某大观点：杜某大与杜某系父子关系。被上诉人杜某大年龄比较大，杜某采取欺骗的手段与杜某大签订房产买卖协议，杜某没有支付房款。请求判令：1. 确认杜某大、杜某签订的《房产买卖协议书》无效；2. 确认杜某大对涉案房屋享有所有权，并过户到原告名下；3. 诉讼费用由杜某承担。

上诉人（原审被告）杜某观点：1. 原审法院无视被上诉人杜某大要求确认涉案房屋买卖合同无效的诉讼请求，越权作出了解除涉案买卖合同的判决，严重违法，且被上诉人解除合同的权利已过除斥期间和诉讼时效；2. 原审法院认定“合同目的不能实现”错误，双方已经履行完毕，上诉人已经支付全部房款，被上诉人将涉案房屋过户给上诉人的过程已经天津市河东区房管局把关确认且完全符合交易流程，交款事实已清楚地经被上诉人书面确认，双方合同目的均已实现；3. 假设上诉人没有直接书面证据证明给付被上诉人购房款，综观本案全部事实，可明显得出结论，双方是以签订买卖合同的形式实现赠与的真正本质，原审法院未审查本案的前因后果、涉案房屋的形成过程和过户前的权属状态、上诉人母亲遗言、上诉人妹妹的放弃继承等，武断适用法律，导致一审无法看清案件本质，最终导致适用法律错误。请求驳回杜某大各项诉讼请求。

法院观点

一审法院观点：原、被告签订的房屋买卖合同，原告自述涉案房屋买卖合同上的签字系其亲笔签字，并曾亲自到房管部门办理手续，系双方真实意思表示，符合法律规定，原审法院予以确认，原告所述由于受被告欺骗，当时对于办理的是所有权变更手续并不知情一节，未向法庭提供相关证据，无法采信。合同签订后，根据《合同法》的规定，当事人一方迟延履行债务或者有其他违约行为致使不能实现合同目的，当事人可以解除合同。被告取得了涉案房屋的产权证，但被告未按合同约定履行支付房款的义务，且原告名下只有此一套住房，因被告未支付购房款，原告出卖涉案房屋，不能实现合同目的，原告要求解除合同的诉讼请求，应予支持。综上，法院判决：一、解除原、被告于2010年1月26日签订的《天津市房产买卖协议》；二、本判决生效后三十日内，被告杜某将坐落天津市河东区中山门和睦北里××号房屋过户至原告杜某大名下；被告杜某到房屋管理登记部门协助配合原告杜某大办理房屋的过户手续，所需费用由原告杜某负担。

二审法院观点：上诉人杜某与被上诉人杜某大签订的《天津市房产买卖协议》，系双方当事人真实的意思表示，合法有效。被上诉人主张受上诉人欺骗签订的房产买卖协议，对此被上诉人没有提交相应证据予以证明，被上诉人要求确认双方签订的房产买卖协议无效，没有事实和法律依据，原审法院对被上诉人该项诉请应予以驳回。双方于签订房产买卖协议之日还签署了确认书，涉案房屋买卖交易房款不纳入二手房交易资金监管，由双方自行交割。被上诉人因上诉人未依约定给付房款，不同意再将涉案房屋卖与上诉人，是当事人依法享有的民事权利。虽然双方为父子关系，但在买卖关系中，也应遵守等价有偿原则，鉴于被上诉人并未将涉案房屋赠与上诉人，被上诉人应依合同支付对价。上诉人应对其支付被上诉人房款的主张负有举证责任，上诉人所举证据不能证明其支付了被上诉人购房款，故上诉人主张已支付被上诉人购房款，不予采信。被上诉人以上诉人采用欺骗手段买房为由主张合同无效，虽经发回向其释明是否变更诉讼请求，但也源于一审释明不够十分明确，加之被上诉人一方对于法律规定并无深入了解，从而没有及时正确行使合同解除权，属情有可原，在上诉人不能证明支付房款的情况下，被上诉人无法实现买卖合同之目的，要求恢复原产权人的权益是基于一个普通公民的基本意愿。被上诉人现已82岁，应居有定所，亦确需有人照顾，而且从保护老年人合法权益出发，在不能实现合同目的的情况下，本着公平原则，原审判令上诉人将涉案房屋过户至被上诉人名下，合乎国情和一般公理，原审法院所作判决并无不当。上诉人的上诉请求，依据不足，法院不予支持。

法官评析

合同解除，是指在合同成立以后，当解除的条件具备时，因当事人一方或双方的意思表示，使合同关系自始或仅向将来消灭的行为，也是一种法律制度。我国《合同法》第93条至第97条对合同解除方式、解除条件、解除程序以及解除效力作出了具体规定。

1. 合同解除须以成立生效的合同为标的

合同解除大多以有效成立的合同为标的。特定情况下，已经成立但未生效的合同，也可以作为解除的对象。以有效成立的合同为标的，是合同解除区别于合同无效、合同撤销、要约或承诺的撤回等制度的要点。合同纠纷案件中，认定合同是否成立生效，是法院正确适用法律解决合同纠纷的先决条件。本案被上诉人杜某大在一审时主张房屋买卖合同无效，但因不具备确认合同无效的法律要件，法院未予支持。认定房屋买卖合同成立有效，为适用合同解除的相关法律规定奠定基础。

2. 特定合同，原则上不能解除

有些合同原则上不得解除，有些合同在特定情况下或特定阶段不得被解除。比如，《合同法》第403条规定，外贸代理人履行信息披露义务，第三人行使选择权、委托人行使介入权的合同，一经生效便发生法律效力，不得解除；《保险法》规定，保险合同成立后，保险人不得解除保险合同；《机动车交通事故责任强制保险条例》规定，保险公司不得解除强制保险合同，但投保人对重要事项未履行告知义务的除外。需要说明，原则上不得解除的合同类型，需要法律明确规定，法院在案件审理中不得随意扩大适用范围。本案系房屋买卖合同纠纷，法律未规定该合同不得解除或在特定阶段不得解除。

3. 履行完毕的合同是否可以解除

《合同法》第91条将“债务已按约定履行”和合同解除、债务相互抵销等情形并列作为合同终止的事由。由此可见，我国《合同法》规定的合同解除制度，重在提前终止有效的合同，至于提前终止的原因，则在所不问。合同在履行完毕后，就不存在合同能否解除的问题了。值得一提的是，《合同法》第186条规定，赠与人在赠与财产权利转移前可以撤销赠与；第192条、第193条规定，在受赠人严重侵害赠与人等情形下可以撤销赠与，并且有权要求返还赠与财产。崔建远教授主张，上述法律规定的"撤销"，就是合同解除。如果此说成立，也就意味着合同履行完毕后仍可以解除。对此，笔者认为，赠与合同的撤销制度与合同解除制度不能等同而论。合同撤销产生的法律后果，是使得合同全部失效，恢复到合同未成立前的状态；而合同解除所产生的法律后果，则是《合同法》第97条规定的"合同解除后，尚未履行的，终止履行；已经履行的，根据履行情况和合同性质，当事人可以要求恢复原状、采取其他补救措施，并有权要求赔偿损失"。

4. 本案房屋买卖合同是否履行完毕

按照多数人的思维定式，房屋所有权转移登记一旦完成，就意味着房屋买卖合同履行完毕。这种观念的形成，是与我国房屋买卖及产权转移登记制度直接相关的。在我国，不动产登记由相关行政主管部门负责，而且不动产登记是一项具体行政行为，行政主管部门在办理不动产登记时需要对买卖合同的真实性、合法性进行必要审查，有些地方政府还要求对购房款的交付进行监管。故此有些人理解，不动产登记一旦完成，就是不可逆的，除非该具体行政行为违法被撤销或变更。这种观点过分强调了不动产权利变动的独立性，忽视了不动产登记与变动原因的内在关联。笔者认为，任何不动产权利变动都是其原因行为产生的结果，当原因行为失去效力时，作为结果的不动产登记行为随之失去合法性。故此，房屋买卖合同履行是否完毕，还需要从买卖合同本身属性出发进行认定，而不应拘泥于房屋产权转移登记是否完成。

买卖合同是典型的双务合同。《合同法》第130条规定，买卖合同是出卖人转移标的物的所有权于买受人，买受人支付价款的合同。本案房屋买卖合同，出卖人杜某大负有向买受人杜某交付房屋、协助办理产权转移登记手续的义务，买受人杜某负有向出卖人杜某大支付购房款的义务。只有双方当事人均履行了合同义务，合同才算履行完毕。本案中，虽然杜某大和杜某办理了房屋产权转移登记手续，但杜某大并未履行交房义务，杜某也未履行支付购房款的义务，合同尚未履行完毕。当事人在符合法律规定或合同约定的情形下，仍有权解除合同。

5. 本案房屋出卖人是否有权解除合同

出卖人杜某大行使合同解除权，经审理可以认定的事实如下：(1) 房屋买卖合同成立生效；(2) 合同尚未履行完毕；(3) 买受人未履行合同主要债务。在此事实基础上，法院需要对出卖人杜某大是否享有解除权以及具体法律依据进行分析厘定。《合同法》第94条规定："有下列情形之一的，当事人可以解除合同：(一) 因不可抗力致使不能实现合同目的；(二) 在履行期限届满之前，当事人一方明确表示或者以自己的行为表明不履行主要债务；(三) 当事人一方迟延履行主要债务，经催告后在合理期限内仍未履行；(四) 当事人一方迟延履行债务或者有其他违约行为致使不能实现合同目的；(五) 法律规定的其他情形。"其中第2项至第4项规定了合同的违约解除。第2项系拒绝履行合同的情形，第3项、第4项系迟延履行的情形；第3项和第4项又有所区分，第3项着眼于违反合同债务的种类，仅指向"迟延履行主要债务"，不包括非主要债务，而第4项则着眼于迟延履行行为产生的后果的严重性，强调"合同目的落空"，既包括不履行主要债务，也包括不履行非主要债务。不难得出结论：第2项至第4项规定事由均有其特定的适用条件，并非所有违约行为都产生合同解除权。

本案中，买受人杜某至今未支付购房款，构成违约。该违约情形符合《合同法》第94条规定的哪项具体事由，可以按照下述逻辑分析：(1) 合同双方约定房屋价款自行交割，但未明确约定履行期限，故此可以排除《合同法》第94条第2项"在合同履行期限届满前拒绝履行主要债务"的适用。(2) 房屋买受人杜某的诉讼行为明确表明其不同意支付购房款项，而非其迟延履行，故此可以排除第3项"经催告仍不履行主要债务"的适用。(3) 出卖人出售房屋的直接目的是获得购房款（间接目的或真实动机在此不做进一步讨论，但有讨论必要），其办理完毕房屋产权转移登记手续后，长期未取得购房款项，可以认定合同目的无法实现。故此，法院依据《合同法》第94条第4项规定，判决解除房屋买卖合同，符合法律规定。

4.6 房屋交付前遭遇特大火灾，当事人是否可以主张因不可抗力解除合同

——吴某某诉李某房屋买卖合同纠纷案①

关 键 词： 不可抗力，合同解除，风险负担转移，履行利益

问题提出： 当事人签订房屋买卖合同后，在房屋交付前遭遇特大火灾，当事人是否可以主张因不可抗力而免除违约责任？出卖人因房屋遭受火灾获得的额外利益，应如何分配？

裁判要旨： 当事人一方迟延履行债务或者有其他违约行为致使不能实现合同目的的，另一方当事人可以解除合同。

案情简介

原告：吴某某

被告：李某

原、被告于2015年8月11日经居间方天津某房地产经纪有限公司居间服务签订了房屋买卖合同，约定由原告购买被告所有的天津开发区×室房屋，房屋建筑面积85.57平方米，价格为126万元，过户费用和相关税费由乙方（原告）承担；甲乙双方（原被告）均需向丙方（居间方中介公司）交纳房屋信息服务费12600元；关于交付款约定待甲方（被告）房本下来办理房管局面签，乙方于2015年8月11号支付甲方2万定金，于腾房之日在（应为再）支付18万元整，乙方办理按揭贷款；关于腾房约定甲方于9月12日前腾空房屋，并将该房屋钥匙交于乙方；关于违约责任约定如甲方未能履行本合同之条款以致本合同不能顺利完成，则甲方须返还双倍定金于乙方。同时，还约定如甲、乙任何一方拒绝履行合同，均由违约方向向对方支付房屋实际成交价格10%的违约金。实际损失超过违约金总额的，责任方应据实赔偿。当日，原告向被告交付了定金2万元，同时向居间方天津某房地产经纪有限公司交付了评估费（贷款服务费）1600元。

合同签订后次日，发生了8·12天津港火灾重大爆炸事故。此后，相关

① 审理法院为天津市滨海新区人民法院，案号：（2015）滨功民初字第3431号。

部门对爆炸区域一定范围内的房屋处理出台了相关政策，包括由相关部门按照市场价格的1.3倍予以回购；或是业主保留房屋，相关部门给予市场价格16%的修复补偿。该方案出台后，原、被告于2015年9月2日签订了补充协议，约定涉诉房屋的购房款由126万元变更为123万元，其余政府补助归被告所有。当日，被告将房屋钥匙交付原告。原告则再次向被告支付款项5万元，被告向原告出具了收据，载明：汇锦苑2605房屋定金5万元。对此，被告称签字系其本人签字，但收款内容中的“定金”为中介公司工作人员填写，其认为该5万元不属于定金。2015年9月21日，原告通过银行转账付款10万元，银行凭证上载明：购房款，被告未出具收据。庭审中，原告主张合同约定的定金为17万元，即所有的付款均为定金，被告只认可2万元为定金。

期间，原告向案外人定制了家具，支付款项10670元。同时，在收到钥匙后，对诉争房屋的电卡进行了300元的充值。

2015年10月初，被告在未通知原告的情况下与相关部门签订了房屋回购协议，将涉诉房屋回购。涉诉房屋在2015年9月25日左右的市场评估价格为每平方米14235元，按1.3倍回购计算，被告取得房款1583515元。原告知道该事实时，被告已办完回购手续。后相关部门将回购款向被告支付。此后原告起诉至法院。请求判令：1. 解除原被告双方签订的房屋买卖合同；2. 被告双倍返还定金340000元；3. 被告赔偿经济损失481400元，中介服务费1600元，定制家具费用10670元，电卡充值300元，共计493970元；4. 诉讼费、保全费由被告承担。

原告在起诉前向法院申请了诉前财产保全，要求冻结李某银行存款60万元，法院依法作出了（2015）滨功诉保字第43号裁定，原告为此支付了保全费5000元。

各方观点

原告吴某某观点：原被告双方于2015年8月11日通过居间方天津某房地产经纪有限公司介绍签订房屋买卖合同，约定由原告购买被告所有的位于天津经济技术开发区第五大街以南、时尚西街以东××房屋，价款为1260000元，定金为20万元，被告应于2015年9月12日将该房屋腾空交付原告。2015年8月12日，天津港特大火灾爆炸事故发生后，诉争房屋受损。爆炸发生后，相关部门出台了关于受损房屋的处理方案，包括由相关部门回购或给予补偿。此后，原被告签订了补充协议，约定房屋价款由 126 万元降至 123 万元，各项政府修缮补助归被告所有。因房价降低 3 万，定金相应降低 3 万元，即原告向被告交付定金 17 万元。协议签订后，原告依约向被告交付定金 17 万元。而后，原告发现被告在未通知原告的情况下于 2015 年 9 月 30 日就上述房屋签订了房屋回购协议，将房屋按市场价格的 1.3 倍交由相关部门回购。被告的行为显然属于违约行为，造成双方合同目的无法实现，系根本违约，应承担相应违约责任。根据合同约定，被告应双倍返还原告定金 340000 元。同时，爆炸发生后，周边房价上涨，根据滨海新区官方微博发布的信息，开发区房屋市场价格为每平方米 20565 元。此外，原告在购买该房屋后，便进行了电卡充值、定制家具等入住工作。其中，为诉争房屋电卡充电 300 元，定购家具花费 10670 元，因家具为定制，故无法退货或是自己使用。在房屋买卖过程中，原告还花费了贷款评估费用 1600 元。被告违约行为给原告造成重大经济损失，双倍返还定金不足以弥补原告损失，故被告还应赔偿原告其他各项经济损失。

被告李某观点：违约是迫于家庭原因。买卖合同约定的定金为 2 万元，而不是原告所称的 20 万元或 17 万元，认可双倍返还原告定金 4 万元。同时，原告主张房价上涨造成其损失，没有事实依据，房价并没有变化。此外，天津港爆炸事故对于合同履行而言属于不可抗力，被告无须赔偿原告其他损失。

法院观点

法院观点：依法成立的合同，对当事人双方具有法律约束力。当事人应当按照约定全面履行自己的义务。当事人迟延履行债务或者有其他违约行为致使不能实现合同目的的，当事人可以解除合同。本案中，原、被告签订的合同系当事人真实意思表示，不违反法律、行政法规的规定，合法有效。被告在合同履行过程中将涉诉房屋向相关部门回购，已构成根本违约，原告有权解除合同。原告选择以诉讼方式与被告解除合同，并不违反法律规定，法院依法确认双方的买卖合同解除，解除时间为法院向被告送达起诉状副本的时间即 2015 年 11 月 11 日。

关于被告违约责任的承担，当事人既约定定金，又约定违约金的，一方违约时，对方可以选择适用违约金或者定金条款。本案中，原告选择适用定金罚则，符合法律规定。关于本案定金数额的认定，原被告在合同中明确约定的定金数额为2万元，对于“在（应为再）支付18万元”的约定，尽管从文义表达来看，似有定金约定之意，但定金的约定应具体明确，在合同无明确约定的情况下，不宜作扩大解释。故双方合同所约定的定金数额应认定为2万元。关于原告9月2日再次付款的5万元，收据中明确载明为定金，尽管被告称内容并非其所写，但被告签字，应视为其认可。该5万元应认定为定金，同时，应视为双方在履行中变更了定金数额。关于原告9月21日的付款10万元，双方未以书面形式明确约定为定金，故该款项不属于定金。综上，本案所涉及的定金数额应认定为7万元。根据定金罚则的规定，收取定金一方违约时，应双倍返还定金。故被告应双倍返还原告定金140000元。同时，原告于9月12日的付款10万元，虽不适用双倍返还规则，但仍属于原告诉请范围，被告应予返还。

关于原告主张的经济损失，原告主张的电费300元及评估费1600元，均属确定发生，属于损失范围，应予认定。关于家具费10670元，并不完全属于损失范围，法院酌情予以考虑。原告将其全部作为损失主张，缺乏事实依据。关于房价上涨的损失，原告在10月初便知道被告已将房屋回购，故原告主张房价上涨损失所依据的时点应当在合同无法履行后的合理期间内。庭审中，原告提供了《滨海发布》2015年10月19日的微博截图、房屋销售情况网页截图等证据，对此，法院认为，以上证据，无论从证据形式，还是从内容的真实性、关联性，均难以成立，法院不予采信。从本案事实来看，原、被告合同约定的房屋单价为每平方米14725元，回购时的市场评估价格为每平方米14235元，从两个时点来看，房价并无涨幅。但客观来讲，房价此后确实存在一定涨幅。被告拒不履行合同，且在违约后未将原告已付款及时返还，客观上导致了原告再次购房的房价损失。

综合考虑原告的上述经济损失，结合被告的过错程度、被告因违约的获利情况，法院酌定被告除双倍返还定金14万元外，再赔偿原告各项经济损失8万元。

对于原告认为被告回购价格高于合同交易价格的差额约32万元属于其履行利益的主张，法院认为，回购价格中超出市场评估价的30%并非与房屋简单对应，而是综合性赔偿概念，故原告把该差额当作履行利益主张，缺乏事实依据，不能成立。

法官评析

所谓不可抗力，在我国《合同法》第117条中规定为“不能预见、不能避免和不能克服的客观情况”。不可抗力主要包括自然灾害、政府行为、社会异常事件等情形。本案中涉及的2015年8月12日天津港特大爆炸事件，是典型的不可抗力。

1. 不可抗力与合同解除

《合同法》第94条第1项规定，因不可抗力而无法实现合同目的的，当事人可以解除合同。第96条规定，行使合同解除权，应当通知对方。合同自通知到达对方时解除。由此可见，合同履行中，并非只要出现不可抗力情形，就必然导致合同解除。只有因不可抗力而无法实现合同目的时，当事人才能取得合同解除权。

本案中，涉案房屋遭遇天津港8·12特大爆炸火灾后，房屋虽有毁损，但并未灭失，房屋价值虽有所下降，但并未完全丧失。在此情况下，房屋买卖合同是可以继续履行的，双方订立合同的目的仍能实现，当事人要求解除合同，于法无据，但对于不可抗力造成的房屋价值贬损问题，可以遵循公平合理的原则，对价款予以相应变更。本案中原、被告在8·12特大爆炸火灾发生后，商定原房屋买卖合同继续履行，同时将房屋价款由126万元降至123万元，各项政府修缮补助归被告所有，达成了补充协议，该补充协议合法有效。

2. 不可抗力与风险负担转移

《合同法》第142条规定：“标的物毁损、灭失的风险，在标的物交付之前由出卖人承担，交付之后由买受人承担，但法律另有规定或者当事人另有约定的除外。”第143条规定：“因买受人的原因致使标的物不能按照约定的期限交付的，买受人应当自违反约定之日起承担标的物毁损、灭失的风险。”《最高人民法院关于审理商品房买卖合同案件适用法律若干问题的解释》第11条第2款规定：“房屋毁损、灭失的风险，在交付使用前由出卖人承担，交付使用后由买受人承担；买受人接到出卖人的书面交房通知，无正当理由拒绝接收的，房屋毁损、灭失的风险自书面交房通知确定的交付使用之日起由买受人承担，但法律另有规定或者当事人另有约定的除外。”

在不可抗力原因导致买卖合同标的物毁损、灭失的情况下，有必要界定风险后果的承担主体。通过上述规定可以看出，通常情况下，对标的物的风险转移的界点是交付，而非所有权转移，尤其是买卖标的为不动产时，做如上区分更有意义。本案中，因涉诉房屋尚未交付及遭遇特大爆炸火灾，故此该房屋毁损、灭失的风险应由出卖人李某承担。事实上，爆炸火灾发生后，原、被告补充协商将房屋价款下调3万元，并约定政府给予的房屋修缮补偿归出卖人李某所有，就是上述风险负担转移规则的自然演化结果。

3. 不可抗力与合同责任免除

《合同法》第117条第1款规定：“因不可抗力不能履行合同的，根据不可抗力的影响，部分或者全部免除责任，但法律另有规定的除外。当事人迟延履行后发生不可抗力的，不能免除责任。”《合同法》第118条规定：“当事人一方因不可抗力不能履行合同的，应当及时通知对方，以减轻可能给对方造成的损失，并应当在合理期限内提供证明。”

由上述规定可以看出，第一，在不可抗力并不影响合同继续履行时，只发生风险负担、合同变更等问题；只有在不可抗力导致合同不能履行时，才存在合同责任免除问题。第二，《合同法》第117条规定的“因不可抗力不能履行合同”，既包括全部履行不能，也包括部分履行不能，并发生相应的责任免除情形：如导致合同全部履行不能，并排除除不可抗力的其他原因，则合同责任全部免除；如仅导致合同部分履行不能，且不能排除其他导致合同部分履行不能的因素，则合同责任应视不可抗力对合同履行不能的影响力大小而相应免除责任。第三，不可抗力发生后，不能履行合同的一方负有减损义务，如未尽减损义务，应当赔偿对方损失。

本案中，天津港8·12特大爆炸火灾发生后，涉案房屋虽遭受破坏，但并不影响房屋买卖合同继续履行。爆炸发生后，相关政府部门对爆炸区域一定范围内的房屋处理出台了相关政策，包括由相关部门按照市场价格的1.3倍予以回购；或是业主保留房屋，相关部门给予市场价格16%的修复补偿。在此情况下，原、被告通过协商达成补充协议，进一步明确了双方继续履行合同的意愿。但此后，出卖人李某又与政府相关部门签订收购协议，由相关部分按照市场价格的1.3倍回购了涉案房屋，最终导致出卖人不能履行与买受人吴某某订立的房屋买卖合同，构成根本违约。由此可见，不可抗力对本案房屋买卖合同不能履行，并没有决定性的影响，本案合同不能履行，系出卖人与政府相关部门签订回购协议所致。出卖人李某以不可抗力为由主张免除违约责任，没有法律依据，不应得到法院支持。

4. 因不可抗力所得利益的归属

《合同法》第142条规定："标的物毁损、灭失的风险，在标的物交付之前由出卖人承担，交付之后由买受人承担……"同时应当看到，标的物毁损、灭失后可能会基于《侵权责任法》《保险法》等法律规定或者其他原因产生受偿利益，该受偿利益应归属标的物风险负担者。本案中，涉案房屋遭遇特大爆炸火灾后，政府相关部门出台政策，或业主保留房屋获得16%的修缮费用，或业主向相关部门让渡房屋获得1.3倍的房屋价款。因爆炸火灾事件发生于出卖人李某向买受人吴某某交付房屋之前，故此该修缮费用或1.3倍房屋回购款，应归出卖人李某所有。

5. 履行利益的认定

《合同法》第113条第1款规定："当事人一方不履行合同义务或者履行合同义务不符合约定，给对方造成损失的，损失赔偿额应当相当于因违约所造成的损失，包括合同履行后可以获得的利益，但不得超过违反合同一方订立合同时预见到或者应当预见到的因违反合同可能造成的损失。"本案中，原、被告签订房屋买卖合同后，涉案房屋的市场价格出现较大幅度的上涨，是不争的事实。因原告支付的定金较少，故其仅主张双倍返还定金，并不能完全弥补其遭受的损失。在此情况下，原告有权依据《合同法》第113条的规定，主张合同履行后可以获得的利益，即俗称的涨跌差价损失。但本案中，第一，原、被告签订房屋买卖合同第二天发生了爆炸火灾事件，该事件超出了当事人在订立合同时的预见范围；第二，按照前述分析，在涉案房屋交付前，房屋毁损带来的收益应归出卖人所有，但出卖人获得收益后，仍需依法承担违约责任；第三，政府以市场价格的1.3倍回购房屋，并非因为短期内市场涨幅可以达到30%，该回购价格与预期上涨价格并非简单对应，而是政府部门为了妥善解决8·12天津港爆炸火灾事件、重新塑造政府形象而提出了综合性补偿方案，其中包含了对涉案房屋所有人的安抚等因素。据此，原告把该差额当作履行利益主张，缺乏事实依据，不能成立。对于原告主张的履行利益，法院结合被告的过错程度、被告因违约的获利情况，酌定被告除双倍返还定金 14 万元外，再赔偿原告各项经济损失 8 万元。

4.7 买受人发现学区房的学位已被占用是否有权解除合同

——彭某某诉鲁某某房屋买卖合同纠纷案①

关 键 词：学区房，不能实现合同目的，解除合同，违约金调整

问题提出：买受人发现学区房的学位已被占用是否有权解除合同？

裁判要旨：买卖双方在合同中明确约定房屋有学位的情况下，如果发现学位已被占用，即使出卖人并非有意隐瞒，亦应当认定为合同目的不能实现，买受人有权解除合同，要求出卖人赔偿损失。

案情简介

原告：彭某某

被告：鲁某某

第三人：天津某房地产经纪有限公司

2016 年 2 月 17 日，原告与被告在第三人居间下，签订房屋买卖合同。合同约定：房屋成交价 217 万，原告给付被告定金 50000 元，被告如逾期交付涉案房屋，每逾期一日，向原告支付 1% 作为违约金，逾期 15 日原告有权要求支付成交价 10% 作为违约金。合同还特别约定：“被告承诺涉案房屋名下无孩子于 2015 年在实验小学入学”。2016 年 4 月 15 日，原告发现该房屋 2015 年有天津市实验小学上学的记录，经核实，在被告继承该房屋之前，案外人李某因与之前的房主系亲属关系，占用了该房屋学位。根据有关政策，该地址六年内不能再享有同校对口入学机会。

各方观点

原告彭某某观点：原告已依约筹足房款，但被告拖延办理过户手续，经查涉案房屋的学籍已经被占用，根据相关政策，原告无法再利用涉案房屋解

---

① 审理法院为天津市和平区人民法院，案号：（2016）津 0101 民初字第 2876 号。

决子女学籍问题，原告购买房屋的目的无法实现，被告行为构成根本违约。要求解除合同，并依据合同约定要求被告承担房屋成交价 10% 即 217000 元作为违约金。

被告鲁某某观点：不同意原告全部诉讼请求。1. 2015 年 12 月被告通过继承方式取得，对于涉案房屋在 2015 年有孩子在天津市实验小学入学占用学籍一事并不知晓。被告同意继续履行合同。2. 双方合同是以房屋交易为目的，学籍仅是附属于该房屋的一种属性，现房屋不存在纠纷，合同目的可以实现。3. 原告主张违约金过高，217000 元缺乏实际损失的计算依据，请求法院予以调整。

第三人天津某房地产经纪有限公司观点：原告委托第三人购买能上天津市实验小学的房屋，经第三人介绍，原告与被告签约，因打款前需要户口迁出、核实学籍，2016 年 4 月 15 日前，第三人和被告在天津市和平区教育局小学教育科核实学籍占用问题，得知该房屋的学籍在 2015 年已经被使用。当事人及时告知了原告，原告要求解除合同。

法院观点

法院观点：根据法律规定，当事人一方因第三人的原因造成违约的，应当向对方承担违约责任。当事人一方和第三人之间的纠纷，依照法律规定或者按照约定解决。原、被告特别约定涉案房屋名下无孩子于 2015 年在实验小学入学的记录，目的在于购买房屋后实现其子女在实验小学入学，现因案外人李某原因导致涉案房屋学籍被占用，被告作为房屋实际权利人，不能以其不知情为由拒绝承担违约责任。被告主张其未违约的抗辩法院不予采信。

根据法律规定，当事人既约定违约金，又约定定金的，一方违约时，对方可以选择适用违约金或者定金条款。现原告选择返还定金 50000 元并要求被告承担违约责任并无不当，法院予以支持。根据法律规定，当事人一方不履行合同义务或者履行合同义务不符合约定的，应当承担继续履行、采取补救措施或者赔偿损失等违约责任。考虑原告交纳定金数额、被告违约期限、房屋交易价格波动及过错等情况，法院酌定被告给付原告 50000 元作为应承担的违约责任。判决如下：一、解除原告与被告签订的房屋置换合同；二、被告返还原告定金 50000 元；三、被告支付原告违约损失 50000 元；四、驳回原告的其他诉讼请求。

法官评析

1. 合同目的的认定

我国《合同法》第94条规定:“有下列情形之一的,当事人可以解除合同:……(四)当事人一方迟延履行债务或者有其他违约行为致使不能实现合同目的。……”本案中,原告解除合同的理由为被告根本违约导致合同目的无法实现。而被告的主要抗辩理由为,房屋买卖合同的目的是买卖房屋,而不是子女上学,被告同意履行主要合同义务,不能因学位不能实现而解除合同。合同是否应当解除,关键在于被告是否构成根本违约,即是否因房屋学位问题而使原告合同目的落空。在房屋买卖合同纠纷中,认定子女上学是否属于合同主要目的,应当结合合同约定、房屋情况、房屋的价格等予以判定。本案中,该房屋所在小区属于市重点小学学区,房屋价格明显高于同等情况的非学区房,最为重要的是,合同中明确约定了关于学位的要求。因此,应当认定子女上学是该房屋买卖合同的主要目的。如果出卖人故意隐瞒学位已被占用的事实签订房屋买卖合同,则属于使买受人陷入错误认识,意思表示不真实的情况,应认定为欺诈,可撤销合同。而本案中,被告否认已经知晓学区被占用,原告亦无证据证实被告存在欺诈的事实。应当依据《合同法》第94条第4项的规定,判决双方解除合同。

2. 对学位已被占用并不知情是否应当承担违约责任

《合同法》第97条规定:“合同解除后,尚未履行的,终止履行;已经履行的,根据履行情况和合同性质,当事人可以要求恢复原状、采取其他补救措施,并有权要求赔偿损失。”本案被告拒绝进行赔偿的理由是其对学位占用问题并不知情,不存在过错。笔者认为,在签订合同之时,双方对学位问题进行了明确约定。被告应当在确定自己可以履行的前提下才能够做出承诺。而被告并没有对房屋学位问题进行核实,导致签约后才发现无法学位已被占用的情况。被告对合同的解除有过错,应当承担赔偿责任。

3. 违约金是否应当调整

《最高人民法院关于适用〈中华人民共和国合同法〉若干问题的解释(二)》第29条规定:“当事人主张约定的违约金过高请求予以适当减少的,人民法院应当以实际损失为基础,兼顾合同的履行情况、当事人的过错程度以及预期利益等综合因素，根据公平原则和诚实信用原则予以衡量，并作出裁决。当事人约定的违约金超过造成损失的百分之三十的，一般可以认定为合同法第一百一十四条第二款规定的‘过分高于造成的损失’。”本案中，双方在合同中约定的违约金为房屋总价款的10%，被告提出违约金过高的应予以调整的抗辩理由。庭审中原告并未提交其实际损失的证据，属于可以适当调整违约金的情形。因此，法院根据原告交纳定金数额、被告违约期限、房屋交易价格波动及过错等情况，酌定被告给付原告50000元违约金。

4.8 因违反限购规定而解除合同后的责任如何认定

——熊某诉某置业公司商品房销售合同纠纷案[①]

关 键 词：限购对象，解除合同，责任承担

问题提出：购房人和开发商均明知购房人为限购对象仍签订合同，合同解除后的责任应如何认定？

裁判要旨：商品房销售合同因违反限购政策而无法履行，不存在可得利益，购房人不能因此而要求开发商赔偿其可得利益损失。购房人明知自己为限购对象，对合同不能履行存在过错，不应当按照《最高人民法院关于审理商品房买卖合同纠纷案件适用法律若干问题的解释》第18条规定，参照中国人民银行规定的金融机构计收逾期贷款利息的标准计算购房款的利息，而应当根据案件具体情况酌定利息赔偿金额。

案情简介

原告（上诉人）：熊某

被告（被上诉人）：某置业公司

2011年6月25日，熊某与某置业公司签订南昌市商品房买卖合同两份，

① 一审法院为江西省南昌市中级人民法院，案号：（2013）洪民一初字第39号；二审法院为江西省高级人民法院，案号：（2014）赣民一终字第121号。

并将两栋房产的购房款4330305元转入某置业公司的账上，某置业公司收到上述款项后向熊某出具了两张收款收据，一张收据的时间是2011年6月25日，一张收据的时间是2011年11月20日。双方签订的商品房买卖合同还对相关事项进行了约定。

2011年2月20日，《南昌市贯彻落实〈国务院办公厅关于进一步做好房地产市场调控工作有关问题的通知〉的意见》（洪府厅发〔2011〕17号）第5条规定，实施住房限购政策，交易时间的认定，以在本市房地产信息系统网签时间为准。对违反规定购房的，不予办理房产登记手续。熊某、某置业公司双方在签订商品房买卖合同时，已明知熊某在某置业公司购买本案所涉房产时属于限购对象，但还是于2011年6月25日签订了商品房买卖合同。合同签订后，因熊某属于限购对象，对于本案所涉的房产无法办理房产登记。2012年9月17日，熊某提起民事诉讼起诉某置业公司，请求：1. 判令解除熊某、某置业公司签订的商品房买卖合同；2. 判令某置业公司退还熊某已付购房款人民币4330305元；3. 判令某置业公司支付熊某购房款逾期利息人民币暂计517948元（自2011年6月25日至实际还款日止，暂计2012年9月11日止），按同期银行贷款利率增加百分之五十计为每日万分之二点七计算；4. 判令某置业公司承担违约赔偿金人民币866061元。

案件诉讼期间，某置业公司于2014年6月17日已将购房款4330305元退还给了熊某。

各方观点

上诉人（原审原告）熊某观点：1. 熊某已提交了某置业公司营销主管邓某、殷某萍的名片、光盘及录音资料翻译等证据，证明某置业公司虚假向符合限购对象的熊某承诺可以不受限购政策的限制，可办理好诉争房屋的登记手续的事实，为此，熊某信以为真，才一次性购买两套别墅。某置业公司的行为构成欺诈。2. 原审判决认定事实证据不足。原审法院认定熊某存在过错是依据某置业公司提供的3份证据，证明在《商品房买卖合同说明》第9条中某置业公司已明确告知买受人“凡违反商品房买卖有关规定的，市房管局不予办理产权登记”。但合同已载明的事项并不等于明确告知，事实上，某置业公司的房产交易人员不但没有告知熊某属于限购对象，没法办理房产登记手续，而且为了获取非法利益，促成交易，作出虚假承诺，致使熊某陷入错误认识而签订了房屋买卖合同。熊某在本案中不存在过错。某置业公司应该承担违约责任，赔偿熊某因不能办理房产登记造成的可得利益损失。根据相关证据，同样的房子在同等地段现售价为每平方米21000—21800元，熊某要求某置业公司承担可得利益损失有理有据。3. 根据《最高人民法院关于审理商品房买卖合同纠纷案件适用法律若干问题的解释》第18条第1款第1项及第2款的规定，某置业公司应承担违约责任，对于熊某支付的购房款4330305元的利息，应参照中国人民银行规定的金融机构计收逾期贷款利率的标准计算。

被上诉人（原审被告）某置业公司观点：1. 熊某以获取不正当利益为目的实施购房行为，自身具有过错。在国家限购政策实施后，熊某明知自己属于限购对象，不具备购房资格，仍主动赶赴某置业公司的售楼处与代理销售人员洽谈房屋买卖，并要求签订商品房买卖合同。该事实表明熊某自始即怀有不正当的动机，以谋取不正当利益为目的，主观上为恶意，具有过错，应承担相应的责任。2. 某置业公司在涉案合同签订过程中不存在欺诈情形。某置业公司已尽到了提示和告知的义务。熊某实施签约行为系因获取不正当利益的主观愿望所致，而不是因欺诈陷入错误。3. 熊某主张某置业公司按照同期银行贷款利率支付购房款逾期利息没有法律依据。熊某主张按照《最高人民法院关于审理商品房买卖合同纠纷案件适用法律若干问题的解释》第18条的规定，要求按照同期银行贷款利率支付购房款逾期利息，系对该条的错误理解。4. 熊某主张可得利益损失没有事实和法律依据。逾期可得利益必须具有期待性和现实性，该损失是当事人在签订合同时能够预见到的，且并非臆想的，是具有一定现实性的。但熊某在合同签订之前就属于限购对象，合同的签订并不能改变熊某限购的身份，这种利益自始不具备实现的条件。换言之，熊某无论签订商品房买卖合同与否都无法获得诉争房产所带来的利益，所以熊某主张的利益是自始不能实现的利益，要求某置业公司赔偿的损失是根本不会发生的损失，其主张完全没有事实和法律依据。

法院观点

一审法院观点：熊某与某置业公司签订南昌市商品房买卖合同的目的是为了取得所购房屋的所有权，本案房屋买卖合同签订后，由于相应住房限购政策的实施，当事人无法办理房屋所有权变更登记，所签订合同的目的不能实现，因此，对于熊某请求法院判令解除商品房买卖合同以及请求判令某置业公司退还熊某已付购房款人民币4330305元的诉讼主张，予以支持。本案中，熊某、某置业公司双方在签订商品房买卖合同时，都明知熊某属于限购对象，双方当事人对于签订的合同目的不能实现导致合同撤销都有过错，某置业公司在知道熊某所购本案所涉的两套房产无法办理房产登记手续时，并没有及时将熊某支付的购房款计人民币4330305元退还给熊某，因此，对于熊某提出请求判令某置业公司支付购房款计人民币4330305元逾期利息的主张，结合熊某所支付购房款计人民币4330305元在某置业公司账上的期间以及双方对于合同撤销的过错，对于熊某所支付购房款计人民币4330305元的利息按两年期定期存款利率计算为妥。至于熊某提出请求判令某置业公司承担熊某可得利益损失计人民币4776894元的主张于法无据，不予支持。据此，判决：一、熊某与某置业公司于2011年6月25日签订的两份商品房买卖合同予以解除；二、某置业公司在本判决生效后十日内返还熊某支付的购房款计人民币4330305元；三、某置业公司在本判决生效后十日内支付熊某购房款计人民币4330305元的利息（自2011年6月25日起按两年期定期存款利率计算至返还款项之日止）；四、驳回熊某的其他诉讼请求。

二审法院观点：本案二审争议焦点为：1. 熊某对本案商品房买卖合同的解除是否有过错？2. 某置业公司是否应赔偿熊某可得利益损失4776894元？3. 原审判决按两年定期存款利率计算4330305元购房款的利息是否适当？

关于熊某对本案商品房买卖合同的解除是否有过错的问题。本案商品房买卖合同系因南昌市住房限购政策实施，熊某属于限购对象，其所购房屋无法办理所有权登记手续而解除。对于自己属于限购对象，所购房屋无法办理所有权登记手续，熊某自合同订立时就明知，故熊某对商品房买卖合同不能履行存在过错。虽然熊某称某置业公司销售人员曾承诺可以办理所有权登记手续，但未提供证据证明。退一步说，即使如熊某所称某置业公司销售人员曾承诺可以办理所有权登记手续，但因该承诺违反国家限购政策，事实上难以实现，熊某订立合同时应清楚知道这一点，其轻信某置业公司的承诺，超出了一个理性购房者的心理预期。故某置业公司未兑现承诺，并不构成对熊某的欺诈。原审判决认定熊某与某置业公司对商品房买卖合同的解除均有过错有事实依据，熊某上诉称其对合同解除无过错，理由不能成立，法院不予支持。

关于某置业公司是否应赔偿熊某可得利益损失 4776894 元的问题。可得利益损失是指一方未全面履行合同等违约行为导致守约方所丧失的财产性损失，即在合同履行前并不为当事人所拥有的，而为当事人所期望在合同全面履行以后可以实现和取得的财产权利。根据《合同法》第 113 条第 1 款的规定，赔偿可得利益损失的条件为：一是一方当事人违约；二是可得利益应是合同订立时能够合理预见的。经查，本案商品房买卖合同系因南昌市住房限购政策实施，熊某属于限购对象，而致所购房屋无法办理所有权登记手续而解除，并非某置业公司不履行合同义务所致。且熊某、某置业公司对合同解除的后果是预知的，故熊某要求某置业公司赔偿可得利益损失不符合《合同法》第 97 条、第 113 条第 1 款的规定。原审判决对熊某诉请某置业公司赔偿可得利益损失 4776894 元不予支持并无不当，应予维持。

关于原审判决按两年定期存款利率计算 4330305 元购房款的利息是否适当的问题。熊某上诉主张应按《最高人民法院关于审理商品房买卖合同纠纷案件适用法律若干问题的解释》第 18 条第 1 款第 1 项、第 2 款的规定，参照中国人民银行规定的金融机构计收逾期贷款利息的标准计算 4330305 元购房款的利息。而从上述规定的内容看，参照中国人民银行规定的金融机构计收逾期贷款利息的标准计算购房款利息的条件是由于出卖人的原因导致买受人在合同约定的期限内未能取得房屋权属证书。如上所述，熊某未能在合同约定的期限内取得房屋权属证书并非某置业公司单方面违约所致。故该司法解释的规定并不适用于本案。原审法院基于合同解除并非某置业公司违约所致，熊某、某置业公司对合同解除都有过错，行使自由裁量权酌定某置业公司按两年期定期存款利率计付 4330305 元购房款占用期间的利息，符合本案实际，也未显失公平。故熊某该上诉主张不能成立，法院不予支持。判决：驳回上诉，维持原判。

法官评析

1. 合同效力的认定

本案与其他受限购政策影响而无法履行的合同之区别在于，本案双方当事人是在限购政策出台之后签订的合同，而并不是合同签订后，出台了限购政策才导致依法签订的合同无法履行的情况。那么，处理此类案件应首先分析双方签订该合同的效力问题。本案的合同是否属于签订时就违反法律法规规定，或者属于因双方恶意串通损害国家、集体、第三人利益而导致合同无效的情况，应当予以分析认定。首先，应确定限购政策的性质。住房限购政策属于政府为调控房地产市场而发布的具体措施类的文件，不属于法律法规，因此，双方签订的房屋买卖合同不能因违反限购政策而认定合同无效。其次，能否认定为双方恶意串通，损害国家、集体或者第三人利益。此种情况是指双方通谋损害国家、集体或者第三人的利益。而本案的情况，双方签订合同的目的是房屋买卖，而并非损害国家、集体或者第三人利益。因此，不应当属于无效的情形。综上，本案双方签订的合同是真实意思表示，不违反法律、行政法规的效力性禁止性规定，应确认为有效。但是双方当事人订立的合同不符合限购政策，无法办理房屋过户登记，属于合同目的无法实现的情况，应当解除合同。

2. 购房人与开发商责任的认定

如双方当事人签订合同后，政府出台限购政策，则应当认定为不可归责于当事人双方的事由，合同予以解除，开发商返还购房定金或者购房款，一般情况下不会适用定金罚则或者赔偿违约损失。如因解除合同而导致双方利益失衡，损失方要求对方补偿其所受合理损失的，可以酌情支持。而本案中，双方当事人均明知购房人为限购对象，双方对于合同不能履行的后果均存在过错，均应承担一定的责任。合同目的没有实现，开发商应承担退还房款的责任。因双方签订合同之时该份合同已经违反当时的限购政策，自始就无法履行，不存在可得利益损失，因此，原告要求赔偿可得利益损失的请求不应支持。被告明知原告为限购对象，仍收取了全额房款，应当赔偿原告一定的利息损失。而利息损失的赔偿标准，因为双方都存在过错，就不能按照开发商单方违约的标准予以认定，应当根据案件的情况酌定，因此，法院按照定期存款的利率计算较为妥当。

第五章　房屋买卖合同的违约责任

5.1 商品房买卖合同约定的优惠差价在合同解除后是否属于期待利益损失

——花某诉泰州市某房地产公司商品房买卖合同纠纷案①

关 键 词： 商品房，格式合同，优惠差价，期待利益损失

问题提出： 商品房买卖合同约定的优惠差价在合同解除时是否作为购房人的损失予以赔偿？

裁判要旨： 商品房买卖合同中双方当事人约定了买受人享受优惠价款的条件以及优惠差价，买受人按合同约定支付了优惠后的全部价款，因出卖人逾期交房导致买卖合同被解除，买受人主张房屋买卖合同中约定的优惠差价为己方的期待利益损失要求出卖人赔偿的，应予以支持。

案情简介

原告（被上诉人）：花某

被告（上诉人）：泰州市某房地产公司

2011年11月13日，花某与泰州市某房地产公司签订《商品房买卖合同》一份，约定：花某预购泰州市某房地产公司开发的位于泰州姜堰区住宅房一套，建筑面积约309.52平方米（含地下面积140.46平方米），商品房总价为人民币3450000元整，花某应于2011年11月13日给付购房款1900000元，2011年11月28日前付清余款1550000元；若花某逾期付款在60日以内，则花某自合同规定的应付款期限届满之次日起至实际全额支付应付款之日止，

---

① 此案例来源于《人民司法》2014年第14期。一审法院为江苏省泰州市姜堰区人民法院，案号：(2013)泰姜张民初字第0444号；二审法院为江苏省泰州市中级人民法院，案号：(2014)泰中四终字第0096号。

按日向泰州市某房地产公司支付逾期应付款万分之五的违约金；花某所购房屋已优惠443978元，如花某不按时付款，则泰州市某房地产公司可以取消此优惠，在交房时结算；泰州市某房地产公司应当在2012年12月31日前，向花某交付房屋；如逾期交房不超过180日，则泰州市某房地产公司按逾期日向花某支付已交付房款万分之一的违约金；如逾期交房超过180日，则花某有权解除合同，泰州市某房地产公司应当自花某解除合同通知到达之日起30日内退还全部已付款，并按花某已付款的0.1%支付违约金。《商品房买卖合同》还对其他相关内容进行了约定。合同签订后，花某于2011年11月13日以刷卡转账的方式支付购房款1900000元，同月30日以汇款和给付现金的方式支付购房款1550000元。由于泰州市某房地产公司未按期交房，花某于2013年7月15日向泰州市某房地产公司发出函件，通知泰州市某房地产公司解除《商品房买卖合同》，并要求泰州市某房地产公司承担违约责任、赔偿损失。次日，泰州市某房地产公司复函花某，同意退房和给付违约金3450元，同时通知花某于2013年8月13日前携办理购房款及违约金合计3453450元的退费手续。花某对泰州市某房地产公司违约及损失赔偿问题提出异议。因泰州市某房地产公司未退还购房款，且双方协商未果，花某遂提起诉讼。

各方观点

原告（被上诉人）花某观点：原告于2013年7月15日向泰州市某房地产公司发出函件，通知泰州市某房地产公司解除买卖合同，并要求泰州市某房地产公司承担违约责任并赔偿损失。次日，泰州市某房地产公司复函，同意退房并给付违约金3450元。原告花某遂诉至泰州市姜堰区人民法院，请求法院判令被告：1. 立即返还购房款345万元。2. 赔偿购房款利息损失998900元、可得利益损失443978元。其中：利息损失，自2011年12月1日起至2013年9月1日止，按照江苏姜堰农村商业银行股份有限公司（以下简称江苏农商行）逾期贷款利率1.3788%计算利率；可得利益损失，按买卖合同第七条第（二）项约定的优惠差价443978元计算。

被告（上诉人）泰州市某房地产公司观点：双方签订买卖合同、原告预缴购房款345万元、我公司违约交付且不能继续交付预售房屋均属实，同意解除买卖合同并同意退还345万元；但对原告的利息及可期待利益损失的诉讼请求有异议，具体理由：1. 对于原告预缴购房款的利息损失，应按中国人民银行同期同类贷款基准利率计算。2. 我公司不应赔偿原告可期得利益损失。双方买卖合同约定“已优惠443978元，如买受人不按时付款，则出卖人可以取消此优惠”。原告支付第二期房款155万元的时间是2011年11月30日，已超过约定的付款期限2天，属于未按时付款的情形，被告可以据此取消购房优惠。另外，目前该商品房地段的房价下跌，原告解除合同，不仅没有造成损失，反而减少了购房损失。

法院观点

一审法院观点：合同解除后，尚未履行的，终止履行；已经履行的，根据履行情况和合同的性质，当事人可以要求恢复原状、采取其他补救措施、并有权要求赔偿损失。双方当事人签订的买卖合同是当事人的真实意思表示，且不违反法律强制性规定，合法有效，当事人应当按照诚实信用的原则履行义务。因泰州市某房地产公司不能按期交房，其已构成违约，并导致合同解除，依法应当承担赔偿损失等违约责任。2013年7月15日，花某解除合同函到达泰州市某房地产公司后，泰州市某房地产公司未按合同约定在30日退还全部购房款，给花某造成损失，应承担赔偿责任。对于花某预付房款的利息损失，法院认为，中国人民银行发布的利率信息，对人民法院的司法实践活动具有参照执行作用；商业银行的利率标准，只能在本行内部执行，不具规范性。因此，花某要求按照江苏农商行的利率标准计算利息损失的意见，无法律依据，依法不予支持。花某的利息损失应当按照中国人民银行同期同类贷款基准利率计算。对于花某的可得利益损失。根据《合同法》第39条及第40条规定，采取格式条款订立合同的，提供格式条款的一方应当采取合理的方式提请对方注意免除或者限制其责任的条款；提供格式条款一方免除其责任、加重对方责任、排除对方主要权利的条款无效。当事人订立的买卖合同具备格式合同的法律特征，属泰州市某房地产公司提供的格式合同。泰州市某房地产公司无证据证明对买卖合同中“如买受人不按时付款，则出卖人可以取消优惠”的内容已尽法律规定的合理说明义务，因此，买卖合同中该条款的此项内容无效。根据《合同法》第113条规定，当事人一方不履行合同，给对方造成损失的，损失赔偿额应当相当于因违约所造成的损失，包括合同履行后可以获得的利益，但不得超过违反合同一方订立合同时预见到或者应当预见到的因违反合同可能造成的损失。如果泰州市某房地产公司履行合同按期交房，则花某可获得443978元的优惠利益。因此，花某要求泰州市某房地产公司赔偿期待利益损失的诉讼请求，依法予以支持。花某逾期两日付款155万元，应承担违约责任，依照合同规定，应按日向泰州市某房地产公司支付逾期应付款万分之五的违约金1550元。泰州市某房地产公司提出的房价下跌后花某退房可以减少损失的辩称，无法律依据，故对此项辩称意见不予支持。判决：一、泰州市某房地产公司于判决生效后10日内返还花某购房款345万元，并赔偿利息损失（金额的计算方式：本金345万元，自2011年12月1日起至2013年9月1日止，按中国人民银行同期同类贷款基准利率计算）。二、泰州市某房地产公司于本判决生效后10日内赔偿花某可得利益损失443978元，花某于判决生效后10日内给付泰州市某房地产公司违约金1550元，两项相抵，泰州市某房地产公司于判决生效后10日内给付花某442428元。三、驳回花某的其他诉讼请求。

二审法院观点：双方当事人在签订的买卖合同第七条第（二）项明确约定了“该房屋已优惠443978元”，因此，双方订立合同时均预见到如果泰州市某房地产公司履行合同按期交房，则花某可获得443978元的利益。因泰州市某房地产公司违约，不能按期交房，造成花某不能获得443978元的利益。花某要求泰州市某房地产公司赔偿利益损失的诉讼请求，于法有据，应予以支持。利息损失系泰州市某房地产公司因不能及时偿还花某本金345万元而给花某造成的损失，系因泰州市某房地产公司违约解除合同为退还本金而产生的实际损失，与可得利益损失是不同性质的损失。判决：驳回上诉，维持原判。

法官评析

合同解除后追究违约责任的范围中是否包括可得利益损失在审判实践中争议较大，其中涉及可得利益的范围和计算方式以及与合同定金之间的关系等问题。我国《合同法》第97条规定：“合同解除后，尚未履行的，终止履行；已经履行的，根据履行情况和合同性质，当事人可以要求恢复原状、采取其他补救措施，并有权要求赔偿损失。”因此合同解除后的违约责任主要包括恢复原状和赔偿损失。

1. 合同解除后恢复原状的范围

恢复原状包含的内容，学术界和实务界均有分歧。一种意见认为，恢复原状应包括买受人已支付的购房款和利息以及为购买房屋所支出的相关费用。另一种意见认为，恢复原状只包括买受人已付的购房款，而利息及其他费用则属于实际损失范围。笔者认为，根据物权法上对物的分类定义，货币属于不特定的特殊种类物，属于返还原物的对象，孳息分为天然孳息和法定孳息，利息为依据法律直接规定所得的法定孳息。法定孳息随原物转移，在合同解除后，出卖人返还购房款时已无权占有法定孳息，本案中房屋出售人退回购房款时，还应当返还其占有购房款期间的相应孳息（利息），以保证货币的状况回复到合同履行前的状态。因此恢复原状既包括返还购房款，也包括返还购房款的孳息。而房屋买卖合同并非商业借贷性质，孳息应当是购房款的存款利息，并非贷款利息。本案中法院判决房屋出售人全额返还购房款，并赔偿按照同期银行贷款利率计算的利息损失即在返还孳息的基础上加大了房屋出售人的责任。至于买受人为订立、履行合同所支出的其他费用，因非合同约定的事项，不属于恢复原状的内容，应作为实际损失看待。

2. 合同解除后赔偿损失的范围

根据《合同法》第 113 条第 1 款的规定："当事人一方不履行合同义务或者履行合同义务不符合约定，给对方造成损失的，损失赔偿额应当相当于因违约所造成的损失，包括合同履行后可以获得的利益，但不得超过违反合同一方订立合同时预见到或者应当预见到的因违反合同可能造成的损失。"其中主要涉及合同约定的违约金和可预期利益损失两个内容。

（1）合同约定的违约金

一般的买卖合同都会约定一方违约应当支付的违约金以及计算方式，以通过此方式补偿守约方的相关损失，《合同法》在规定违约方应当赔偿守约方损失的同时，在第 114 条规定了当事人可以约定违约金或者违约产生损失赔偿额的计算方法，同时强调约定违约金低于造成的损失的，当事人可以主张增加，约定违约金过分高于造成的损失的，当事人可以请求减少，表明违约金一般不具备惩罚性质。本案房屋买受人已经全额交付购房款，已经尽到应尽的合同义务，房屋出售人因故无法完成交房义务，应当赔偿对买受人造成的损失。而《房屋买卖合同》约定的违约金仅为购房款的千分之一，原告认为违约金远远低于其损失，故不主张违约金，改为直接主张相应损失。

(2) 实际损失

实际损失是合同守约方因违约方的违约行为造成的损失，包括直接损失和期待利益损失。直接损失是守约方直接支出的相应损失，如办理房屋贷款等手续费等。期待利益损失是否支持和支持的条件是审判实践中争议较大的问题。有的观点认为，根据《合同法》第113条规定，可得利益是在合同完全履行的情况下才能产生，只是在当事人一方不履行合同义务或者履行不符合约定，相对方请求人民法院强制违约方履行时应承担的赔偿责任，可得利益的取得是以合同双方继续履行为前提的。在合同解除的情况下，表明守约当事人不愿继续履行合同，放弃了可得利益，因此，赔偿损失范围内不应包括可得利益的损失。[①] 笔者则持相反观点，认为合同解除时的期待利益损失应当予以赔偿。合同解除如仅通过恢复原状或者采取其他补救措施，极大降低了违约方的违约成本，与民法保护市场交易安全的立法本意相违背。以本案为例，合同约定房屋出售者逾期交房一百八十日以内按房款万分之一的方式给付违约金，一百八十日后可解除合同，按照房款千分之一的方式给付违约金。而房屋买受人如逾期交付房款，则每日向房屋出售人支付逾期应付款万分之五。房屋出售者逾期交房赔偿额和合同解除赔偿款极低，对房屋买受人的责任又过高，合同极不公平造成的后果是房屋出售人违约的低成本和买受人违约的高成本，这种情况在房屋交易市场"卖方强势"的背景下极为常见。如果不支持预期利益，房屋买受人的损失很难举证，房屋销售合同正常履行的保障缺失，容易出现房屋买卖合同双方地位不平等的局面。我国一些地方的司法实践也将合同违约解除后当事人有权主张期待利益。如《江苏省高级人民法院关于适用〈中华人民共和国合同法〉若干问题的讨论纪要（一）》第25条明确规定："合同解除后，当事人向合同的违约方主张可得利益损失的，人民法院应当支持。"《北京市高级人民法院关于审理房屋买卖合同纠纷案件适用法律若干问题的指导意见（试行）》（京高法发〔2010〕458号）第24条第1款规定："房屋买卖合同签订后，因一方当事人根本违约致使另一方

---

① 苏永钦：《走入新世纪的私法自治》，中国政法大学出版社2002年版，第45页。

订立合同的目的不能实现，守约方要求解除合同，并要求违约方赔偿房屋差价损失、转售利益损失等可得利益损失的，应酌情予以支持，但当事人另有约定的除外。”① 我国很多地区法院出台政策，支持在房屋买卖合同纠纷中当事人主张的房屋差价损失，也是对合同解除时应当赔偿期待利益损失的有力支持。本案中，合同双方对于房屋优惠价款的数额都处于明知的状态，而合同解除必然导致房屋买受人丧失获取优惠的能力，应当属于订立合同时可以预见的损失，因此应当予以赔偿。

5.2 得房率缩水超过合理误差如何赔偿

——朱某某诉杭州某置业有限公司商品房买卖合同纠纷案②

关 键 词：房屋买卖合同，得房率，缩水

问题提出：得房率缩水超过合理误差给买受人造成的损失应否赔偿、如何赔偿？

裁判要旨：房屋买卖合同对得房率并未约定，但房地产公司在公开场合对得房率作出承诺的，应当视为合同内容。得房率缩水超过合理误差给买受人造成的损失应予以赔偿；赔偿数额以得房率缩水造成套内建筑面积减少的价值为基数，在面积误差超过3%的范围内酌情予以确定。

案情简介

原告（上诉人）：朱某某

被告（被上诉人）：杭州某置业有限公司

2012年11月18日，朱某某与杭州某置业有限公司签订浙江省商品房买卖合同、补充合同各一份。浙江省商品房买卖合同约定朱某某向杭州某置业

---

① 丁万志：《商品房买卖合同约定的优惠差价在合同解除后属于期待利益损失》，载《人民司法》2014年第14期。

② 此案例来源于《人民法司法》2016年第2期。一审法院为浙江省杭州市余杭区人民法院，案号：（2014）杭余民初字第86号；二审法院为浙江省杭州市中级人民法院，案号：（2014）浙杭民终字第1313号。

有限公司购买位于杭州市余杭区五常街道某公寓商品房一套，建筑面积为90.81平方米，其中套内建筑面积78.38平方米，应分摊共有建筑面积为12.43平方米，按照建筑面积计算，该商品房单价为每平方米10722.31元。双方约定选择按照建筑面积作为计价方式，面积误差比绝对值在3%以内（含3%）的，据实结算房价款。补充协议第五条约定："该商品房电梯前室至入户门之间的空间，因具备独占使用特点，故根据测量规范确定为该商品房套内建筑面积，买受人对此无异议。"该商品房竣工后，经测绘公司测绘，由于将商品房电梯前室至入户门之间的空间调整计入分摊共有面积，故实际测得建筑面积为91.51平方米，套内建筑面积为69.72平方米，分摊面积为21.79平方米。2013年9月26日，朱某某与杭州某置业有限公司办理房屋交接手续，并签署商品房交接书，双方对房屋实测建筑面积91.51平方米及房屋总价款981199元、朱某某支付完毕予以确认。另查，杭州某置业有限公司在商品房开发过程中，在相关媒体宣传推广时曾有得房率80%以上的表述。2014年1月13日，朱某某向法院起诉，以交付的房屋得房率不符合约定为由，要求杭州某置业有限公司赔偿购房损失115050.3元。

各方观点

原告（上诉人）朱某某观点：原、被告签署《浙江省商品房买卖合同》第三条第五款约定"该商品房建筑面积90.81平方米，其中套内面积78.38平方米，应分摊的共有建筑面积12.43平方米"。由此可以准确计算出双方约定的得房率为78.38÷90.81=86.31%。同时，合同附件八《补充协议书》第五条对合同第六条的补充第五款约定"该商品房电梯前室至入户门之间的空间，因具备独立使用的特点，故根据测量规范确定为该商品房套内建筑面积，买受人对此无异议"。但根据测绘机构最终出具的分层图显示，被告实际交付的商品房其电梯前室至入户门之间的空间却变成了分摊面积，被告已明显违约。而正是被告的上述违约行为导致涉案商品房建筑面积变为91.51平方米，套内面积变为69.72平方米，分摊面积变为21.79平方米，得房率也相应缩减为69.72÷91.51=76.18%，与购房合同约定的86.31%比较减少了10.13%，且低于被告公开承诺的80%以上的得房率。原告认为，被告的上述违约行为严重侵害了原告的合法权益。为此，原告起诉请求判令被告向原告赔偿损失

115050.3元（按现交付的套内面积除以得房率86.31%，原告只需支付80.78平方米的房价，原告已多支付了10.73平方米房价，按每平方米10722.31元计算）。

被告（被上诉人）杭州某置业有限公司观点：本案原告提起诉讼是关于面积差异所产生的赔偿损失的诉讼，原告的起诉没有事实和法律依据。一、原告的起诉没有合同依据，根据双方签订的商品房买卖合同及相应的补充协议，已对该商品房发生面积差异如何处理进行了明确的约定，被告无须按合同约定承担任何的赔偿责任，理由：1.《商品房买卖合同》第6条有明确约定，以建筑面积作为计算的标准，双方当事人订立合同时已明确了面积的计算规则。2.《补充协议》第5条进一步明确对商品房建筑面积进行差异处理的，就不存在对套内面积或公摊面积进行处理问题，即补差的唯一标准就是建筑面积。在本案中，合同约定的建筑面积是90.81平方米，交付的建筑面积是91.51平方米，面积误差率为0.76%，在合同约定的3%范围内。二、原告起诉没有法律依据，1.根据最高院的相关司法解释，出卖人交付使用的房屋套内建筑面积或建筑面积不符合合同的，有约定的按合同约定处理，法律赋予了双方当事人对面积差异进行约定的权利，本案商品房买卖合同中的约定是有效的。2.根据住建部的管理条例，也明确规定了原、被告双方可以在合同中对面积差异处理进行自由的约定，并按照约定来进行处理。三、双方对该房屋面积差异处理的事宜已经进行了书面的确认，并且履行了相应房款的补差的手续，双方在2013年9月26日办理了商品房交接手续时，对该商品房的总建筑面积及总房价款都进行了确认。由此可以看出，双方对于商品房买卖合同已经履行完毕，对于面积差异处理一事也已经处理完毕，没有争议。

法院观点

一审法院观点：原、被告之间签订的《商品房买卖合同》及《补充协议》系双方真实的意思表示，内容不违反法律的禁止性规定，应认定其合法有效，双方均应依照上述约定履行各自的义务。根据《最高人民法院关于审理商品房买卖合同纠纷案件适用法律若干问题的解释》第14条的规定，出卖人交付使用的房屋套内建筑面积或者建筑面积与商品房买卖合同约定面积不符，合同有约定的，按照约定处理。本案双方当事人在《商品房买卖合同》

中已约定当合同约定面积与产权登记面积有差异时，以产权登记面积为准，并选择建筑面积单价作为商品房价款的计价方式。原、被告在办理房屋交接时签署的《商品房交接书》所确认的事项符合双方约定和法律的规定。众所周知，商品房预售合同约定的建筑面积、套内建筑面积及分摊共有面积均系预测绘数据，而实际交付时房屋面积与合同约定一般会产生差异，故所谓的“得房率”（即套内建筑面积与建筑面积的比例）也非不变值。而原、被告双方在合同中并未明确约定“得房率”的数值范围及其相关的违约责任，虽然被告在相关媒体中存在得房率达80%—85%的宣传，但依据《补充协议书》的约定，该宣传属于要约邀请，不作为合同的组成部分，对双方不具有约束力。因此，原告以被告实际交付房屋的得房率低于合同约定的得房率为由，主张被告构成违约而应承担赔偿责任，无合同依据和法律依据，法院不予支持。

二审法院观点：本案中，双方在《浙江省商品房买卖合同》第四条中约定：“该商品房建筑面积共90.81平方米，其中套内建筑面积78.38平方米，应分摊共有建筑面积12.43平方米。”虽然该合同中双方没有对“得房率”这样一个概念直接作出约定，但从上述合同条款中的相关数据完全可以计算出所购买房屋的套内建筑面积、公摊面积与建筑面积之间的比率，而其中房屋套内建筑面积与建筑面积之间的比率也就是通常所讲的“得房率”。同时，由于房屋买卖合同标的物的特殊性，最终交付房屋的面积可能会与合同约定的面积存在一定范围内的差异，故双方又在合同第六条及《补充协议书》第五条中分别作出了“合同约定面积与产权登记面积有差异的，以产权登记为准。1. 当事人选择建筑面积作为计价方式时……”及“2. 按上述方式进行商品房建筑面积差异处理的，即不存在对商品房建筑面积构成部分套内建筑面积或公摊面积单项差异的处理……”等约定，但上述相关条款只是房屋买卖合同中房屋出卖人与买受人之间根据我国相关法律法规所采用的通常条款。该些条款主要是针对房屋面积的确认标准、价款的结算依据及面积差异的处理方式所作出的约定。本案中，杭州某置业有限公司最终实际交付的房屋在建筑面积上确实符合合同约定的标准，双方也是根据建筑面积的数字进行了房屋价款的结算，但该房屋套内建筑面积与建筑面积之间的比例与合同中所体现出的比例确实存在较大差距，即“得房率”明显降低。在该种商品房买卖合同的履行过程中，虽然实际交付房屋的建筑面积通常会与设计建筑面积存在一定差异，但仍应当是在合理的范围内，而房屋建筑面积变化所导致的套内建筑面积的变化同样也应具有合理性。根据日常生活经验，普通购房者，特别是中小户型的购房者对房屋“得房率”这项指标确实较为重视，并在一定程度上会影响购房者的意愿。这一点从杭州某置业有限公司在销售中以“得房率”高作为该楼盘的其中一项优势进行宣传也可以得到印证。现由于杭州某置业有限公司向朱某某所交付房屋的套内建筑面积与该房屋按合同中约定的套内建筑面积与建筑面积之间的比率计算所得的套内建筑面积明显减少，超出了合理的范围，故杭州某置业有限公司的行为已构成违约，法院对朱某某要求杭州某置业有限公司赔偿相应损失的请求，予以支持。对于损失的计算标准，考虑本案合同的性质、实际履行情况及杭州某置业有限公司的过错程度等因素，以交付房屋套内建筑面积与合同约定标准的套内建筑面积的差额为基数，参考合同约定的单价，酌情确定杭州某置业有限公司赔偿朱某某损失 29787 元。

法官评析

商品房买卖过程中，常常涉及履行瑕疵问题。我国房地产买卖领域长期处于卖方市场，房地产开发商处于绝对的优势地位，买受人常常对房屋信息处于弱势地位，在对房屋的很多情况不了解的情况下匆忙签订制式合同后购买房屋，此后产生了诸多争议。审判实践中，常常出现的是合同约定内容过少、有歧义或者对房屋的配套设施未作约定等房屋个体问题，同时也出现对房屋所在社区配套设施的建设使用未作出约定或者约定不明等影响房屋所在社区整体环境的问题，导致购房者在收房使用后大批量的个体或者群体性起诉。本案即其中一个典型案例，主要包括以下三个争议焦点：

1. “得房率”是否构成合同的内容

一般的制式买卖合同对房屋的房屋价款、坐落地点、建筑面积、交付时间、房屋形状等要素都会作出详细的约定，便于买卖双方特别是买房者对房屋信息进行全面的了解，避免此后产生纠纷。根据《商品房销售面积计算及公用建筑面积分摊规则（试行）》（建房〔1995〕517 号）第 5 条规定，商品房按“套”或“单元”出售，商品房的销售面积即为购房者所购买的套内或单元内建筑面积（以下简称套内建筑面积）与应分摊的公用建筑面积之和，即商品房销售面积＝套内建筑面积＋分摊的公用建筑面积。而套内建筑面积与销售面积的比值就是所谓的“得房率”，虽然一般合同中对此并无约定，但商品房买卖合同中对以上三个面积进行约定时，这个得房率也是可以计算的。虽然套内建筑面积和分摊的公用建筑面积都有其自身的价值，共同构成整体的房屋面积，但日常生活中，人们总是追求更大的内部空间（套内面积），即使公摊面积（电梯井、楼梯间、垃圾道、变电室、设备间、公共门厅和过道、地下室）也可能会增加房屋使用的舒适度、便捷性和安全性。普通购房者特别是中小户型的购房者对房屋“得房率”这项指标确实较为重视，并在一定程度上会影响购房者的意愿。因此一旦出售方对此作出承诺，“得房率”应当视为合同内容，出售方应当提供符合“得房率”的房屋。

但并非所有房地产商的承诺都具备法律效力，主要应该根据房产公司的宣传手段和内容综合予以确认。如河南省高级人民法院在对田某等三人因与河南成城置业有限公司（以下简称成城公司）其他合同纠纷一案中指出：成城公司所作的房屋宣传彩页较为笼统、不具体，并没有特指某一套具体房屋得房率达到88%、节省3万—4万元。且从双方签订的商品房买卖合同内容看，对田某等人所预购的房屋基本情况、计价方式与价款均作了具体明确的约定，明确约定了房屋的建筑面积、套内建筑面积以及公用部分与公用房屋分摊的具体建筑面积，并确定了按照建筑面积计算房款的计价方式与具体房款数额。因此成城公司的房屋宣传资料对合同的订立及房屋价格的确定无重大影响。根据《最高人民法院关于审理商品房买卖合同纠纷案件适用法律若干问题的解释》第3条规定，应视为要约邀请。故田某等人依据宣传彩页主张损失的依据不足，该理由不能成立。①

2. 房地产开发商宣传的得房率存在误差是否构成违约

现实生活中，很多房地产开发商将较高的“得房率”作为其宣传手段，吸引购房者购买其房屋。根据上文论述，“得房率”是房屋买卖合同的重要内容之一，房地产开发商如若在公开的媒体、宣传材料上对得房率进行宣传，则认定房地产对此发出要约。《最高人民法院关于审理商品房买卖合同纠纷案

① 参见河南省高级人民法院（2008）豫法民申字第00663号民事裁定书。

件适用法律若干问题的解释》第3条规定，商品房的销售广告和宣传资料为要约邀请，但是出卖人就商品房开发规划范围内的房屋及相关设施所作的说明和允诺具体确定，并对商品房买卖合同的订立以及房屋价格的确定有重大影响的，应当视为要约。该说明和允诺即使未载入商品房买卖合同，亦应当视为合同内容，当事人违反的，应当承担违约责任。本案中虽然买卖双方并未在合同中约定得房率。但房屋买卖合同中对销售面积、套内面积和公摊面积都作出了约定，很容易计算出得房率。而杭州某置业有限公司曾在相关媒体宣传推广时曾有得房率80%以上的表述，可认定该公司对得房率作出了要约。但由于房屋买卖合同标的物的特殊性，建设设计和最终建设完成可能存在差异。《最高人民法院关于审理商品房买卖合同纠纷案件适用法律若干问题的解释》第14条作出规定，出卖人交付使用的房屋套内建筑面积或者建筑面积与商品房买卖合同约定面积不符，合同有约定的，按照约定处理；合同没有约定或者约定不明确的，按照以下原则处理：（一）面积误差比值在3%以内（含3%）。按照合同约定的价格据实结算，买受人请求解除合同的，不予支持。这表示法律也认可最终交付房屋的面积与合同约定的面积存在一定范围内的差异，在此差异内不能认定出售方违约。本案涉诉房屋最终得房率为76.18%，即使依照《最高人民法院关于审理商品房买卖合同纠纷案件适用法律若干问题的解释》关于面积误差的规定，其得房率比承诺的80%之间的误差也超过了3%，应当可以认定涉诉房屋的得房率超出了合理的误差范围，应当认定房屋开发商构成违约。

在此还应特别讨论买卖合同中关于面积差异的约定。如双方合同约定“合同约定面积与产权登记面积有差异的，以产权登记为准。1. 当事人选择建筑面积作为计价方式时……”及“2. 按上述方式进行商品房建筑面积差异处理的，即不存在对商品房建筑面积构成部分套内建筑面积或公摊面积单项差异的处理……”等约定。该些条款主要是针对房屋面积的确认标准、价款的结算依据及面积差异的处理方式所作出的约定，并不涉及得房率的误差，也不能制约得房率产生误差后的赔偿。

3. 确定买受人因得房率缩水造成的损失

计算买受人的损失应当按照相关法律规定。《合同法》第113条规定，当事人一方不履行合同义务或者履行合同义务不符合约定，给对方造成损失的，损失赔偿额应当相当于因违约所造成的损失，包括合同履行后可以获得的利益，但不得超过违反合同一方订立合同时预见到或者应当预见到的因违反合同可能造成的损失。因此应当结合合同约定，当事人的合理计算其损失和收益。

从直观上看，得房率降低对买受人造成的影响，主要是得房率缩水，套内建筑面积的减少。同时，也应该认识到，建筑总面积不变的情况下，分摊建筑面积也随之增加。因此应当通过损益相抵的原则计算最终赔偿数额。

观点一：首先，确定减少的套内建设面积的价值。本案认为得房率以交付房屋套内建筑面积与合同约定标准的套内建筑面积的差额为基数，参考合同约定的单价，酌情确定损失数额。具体考虑如下：不认可房屋买卖合同中约定的套内建筑面积与销售面积计算的得房率，认为仅此尚不足以认定双方对得房率有合同的约定。认为应以开发商就得房率所作的有具体内容的宣传认定为对楼盘最低得房率的承诺。根据《最高人民法院关于审理商品房买卖合同纠纷案件适用法律若干问题的解释》第14条，房屋销售面积的合理误差范围是3%，在无其他法律规定的情况下，套内建筑面积的合理误差范围可参照此规定也确定为3%之内。由于套内面积增减对涉诉房屋房价并无明显影响（对整体小区房价可能会产生影响），因此在误差3%之内的套内建筑面积不存在赔偿问题。因此计算套内建筑面积减少的价值，系上述合理误差范围内最低得房率下买受人应得到的套内建筑面积与实际取得房屋的套内建筑面积之差，再乘以套内建筑面积的单价。[①] 其次，确定增加的分摊建筑面积扣减额度。可根据套内建筑面积产生误差的原因、楼盘的定位以及增加的建筑面积的功能等因素，在个案中自由裁量。

观点二：根据房屋买卖合同中约定的套内建筑面积与销售面积即可认定得房率，最终实际交付的房屋存在套内建筑面积缩小而公摊面积扩大的事实，在“得房率”上明显降低，且缩小与扩大的幅度均在3%以上，应认定被告已构成违约，需承担违约责任。[②] 违约责任的标准可以参考《最高人民法院关于审理商品房买卖合同纠纷案件适用法律若干问题的解释》第14条规定进行计算。同时考虑房屋公摊面积的增加又具备实际使用价值，故对于套内建筑

---

① 雎晓鹏：《得房率缩水纠纷中的司法衡平》，载《人民司法》2016年第2期。

② 参见浙江省温州市中级人民法院（2015）浙温民终字第2213号民事判决书。

面积减少造成损失的计算标准，可综合本案合同的性质、实际履行情况及公摊面积相应扩大等因素进行全面考虑，与合同约定的房屋套内建筑面积差额为基数，酌情确定得房率明显买受人是否受有利益，可根据套内建筑面积产生误差的原因、楼盘的定位以及增加的建筑面积的功能等因素，在个案中自由裁量。

5.3 出售面积存在误差的房屋后，原购房人能否向开发商主张面积差价赔偿

——孙某某诉天津豪业建设发展有限公司房屋买卖合同纠纷案①

关 键 词： 商品房，面积，误差，房屋转卖

问题提出： 购房者转让房屋时得知房屋面积存在误差，在房屋出售后能否向开发商主张面积差价款赔偿?

裁判要旨： 当房屋的实际面积与合同约定的面积出现误差的时候，根据合同相对性原则，只有直接的合同当事人之间可以主张权利或承担义务。房屋是否转卖，并不影响权利人依据合同主张权利。

案情简介

原告：孙某某

被告：天津豪业建设发展有限公司（以下简称豪业公司）

第三人：费某某

原、被告系商品房买卖合同关系。2000年1月31日，原、被告签订商品房买卖合同，原告购买被告开发的坐落河北区狮子林大街嘉海花园C座××号（现3号楼××号）房屋一套。合同约定：销售面积为148.12平方米，实际总售价为482442元。原告于2006年8月得知，产权证确认的面积为142.03平方米，比销售面积减少了6.09平方米，因房屋面积减少的购房款合人民币19835.80元。合同第四条约定“房屋实际面积与销售面积的差别不超过销售面积的±3%（包括3%）时，每平方米价格保持不变，房价款总金额

① 审理法院为天津市河北区人民法院，案号：(2008) 北民初字第270号。

按实际面积调整，多退少补。甲方（即被告）应于30日内将差额价款退还给乙方（即原告）。实际面积与销售面积的差别超过±3%时，每平方米价格保持不变，房价款总金额按实际面积调整，多退少补，甲方（即被告）将差额价款于30日内退还给乙方（即原告）。另查，2005年年底原告与第三人通过中介签订购买该房合同书后因原告与第三人悔约，中介将合同书收回。2006年8月原告得知房屋实际面积是142.03平方米后，将该情况告知第三人。2006年10月8日原告与第三人到房管局办理房屋产权变更手续，双方在河北区房地产管理局签订天津市房产买卖协议书，协议约定：出卖人为孙某某、买受人为费某某，房屋坐落河北区嘉海花园3号楼××号，建筑面积142.03平方米，房屋价款为600000元人民币。同日第三人取得了该房产权并已交齐了全部房款实际居住该房。庭审中，原告以其购买被告房屋面积为148.12平方米，而卖与第三人的面积为142.03平方米，其所购房屋面积出现误差，要求被告返还因房屋实际面积小于合同约定面积的差额价款。被告以辩称为由，不同意退还面积减少的购房款。第三人认为原告与第三人买卖房屋实际购房款为673000元，而在房管局签的协议购房款为600000元，从这一点可以看出协议是假的，应该以双方最初订的合同面积为准，所以应该将差价款退还给第三人。

各方观点

原告孙某某观点：原告于2000年1月31日购买被告开发的河北区狮子林大街嘉海花园C座××室商品房一套，双方共同签订了购房合同，约定面积为148.12平方米，原告向被告支付了购房款482442元。2005年年底原告与第三人通过某中介公司办理了房屋买卖协议，后来因为原告与第三人悔约，把某中介公司抛开了，原合同作废。2006年8月原告告知第三人房产证书确定房屋面积为142.03平方米，同年10月原告与第三人在房管局办手续时签过一个协议，双方认可的面积是142.03平方米。现面积出现误差故要求被告退还原告房屋面积差价款20036.1元，诉讼费用由被告承担。

被告豪业公司观点：产权证上的面积与合同销售的面积确实存在差异，但原告将该房屋卖与第三人，立案时原告已不是这套房屋的产权人，原告提供的合同已经中止，不具备申请退面积差的条件；第三人购买原告房屋的时候已经知道面积的误差，他们之间在合同上明确约定面积是 142.03 平方米，是按实际面积购买的房屋，再者第三人与我们之间没有任何合同上的关系，因此第三人也不享有退面积差价的权利。

第三人费某某观点：第三人现为涉诉房屋产权人，是实际受损失者，豪业公司多收的房款是非法收入，理应退还。当初认可在房管局的协议是为了取得房本，但不代表其对一切不合法的条件都认可。所以，豪业公司多收的房屋差价款应该退还给费某某。

法院观点

法院观点：原、被告的商品房买卖合同关系合法有效，双方均应依据合同内容行使权利、履行义务。现孙某某已依合同向豪业公司交纳全部房款，其合同义务已经履行完毕，而豪业公司交付房屋的实际面积与合同约定面积不符，减少了 6.09 平方米，并未完全履行合同义务。应依约定向承担退还面积差价款的责任，原告孙某某诉讼请求系其合同权利的正当行使，依法应予支持。关于豪业公司主张孙某某已将房屋转卖给第三人费某某，已经不具备退款资格的抗辩理由，河北区人民法院认为，孙某某是否将房屋转卖他人，并不影响双方之间业已存在的买卖合同关系，也不影响孙某某依据合同继续向豪业公司主张权利，豪业公司也不能因孙某某将房屋转卖他人而免除自己的合同责任。如采纳豪业公司的辩称理由，则其无须向任何人承担退款责任，将获得不当利益，明显有违公平原则，故该抗辩理由不予采纳。关于费某某提出的房屋面积差价款应退给第三人的主张，河北区人民法院认为，房屋面积差价款的返还请求权是基于买卖合同的约定而产生的权利，依据合同的相对性原则，该返还请求权仅在与房屋开发商存在直接合同关系的当事人之间存在，而费某某与豪业公司并无任何合同关系，孙某某将房屋转卖给费某某的过程中，也并没有将房屋面积差价款的返还请求权让与费某某，因此，费某某无权向被告索要房屋面积差价款。原告孙某某与第三人费某某之间的二手房买卖合同关系与本案讼争的商品房买卖合同不属同一法律关系，双方如有争议，应另行解决。据此，法院判决：本判决生效后，被告天津豪业建设发展有限公司立即返还原告孙某某房屋面积减少的差价房款 19835.80 元；如果未按本判决指定的期间履行给付金钱义务，应当按照《中华人民共和国民事诉讼法》第二百三十二条之规定，加倍支付迟延履行期间的债务利息。一审判决后，三方当事人均未提出上诉，判决已发生法律效力。

法官评析

本案的争议焦点在于房屋产权变更后，房屋买受人是否能向开发商主张房屋面积差价款。

1. 面积差价请求权的基础

商品房买卖合同的签订，对合同双方产生两方面影响，一方面是对合同当事人赋予了相应的义务，合同双方均应全面履行合同义务，不仅要忠实履行合同条款，对合同未作约定或约定不明却对合同履行有影响的，还应根据诚信原则，公平合理地履行合同。另一方面也赋予了当事人相应的权利，包括享受履行合同义务对价的权利和享受相应的违约求偿权利。商品房交付时实际面积与约定面积差异常常出现，原因一般有两种，一种是开发商订立商品房买卖合同时商品房的面积测绘过于粗糙出现误差，另一种则是开发商交付商品房时测绘面积的标准发生变化导致。商品房买卖合同一般都对房屋面积差价出现问题如何处理进行约定。《最高人民法院关于审理商品房买卖合同纠纷案件适用法律若干问题的解释》第14条也对此作出规定，出卖人交付使用的房屋套内建筑面积或者建筑面积与商品房买卖合同约定面积不符，合同有约定的，按照约定处理；合同没有约定或者约定不明确的，区分面积差价绝对在3%内外而采取不同的处理方法。因此房屋面积差价款的主张的基础是商品房买卖合同，购房者将房屋进行出租、抵押或者出售，均对上述商品房买卖合同并未产生影响。因此，根据合同相对性原则，房屋面积差价款的请求权仅赋予合同双方当事人，未经过双方同意将合同权益转让他人之前，合同之外的任何第三人均不享有此项请求权。

2. 房屋产权转让后房屋差价款的主张

上文也提到，房屋产权转让对当事人主张差价款的请求权归属并无影响，那么房屋产权转让后买受人才知晓房屋面积存在误差时，应当如何处理。以二手房购买人应当以二手房买卖合同履行存在瑕疵为由，根据公平原则，向合同中的出售人主张违约责任，退还面积差价款，并不能直接向开发商主张面积差价款。商品房买卖合同的买受人一方也可同时或者赔偿后再向开发商主张面积差价款。但在特殊情况下，商品房买受人（二手房出售人）无力返还面积差价款时，也怠于向开发商主张面积差价款，二手房买受人可以依据《合同法》第73条行使代位权。本案属于此类情况中比较特殊的情况，商品买受人在出售房屋期间已了解房屋存在面积误差，最终也按照房屋实际面积出售，故不存在上述二手房买受人主张面积差价款的情况。

5.4 合同未约定违约金时，预售合同卖方逾期办理土地使用证应如何承担损害赔偿责任

——郭某诉某县市场管理中心商品房预售合同纠纷案①

关 键 词： 非房地产开发企业，逾期，土地使用证，损害赔偿

问题提出： 非房地产开发企业出售房屋能否适用《最高人民法院关于审理商品房买卖合同纠纷案件适用法律若干问题的解释》相关规定？逾期办理土地证如何承担赔偿责任？

裁判要旨： 依据《合同法》规定，当事人可以约定一方违约时应当根据违约情况向对方支付一定数额的违约金，也可以约定因违约产生的损失赔偿额的计算方法。因此当卖方违约逾期办理土地使用证，且合同未就违约行为约定违约金时，买受人只能主张损害赔偿。

案情简介

原告（上诉人）：郭某

被告（被上诉人）：某县市场管理中心

郭某与某县市场管理中心于2000年6月12日签订《商品房买卖（预售）合同》（以下简称《买卖合同》），约定郭某以157132元的价格购买由某县市场管理中心开发的位于双流县东升街道藏卫路中段21号的商业房1间（建筑面积34.10平方米）。合同签订后，郭某支付了全部房款，某县市场管理中心

---

① 此案例来源于《人民司法》2013年第16期。一审法院为四川省双流县人民法院，案号：(2010) 双流民初字第1671号；二审法院为四川省成都市中级人民法院，案号：(2013) 成民终字第1748号。

交付了房屋并办理了房屋所有权证。2009年5月21日，某县市场管理中心向包括郭某在内的购房人出具承诺书并发出通知，承诺在5个月内为购房人办理完国有土地使用权证（以下简称国土证）。后因某县市场管理中心未办理。另查。某县市场管理中心系事业法人，在2001年12月之前属于双流县工商行政管理局的下属单位。2001年12月，根据国务院办公厅及国家工商行政管理总局的要求与工商局脱钩，成为独立的事业法人单位。某县市场管理中心的业务范围为"市场的开发与建设、培育与服务"，某县市场管理中心开发包括案涉房屋所在的项目时，依法取得了《建设用地规划许可证》《建设工程施工许可证》《国有土地使用证》等相关手续，签订《买卖合同》时双方使用的格式文本由双流县房地产管理所制定，成都市房地产管理局监制，内容、形式均体现为商品房买卖合同。某县市场管理中心于1999年10月开始修建双流大市场、华阳新市场等共计铺545间、住房199套，建好后向包括郭某在内的社会公众出售。

各方观点

原告（上诉人）郭某观点：原告购买被告开发建设的房屋后，长期未办理国有土地使用证，2009年5月，某县市场管理中心出具承诺书，承诺在五个月内为购房人办理，说明某县市场管理中心有能力办理该证书，现某县市场管理中心逾期办理国有土地使用证，给原告造成损失，故诉至法院请求判令某县市场管理中心：1. 协助办理国土证；2. 按照《最高人民法院关于审理商品房买卖合同纠纷案件适用法律若干问题的解释》（以下简称《解释》）第18条给付违约金（从2000年9月12日至2010年3月12日期间的逾期办证违约金115220.59元，2010年3月13日以后的违约金按33.24元/天计算至国土使用证办理完时止）。二审时，经法院释明，郭某将给付违约金变更为赔偿损失。

被告（被上诉人）某县市场管理中心观点：某县市场管理中心辩称，某县市场管理中心系事业法人，在2001年12月之前属于双流县工商行政管理局的下属单位。2001年12月，根据国务院办公厅及国家工商行政管理总局的要求与工商局脱钩，成为独立的事业法人单位。与郭某签订的《买卖合同》均形成于某县市场管理中心与该工商局脱钩之前，并履行了交房义务，也为郭某办理了房屋所有权证。由于某县市场管理中心不是房地产开发经营企业，故不适用《解释》，请求驳回原告的诉讼请求。

法院观点

一审法院观点：郭某、市场某县市场管理中心签订的《买卖合同》合法有效，双方均应按约履行，某县市场管理中心协助郭某办理国土证是法定义务。某县市场管理中心认为该办证所需要文件已齐备，但缺少相关部门的批文等，因提供该办证资料是某县市场管理中心的义务，而非郭某的义务，加之某县市场管理中心曾向包括郭某在内的购房人承诺在5个月内为购房人办理国土证，故对郭某要求某县市场管理中心协助其办理国土证的请求予以支持。郭某要求某县市场管理中心支付逾期办证的违约金共计10余万元，因某县市场管理中心不是房地产开发经营企业，在特定历史条件下经批准实施包括本案房屋在内的项目，后某县市场管理中心又因国家政策的改变，其隶属关系及性质也发生改变等，导致包括郭某在内的购房户的国土证不能及时办理，故不适用《解释》，且郭某未提供证据证明因未办理国土证是否给其造成了损失，加之双方也未约定违约责任，故郭某的该项请求不符合法律规定。据此，法院判决：一、某县市场管理中心于判决生效之日起30日内协助郭某办理位于双流县东升街道藏卫路中段21号商业房（房号为30号）的国土证。二、驳回郭某的其他诉讼请求。

二审法院观点：一、本案应当适用《解释》。理由是：1.《解释》调整的范围是商品房买卖合同。房屋按其价值属性分为商品房和非商品房。本案某县市场管理中心开发并向社会公众出售的房屋显然不属于非商品房。2. 某县市场管理中心虽然登记为事业单位，不是房地产开发企业，但在本案中从事的是房地产开发行为。（1）某县市场管理中心的业务范围为“市场的开发与建设、培育与服务”，其中包括市场的开发与建设，而涉案房屋正是由某县市场管理中心开发、建设并出售给郭某等众多消费者；（2）某县市场管理中心开发包括案涉房屋所在的项目时，依法取得了《建设用地规划许可证》《建设工程施工许可证》《国有土地使用证》等相关手续，故其对案涉项目实施的完全是房地产开发行为；（3）双方使用的格式文本，由双流县房地产管理所制定，成都市房地产管理局监制，内容、形式均体现为商品房买卖合同。

3. 房地产开发企业是以营利为目的，从事房地产开发和经营的企业，某县市场管理中心不是房地产开发企业，而是事业单位。但是，在我国特定的历史时期，从事房地产开发行为者有时可能并非房地产开发企业，而法律调整的对象在于行为而非主体身份，故只要从事商品房开发、销售行为，都应遵守房地产管理法、合同法等相关法律，自然也应当适用《解释》。

二、某县市场管理中心逾期未办理国土证，应当承担多大的违约责任。房屋权属证书包括房屋所有权证和国土证，市场某县市场管理中心应按其承诺的期限协助郭某办理国土证，逾期未能办理，应当承担逾期办证的违约责任。因双方合同中未约定逾期办证的违约金，郭某主张按照《解释》第 18 条第 2 款“合同没有约定违约金或者损失数额难以确定的，可以按照已付购房款总额，参照中国人民银行规定的金融机构计收逾期贷款利息的标准计算”的规定，请求给付违约金约 15 万元。因为郭某早已取得房屋及其房产证，国土证的逾期办理，不影响郭某对房屋的占有、使用、收益、抵押、买卖，也难以降低房屋的交易价值，郭某也未提交证据证明其因某县市场管理中心逾期办理国土证而给其造成的损失，结合郭某因维权而产生的误工费、交通费等实际费用、合同的履行情况、当事人的过错程度等，酌情判令某县市场管理中心赔偿郭某损失 2000 元。

据此，法院判决：一、维持一审民事判决第一项，即双流县市场某县市场管理中心于本判决生效之日起 30 日内协助郭某办理位于双流县东升街道藏卫路中段 21 号商业房（房号为 30 号）的国土证；二、撤销一审民事判决第二项，即驳回郭某的其他诉讼请求；三、双流县市场某县市场管理中心于本判决生效之日起 10 日内向郭某赔偿损失 2000 元；四、驳回郭某的其他诉讼请求。

法官评析

1. 非房地产开发企业的房屋买卖行为是否适用《解释》

《解释》第 1 条规定：“本解释所称的商品房买卖合同，是指房地产开发企业（以下统称为出卖人）将尚未建成或者已竣工的房屋向社会销售并转移房屋所有权于买受人，买受人支付价款的合同。”虽然该条款明确指出《解释》适用的主体是房地产开发企业，在特定历史条件下，一些经营内容并不包括房地产开发经营的企业经批准实施一些房地产开发项目，非房地产开发企业的行为能否适用，还需综合相关情况予以考虑。

(1)《解释》调整的是商品房开发行为

《城市房地产开发经营管理条例》第1条规定，为了规范房地产开发经营行为，加强对城市房地产开发经营活动的监督管理，促进和保障房地产业的健康发展，制定本法。此条款明确指出了立法的目的是规范“行为”，加强对“活动”的监督管理。虽然此后条款指出房地产开发经营行为应当由房地产开发企业做出的“基础设施建设、房屋建设，并转让房地产开发项目或者销售、出租商品房的行为”。但落脚点仍旧在“行为”上。对于特殊历史条件下一些非房地产开发企业的房地产开发行为，不能简单地拒绝其适用《解释》，原因在于我国房地产开发经营长期处于卖方主导的局面，很多时候购房者对于合同的条款并无自行决定的权利，特别是本案中原、被告签订合同并未约定逾期办理房屋权属证等相关证书的违约责任，被告以其并非房地产开发企业为由拒绝承担相应责任，明显不公平。如此认定的话，原告如长期无法拿到产权证，影响其房屋的出售、抵押、出租等行为，对其生活产生一定的影响，在未约定违约责任的情况下，也很难主张自身权利。因此针对特殊情况，应当认为只要从事房产开发经营活动，就应当受到《解释》的规制。

(2) 是否属于房地产开发经营活动的认定

房地产开发经营行为是由房地产开发企业做出的“基础设施建设、房屋建设，并转让房地产开发项目或者销售、出租商品房的行为”。因此对于房地产开发经营活动的认定，可通过判断房屋开发行为是否符合《城市房地产开发经营管理条例》对于房屋建设、销售等行为的规定来认定该行为是否属于房地产开发经营行为。本案被告某县市场管理中心的房屋开发行为是否属于房地产开发经营行为可通过以下三个方面来判定：

首先，某县市场管理中心的业务范围是市场的开发与建设、培育与服务，其中包括市场的开发与建设，表明市场房屋的建设是某县市场管理中心的基本职能。

其次，某县市场管理中心的建设行为符合房地产开发经营的相关程序和规定。本案被告某县市场管理中心开发包括本案涉诉房屋所在的项目时，按照我国房地产开发的相关规定，取得了《建设用地规划许可证》《建设工程施工许可证》《国有土地使用证》等相关手续，其向双流县城乡建设管理委员会提出了申请，双流县城乡建设管理委员会的批复是："同意你中心在上述土地规划范围内按要求进行一次性房地产开发。"某县市场管理中心修建的相关项目全部向社会公众出售，应当认定其实施的房屋建设和销售行为完全是房地产开发行为。

最后，某县市场管理中心与购房者签订的合同是制式商品房买卖合同。合同双方使用的格式文本，由双县房地产管理所制定，都市房地产管理局监制，合同的内容和形式都属于商品房买卖合同。

综上，被告某县市场管理中心的市场房屋建设行为属于房地产开发经营行为，即使其不属于房地产开发经营企业，也可对其房屋销售行为适用《解释》的规定。

2. 逾期办理国有土地使用证的责任承担

《解释》第 18 条第 1 款规定了办理产权证的时间："由于出卖人的原因，买受人在下列期限届满未能取得房屋权属证书的，除当事人有特殊约定外，出卖人应当承担违约责任：（一）商品房买卖合同约定的办理房屋所有权登记的期限；（二）商品房买卖合同的标的物为尚未建成房屋的，自房屋交付使用之日起 90 日；（三）商品房买卖合同的标的物为已竣工房屋的，自合同订立之日起 90 日。"第 2 款则规定了逾期办证的责任："合同没有约定违约金或者损失数额难以确定的，可以按照已付购房款总额，参照中国人民银行规定的金融机构计收逾期贷款利息的标准计算。"关于房屋权属证书的性质，《房屋登记办法》第 25 条予以明确：房屋登记机构应当根据房屋登记簿的记载，缮写并向权利人发放房屋权属证书。房屋权属证书是权利人享有房屋权利的证明，包括《房屋所有权证》《房屋他项权证》等。从物权角度出发，房屋的物权证书。因此，严格意义上房屋权属证书并不包括国有土地使用证。虽然我国长期以来采取土地与房屋分开登记制度，但两个证书的重要性明显不同。对于购房人而言，房产证的价值远远大于土地证，房产证不能办理导致房屋权属长期处于待定状态，加大了购房者的风险，也给房屋的出售和抵押带来困难。而土地证的办理一般只是履行程序而已，开发商只有获得了开发土地的土地使用权证，可进行房地产开发，商品房销售后也只是把土地使用权分割后由开发商过户到买受人名下而已。即使迟延办理，也不影响买受人今后对土地证的取得，土地证的缺失对购房人的影响极小。2016年《不动产登记暂行条例》实施以来，各地开始逐渐推行土地和房屋两证合一的制度，也说明两证分开的意义不大，房产证的办理必然带来土地使用权的归属。在两证的重要性不同的情况下，对逾期办理国有土地使用证采取与逾期办理产权证同样的损失数额计算明显缺乏公平。原告要求赔偿应当承担举证责任，在举证不能的情况下，法院结合郭某因维权而产生的误工费、交通费等实际费用、合同的履行情况、当事人的过错程度等，酌情判令市场某县市场管理中心赔偿郭某损失2000元，符合《解释》相关条款的立法目的。

5.5 开发商未取得预售许可证如何承担惩罚性赔偿责任

——*赵某某诉某置业公司商品房预售合同案*①

关 键 词：商品房预售，预售许可证，欺诈，惩罚性赔偿

问题提出：故意隐瞒没有取得商品房预售许可证明的行为如何认定，以及应承担的赔偿金额如何确定？

裁判要旨：对于开发商是否已经取得商品房预售许可证，买受人没有审查义务。对于因故意隐瞒未取得预售许可证而承担赔偿金额的确定，不应机械适用《最高人民法院关于审理商品房买卖合同纠纷案件适用法律若干问题的解释》第9条第1项规定，由出卖人承担不超过已付购房款1倍的赔偿金，而是要结合案件情况综合判断。

案情简介

原告（上诉人）：赵某某

被告（被上诉人）：某置业公司

2011年9月14日，赵某某与某置业公司签订某小区认购书1份，赵某某认购某置业公司开发的某小区8幢302室房屋1套，并于当日交付定金20000元。2011年10月10日，赵某某与某置业公司签订商品房买卖合同1份，合

① 一审法院为安徽省马鞍山市博望区人民法院，案号：（2014）博民一初字第00415号；二审法院为安徽省马鞍山市中级人民法院，案号：（2015）马民一终字第00079号。

同约定赵某某向某置业公司购买位于本市博望区某小区8幢302室房屋1套，建筑面积103.84平方米，每平方米3948.38元，购房款总计410000元，并于2011年10月10日一次性付清；某置业公司应当在2012年12月31日前交付商品房，商品房需经验收合格，取得商品住宅交付使用批准文件。合同还约定了出卖人逾期交房的违约责任等。同日，双方签订补充协议1份（即合同附件二），约定交房前更换正式发票和正式买卖合同。合同签订后，赵某某于当日交付390000元，付清了全部购房款。交房期限到期后，某置业公司未能交房，双方于2013年11月29日签订补充协议1份，某置业公司承诺于2014年10月31日前将所有购房手续办理齐全交于业主。

双方签订商品房买卖合同时，赵某某所购买的某小区8幢302室房屋系期房，某置业公司未告知赵某某其未取得商品房预售许可证明的情况。至本案法庭辩论终结前，某置业公司尚未取得商品房预售许可证，也未取得该商品房验收手续。

赵某某一审诉讼请求：一、某置业公司返还购房款410000元及按日万分之二点一自2011年10月10日起计算至2014年11月10日止的利息95460元；二、某置业公司赔偿2011年购房价与2015年购房价的市场差价200000元，过渡期租金30000元；三、某置业公司赔偿购房款一倍的赔偿金410000元，合计1145460元。

各方观点

原告（上诉人）赵某某观点：双方订立的商品房买卖合同第六条约定，某置业公司应当在2012年12月31日前交付商品房，并约定了违约责任。但届时某置业公司未能交付房屋，原告多次与某置业公司交涉，某置业公司一再推诿拖延。后经查某置业公司所开发的商品房一直没有取得商品房预售许可证，某置业公司有欺诈行为，故原告、某置业公司于2011年10月10日签订的商品房买卖合同为无效合同。根据《最高人民法院关于审理商品房买卖合同纠纷案件适用法律若干问题的解释》第9条的规定，某置业公司在没有取得商品房预售许可证明的情况下，与原告签订商品房买卖合同，存在故意隐瞒没有取得商品房预售许可证明的行为，某置业公司应返还原告的全部购房款及利息，赔偿损失，并承担原告已付房款一倍的赔偿。赵某某在与某置业公司多次交涉中，始终要求某置业公司交付房屋，未要求以故意隐瞒没有取得商品房预售许可证明的事实进行赔偿，作为普通的自然人无法对商品房预售许可证明进行审查，且根据法律规定，买受人没有审查的义务，赵某某是无辜的受害者。

被告（被上诉人）某置业公司观点：1. 本案应适用《物权法》第 15 条未办理物权登记的，不影响合同效力。另外，涉诉房屋现在已经具备了交付条件，因涉及一块土地的问题，政府未予办理权证，本案不应适用《最高人民法院关于审理商品房买卖合同纠纷案件适用法律若干问题的解释》；2. 某置业公司在签订合同时，没有出示虚假的商品房预售许可证，在购房合同中也未标明有商品房预售许可证。在双方签订补充协议时，赵某某已经明知没有商品房预售许可证，所以被上诉人故意隐瞒没有商品房预售许可证的事实不成立。

法院观点

一审法院观点：一、合同的效力问题。某置业公司作为房地产开发企业，其与赵某某签订商品房买卖合同时，出售给赵某某的商品房为期房，故双方合同应属商品房预售合同。根据《最高人民法院关于审理商品房买卖合同纠纷案件适用法律若干问题的解释》第 2 条的规定，出卖人未取得商品房预售许可证明，与买受人签订的商品房预售合同，应当认定无效，但是在起诉前取得商品房预售许可证明的，可以认定有效。本案中，某置业公司未取得商品房预售许可证明而进行商品房预售活动，在签订合同时，并至法庭辩论终结前未取得商品房预售许可证，违反了《城市房地产管理法》关于商品房预售的相关法律规定，故双方签订的商品房买卖合同为无效合同。二、某置业公司是否具有故意隐瞒没有取得商品房预售许可证明的行为。《城市房地产管理法》《城市商品房预售管理办法》等相关法律和行政法规明确规定，商品房预售实行许可制度。未取得《商品房预售许可证》的，不得进行商品房预售。房地产开发企业进行商品房预售，应当向买受人出示《商品房预售许可证》，售楼广告和说明书应当载明《商品房预售许可证》的批准文号。所以房地产开发企业进行商品房预售时，办理商品房预售许可证及将具备商品房预售许可证的事实告知买受人，是法律强制性规定其应尽的责任和义务。本案中，某置业公司在预售商品房时，本应依照法律规定办理商品房预售许可证明，并应告知买受人赵某某其所开发的项目是否取得了商品房预售许可证明，但其并未告知赵某某其是否取得商品房预售许可证明的事实，故某置业公司的行为应认定为故意隐瞒真实情况的行为。某置业公司辩称双方签订补充协议 1 份，可以证明某置业公司告知了未取得商品房预售许可证的事实，但该协议约定的交房前更换正式发票和正式买卖合同的内容，并不能证明某置业公司告知了未取得商品房预售许可证，故对其意见不予采纳。三、民事责任的承担。法律规定，合同无效后，因该合同取得的财产，应当予以返还；不能返还或者没有必要返还的，应当折价补偿。有过错的一方应当赔偿对方因此所受到的损失，双方都有过错的，应当各自承担相应的责任。某置业公司故意隐瞒没有取得商品房预售许可证明，根据《最高人民法院关于审理商品房买卖合同纠纷案件适用法律若干问题的解释》的规定，某置业公司应向赵某某承担不超过已付购房款一倍的赔偿责任。赵某某在购买商品房时未尽到对出售方是否取得商品房预售许可证进行审查注意义务。故某置业公司应返还赵某某购房款 410000 元，以及按年利率 6.65% 支付自 2011 年 10 月 10 日起至赵某某主张的 2014 年 11 月 10 日止的利息 84067 元，并赔偿赵某某 120000 元。赵某某主张的房屋市场差价、过渡期租金，没有依据，不予支持。合同无效，其关于违约金的约定也无效，故某置业公司辩称利息及赔偿损失应当按照合同约定计算，于法无据，不予采纳。据此，法院判决：一、被告某置业公司返还原告赵某某购房款 410000 元，及支付自 2011 年 10 月 10 日起至 2014 年 11 月 10 日止的利息 84067 元，并赔偿原告赵某某 120000 元，合计 614067 元，于本判决生效后十日内给付；二、驳回原告赵某某的其他诉讼请求。

二审法院观点：《最高人民法院关于审理商品房买卖合同纠纷案件适用法律若干问题的解释》第 2 条规定，出卖人未取得商品房预售许可证明，与买受人订立的商品房预售合同，应当认定无效，但是在起诉前取得商品房预售许可证明的，可以认定有效。本案中，某置业公司向赵某某预售商品房时，并未取得预售许可证，且在赵某某起诉前亦未取得，故双方签订的商品房买卖合同依法应认定无效。《合同法》第 58 条规定，合同无效或者被撤销后，因该合同取得的财产，应当予以返还；不能返还或者没有必要返还的，应当折价补偿。有过错的一方应当赔偿对方因此所受到的损失，双方都有过错的，应当各自承担相应的责任。某置业公司与赵某某签订商品房买卖合同时，未将没取得商品房预售许可的事实告之赵某某，存有过错。原审认定赵某某有审查义务不妥，法院予以纠正。某置业公司应对合同无效承担过错责任，依法应赔偿赵某某的经济损失。《最高人民法院关于审理商品房买卖合同纠纷案件适用法律若干问题的解释》第9条规定，出卖人订立商品房买卖合同时，具有下列情形之一，导致合同无效或者被撤销、解除的，买受人可以请求返还已付购房款及利息、赔偿损失，并可以请求出卖人承担不超过已付购房款一倍的赔偿责任：（一）故意隐瞒没有取得商品房预售许可证明的事实或者提供虚假商品房预售许可证明……故某置业公司应返还赵某某购房款410000元，以及按年利率6.65%支付自2011年10月10日起至赵某某主张的2014年11月10日止的利息84067元。赵某某主张的房屋市场差价、过渡期租金，没有依据，不予支持。赵某某依据《最高人民法院关于审理商品房买卖合同纠纷案件适用法律若干问题的解释》第9条的规定，请求判令某置业公司承担不超过已付购房款一倍的赔偿责任，但对于如何确定惩罚性赔偿的数额，该司法解释规定赔偿数额并不是已付购房款的一倍，而是不超过一倍，具体数额的确定应当考虑买受人的损失情况即买房时间长短、房价上涨程度等，及出卖人的主观恶意程度，同时兼顾惩罚性赔偿的制裁和遏制功能等诸多因素，综合以上因素并结合本案实际情况，法院酌情确定某置业公司就该部分以承担赵某某已付购房款50%的赔偿责任为宜，即205000元。

综上，原审判决对部分事实认定不清，处理结果不当，应予纠正。法院判决：一、变更原审民事判决第一项为“某置业公司返还赵某某购房款410000元，及支付自2011年10月10日起至2014年11月10日止的利息84067元，并赔偿赵某某205000元，合计699067元，于本判决生效后十日内给付；二、维持原审判决第二项，即“驳回原告赵某某的其他诉讼请求”。

法官评析

本案主要争议焦点涉及《最高人民法院关于审理商品房买卖合同纠纷案件适用法律若干问题的解释》（以下简称《商品房买卖合同解释》）有关惩罚性损害赔偿规则的理解和适用问题。

1. 商品房买卖惩罚性损害赔偿规则的法律规定

惩罚性损害赔偿，也称示范性的赔偿或报复性的赔偿，是指赔偿数额超出实际的损害数额的赔偿，它具有补偿受害人遭受的损失、惩罚和遏制不法行为等多重功能。在商品房买卖中，有的开发商为追求最大经济利益，利用其掌握房屋建设信息、专业知识、社会资源的优势地位，采取欺诈手段与买受人签订合同或签订合同后又恶意违约的行为，严重损害了商品房交易秩序，背离了诚实信用原则。鉴于欺诈和恶意违约行为与因客观原因无法履行合同的行为不同，如果仅仅适用补偿性损害赔偿规则，难以起到全面补偿受害人的损失、制裁惩罚和遏制不法行为的效果，因此理应适用惩罚性赔偿。① 对此，《商品房买卖合同解释》第8条、第9条明确规定了商品房买卖合同中属于出卖人恶意违约和欺诈，致使买受人无法取得房屋可以适用惩罚性赔偿原则的五种情形：(1) 商品房买卖合同订立后，出卖人未告知买受人又将该房屋抵押给第三人；(2) 商品房买卖合同订立后，出卖人又将该房屋出卖给第三人；(3) 故意隐瞒没有取得商品房预售许可证明的事实或者提供虚假商品房预售许可证明；(4) 故意隐瞒所售房屋已经抵押的事实；(5) 故意隐瞒所售房屋已经出卖给第三人或者为拆迁补偿安置房屋的事实。本案即需要查明开发商某置业公司是否存在《商品房买卖合同解释》第9条规定中“故意隐瞒没有取得商品房预售许可证明的事实”。

2. 商品房买卖适用惩罚性赔偿的条件

商品房买卖中的惩罚性损害赔偿规则，起源于《消费者权益保护法》关于对商品欺诈和服务欺诈进行惩罚性赔偿的规定。② 在审判实践中如何理解《商品房买卖合同解释》与《消费者权益保护法》中有关规定的区别，是正确适用商品房买卖惩罚性赔偿规则、公正解决纠纷的前提。笔者认为，可以

---

① 《最高人民法院关于审理商品房买卖合同纠纷案件适用法律若干问题的解释》第14条有关面积误差的规定也涉及惩罚性赔偿，但与因恶意违约和欺诈导致的惩罚性赔偿存在较大区别，且实践中争议不大，故不在讨论之列。

② 1994年1月1日实施的《消费者权益保护法》第49条规定：经营者提供商品或者服务有欺诈行为的，应当按照消费者的要求增加赔偿其受到的损失，增加赔偿的金额为消费者购买商品的价款或者接受服务的费用的一倍。2013年修正后的《消费者权益保护法》第55条规定：经营者提供商品或者服务有欺诈行为的，应当按照消费者的要求增加赔偿其受到的损失，增加赔偿的金额为消费者购买商品的价款或者接受服务的费用的三倍；增加赔偿的金额不足五百元的，为五百元。法律另有规定的，依照其规定。

从《商品房买卖合同解释》第9条第1项规定的适用条件角度进行分析。

(1) 主体条件

有权提起惩罚性赔偿主体是商品房买受人，即“在买卖合同中，给付价款并受领买卖的标的物的一方当事人”，买受人可以是自然人，也可以是法人或者非法人单位，其购房目的也在所不论，可以是为满足生活居住需要，也可以是为了投资增值。而根据《消费者权益保护法》第2条规定，消费者仅限于为生活消费需要购买、使用商品或者接受服务的自然人。二者主体范围虽然存在一定交叉，但前者明显是在后者基础上的扩张。

(2) 主观条件

因恶意隐瞒而适用的商品房买卖惩罚性赔偿与消费者权益保护中的惩罚性赔偿在主观条件上存在一致性，即均由“欺诈”引起。根据《最高人民法院关于贯彻执行〈中华人民共和国民法通则〉若干问题的意见（试行）》第68条规定，“欺诈”是指一方当事人故意告知对方以虚假情况，或者故意隐瞒真实情况，诱使对方当事人作出错误意思表示的行为。构成欺诈的要件是：①欺诈一方有欺诈的故意，目的在于使对方陷入错误认识而进行交易行为；②欺诈一方实施了欺诈行为，或者是积极地捏造虚假情况，或者是歪曲和隐瞒事情的真实情况；③对方当事人因欺诈行为而陷入错误认识。与消费者权益保护领域的商品欺诈或服务欺诈不同，商品房买卖中的欺诈是行为欺诈，主要是由于开发商故意或者违背诚实信用原则致使标的物无法交付或者标的物上具有某种瑕疵，或者故意隐瞒真相，欺骗购房者。

(3) 客观条件

由于“故意隐瞒”带有较强的主观色彩，司法实践中如何认定存在“故意隐瞒”行为，需要结合有关客观事实进行审查。首先，开发商存在在未取得商品房预售许可证的情况下销售商品房的事实。根据我国《城市房地产管理法》《城市商品房预售管理办法》等法律法规，房地产开发企业未取得《商品房预售许可证》的，不得进行商品房预售，这是法律法规上的强制性规定。其次，开发商未告知购房者其是否具备商品房预售许可证的事实。根据上述两个法律法规有关规定，进行商品房预售，应当向买受人出示《商品房预售许可证》，售楼广告和说明书应当载明《商品房预售许可证》的批准文号。也就是说，开发商具有主动、如实披露商品房预售信息的义务和责任，如果没有主动披露或如实披露，则构成对购房者知情权的侵犯；但如果在订立商品房预售合同前其向买受人披露了未取得商品房销售许可证的事实，则属于尽到了法律义务，当然也不构成“故意隐瞒”。最后，开发商是否存在“故意隐瞒”行为与买受人是否审查无关。由于开发商作为出卖人，掌握着房地产状况的绝大部分信息资源，并且具有行业专业知识和经验，因此在商品房预售合同中双方处于严重不对等的地位，为了保护弱势方的合法权益，不应要求买受人承担对方是否具备预售资格的审查义务。本案中，某置业公司在预售商品房时，应告知买受人赵某某其所开发的项目尚未取得商品房预售许可证明，但其并未告知赵某某，故某置业公司的行为应认定为故意隐瞒真实情况的行为。

（4）赔偿数额

《消费者权益保护法》规定的赔偿数额为消费者购买商品付出的价款和损失（该损失以消费者购买商品的价款或者接受服务的费用的三倍为上限，500元为下限），该赔偿不以消费者实际付出的价款为前提条件和计算基准；而《商品房买卖合同解释》第9条规定的赔偿则以买受人已付购房款为条件，赔偿数额包括已付购房款及利息、赔偿损失和不超过已付购房款的一倍，该赔偿以已经实际支付的购房款为前提条件和计算基准。

3. 商品房买卖惩罚性赔偿金额的确定

关于惩罚性赔偿的具体金额，本案中上诉人、一审法院以及二审法院的观点差异较大，一定程度上反映出对于该问题的认识还存在模糊之处，有必要进行深入分析澄清。

首先，赔偿金额应当在法律规定的范围内。根据《商品房买卖合同解释》第9条规定，惩罚性赔偿金额最大值是不超过已付购房款的一倍，其他低于一倍的任何金额也是合法的，这也是法官的自由裁量权限。

其次，具体赔偿数额的确定应当考虑不同因素，合理运用裁量权予以酌定。这些因素主要包括：（1）买受人的损失情况，即买房时间长短、房价变化程度等，如买房时间越短，房价涨幅大，赔偿金额应酌情调低。（2）出卖人的主观恶意程度，惩罚性赔偿的目的是对那些有恶意的、放任的侵权行为进行制裁，只有遵循主观恶意越大，其所承担的惩罚性赔偿越高的原则，才能实现惩罚性赔偿的制裁和预防功能。因此，对于因故意隐瞒未取得预售许可证而赔偿的案件，要考虑开发商是否主动虚假宣传其已经取得预售许可证，或者在答复购房者问询时撒谎。(3)欺诈行为的持续时间，从签订商品房预售合同到实际取得预售许可证的间隔时间越长，赔偿金额也越高。(4)出卖人的财务状况，为了促进实质正义，需要考虑出卖人的财务状况是否具备实际履行能力，如开发商是否面临经营困难，甚至面临破产。(5)惩罚性赔偿的制裁和遏制功能，惩罚性赔偿金额不宜过低，否则难以发挥其制裁和遏制失信行为、维护市场交易秩序的功能。

5.6 出卖人违约导致合同解除，买受人是否有权请求赔偿房屋差价损失

——*祝某某诉陈某某、韩某某房屋买卖合同纠纷案*①

关 键 词：房屋差价损失，房产评估时点，违约责任

问题提出：1. 出卖人违约的情况下，房屋现值与合同约定价格之间的差价是否可以作为买受人的损失予以赔偿？2. 如何确认房产现值，如采取评估方式，评估房产价值的时点如何确定？

裁判要旨：一、出卖人违约给买受人造成的损失应当包括合同履行后可以获得的利益，房价上涨利益属于履行房屋买卖合同后可以获得利益，出卖人应当赔偿买受人的该项损失。

二、由于房屋的价值随市场行情不断变化，对于涉案房屋的价值判断，应当首先确定价值评估时间点。案件发回重审属于不可归咎于双方当事人的情况，案件审理期间的房价上涨金额不能作为买受人的损失，房屋价值评估时间点应当综合考虑出卖人的违约时间、买受人要求解除合同的时间和房屋价格上涨的情况进行判定。

案情简介

原告（被上诉人）：祝某某

被告（上诉人）：陈某某、韩某某

---

① 一审法院为重庆市璧山县人民法院，案号：(2012)璧法民初字第00874号；二审法院为重庆市第一中级人民法院，案号：(2013)渝一中法民终字第04519号。

陈某某与韩某某为夫妻关系。2006年11月1日以陈某某为甲方，祝某某为乙方，签订共建协议书（以下简称本案合同），约定甲方自愿将住房一套（即本案讼争房屋）让给乙方出资共建，此套房屋产权归乙方所有。该套房屋完工后面积为120平方米左右，总价91920元。甲方在房屋完工后，通知乙方收房，乙方享有该房屋的独立产权。乙方在签订协议时付甲方20000元作为定金，楼主体完工后乙方再向甲方支付53536元，房屋整体完工交房时乙方再向甲方支付10000元，余下8384元在乙方得到房屋独立产权证时一次性支付。还约定如一方违约将支付守约方违约金30000元。协议签订后，祝某某于同日向陈某某交了建房定金20000元，后于2007年1月24日又向陈某某交了房款53536元。讼争房屋为征地拆迁自建还建房，土地采取划拨方式。原、被告双方均认可房屋已经完工，并于2008年起由陈某某堂妹居住，房屋已装修。但陈某某称房屋未综合验收，未办理房产证，因此至今未交付与祝某某。故原告起诉至法院，要求：1. 依法判决解除祝某某与陈某某之间的购房合同；2. 陈某某、韩某某立即退还祝某某购房款73536元，并赔偿祝某某经济损失243264元。

各方观点

被上诉人（原审原告）祝某某观点：祝某某如约支付了相应的购房款，在交付房屋条件成就的情况下，陈某某、韩某某应将房屋立即交付祝某某。现同等条件住房的房价已涨，经评估为3300元/平方米。陈某某、韩某某对祝某某此经济损失应予赔偿。

上诉人（原审被告）陈某某、韩某某观点：本案讼争房屋因质量问题至今未竣工验收，更无法办理产权登记。根据《合同法》第279条的规定，未经验收或者验收不合格的，不得交付使用。在陈某某没有违约的情况下，现祝某某要求解除合同，系祝某某违约，祝某某的所谓损失应当自己承担。鉴定机构擅自以2012年12月28日为鉴定时点错误。本案长达5年的时间里历经三次一审，两次上诉，两次发回重审，对涉案房屋的现有价值一审法院三次委托司法鉴定，因每次鉴定时点不同，形成三个不同的结论，但法院确定的鉴定时间应当统一，不应随着诉讼进程而不断变化。综上，同意解除，但只同意退还祝某某的购房款，不认可其所谓的损失及诉讼费等。

法院观点

一审法院观点：祝某某与陈某某于2006年11月1日所签的《共建协议书》，从约定的双方的权利义务等内容看，实为房屋买卖合同，系双方当事人真实意思的表示，其内容不违反国家法律行政法规的强制性规定，应属合法有效，并对双方当事人产生法律约束力。双方当事人应遵循诚实信用原则履行各自的合同义务。

祝某某按照合同的约定履行了自己付款的义务，陈某某却将其已建好的本案讼争房屋交给案外人陈某居住，并进行了装修，在负有举证责任的陈某某无证据证明其所称的其将该房屋出租或者借用与陈某的情况下，陈某某实以其行为明确表明不愿继续履行本案合同，已构成根本违约，致使祝某某不能实现本案的合同目的，现祝某某理所当然有权依照《合同法》第94条第2项“在履行期限届满之前，当事人一方明确表示或者以自己的行为表明不履行主要债务”的规定，主张解除本案合同，法院确认祝某某主张解除本案合同的诉请合法有效，且责任在于陈某某，因此对祝某某主张解除本案合同以及要求返还已付购房款的诉请，法院予以支持。因双方无证据证明就祝某某主张解除本案合同在本案起诉前通知了陈某某，而事实上是祝某某在诉讼中才要求解除本案合同，故本案合同应自本案判决生效之日起解除。依照《合同法》第97条“合同解除后……已经履行的，根据情况和合同性质，当事人可以要求恢复原状、采取其他补救措施，并有权要求赔偿损失”的规定，现祝某某解除本案合同的主张已为法院确认为合法有效，其基于陈某某的相关根本违约行为而有权要求返还购房款73536元，并赔偿相应的损失。

由于陈某某、韩某某在本案中的根本违约行为，致使祝某某不能实现合同目的，其给祝某某造成的经济损失，法院认定为该房屋的评估价值385800元减去本案合同约定的购房价款91920元后的余额293880元，祝某某主张解除本案合同只要求陈某某、韩某某赔偿经济损失243264元，系其对权利的处分，无违法律法规的强制性规定，法院对该诉请依法予以支持。陈某某、韩某某系夫妻关系，本案中应由陈某某承担的债务，属其夫妻共同债务。

引起本案讼争纠纷的发生系陈某某、韩某某在本案中的根本违约行为所致，因此，理应由陈某某、韩某某承担本案的诉讼责任。综上所述，祝某某的诉讼请求成立。一审法院遂判决：一、2006 年 11 月 1 日以陈某某为甲方，祝某某为乙方签订的《共建协议书》自本判决生效之日起解除；二、限陈某某、韩某某在本判决生效后十日内返还祝某某购房款 73536 元，并赔偿祝某某损失 243264 元。

二审法院观点：依法成立的合同，对当事人具有法律约束力，当事人应当遵循诚实信用原则履行合同义务。当事人一方不履行合同义务的，应当承担相应的违约责任，违约方不能因违约行为而使对方受损同时让自己获利。

一、关于陈某某是否存在违约行为及涉案合同的解除时间

双方签订的共建协议书约定“甲方在房屋完工后通知乙方收房”，交房条件约定清楚，涉案房屋在 2008 年完工具备了交付条件，但陈某某将房屋交给他人使用，还以未达到交付条件为由拒绝向祝某某交付，陈某某以其行为表明不履行合同义务及撕毁合同的违约故意。一、二审审理的情况也表明陈某某不同意交付房屋的真实意愿。虽然陈某某提出房屋未经竣工验收的上诉理由，但房屋未经竣工验收不得交付是施工合同中发包人对施工人拒绝接收房屋时的合理抗辩，在本案买卖合同中，保证房屋的质量是陈某某作为出卖人的义务，而非其拒绝交房的权利，现祝某某尚未提出该质量要求，陈某某却以此理由拒绝履行合同约定的交房义务，同时又以让他人暂住或租赁的方式获取利益，并因持有房屋享受增值收益，应认定陈某某的行为构成根本违约。因陈某某拒绝履约，祝某某购房居住使用的合同目的不能实现，祝某某依法享有合同解除权，其于 2010 年 5 月 18 日请求判决解除合同，该项请求属形成之诉，而非确认之诉，人民法院对于该请求予以准许即判决解除合同的，解除后果只能从判决生效起产生拘束力。

二、关于本案损失的确定

陈某某以其行为表明拒绝履行合同，祝某某请求解除合同并赔偿相应损失，应予支持。虽然双方约定了 3 万元的违约金，但祝某某因陈某某的原因得不到房屋所受损失客观存在，该损失包括房价上涨利益损失，根据《合同法》第 113 条的规定，祝某某可以主张因陈某某不履行合同义务造成的损失，包括合同履行后可以获得的利益。陈某某认为其订立合同时不曾预见到房价会大幅上涨，但陈某某完全可以通过交付房屋的方式避免该损失赔偿，且陈某某持有房屋不交付，不能因其违约行为反而获得房价上涨的利益。

本案的关键是房屋价值的确定。由于房屋的价值随市场行情不断变化，对于涉案房屋的价值判断，应当首先确定价值评估时点。一审法院先后委托了三次评估，因评估时点的差异，三次评估结论相差甚大，一审法院采信了汇丰公司评估的单价3300元/平方米，但汇丰公司的评估时点为2012年12月28日，适逢房地产市场价格继续上涨，本案由于发回重审不可归咎于双方当事人，从公平的角度出发，该评估单价不宜作为本案损失计算依据。因祝某某于2010年5月18日首次请求解除合同，赔偿房屋差价损失亦是在合同解除的前提下才成立，祝某某请求赔偿的损失金额也应在此时予以固定，故本案应以2010年5月18日为房屋价值的评估时点，确定的损失不应因当事人不能控制的诉讼进程持续变化。根据渝国评（2012）第21号评估报告，涉案房屋在2010年5月18日时的价值单价为2000元/平方米，该时间相应的土地出让金为66元/平方米，祝某某自愿以付款比例计算房屋差价损失，本案损失确定为111671元=［（2000－66）×120－91920］×（73236÷91920）。

综上，陈某某、韩某某关于不存在违约行为及应以2008年5月20日为房屋价值鉴定时点的上诉理由不能成立，其上诉请求法院不予支持。判决：原被告解除合同，陈某某、韩某某返还祝某某购房款73536元，并赔偿祝某某损失111671元。

法官评析

近几年房屋价格上涨过快，出卖人违约后买受人请求赔偿房屋差价的诉讼在审判实践中较为普遍，在各地高院出台的指导意见中，对此问题也形成了一定的统一认识，房屋差价损失可以作为买受人利益损失予以赔偿，但是赔偿金额的计算方法在案件审理中仍要根据案件的具体情况予以确定。

1. 应当赔偿房屋差损失的理由

《合同法》第97条规定："合同解除后，尚未履行的，终止履行；已经履行的，根据履行情况和合同性质，当事人可以要求恢复原状、采取其他补救措施，并有权要求赔偿损失。"本案中，原告已经依约履行了给付房款的义务，有权要求被告赔偿因合同解除而给原告造成损失。第113条第1款规定："当事人一方不履行合同义务或者履行合同义务不符合约定，给对方造成损失的，损失赔偿额应当相当于因违约所造成的损失，包括合同履行后可以获得的利益，但不得超过违反合同一方订立合同时预见到或者应当预见到的因违反合同可能造成的损失。”首先，买受人购买房屋，可以通过房屋的增值获得利益，房屋差价属于房屋买卖合同履行后可以获得的利益。其次，房地产市场价格波动是可以预见的，买受人买房后可能会因为房屋价格上涨而获得的利益也是合同双方都可以预见到的。因此，房屋差价损失作为履行利益的一部分，可以作为损失予以赔偿。

由于近年来房屋价格攀升过快，房屋买卖合同中约定的定金和违约金往往会低于房屋价格上涨的金额。很多房屋出卖人以配偶等房屋共有人提出异议、房屋不满足交付条件、房屋中介资质问题等理由和方式拒绝履行合同，甚至直接进行一房二卖、一房多卖，造成合同履行不能的客观情况，以此为由要求解除合同。这些行为均基于出卖人受到房屋价格上涨的利益驱使，是违背诚实信用原则的恶意违约行为，侵害了买受人的合法权益，人民法院在裁判此类案件时应当对该种投机行为予以惩戒，维护守约方利益，以引导社会公众诚实守信。本案中，被告以种种理由拖延交房，实际又将房屋出租给他人获利，属于明显违反诚信原则，而违约金仅约定为3万元，不足以弥补原告的损失，应当判决赔偿房屋差价款以维护原告的合法权益。判决赔偿房屋差价损失有利于遏制和惩戒恶意违约行为，维护市场交易的稳定。

2. 如何确定差价损失

（1）双方协商。如果双方当事人能够对房屋升值的差价损失协商一致，则可以依照双方确定的金额认定差价损失。

（2）比照同类房屋价格。房屋属于人们日常生活中的重大支出，一般都基于刚性需求而购买，如果出卖人违约，买受人必然会考虑另行购买，购买同等类型的房屋需要多支付的金额可以作为其经济损失的金额。如果有类似房屋的价格作为比照，就不宜启动评估鉴定程序，评估鉴定不但增加当事人诉讼费用的支出，而且也延长了纠纷解决的时间，很容易导致损失进一步扩大。因此，案件审理中应尽量比照最相类似房屋的市场成交价与买卖合同成交价之差确定房屋涨跌差价。

（3）价格评估。如果没有相类似的房屋可以比照，则可选择由专业机构进行评估鉴定的方式确定房屋的价格。

3. 如何确定房屋价格认定的时点

如果以上文中的比照法和评估法确定房屋价格，就涉及确定房屋价格时点的问题，解决该问题需要考虑房屋出卖人的违约时间、买受人要求解除合同的时间、防止损失扩大、房价上涨情况以及个案的特殊情况予以综合判定。

（1）以买受人提出解除合同为时间点

买受人发现出卖人不履行合同可以通过以下两种方式维护自己的合法权益：一是请求继续履行；二是要求解除合同，赔偿损失。一般情况下，买受人发现出卖人违约，首先会协商解决，协商不成则会起诉，从起诉到进行评估时间也不会很长。因此，从发现出卖人违约到进行价格评估不会经历过长的时间，房屋价格在短期内不会出现过大的涨跌。以买受人起诉要求解除为时间点，以第一次起诉过程中提出的评估鉴定的时间来确定房屋价值，是比较合理的方法。买受人要求解除合同之时已经知道自己的权益受到损害，应当采取措施防止损失的扩大，如买受人怠于行使上述权利，则此后因房屋上涨的损失出卖人不应赔偿。

（2）综合考虑案件情况和当事人双方的过错进行判定

房屋的价格是不停变化的，很难严格确定一个对于双方都是完全公平的时间点，还需要结合案件的具体情况进行综合分析判定。本案属于比较特殊的情况，案件被两次发回重审，经历了两个法院的六次审理，2008 年 6 月 2 日第一次起诉至 2014 年 1 月 2 日二审终审判决，房屋价格产生了非常大的变化。因此，在确定房屋价格时间点时，也应当考虑在房屋过快上涨的情况下，出卖人是否能够预见到房屋价格上涨的幅度。本案被告在违约之时，已经看到房屋价格上涨给其带来的利益，因此迟迟不肯履行交房手续。但是，诉讼时间长达五年之久，也是其未曾预见的，以 2012 年的房屋价格为时间点，要求被告全额担负起不能控制的诉讼进程中的房屋价格上涨的损失，对其有失公平。但被告以 2008 年诉讼时首先要求交付房屋，陈某某以未达到交付条件作抗辩，又不同意赔偿差价损失，其关于以 2008 年 6 月 2 日为评估时间的主张，显然让违约一方获得房屋价格上涨的额外利益，亦不能得到支持。因此，从公平的角度考虑本案的情况，应当以第一次提出解除合同之时作为房屋价值评估时间点。

5.7 出卖人违反商品房预约合同，买受人可否同时主张双倍返还定金及赔偿房屋差价损失

——程某某诉惠荣房地产公司商品房预约合同纠纷再审案①

关 键 词： 认购，定金，赔偿损失

问题提出： 出卖人违反商品房预约合同，买受人可否向出卖人同时主张定金责任及赔偿房屋差价损失？

裁判要旨： 商品房预约合同是以签订商品房买卖合同为标的，其产生的是缔约请求权，与商品房买卖本约合同所产生的履行合同请求权并不一样，不能以未能履行商品房买卖合同作为其主张损失的依据。出卖人违反商品房预约合同导致的损失，是买受人丧失与出卖人缔结商品房买卖合同的机会，此种机会损失不能简单以商品房买卖合同单价差异确定。

案情简介

原告（上诉人、申诉人）：程某某

被告（被上诉人、被申诉人）：惠荣房地产公司（以下简称惠荣公司）

2004年4月9日程某某作为乙方与江西房地产湾里分公司作为甲方签订了一份江西房地产湾里分公司《〈东方假日广场〉楼宇认购书》（以下简称《认购书》），该认购书约定程某某向江西房地产湾里分公司认购位于湾里区翠岩路××号东方假日广场紫梅苑×单元××室的住宅一套，建筑面积约为69.26平方米，认购价为86436元，单价为1248元/平方米，定金为10000元。程某某同意按一次性付款方式向江西房地产湾里分公司交付购楼款，一次性付款的折后单价为1200元/平方米，总价为83112元，具体付款办法以江西房地产湾里分公司拟定之购房须知与付款方式为准。《认购书》还约定：程

---

① 一审法院为江西省南昌市湾里区人民法院，案号：（2012）湾民一初字第114号；二审法院为江西省南昌市中级人民法院，案号：（2013）洪民三终字第182号；再审法院为江西省高级人民法院，案号：（2016）赣民再字第46号。

某某须于签订本认购书后接开发商通知携同本《认购书》及身份证或公司证明文件与购房首期楼款到江西房地产湾里分公司售楼处签署由南昌市房管局拟定的《商品房买卖合同（预售）》及有关文件，《商品房买卖合同》一经签署，首期定金即作为楼款的一部分；如乙方在上述期限内未前来签署《商品房买卖合同》或未依时缴付上述应付之楼款，则视作乙方自动放弃其所认购该物业之权利，甲方有权没收乙方已缴付的定金及其他款项，并有权将该物业另行处置或出售，因处置或出售而获得的一切利益全部归甲方所有，乙方不得要求任何形式之赔偿；乙方在未签署《商品房买卖合同》前不得自行办理转名手续或将认购书的权益转让；在未签署《商品房买卖合同》前，非甲方原因而致使该物业不能出售时，甲方应在确认之日起最迟不超过十五日，退还所收定金予（于）乙方，乙方同意不得附加利息，也不得追加双倍定金赔偿，在退还所收定金后，本认购书自动作废，双方权利义务即时终结。在签订上述认购书的当日，程某某如约向江西房地产湾里分公司支付定金10000元。

2008年1月11日，江西房地产湾里分公司被南昌市湾里区工商行政管理局撤销，其权利义务由惠荣公司继受。本案所涉楼盘，惠荣公司于2010年9月17日取得建设工程规划许可证，2011年1月11日取得建筑工程施工许可证，2012年7月27日取得商品房预售许可证。

程某某向法院起诉请求：1. 判令惠荣公司双倍返还定金2万元；2. 惠荣公司承担因违约造成的利益损失169687元［（3650元/平方米－1200元/平方米）×69.26平方米＝169687元］；3. 请求解除双方签订楼宇认购书；4. 本案诉讼费用由惠荣公司承担。

各方观点

程某某观点：一、定性失误问题。本案为典型的商品房认购合同或称预约合同，而一审法院却认为属于商品房预售行为，预约与预售虽一字之差，却存有天壤之别，其两者在法律构成条件上完全不同。基于此，《最高人民法院关于审理商品房买卖合同纠纷案件适用法律若干问题的解释》第4条、第5条以成文法的形式确立了预约合同的规定，说明了认购合同的法律性质。二、合同效力问题。在司法实践中尽可能地扩大合同效力的范围，尽量尊重当事人的意志选择，只要当事人的合同行为和内容不损害国家和社会的公共利益，即可宣告有效。就本案而言，根据《最高人民法院关于审理商品房买卖合同纠纷案件适用法律若干问题的解释》第2条“出卖人未取得商品房预售许可证明，与买受人订立的商品房预售合同，应当认定无效，但是在起诉前取得商品房预售许可证明的，可以认定有效”之明确规定，惠荣公司在程某某起诉之前，已经获得了商品房预售许可证。

惠荣公司观点：本案《认购书》系典型预约合同，即使惠荣公司违约也应是承担缔约过失责任，而非本约合同中的预期利益损失。本案程某某只交了1万元定金，并非缴纳了全部购房款而无经济能力购买其他房屋，房屋所在地区也有其他楼盘，程某某并没有丧失另外购房机会。请求再审驳回其申诉请求。双方于2004年4月9日签订的东方假日认购书属于预约合同，该预约合同合法有效，但程某某的上诉请求依法不能成立。

法院观点

一审法院观点：商品房的预售应当取得土地使用权证、建设工程规划许可证以及商品房预售许可证，江西房地产湾里分公司在涉案楼盘预售条件不成熟的情况下即与程某某签订楼宇认购书，该行为明显违反了法律的强制性规定，所签订的《认购书》应认定为无效。程某某为取得优先购买权，在应当知道江西房地产湾里分公司未取得商品房预售许可证的情形下仍与其签订楼宇认购书，所以双方都应当对该合同的无效承担一定责任，故程某某要求惠荣公司双倍返还定金和赔偿利益损失的诉请缺乏证据，不予支持，但惠荣公司须返还程某某所交付的定金并相应补偿该部分定金的利息收益。法院判决：一、惠荣公司于本判决生效之日起十日内返还程某某定金人民币10000元；二、驳回程某某的其他诉讼请求。

二审法院观点：由于双方对预约价格与现在市场价格无法进一步磋商签订正式商品房预售合同，且程某某请求解除涉案的《认购书》。《最高人民法院关于审理买卖合同纠纷案件适用法律问题的解释》第2条规定：“当事人签订认购书、订购书、预订书、意向书、备忘录等预约合同，约定在将来一定期限内订立买卖合同，一方不履行订立买卖合同的义务，对方请求其承担预约合同违约责任或者要求解除预约合同并主张损害赔偿的，人民法院应予支持。”据此，根据本案《认购书》的预约合同性质，为促使民事主体以善意方式履行其民事义务，维护交易的安全和秩序，充分保护守约方的民事权益，在综合考虑南昌市近年来房地产市场发展的趋势以及双方当事人实际情况，程某某履约的支出及其信赖利益的损失等因素，酌定惠荣公司赔偿程某某84843.5元（程某某主张的利益损失计人民币169687元÷2＝84843.5元）。在本案中，虽然程某某按约支付了定金，但是双方签订的预约合同毕竟同正式的买卖合同存在法律性质上的差异。故程某某主张的赔偿金额，不能完全支持。法院判决：一、维持一审判决第二项；二、解除程某某与江西房地产湾里分公司于2004年4月9日签订的东方假日广场《认购书》；三、变更一审判决第一项为“惠荣公司于本判决生效之日起十日内返还程某某定金人民币10000元，并赔偿利益损失84843.5元”。

程某某对二审判决不服，向检察机关申诉。江西省人民检察院2015年8月17日以赣检民（行）监（2015）36000000042号民事抗诉书提出抗诉。再审法院观点：本案为商品房预约合同纠纷。预约合同系为将来签订本约合同而达成的协议，违反预约合同的约定应当承担违约责任，但这并不意味着违反预约合同应当承担与本约合同同样的违约责任。本案不能以商品房买卖本约合同的违约责任来判断程某某的损失和惠荣公司应承担的违约赔偿数额。《合同法》第113条规定了一方违约后，守约方可以主张的违约损失范围包括合同履行后可以获得的利益。预约合同作为具有独立性的合同，该条款对其应当同样适用，但预约合同和本约合同履行后可以获得的利益并非同一概念。商品房预约合同是以签订商品房买卖合同为标的，其产生的是缔约请求权，与商品房买卖本约合同所产生的履行合同请求权并不一样，不能以未能履行商品房买卖合同作为其主张损失的依据。

本案程某某与惠荣公司签订《认购书》后，其获得的是与惠荣公司签订商品房买卖合同的请求权，并非直接履行商品房买卖合同请求权，惠荣公司违反《认购书》的约定导致的损失是程某某丧失与惠荣公司缔结商品房买卖合同的机会，此种机会损失不能简单地以商品房买卖合同单价差异确定。程某某为获得签订商品房买卖合同支付了1万元定金的代价，本案合同签订时东方假日广场尚未取得任何合法手续，直至2010年9月17日才取得建设工程规划许可证，程某某在签订《认购书》时对其拟购买的房产项目是否合法取得相关基本手续有审查的义务，对自己认购预约无任何合法手续的房产可能的风险应有基本的判断，对长时间无法实现签订商品房买卖合同的目的自身应承担一定的行为风险。程某某签订《认购书》后交纳1万元定金不足以限制程某某的经济能力导致其无法通过另行购买其他房产实现其购买房屋的目的，且2006年江西房地产开发建设公司再次发函告知程某某项目风险，程某某完全可以通过要求解除《认购书》减少其可能的损失。现程某某以履行商品房买卖合同的差价损失主张其预约合同的违约损失无法得到支持。二审法院根据南昌市房地产市场的发展趋势和本案实际情况，酌情认定由惠荣公司赔偿程某某利益损失84843.5元，再审没有理由对二审法院判断的损失金额进行调整。

法官评析

1. 商品房认购协议属于预约合同还是本约合同

基于提前锁定客户、提高签约效率、保证销售秩序等考虑，在与购房人签订正式的商品房买卖合同之前，房地产开发企业通常会与购房人签订名为《商品房认购书》《签约确认书》或《订房卡》等（以下简称认购协议）名称的书面协议，并要求购房人支付一定数额的定金，作为签订商品房买卖合同的担保。本案中，在签订正式的商品房买卖合同之前，买受人亦向出卖人支付了1万元定金。

但是，商品房认购协议是预约合同还是本约合同，经常是商品房买卖有关纠纷中的争议焦点。而正确区分预约及本约的意义主要在于两点：第一，认定合同是否可以继续履行。如果一方违约，对方有权要求对方支付购房款或办理房屋过户登记。如果认购协议属于本约，则购房者有权直接要求房地产开发企业履行配合办理过户登记手续等义务，而房地产开发企业则有权要求购房者履行支付购房款等义务。第二，判断合同是否有效。如果认购协议属于本约，且房地产开发企业并未取得相应的商品房预售许可证明，认购协议无效；如果认购协议属于预约，则该合同的效力并不受房地产开发企业是否取得相应的商品房预售许可证明的影响。

如何判断合同究竟属于预约合同还是本约合同，主要有两种不同的观点：一种观点认为，根据合同内容的详略程度进行判断。具体而言，如果合同内容详细，可以不另行签订其他合同，当事人即不存在履行的障碍，就应当认定该合同为本约合同；否则应当视为预约合同。另一种观点认为，应当根据当事人双方是否有在将来另行签订合同的意思表示进行判断：如果当事人明确表示在签订本协议的基础上，将来双方再另行签订合同，则该合同应为预约合同；否则属于本约合同。

最高人民法院倾向于上述第二种观点。最高人民法院在成都讯捷通讯连锁有限公司与四川蜀都实业有限责任公司、四川友利投资控股股份有限公司房屋买卖合同纠纷案判决书中称："判断当事人之间订立的合同系本约还是预约的根本标准应当是当事人的意思表示，也就是说，当事人是否有意在将来订立一个新的合同，以最终明确在双方之间形成某种法律关系的具体内容。如果当事人存在明确的将来订立本约的意思，那么，即使预约的内容与本约已经十分接近，即使通过合同解释，从预约中可以推导出本约的全部内容，也应当尊重当事人的意思表示排除这种客观解释的可能性。"

本案中程某某与江西房地产湾里分公司签订的《认购书》第2条第2款明确约定了程某某须于签订认购书后接开发商通知后携认购书、身份证与江西房地产湾里分公司签订由南昌市房管局拟定的《商品房买卖合同（预售）》，该《认购书》签订时东方假日广场项目尚未取得有关部门的预售许可证明，上述事实说明双方签订该《认购书》系就程某某将来购买东方假日广场项目房产达成的意思表示，程某某交纳的1万元定金系作为将来订立商品房买卖合同的担保，该约定符合《最高人民法院关于审理买卖合同纠纷案件适用法律问题的解释》（以下简称《买卖合同解释》）第2条有关预约合同的规定，属于典型的商品房买卖预约合同。

但是值得注意的是，根据《最高人民法院关于审理商品房买卖合同纠纷案件适用法律若干问题的解释》第5条的规定，如果商品房的认购、订购、预订等协议具备《商品房销售管理办法》第16条规定的商品房买卖合同的主要内容，并且出卖人已经按照约定收受购房款的，该协议应当认定为商品房买卖合同。

2. 出卖人违反预约合同，买受人可否同时主张定金罚则及房屋差价

买受人向房地产开发企业交纳的定金数额相对有限，定金罚则的适用并不一定能弥补当事人的"损失"。所以，买受人往往在主张适用定金罚则的同

时，要求违约方赔偿房屋差价。

根据《最高人民法院关于审理商品房买卖合同纠纷案件适用法律若干问题的解释》第4条及《担保法》第89条的规定，如果是购房人违约导致未能签订商品房买卖合同的，购房人无权要求返还定金；如果是房地产开发企业违约导致未能签订商品房买卖合同的，应当双倍返还定金。但是，购房人向房地产开发企业交纳的定金数额相对有限，定金罚则的适用并不一定能弥补当事人的"损失"。所以，守约方往往在主张适用定金罚则的同时，要求违约方赔偿房屋差价。守约方的该项主张能否得到支持，各地法院呈现出截然不同的倾向。

有的法院支持守约方同时主张适用定金罚则及赔偿房屋差价。如上海市高级人民法院在《关于宏观政策调控后房屋买卖纠纷若干问题的解答》中称："守约方要求违约方赔偿房屋差价损失的，一般可予准许，具体数额应综合考虑守约方的履约情况、违约方的过错程度、合理的成本支出等因素酌定。"也有法院在具体案件中表明支持的态度。如甘肃省高级人民法院在嘉峪关置地阳光房地产开发有限责任公司与董玉萍商品房预约合同纠纷案二审民事判决书中称："置地公司已不能按照《订房卡》的约定继续履行义务，其行为导致董玉萍丧失了以合理价格购房的机会，受到了一定经济损失。鉴于置地公司依法双倍返还收取的定金尚不足以弥补董玉萍该项损失，为促使民事主体严格履行合同义务，维护交易的安全与秩序，原审判决综合考量置地公司售房中间价与《订房卡》中约定的价格差以及董玉萍预购房产面积等综合因素，所确定的置地公司赔偿数额基本适当，故予以维持。"

之所以有的法院支持守约方的主张，主要根源于最高人民法院制定的《买卖合同解释》。《买卖合同解释》第28条规定："买卖合同约定的定金不足以弥补一方违约造成的损失，对方请求赔偿超过定金部分的损失的，人民法院可以并处，但定金和损失赔偿的数额总和不应高于因违约造成的损失。"

有的法院不支持守约方同时主张适用定金罚则及赔偿房屋差价。对于守约方请求同时适用定金罚则及赔偿房屋差价的主张，有的法院不予支持。如福建省高级人民法院在《关于审理商品房买卖合同纠纷案件疑难问题的解答》，对于"因出卖人原因未能订立商品房买卖合同，出卖人双倍返还定金后，买受人能否要求出卖人赔偿其他损失？如果出卖人应赔偿损失，赔偿范围如何确定？买受人能否要求赔偿房屋涨价（即合同约定价格与房屋现价之间的差额）的损失？”回答为：“买受人可以请求出卖人双倍返还定金，并赔偿其信赖利益，如为订立商品房买卖合同而支出的费用及利息等损失，使其恢复到未认购商品房前之财产状态。但请求出卖人赔偿其房屋涨价的损失的，不予支持。”

而本案中，再审法院并没有支持买受人同时要求出卖人承担定金罚则责任、赔偿房屋差价损失的主张。对此，笔者认为，该认定是妥当的。主要理由在于以下两点：

第一，认购协议与商品房买卖合同的性质不同，产生的效力不同。守约方同时主张适用定金罚则及赔偿房屋差价的原因在于守约方认为房屋差价损失属于“可得利益损失”。但是，认购协议的性质与商品房买卖合同并不同，认购协议属于预约合同，而商品房买卖合同属于本约合同，由此导致二者所产生的法律效力也是不同的。认购协议产生的“可得利益”，主要是当事人按照认购协议的约定签订商品房买卖合同，并不能产生房地产开发企业要求购房人支付购房款，或者购房人要求房地产开发企业办理产权变更登记的拘束力。而商品房买卖合同的“可得利益”，是作为守约的一方有权要求违约方继续履行合同，购房人有权要求房地产开发企业办理产权变更登记、房地产开发企业有权要求购房人支付购房款。由此可以看出，认购协议与商品房买卖合同的“可得利益”是完全不同的，不能将认购协议等同于商品房买卖合同对待。

第二，商品房认购纠纷不宜直接适用《买卖合同解释》第28条。持支持观点的法院在裁判文书中援引的主要依据是《买卖合同解释》第28条。但不容忽视的是，商品房认购与传统商品买卖在交易习惯、付款方式等方面存在明显的不同。《北京市高级人民法院关于印发〈北京市高级人民法院审理买卖合同纠纷案件若干问题的指导意见（试行）〉的通知》（京高法发〔2009〕43号）即明确指出“本指导意见更多的是从传统买卖合同纠纷入手，虽然基本原则对所有买卖合同都适用，但对于诸如房屋等不动产买卖纠纷、股权等权利买卖纠纷、涉外买卖合同纠纷，首先要充分考虑到纠纷性质和法律关系的特殊性、相关的法律法规和司法解释，以正确理解和适用本指导意见”。而从内容来看，《买卖合同解释》主要规定的也是传统商品的买卖合同纠纷处理规则，并不能简单地用以处理商品房认购产生的有关纠纷。此外，根据《民事案件案由规定》，在第三级案由中，买卖合同纠纷与商品房买卖相关的纠纷分别属于“买卖合同纠纷”与“房屋买卖合同纠纷”。由此可见，最高人民法院实际上也将传统商品的买卖纠纷与房屋买卖合同纠纷做出了一定的区分。因此，商品房认购产生的纠纷不宜直接适用《买卖合同解释》第28条的规定。

5.8 违约方认为违约金过高要求调整的，违约方应承担举证责任

——陈某诉马某等房屋买卖合同纠纷案①

关 键 词： 违约金，过高，举证责任

问题提出： 一方要求降低违约金的，如何分配举证责任？

裁判要旨： 当事人主张约定的违约金过高请求予以适当减少的，人民法院应当以举证证明的实际损失为基础，兼顾合同的履行情况、当事人的过错程度以及预期利益等综合因素，根据公平原则和诚实信用原则予以衡量，并作出裁决。

案情简介

原告（被上诉人）：陈某

被告（上诉人）：马某、康某一、康某二

第三人：房地产经纪中心

马某与康某二系夫妻关系。8618号1层至2层全部房屋由马某和康某二按份共有。2014年5月1日陈某与三原告就购买上述房屋达成一致意见，并于同日在兴商房地产中心签订《存量房屋买卖合同》，约定三原告将8618号1层至2层全部房屋出售给陈某。该房屋成交价格为840万元，买受人采取自行交割的付款方式，此合同一经签订，买受人向出卖人支付定金3万元，此定金由出卖人直接收取。买受人与出卖人约定于2014年5月30日之前将银行

---

① 一审法院为北京市昌平区人民法院，案号：（2015）昌民初字第00726号；二审法院为北京市第一中级人民法院，案号：（2015）一中民终字第06674号。

贷款所需证件资料准备齐全，并办理上述房产的贷款审批手续，审批合格后10个工作日内，出卖人与买受人办理上述房产的提前还款手续，银行出具的还清款证明及相关抵押材料由居间人进行保管，自撤销抵押登记之日起5个工作日内，出卖人与买受人办理上述房产的过户手续，同时买受人向出卖人支付首期购房款240万元，剩余房款600万元，通过银行贷款形式一次性支付给出卖人，银行放款后，由批贷银行将此笔贷款直接划至出卖人账户。如买受人违约，导致合同不能继续履行的，买受人无条件退还出卖人已交付的全部手续并赔偿出卖人违约金160万元整及居间方各项服务费用和各种损失费，同时出卖人将买受人已付全部购房款退还买受人。合同由三原告、被告签字，并由房地产中心加盖合同专用章。同日，原告一方与陈某签订《补充协议》，内容为：如因政策调整导致乙方陈某贷款金额不足600万元，则甲方马某等同意乙方于2014年10月1日前将银行贷款不足部分一次性付给甲方。如因政策调整导致乙方无法通过银行按揭购买该套房屋，则付款方式改为一次性付款，具体付款方式为2014年7月30日前向甲方支付240万元，2014年10月1日前向甲方支付300万元，2014年12月31日前向甲方支付300万元。合同签订后，陈某支付马某一方定金3万元。

2014年6月，陈某向马某一方提出要求解除合同，不再购买涉案房屋。陈某主张解除合同的原因在于其没有在京购房资格，马某一方主张陈某在购房时明确表示其具备在京购房资格，解除合同的原因在于资金不足。2014年8月15日马某一方通过律师事务所向陈某发送《律师函》，要求陈某按照双方合同约定履行，如不能履行合同，则应当赔偿马某一方违约金160万元。其间马某一方与陈某就解除合同一事进行协商，但双方因违约金数额未能达成一致导致合同一直未予解除。

另查，马某一方主张陈某违约给其造成了损失500余万元，包括陈某未能如期交付房款导致其需支付的涉案房屋贷款利息损失1212997元、其配偶康某二名下别墅贷款利息损失4544072元及律师代理费32000元、公证费240元、康星宜交通费损失12000元、饭费损失600元，并提交《个人购房借款/担保合同》、中国工商银行住房信贷借款凭证、《北京农村商业银行个人住房借款合同》、北京农村商业银行个人消费贷款借款借据、发票、《委托代理合同》等予以证明。其中《个人购房借款/担保合同》及中国工商银行住房信贷借款凭证显示涉案房屋贷款期限为20年，自2007年11月28日至2027年11月28日止，贷款金额为130万元，本息合计为2729963.68元。《北京农村商业银行个人住房借款合同》及北京农村商业银行个人消费贷款借款借据显示康某二名下的别墅贷款金额为487万元，贷款年限自2007年11月24日至2027年11月23日。发票显示康某二支付公证费240元。《委托代理合同》显示马某与律师事务所签订了《委托代理合同》，约定马某委托律师事务所律师就本案出庭代理诉讼，律师费为32000元。

各方观点

马某观点：2014年3月起，陈某经多次实地看房考察，与我方多次协商房屋买卖细节后，决定购买我方所有的8618号1层至2层全部房屋，并由陈某联系了房屋中介公司。由于陈某积极的态度，我方放弃了正在协商中的其他买受人。2014年5月1日，我方与陈某在兴商房地产中心签订8618号1层至2层全部房屋买卖合同，建筑面积483.13平方米，价款840万元，预付定金3万元，首付款时间2014年7月30日前付240万元，2014年10月1日前付300万元，2014年12月31日前付300万元，交房时间为2014年7月30日，并明确约定了解除合同的违约金为160万元。合同签订当日，陈某给付定金3万元，我方按照兴商房地产中心的要求向其交付了各种证件，并办理了委托公证手续及银行解押的准备。2014年6月中旬，陈某无故提出解除合同，经协商就解除合同的违约金双方未能达成一致。2014年8月15日，我方委托律师事务所律师向陈某发律师函，明确表示如果其不能履行合同，应当赔偿我方违约金160万元。后经律师多次与陈某联系，仍无法达成一致意见。为维护自身合法权益，故我方诉至法院，请求：1. 判令解除2014年5月1日我方与陈某及房地产中心签订的8618号1层至2层全部房屋买卖合同；2. 判令陈某给付违约金160万元；3. 判令诉讼费由陈某承担。

陈某观点：不同意马某一方的诉讼请求。起诉书所述的事实基本正确。我方提出解除合同是在2014年5月底6月初，对方也同意了只不过双方就违约金没有达成一致意见，当时对方要求兴商房地产中心也在文件上签字，但是兴商房地产中心不给盖章，导致合同一直没有解除，但是双方的买卖关系实质上已经解除了。我方也通知了对方这个房子我方买不了了。解除的原因是因为我方不具备在京购房的资格，当时签合同时对购房条件不是很了解以为我方有资格购买别墅，中介公司也没有说明，导致合同没法履行。我方及时通知了对方赶紧将房屋出卖给他人、解除合同，但是违约金一直没有达成一致，为此我方还支付了对方定金 3 万元。我方认为兴商房地产中心对合同解除要承担责任。

第三人房地产经纪中心观点：我方认为马某一方起诉的事实依据及理由充分，但是我方不应承担责任。我方作为本案的诉讼主体并不适格。居间合同的定义是居间人向委托人提供交易的信息并促成双方达成交易，本案中买卖双方的交易已经达成了，我方不应该再承担其他责任。在本案中我方并未实际提供任何的居间服务，买卖双方自行就房屋的出售事宜达成了一致，后要求我方出具了合同文本，我方在本案中仅出具了合同文本并未提供其他居间服务。关于买方是否具备购房资格的问题，因为我方并非居间人，就没有义务审查买方的购房资格问题。且根据北京市高级人民法院的相关意见，买方是否具备购房资格并不影响买卖合同的效力，仅影响双方当事人向对方主张违约赔偿的权利。买方作为经常居住在北京的普通公民对北京的限购政策应该非常清楚，不能把自己不懂法的责任强加给卖方或者是第三人。

法院观点

一审法院观点：马某一方与陈某及房地产中心签订的《存量房屋买卖合同》是当事人真实意思表示，内容未违反法律法规的强制性规定，合同属合法有效。合同签订后，双方应当按照合同约定履行各自的义务。当事人一方不履行合同义务或者履行合同义务不符合约定的，应当承担继续履行、采取补救措施或者赔偿损失等违约责任。当事人一方不履行合同或者履行合同义务不符合约定，给对方造成损失的，损失赔偿额应当相当于因违约所造成的损失，包括合同履行后可以获得的利益，但不得超过违反合同一方订立合同时预见到或者应当预见到的因违反合同可能造成的损失。当事人可以约定一方违约时应当根据违约情况向对方支付一定数额的违约金，也可以约定因违约产生的损失赔偿额的计算方法。约定的违约金过分高于造成的损失的，当事人可以请求人民法院予以适当减少。

陈某与马某一方签订房屋买卖合同后，陈某在合同履行过程中明确提出其不再购买涉案房屋，并就解除房屋买卖合同一事与马某一方进行协商，现马某一方及房地产中心对解除房屋买卖合同均表示同意，故对马某一方要求解除双方签订的房屋买卖合同的诉讼请求，法院予以支持。双方在签订《存量房屋买卖合同》后另行签订了《补充协议》，《补充协议》构成《存量房屋买卖合同》的一部分，故对《补充协议》法院一并予以解除；陈某虽主张其解除合同的原因在于其在京没有购房资格，但其没有提交相应证据，且北京的限购政策在陈某与马某一方签订房屋买卖合同前早已出台，陈某对其是否具备在京购房资格负有审查义务，马某一方对合同解除并无过错，陈某的行为违反了双方合同约定，应当承担相应的违约责任。当事人主张约定的违约金过高请求予以适当减少的，人民法院应当以实际损失为基础，兼顾合同的履行情况、当事人的过错程度以及预期利益等综合因素，根据公平原则和诚实信用原则予以衡量，并作出裁决。根据已查明的事实，双方于 2014 年 5 月 1 日缔结合同至 2014 年 6 月陈某提出解除合同，不再购买涉案房屋，其间不足两个月，且马某一方同意解除合同，双方仅因违约金数额未能达成一致导致合同一直未予解除，同时考虑到本案合同的履行程度以及双方就涉案的房屋买卖合同未办理网签手续等情节，法院就陈某提出的约定违约金数额过高的主张，予以采信。对其要求减少违约金的主张，予以支持。具体数额由法院结合案件基本事实，依法予以判定。双方同意将陈某已支付的定金 3 万元折抵违约金，对此法院不持异议。

综上所述，法院判决：一、解除马某等与陈某、第三人北京市房地产经纪中心于 2014 年 5 月 1 日签订的《存量房屋买卖合同》及马某等与陈某于 2014 年 5 月 1 日签订的《补充协议》。二、陈某于本判决生效后十五日内支付马某等违约金 60 万元。三、驳回马某等的其他诉讼请求。如未按本判决指定的期间履行给付金钱义务，应当依照《中华人民共和国民事诉讼法》第二百五十三条之规定，加倍支付迟延履行期间的债务利息。

二审法院观点：本案争议焦点为合同解除的责任以及违约金数额是否过高的问题。

首先，陈某不具备在京购房的资格是事实，其上诉提出的房地产中心承诺可以为陈某变通购房资格，只是需要费用的说法虽提交了光盘等证据，该证据只能证明房地产中心个别工作人员现在承诺可以协助解决购房资格问题，但无法证明房地产中心在陈某购买涉案房屋时对其作出过承诺。因此，陈某以此证明其与马某一方签约时是因得到了房地产中心的承诺才去签约的，现其不能继续履行合同是因其购房资格没有取得，不得已解除合同，其并非故意违约，不应承担违约责任的说法缺乏事实与法律依据，法院不予支持。原审法院对此认定正确，法院予以维持。

其次，陈某认为即使其与马某一方解除合同，马某一方亦未受到较大损失，最多存在一万元租金损失，而原审法院判决陈某支付马某60万元违约金过高。对此，法院认为，违约金的基本功能之一就是对违约行为的惩罚。如前所述，合同不能继续履行系陈某所致，陈某理应按照合同约定支付违约金。合同中约定的违约金为160万元，陈某在原审法院审理时提出违约金过高的问题，原审法院已经酌定降为60万元，考虑到马某提出的损失存在一定的合理性，陈某称马某的损失最多为1万元的说法缺乏证据等因素，法院认为原审法院酌定违约金为60万元并无不当。法院予以维持。陈某要求继续降低违约金的请求法院不予支持。

二审法院判决：驳回上诉，维持原判。

法官评析

1. 违约金的种类

关于违约金，通常的描述是，由当事人约定的或法律直接规定的，一方当事人违约时向另一方当事人支付一定数额的金钱或其他给付。[①] 违约金可以分为以下两类：惩罚性违约金与赔偿性违约金。

（1）惩罚性违约金。又称违约罚或固有意义上的违约金，此种违约金于违约时，债务人除须支付违约金外，其他因债之关系所应负的一切责任，均不因之而受影响。债权人除可请求违约金外，还可以请求债务履行或者不履行所生之损害赔偿。

（2）赔偿性违约金。又叫作损害赔偿额的预定，是当事人双方预先估计的损害赔偿总额。这种违约金的性质决定了债务人违约的场合，债权人不得同时请求债务人支付违约金和赔偿损失，只能请求支付违约金。至于能否不

---

① 崔建远：《合同法》（第三版），北京大学出版社2016年版，第388页。

请求支付违约金，而主张违约损害赔偿，则观点不一。赔偿性违约金的积极意义在于，债权人于对方违约而请求损害赔偿时，须证明损害及因果关系。而此类举证，不但困难，且易产生纠纷，因而当事人为避免上述困难及纠纷，预先约定损害赔偿额或其计算方法，不失为良策，一方面可以激励债务人履行债务，另一方面如发生违约，则其责任承担简单明了。此种损害赔偿额的预定，也是一种违约金。

2. 赔偿性违约金的数额调整原则

赔偿性违约金作为赔偿损失额的预定，虽然不要求其数额与实际损失额完全一致，但也不宜使两者相差悬殊，否则，会使违约金责任与赔偿损失的一致性减弱乃至丧失，而使两者的差别性增大，以致成为完全不同的规则。因此，违约金的数额过高或过低时允许调整是适宜的。《合同法》第114条第2款规定："约定的违约金低于造成的损失的，当事人可以请求人民法院或者仲裁机构予以增加；约定的违约金过分高于造成的损失的，当事人可以请求人民法院或者仲裁机构予以适当减少。"由此可见，判断违约金数额不适当的比较基准，是违约给守约方造成的损失。

解读《合同法》第114条第2款后段以及法释〔2009〕5号第29条的规定，可知：对于违约给守约方造成的实际损失，应当由请求减少违约金数额的违约方举证。如果请求方不能证明约定数额与损失之间存在巨大差额，则其应当承担不利的后果。虽然在一般情况下，受害人对于自己所遭受的损失应当较违约方更清楚，提供相应的证据也更为容易，但不能因为受害人举证更容易而一律由受害人举证证明其所遭受的损失大小。只有在权利人合理陈述及提供相应证据，使法官内心产生违约金不调整确实显失公平时，举证责任才可能发生转换。

关于违约金的数额调整原则，《最高人民法院关于适用〈中华人民共和国合同法〉若干问题的解释（二）》已经作出较为明确的规定：对于请求人民法院增加违约金的，增加后的违约金数额以不超过实际损失额为限。对于当事人主张约定的违约金过高请求予以适当减少的，人民法院应当以实际损失为基础，兼顾合同的履行情况、当事人的过错程度以及预期利益等综合因素，根据公平原则和诚实信用原则予以衡量，并作出裁决。由此可见，人民法院调整违约金时，要以实际损失为基础，同时要考虑三种因素。一是合同的履行情况。《合同法》采用严格责任为归责原则，只要违约即应承担违约责任，但在一个已经几近履行完毕的合同与尚未履行的合同中，违约行为所导致的结果是明显不同的。如果合同约定的违约金是概括的违约金，即合同约定在一方当事人部分不履行、不完全履行与完全不履行合同时的违约金是同一数额，而另一方当事人出现部分不履行或者不完全履行的违约行为时，违约方提出约定违约金过高时，人民法院可以按照《合同法》关于人民法院调整违约金权利的规定，而不是基于合同已经部分履行的比例来计算扣减违约金。二是当事人的过错程度。违约方是恶意违约还是过失违约，直接决定违约金的补偿性和惩罚性功能的彼此消长。三是可得利益损失情况。对此，《合同法》第113条作出了明确规定。

综上所述，违约金减少需要由违约方承担举证责任，人民法院以实际损失为基础，综合合同履行情况、当事人过错程度等因素，根据公平原则、诚实信用原则予以衡量。

具体到本案中，双方当事人合同中约定的违约金为160万元。陈某主张其解除合同的原因在于其在京没有购房资格，而北京的限购政策在陈某与马某一方签订房屋买卖合同前早已出台，陈某对其是否具备在京购房资格负有审查义务，陈某在未确定自己具备在京购房资格的情况下与马某签订房屋买卖合同，最终因自己不具备在京购房资格而导致合同解除，陈某对此具有过错，应当承担相应的违约责任。通过举证质证及当事人双方陈述，法院综合考虑马某一方的实际损失、合同约定、当事人过错等情况，最终酌定违约金为60万元。

5.9 违约方对于违约金过高的举证证明程度如何

——某房地产公司诉段某房屋买卖合同纠纷案①

关 键 词：违约金，过高，举证责任

问题提出：违约金是否过分高于损失应达到什么样的证明标准？

---

① 一审法院为甘肃省酒泉市中级人民法院，案号：（2014）酒民一初字第41号；二审法院为甘肃省高级人民法院，案号：（2015）甘民一终字第91号。

裁判要旨： 衡量违约金是否过高的标准是违约造成的损失，对认定违约金是否过分高于损失的举证责任承担问题，考虑到违约方不可能举出守约方损失的全部证据，那么其只要举出让法官对违约金约定公平性产生怀疑的证据即可。

案情简介

原告（反诉被告、上诉人）：某房地产公司

被告（反诉原告、被上诉人）：段某

2013 年 12 月 6 日，原告某房地产公司所属项目部与被告段某签订一份《协议》，约定房地产公司将其开发的共 26 套房产总面积 2662.37 平方米，26 套地下室共计 501.16 平方米，5 号门店面积 230.33 平方米，20 平方米以上车库 1 间，总价 810 万元，以 662 万元的优惠价格销售给被告段某。并约定，待双方签订销售协议、房地产公司开具正规的税务发票、经房管部门办理备案手续等相关手续后，段某于合同签订之日支付房款 30 万元，剩余 632 万元，于 2014 年 1 月 15 日支付 582 万元，2014 年 5 月 31 日支付 30 万元，2014 年 12 月 31 日支付 20 万元。还约定合同签订后，双方必须遵照执行，如有一方违约，向对方赔偿 200 万元违约金，也可以用实物按照市价折价赔偿。在该合同中，双方还约定了由段某代理销售其他房屋事宜，同日，双方当事人签订了《代理销售协议》。合同签订后，房地产开发有限公司于 2014 年 1 月 6 日在玉门市地方税务局开具了税务发票，同日双方当事人在玉门市房地产管理局进行了合同备案，备案合同载明，原告向被告交房时间为 2014 年 12 月 30 日。合同履行中，段某于 2013 年 12 月 6 日付款 30 万元，2014 年 1 月 26 日付款 7 万元，2014 年 1 月 28 日付款 20 万元，2014 年 3 月 26 日付款 100 万元，2014 年 4 月 11 日付款 13.318497 万元，合计 170.318797 万元。由于段某不按期足额支付房款，双方多次协商未果产生纠纷，房地产开发有限公司以段某怠于履行义务构成违约，造成协议无法履行，同时给其造成巨大损失为由，将段某诉至法院，请求判令：一、解除双方签订的《协议》；二、判决被告段某支付违约金 200 万元。被告段某以房地产公司未按协议约定履行义务，使其无法实现合同目的并造成极大经济损失为由，向法院提起反诉，请求：1. 判令房地产开发有限公司继续履行双方签订的《协议》和《代理销售协议》；2. 判令房地产公司承担违约金 200 万元；3. 判令房地产公司承担本诉和反诉的全部诉讼费。

另查明：2012 年 5 月，房地产公司取得涉案房屋及商铺的《建设用地规划许可证》《建设工程规划许可证》。玉门市房地产管理局于 2013 年 9 月 22 日向房地产开发有限公司颁发了《商品房预售许可证》。由于双方于 2013 年 12 月 6 日签订的《协议》包括房屋买卖和房屋代销两部分内容，一审庭审中，原告房地产开发有限公司明确其诉讼请求中“解除双方签订的《协议》”，仅指请求解除双方签订《协议》中房屋买卖部分。一审庭审后，被告段某进一步明确了其反诉请求，要求判令反诉被告继续履行双方签订的《协议》中的房屋买卖合同部分，并由反诉被告承担违约金 200 万元。后又于 2014 年 12 月 12 日申请撤回反诉。

各方观点

某房地公司观点：一、一审法院以所欠房款为基准，以贷款利率的 1.3 倍的标准来计算违约金不当。1. 意思自治原则是合同的基本原则之一。《协议》标的价值 800 多万元，约定如一方违约，向守约方支付违约金 200 万元并不为过，也不违反法律的强制性规定，该约定系双方当事人真实意思表示，属有效约定，法院不应当进行调整。2. 一审中，被上诉人自始至终都是主张上诉人违约，不同意支付违约金，从未以违约金过高为由要求一审法院调整违约金，在被上诉人未直接请求法院调整违约金的情况下，一审法院直接干预对双方所约定的违约金进行调整，显属不当。3. 一审法院对违约金的调整幅度过大，违背《合同法》“适当调整”的规定，支持的违约金数额明显偏低。截至 2014 年 5 月 31 日，被上诉人本应向上诉人支付 642 万元房款，却仅支付了 1703187.97 元（其中还含有其出售上诉人房屋的房款 251000 元），由于被上诉人不履行协议约定，造成上诉人向小贷公司所借的高息借款无法偿还，仅小贷公司利息就产生了将近 200 万元，还不算其他的债务。但在损失已经产生的情况下，一审法院却以所欠房款为基础，以贷款利率 1.3 倍为基准计算 36 万余元的违约金，根本无法弥补上诉人所遭受到的损失。应当按照双方合同约定，支持由被上诉人支付上诉人违约金 200 万元。二、一审法院认定事实错误，判决由上诉人返还被上诉人房款 1703187.97 元不当。被上诉人向上诉人共计支付的1703187.97元当中含有被上诉人在协议履行过程中出售给姜某住宅一套及地下室的房款251000元，这笔钱本来就应该由上诉人来收取，现在判决返还被上诉人，明显是认定事实错误。

段某观点：一审判决认定事实证据充分，适用法律正确无误，请二审依法驳回上诉，维持原判。一、一审依答辩人的申请，适当调整本案违约金符合本案事实，适用法律正确，程序正当。双方签订的《协议》约定“如有一方违约，向对方赔偿200万元违约金”，该约定明显属于《最高人民法院关于适用〈中华人民共和国合同法〉若干问题的解释（二）》中规定的“当事人约定的违约金超过造成损失的百分之三十”的情形，属于“过分高于造成的损失”，人民法院应当予以调整。被答辩人提交证据证实其因违约行为造成的损失，系上诉人之外的郑某个人贷款及郑某与张某个人借款的利息，不能将个人借款的利息作为公司造成损失的依据。上诉人在原审中也未对其流动资金贷款利息之外造成的其他损失举证，一审判令答辩人以同期银行贷款利率的1.3倍向房地产公司支付违约金，符合本案事实及经济规律。二、本案所涉及的买卖合同包含有两个合同法律关系，即买卖合同法律关系和代理销售房屋的法律关系，上诉人只对买卖合同提起诉讼，房屋的销售行为不受买卖合同约束，应当另案处理，因此一审判决上诉人返还答辩人1703187.97元完全正确，并无错误。

法院观点

一审法院观点：本案所涉房屋买卖协议虽系项目部与段某所签，但房地产公司认可项目部签订合同的行为及签订的合同内容，故应认定项目部代表房地产公司与段某签订的房屋买卖协议，系双方真实意思的表示，不违反法律规定，该协议合法有效，双方当事人均应自觉遵守合同约定并积极履行。合同签订后，段某不积极如约履行义务，在原告房地产公司多次催告、双方多次协商后仍不能履行主要义务，根据《合同法》第94条规定，房地产公司要求解除房屋买卖协议的请求，应予支持。《合同法》第97条规定，合同解除后，尚未履行的，终止履行。由于原、被告双方签订合同后至原告起诉本案，原告交付房屋的期限尚未届满，且在庭审中，原告认可并未将房屋钥匙交于被告，故应认定原告实际上并未将房屋交于被告。合同解除后，原告无须再履行交付房屋的义务，故其收取被告的房款应当予以退还。合同解除并不是合同责任的终止，如果一方当事人严重违约而引起另一方当事人解除合同，这时合同因解除而终止，但违约方并不能因合同终止而不承担违约责任，故段某应当承担违约责任。双方虽约定“如有一方违约，向对方赔偿200万元违约金”，但被告段某认为约定的违约金过分高于房地产公司的实际损失，要求依法进行调整。确认约定的违约金数额是否过高，根据《合同法》《最高人民法院关于适用〈中华人民共和国合同法〉若干问题的解释（二）》的规定，应以实际损失数额为确认的基础。对于前述规定中的“实际损失”，应当全面、正确地理解。在计算实际损失数额时，应当以因违约方未能履行双方争议的、含有违约金条款的合同，给守约方造成的实际损失为基础进行计算，将合同以外的其他损失排除在外。对于一方当事人因其他合同受到的损失，即使该合同与争议合同有一定的牵连关系，也不能简单作为认定本合同实际损失的依据。本案中，原告房地产公司应当对段某的违约行为给其造成损失的事实承担相应的举证责任。房地产公司虽认为由于段某未按约支付房款，致使其在小额贷款公司的贷款和向李某的借款不能及时偿还，产生的利息为其实际损失。但经查，房地产公司所指贷款是项目部负责人郑某个人所贷，房地产公司称借款是指郑某个人和张某个人在段某购买房屋之前向李某所借，且在调查中，房地产公司明确表示对郑某的贷款行为不予认可，故郑某个人在小额贷款公司的贷款和郑某、张某个人的借款产生的利息均不能认定为房地产公司的实际损失，房地产公司主张由于段某未及时付清房款，致其产生高额贷款利息损失的理由不能成立。鉴于房地产公司不能对段某违约给其造成的流动资金贷款利息损失之外的其他损失事实进一步举证证明，其要求段某支付200万元违约金的主张不能成立，根据《合同法》第114条第2款关于“约定的违约金过分高于造成的损失的，当事人可以请求人民法院或者仲裁机构予以适当减少”的规定，应予以适当减少。《最高人民法院关于适用〈中华人民共和国合同法〉若干问题的解释（二）》第29条第2款规定，当事人约定的违约金超过造成损失的百分之三十的，一般可以认定为“过分高于造成的损失”。对于段某的违约责任，应以应付到期房款被段某占用期间的流动资金贷款利息为相应参考依据，予以适当调整，酌定段某以同期贷款利率的1.3倍向房地产公司支付362185.42元人民币的违约金。另外，在本案审理过程中，被告段某于2014年12月12日申请撤回其反诉，该申请系反诉原告对自己诉权的处分，且不损害他人利益，应当予以准许。至于双方当事人在诉讼中提到的，段某为郑某在小额贷款公司的贷款作担保并归还部分利息的事实，由于与本案非同一法律关系，不作合并处理。综上，法院判决：一、解除原、被告签订的《协议》中买卖房屋部分。二、被告段某支付原告房地产开发有限公司违约金362185.42元。三、原告房地产开发有限公司返还被告段某房款1703187.97元。四、驳回原告房地产开发有限公司的其他诉讼请求。

二审法院观点：根据当事人上诉、答辩意见和二审庭审调查的情况，本案双方当事人争议的焦点问题有以下几点：

一、关于一审判决段某支付房地产公司违约金362185.42元是否适当的问题

首先，一审认定段某在与房地产公司签订购房《协议》后，未按《协议》约定的期限及数额向房地产公司支付购房款，构成违约，对此认定，段某在一、二审中均未提出异议，房地产公司根据双方《协议》的约定，起诉请求判令段某承担违约责任有相应的事实依据，应予以支持。那么段某应如何承担违约责任就是双方争议的焦点所在，根据双方《协议》的约定："合同签订后，合同双方必须遵照执行，如有一方违约，向对方赔偿200万元的违约金，也可以用实物按照市价折价赔偿。"房地产公司也正是基于此项约定请求判令段某承担200万元的违约金，根据法院二审查明的事实，段某在一审调解过程中明确提出违约金200万明显高于实际损失，请求法庭适当减少。《最高人民法院关于适用〈中华人民共和国合同法〉若干问题的解释（二）》第27条规定："当事人通过反诉或者抗辩的方式，请求人民法院依照合同法第一百一十四条第二款的规定调整违约金的，人民法院应予支持。"故玉门商汇公司上诉提出"一审在段某未直接请求调整违约金的情况下对违约金进行调整，显属不当"的理由不能成立。

其次，房地产公司和段某约定200万元的违约金，确实体现了双方在订立合同时的意思自治，但是《合同法》第114条第2款规定："约定的违约金低于造成的损失的，当事人可以请求人民法院或者仲裁机构予以增加；约定的违约金过分高于造成的损失的，当事人可以请求人民法院或者仲裁机构予

以适当减少。"《合同法》的这一规定说明合同自由不是绝对的，合同自由需要合同正义来规制，违约金的数额过高或者过低时允许调整是民法公平原则的要求。故房地产公司上诉提出一审不应当对双方约定的违约金进行调整的理由不能成立。

最后，对如何调整过高违约金的问题，《最高人民法院关于适用〈中华人民共和国合同法〉若干问题的解释（二）》第29条规定："当事人主张约定的违约金过高请求予以适当减少的，人民法院应当以实际损失为基础，兼顾合同的履行情况、当事人的过错程度以及预期利益等综合因素，根据公平原则和诚实信用原则予以衡量，并作出裁决。当事人约定的违约金超过造成损失的百分之三十的，一般可以认定为合同法第一百一十四条第二款规定的'过分高于造成的损失'。"根据上述法律规定，衡量违约金是否过高的标准是违约造成的损失，对认定违约金是否过分高于损失的举证责任承担问题，考虑到违约方不可能举出守约方损失的全部证据，那么其只要举出让法官对违约金约定公平性产生怀疑的证据即可。本案中段某一审提出200万元违约金远远高于其欠付的购房款按同期银行贷款利率计算的利息，故其已经完成了其相应的举证责任，而房地产公司在一、二审中未举出因段某违约给其造成实际损失的充分证据，故一审判决以段某所欠购房款为基础，以同期银行贷款利率的1.3倍为基准判定段某向房地产公司承担362185.42元的违约金，符合《最高人民法院关于适用〈中华人民共和国合同法〉若干问题的解释（二）》第29条的规定，法院二审予以维持。

二、关于一审判决房地产公司返还段某购房款1703187.97元是否适当的问题。一审查明段某已向房地产公司支付了1703187.97元购房款，房地产公司也认可这一数额，但上诉提出1703187.97元中有251000元是段某代收的属于房地产公司出售给第三人姜某的一套房款，对此主张，段某在一、二审中均不予认可，房地产公司也未提供相应的证据予以证实，故一审在判定双方《协议》中买卖房屋的部分解除的前提下，判决房地产公司向段某返还已付购房款1703187.97元并无不当。鉴于双方所签《协议》中的房屋代销部分的内容并未解除，而房地产公司主张的251000元属于段某履行《协议》中房屋代销内容所产生的问题，房地产公司可在与段某履行房屋代销协议时再行主张。

综上，法院判决：驳回上诉，维持原判。

法官评析

1. 证明标准

证明标准也称证明要求、证明度，是指在诉讼证明活动中，对于当事人之间的事实，法官根据证明的情况对该事实作出肯定或者否定性评价的最低要求。从当事人角度而言，证明标准为当事人完成证明责任提供了一种现实的、可预测的尺度，使事实证明成为一种限制性的认识活动，而非无止境的求真过程；从裁判者的角度而言，证明标准是裁判者对待证事实是否存在的内心判断；从证明标准的性质而言，证明标准具有法定性，是一种法律规定的评价尺度，当事人对待证事实证明到何种程度才能解除证明责任、裁判者基于何种尺度才能认定待证事实存在，必须严格按照法律规定进行。

由于证明标准具有模糊性的特征，精确界定证明标准非常困难，所以无论是大陆法系国家还是英美法系国家，均以盖然性作为民事诉讼的证明标准，只是对盖然性程度要求不同。所谓盖然性，是指一种可能的状态，是一种可能而非必然的性质。大陆法系国家在民事诉讼中普遍采用高度盖然性的证明标准。“所谓高度盖然性，即根据事物发展的高度概率进行判断的一种认识方法，是人们在对事物的认识达不到逻辑必然性条件时不得不采用的一种认识手段……具体而言，就是在证据无法达到确实充分的情况下，如果一方当事人提出的证据已经证明事实的发生具有高度盖然性，法官即可予以确认。”① 英美法系国家多采用盖然性占优标准，也叫优势证据标准。所谓盖然性占优，是指负有证明责任的当事人必须证明他所主张的事实上存在的可能性大于不存在，即事实审理者斟酌全案证据后，必须能够表明当事人主张的事实存在的概率大于不存在。如果盖然性对等，导致事实审理者作出判断，负担证明责任的当事人将败诉。② 盖然性占优标准要求“诉讼中一方当事人所提供的证据比另一方所提供的证据更具有说服力或者更令人相信……这一标准在确定哪一方在证据的数量和质量上更有优势不做高度要求。一些评论家将这种证明标准表达为51%的概率，也就是说只要一方当事人证据的优势超过51%他

---

① ［德］汉斯·普维庭：《现代证明责任问题》，吴越译，法律出版社2000年版，第108－109页。

② 齐树洁主编：《英国证据法》，厦门大学出版社2002年版，第201－203页。

就可以胜诉”。[1] 整体而言，我国确立的是优势证明标准。

2. 证明标准的层次性

证明标准具有内在的层次性。这种层次性体现在针对不同的证明对象和待证事实，需要满足不同程度的盖然性要求。无论大陆法系国家还是英美法系国家。对于证明标准的理解都整体体现为层次性的多元化标准。例如，德国将证明标准确定为三级：第一级为原则性的证明标准，要求法官对真相形成全面心证，达到很高的盖然性，适用于通常的实体事实的证明；第二级为降低的证明标准，要求到达令人相信的程度，相当于盖然性占优标准，适用于程序性事实的证明；第三级为提高的证明标准，要求达到显而易见的程度，适用于如显失公平的证明等特殊场合。我国有学者主张将盖然性程度区分为：初级盖然性，心证程度为51%—74%，表明事实大致如此；中级盖然性，心证程度为75%—84%，表明事实一般情况下如此；高级盖然性，心证程度为85%—99%，表明事实几乎如此。对于民事案件中一般待证事实，适用中级盖然性标准；对于特殊待证事实，如果证明要求较高的适用高级证明标准，证明要求较低的适用初级证明标准。“如果以高度盖然性的证明标准为参照，特殊类型的民事诉讼所适用的证明标准大致可以分为两种情况，一种应低于高度盖然性的证明标准，另一种标准则应高于高度盖然性的证明标准，直至接近或达到排除合理怀疑的程度。”[2]

综上所述，由于证明对象和待证事实不同，证明标准需要分为一定的层级，有的需要提高证明标准，有的需要降低证明标准。

具体到本案中，由于违约方不可能举出守约方损失的全部证据，出于公平公正需要，对于违约方的举证证明标准应降低，所以法院认定只要违约方举出让法官对违约金约定公平性产生怀疑的证据即可认定违约方主张的事实存在。

---

① 张卫平主编：《外国民事证据制度研究》，清华大学出版社2003年版，第217页。

② 毕玉谦主编：《证据法要义》，法律出版社2003年版，第482页。

5.10 以同一违约行为可否再次起诉主张违约金

——韩某诉某房地产公司商品房预售合同纠纷①

关 键 词： 违约金，过高，举证责任

问题提出： 对于有持续状态的违约行为，守约方主张过违约金，在违法状态继续存在的情况下，守约方能否再次主张违约金？

裁判要旨： 违约行为有持续状态的，违约方未及时制止违约行为，虽然守约方分段主张过违约金，为促使违约方积极制止违约行为，违约方仍应支付相应违约金。违约方主观过错明显，守约方没有过错，违约方虽因同一违约行为累计承担的违约金数额虽已近合同总价款的二分之一，但尚未达到须由人民法院依申请予以适当减少的过高程度。

案情简介

原告（上诉人）：韩某

被告（被上诉人）：某房地产公司

2007年7月20日，韩某与某房地产公司签订了《北京市商品房预售合同》，约定韩某以3065549元的价格购买该公司开发的涉案房屋；某房地产公司应当在2007年9月30日前向韩某交付涉案房屋，房屋交付时某房地产公司还应当提供《住宅质量保证书》和《住宅使用说明书》，且应当取得规划验收批准文件和建筑工程竣工验收备案表、有资质的房产测绘机构出具的该房屋面积实测技术报告书、住宅工程质量分户验收表；某房地产公司应当在2007年10月31日前取得该商品房所在楼栋的权属证明，否则自应当取得该房屋所在楼栋的权属证明期限届满之次日起至实际取得权属证明之日止，按日计算向韩某支付全部已付款万分之二的违约金，并于该公司实际取得权属证明之日起30日内向韩某支付。

---

① 一审法院为北京市朝阳区人民法院，案号：（2015）朝民初字第39196号；二审法院为北京市第三中级人民法院，案号：（2016）京03民终字第719号。

2008年1月9日，韩某与某房地产公司签订了《补充协议》，韩某入住了涉案房屋，《补充协议》约定：房地产公司承诺1. 于2008年3月31日前向韩某提供有资质的房产测绘机构出具的房屋面积实测技术报告书；2. 于2008年5月31日前向韩某提供房屋的规划验收批准文件和建筑工程竣工验收备案表；3. 于2008年5月31日前向韩某提供房屋所在楼栋的房屋权属证明；以上三条中任意一条逾期，以上述约定时间起按每日总房价款的万分之三向韩某支付违约金；本协议是原合同的补充，其他条款不变，与原合同具有同等法律效力等内容。后某房地产公司未能按照《补充协议》中承诺的时间向韩某提供房屋相关手续，也未能取得房屋所在楼栋的权属证书。

2009年1月，韩某以某房地产公司未能履行《补充协议》为由起诉，要求某房地产公司支付逾期交付房屋入住合格手续违约金，逾期办理房屋产权证违约金等。该案经终审审理认定：某房地产公司违反《北京市商品房预售合同》及《补充协议》的约定应承担违约责任，双方在《补充协议》约定了需承担违约责任的三种情况，并约定按每日总房款的万分之三计算违约金，但并未明确在基于同一事实导致三种违约情况均出现时违约金需叠加适用。现某房地产公司依法要求降低违约金的数额，综合考虑到韩某已经入住涉诉房屋、其提供实际损失的证据并不充分、且《补充协议》并未明确约定违约金需叠加适用的情况，故某房地产公司因超规划建设导致逾期提供测绘报告、逾期竣工验收及逾期办证的违约金分别按每日总房款万分之一，总计万分之三的标准计算较为适宜。因双方在预售合同中已明确约定办证违约金于某房地产公司实际取得权属证明之日起30日内支付，故办证违约金应按照双方的约定在正旭晶典公司取得产权证后30日内支付。据此该案判决某房地产公司以3065549元为基数，按每日万分之二的标准，给付韩某自2008年4月1日起至2009年5月11日止的违约金共计248923元。

2010年11月，韩某以相同理由起诉，要求某房地产公司支付2009年5月12日以后的逾期交付房屋入住合格手续违约金，2008年10月1日以后的逾期办理房屋产权证违约金等。此后，该案终审判决某房地产公司以3065549元为基数，按每日万分之二的标准，给付韩某自2009年5月12日起至2011年11月11日止的违约金共计559769.25元。

2013年，韩某诉至法院要求某房地产公司立即办理涉案房屋所有权证，并支付2011年11月12日至2013年1月10日期间的逾期交付房屋入住合格手续的违约金260572元。2013年3月，该院作出（2013）朝民初字第10972号民事判决书，因办理涉案房屋所有权证目前无法实现，驳回了韩某的该项请求，而对于韩某违约金的请求则予以支持。某房地产公司不服提出上诉，北京市第二中级人民法院作出（2013）二中民终字第09447号民事判决书，判决驳回上诉，维持原判。

2014年4月，韩某诉至法院要求某房地产公司支付2013年1月11日至2014年4月10日期间的逾期交付房屋入住合格手续的违约金279578元。2014年7月，该院作出（2014）朝民初字第19108号民事判决书，判决某房地产公司支付韩某逾期提供交房手续的违约金278964.96元。某房地产公司不服提起上诉，北京市第三中级人民法院作出（2014）三中民终字第11685号民事判决书，判决驳回上诉，维持原判。

韩某为证明其损失，出具了（2012）呼北证内字第23046号《具有强制执行效力的债权文书公证书》以及2013年4月9日呼和浩特市新城区人民法院作出的（2013）新执字第263号民事裁定书、执行通知书，执行通知书的内容为：要求韩某以及案外人韩某一履行上述公证书确定和法律规定的给付申请人案款2840351元、逾期迟延履行期间的加倍债务利息、申请执行费30495元。

某房地产公司提交租约复印件，证明韩某已经将涉案房屋出租，且租金与同地段房屋租金一致，没有因为手续不全影响租金收入。

就损失问题，韩某提出其不仅仅存在融资成本的损失，还存在可得利益损失，2007年房屋价格基本翻倍，如果涉案房屋手续齐全将房屋出售可以获利，某房地产公司的行为导致韩某可得利益损失。某房地产公司提出即使房屋手续齐全进行融资也需要成本；对于可得利益损失，房屋产权证没有办理下来，不代表房屋价值减损，且楼市的价格一直在上涨，涉案项目某房地产公司正在积极办理整体竣工验收，涉案房屋很快就能办理权属证明，所以不影响房屋价值，韩某只是暂时无法实现。

经询，韩某不要求解除《北京市商品房预售合同》，某房地产公司表示无法确定取得涉案房屋相关权属证明等手续的具体时间。

各方观点

韩某观点：2007 年 7 月 20 日，韩某、某房地产公司签订了《北京市商品房预售合同》，约定韩某以一次性付款 3065549 元的方式购买涉案房屋；某房地产公司应于 2007 年 9 月 30 日前向韩某交付涉案房屋；房屋交付时，应当已经取得规划验收批准文件和建筑工程竣工验收备案表、有资质的房产测绘机构出具的该商品房面积实测技术报告书、市政基础设施和其他设施达到使用条件，某房地产公司提供住宅工程使用说明书和住宅质量保证书。之后，韩某按照合同约定时间去某房地产公司处收房，但某房地产公司不仅未提供合同约定的规划验收批准文件、建筑工程竣工验收备案表、有资质的房产测绘机构出具的实测面积报告书等文件，还向韩某出具了北京某测绘中心制作的房屋面积测绘报告，并据此要求韩某补缴面积增加 2.9% 即 3.34 平方米的差价款 88833 元。经韩某向测绘中心核实，证实该测绘中心并未为某房地产公司出具过面积实测报告。韩某要求某房地产公司工程人员对房屋面积进行了实测，发现房屋面积不仅未增加，反而减少了 7.96 平方米。2008 年 1 月 9 日，韩某与某房地产公司签订了一份《补充协议》，某房地产公司承诺于 2008 年 3 月 31 日和 5 月 31 日前提供交付房屋时所需的文件，否则，从 2008 年 3 月 31 日起按总房款的每日万分之三向韩某支付违约金。后韩某多次向某房地产公司催要上述文件，但某房地产公司仍以各种理由拖延至今。此外，根据《北京市商品房预售合同》约定，如因出卖人的责任，买受人未能在商品房合同约定交付之日起 365 日内取得房屋所有权证书的，出卖人按日计算向买受人支付全部已付款万分之零点五的违约金。鉴于此案已在朝阳区法院和北京市第三中级人民法院四次审理，法院已经酌减按照日万分之二的标准计算违约金，故诉至法院，要求某房地产公司支付 2014 年 4 月 11 日至 2015 年 7 月 22 日的逾期交付房屋入住合格手续的违约金 286935 元（3065549 × 0.0002 × 468 天）。

某房地产公司观点：韩某已办理了收房入住手续，我公司逾期提供房屋入住合格手续等文件的行为并没有给韩某造成实际损失。所谓的房屋入住合格手续是指涉案房屋的竣工验收备案表、面积实测报告。我方认为这些手续的提交属于向韩某交付房屋的附属义务，我公司已经在 2008 年 1 月 8 日完成了涉案房屋的交付，韩某也于当日办理了收房手续，并且至今正常使用涉案房屋，因此并没有影响韩某对涉案房屋居住属性的实现。韩某此前多次诉讼都没有提供实际损失的证据。根据北京高院的相关规定，买受人明知房屋不具备交付条件仍接收房屋的，又以房屋不具备交付条件主张逾期交房违约金的不予支持。韩某主张的违约金实际为逾期交房的违约金，根据上述文件精神，韩某主张的违约金不应得到支持。

韩某此前诉讼生效判决对于违约金确定的计算标准过高，并没有对双方约定的违约金标准进行实质性的调整。韩某第一次诉讼的生效判决认为某房地产公司超规划建设导致逾期提供测绘报告、竣工验收备案表、逾期办证的违约金应分别按照总房款的日万分之一计算，总计按日万分之三计算。竣工验收备案表、实测报告、楼栋权属证明，互为前置条件，具备因果关系。双方在《补充协议》中约定某房地产公司逾期提供上述材料之一的任意一项，按日万分之三支付违约金，当时《补充协议》的本意是指逾期提供上述材料的一项或多项均应按照日万分之三支付，韩某第一次起诉的诉讼请求本身也是按照日万分之三的标准主张的违约金，可以印证我方的上述观点。我公司逾期提供上述三项材料均系基于超规划建设同一事实，对韩某造成的影响是相同且重复的，所以我方认为2009年的判决把逾期提供三项材料的违约金分别按照日万分之一的标准计算，违背双方真实意思，也有违公平原则，故韩某第一次起诉的判决不能作为确定违约金标准的依据。

韩某此前四次诉讼的判决已经确定的违约金数额占总房款的44%，如果本次违约金诉求再得到支持，违约金的数额将超过总房款的53%。在韩某没有提供任何实际损失证据的情况下，该违约金金额过高，显失公平。我公司已经在按照北京市规委等单位的要求进行整改，正在办理相关的手续，相信很快会结束违约的事实状态。

法院观点

一审法院观点：本案争议的焦点在于韩某主张的违约金是否过高。当事人可以约定一方违约时应当根据违约情况向对方支付一定数额的违约金，也可以约定因违约产生的损失赔偿额的计算方法。约定的违约金低于造成的损失的，当事人可以请求人民法院或者仲裁机构予以增加；约定的违约金过分高于造成的损失的，当事人可以请求人民法院或者仲裁机构予以适当减少。本案中，就某房地产公司的同一违约行为，韩某先后四次向法院提起诉讼分段主张违约金，法院虽就违约金的支付标准予以了调整，但基于以下理由，法院认为应对韩某主张的违约金予以再调整。

一、韩某购买涉案房屋的目的应包括对涉案房屋的使用或出卖房屋以获得升值利益，即实现涉案房屋的使用价值和交换价值，就韩某的实际损失也应从上述方面予以考虑。关于使用价值问题，本案中韩某已经实际接收涉案房屋，且涉案房屋未能取得相关手续系因为超规划建设，并非因为房屋本身存在严重质量问题而无法使用，故韩某已实现对涉案房屋的使用价值。关于交换价值问题，应为无法通过交易获得房屋的升值利益或因房屋价格的降低导致韩某不能通过交易获利或获利减少。就本案而言，现不能确定涉案房屋的相关手续是否为终局性的不能取得并导致韩某无法获得涉案房屋的升值利益，在韩某不主张解除合同的情况下，不宜将涉案房屋无法出卖进而无法取得房屋的升值利益作为韩某的实际损失，韩某的损失应为因房屋价格的降低导致韩某不能通过交易获利或获利减少。而自韩某签订《北京市商品房预售合同》至今，北京市房屋交易价格总体趋涨，且日后的趋势现也无法判断，如日后涉案房屋取得了相关手续具备上市交易条件，不排除在房价上涨的情况下韩某可以通过交易获得更多的利益。

二、就韩某所称因涉案房屋不能出卖，导致韩某陷入债务问题并被法院执行所导致的损失问题，该损失实际应为韩某实际需要支出的迟延履行的加倍债务利息以及申请执行费用或进行融资偿还债务所造成的融资成本损失。就该损失的承担主体为本案韩某与案外人韩某一，而通过诉讼，法院判决某房地产公司支付韩某的违约金已高达 1348229.21 元，某房地产公司应支付韩某的违约金也已高达 178 万余元，故已判决支付给韩某的违约金已足以弥补其此部分损失。

三、通常情况下，违约金应为损害赔偿之预先约定，当事人约定违约金的目的在于免除守约方举证损失之困难，以填补违约方给守约方所造成的损失。本案中，正旭晶典公司的同一违约行为持续至今，且某房地产公司何时能终止持续违约的状态尚不能确定，如仍以之前判决确定的日万分之二的标准持续计算违约金，将可能导致违约金过分高于韩某的实际损失，进而导致双方之间利益的失衡，故就韩某主张的违约金有再调整之必要。

考虑到本案违约金持续发生的原因在于某房地产公司未能及时制止违约行为，故某房地产公司仍应支付韩某相应违约金，以促使某房地产公司积极制止违约行为，故法院结合韩某实际入住的事实、法院已判决某房地产公司支付韩某违约金的数额以及韩某的损失等情况，将违约金的计算标准调整为日万分之一。法院判决：一、某房地产公司于判决生效后七日内，给付韩某自2014年4月10日起至2015年7月22日止期间的逾期提供约定交房手续的违约金143467.69元。二、驳回韩某的其他诉讼请求。

二审法院观点：买卖双方在履行房屋买卖合同过程中，因同一违约行为已进行数次诉讼，人民法院业已对该合同违约方、主观过错及责任承担等明确予以界定，属已为人民法院发生法律效力的裁判所确认的事实。因卖方仍未履行义务，违约行为持续，当事人在后续的责任承担问题上发生争议。应指出，违约责任是合同当事人不履行合同义务或履行合同义务不符合约定时所产生的法律责任，其产生以违约行为存在为前提。本案中，卖方未提供其不应继续承担违约责任的事实和法律依据，卖方违约行为已经生效判决认定，且该违约行为仍处于持续状态，其上诉请求依据不足。

对于当事人争议的应否调整违约金计算标准问题，取决于对违约金是否过高的认定。而违约金是否过高，应当以守约方实际损失为基础，兼顾合同的履行情况、当事人的过错程度以及预期利益等因素，根据公平和诚实信用原则予以衡量。本案中，卖方虽已将房屋交付买方，但因买受人未享有涉案房屋所有权，其行使处分权受限，致买受人不能处分房屋且尚须承担因迟延履行其他债务导致的不利益。卖方作为专业房地产开发企业，对超规划建设可能导致相关手续办理困难明知，但其为追求利益仍超规划建设，致不能向买受人履行义务，主观过错明显；而韩某作为守约方，已依约履行相应义务，行为无过错。双方经协商，自愿订立《补充协议》，某房地产公司作为开发企业，在缔约过程中其本身处于优势地位，对违反协议的法律后果具有较高预知与预见力。且生效判决已综合考虑买受人入住房屋的事实及违约方的违约行为对守约方造成的实际影响等因素，相应调整了双方约定的违约金计算标准。经综合衡量，卖方因同一违约行为累计承担的违约金数额虽已近总房款的二分之一，但尚未达到须由人民法院依申请予以适当减少的过高程度。上诉人韩某的上诉请求于法有据，法院予以支持。

本案纠纷之所以发生，或与某房地产公司未严格守约有关，韩某在本诉讼中无过错，其不应承担相应的民事责任。《合同法》第114条规定，当事人可以约定一方违约时应当根据违约情况向对方支付一定数额的违约金，也可以约定因违约产生的损失赔偿额的计算方法。约定的违约金低于造成的损失的，当事人可以请求人民法院或者仲裁机构予以增加；约定的违约金过分高于造成的损失的，当事人可以请求人民法院或者仲裁机构予以适当减少。现上诉人某房地产公司的上诉理由无法律依据，其上诉请求法院依法不予支持。综上所述，原审法院判决认定事实清楚，但适用法律失妥，法院予以纠正。故判决如下：一、撤销一审民事判决；二、某房地产公司于本判决生效之日起十日内给付韩某自2014年4月11日始至2015年7月22日止的违约金286935元。

法官评析

1. 如何理解违约金数额调整原则

关于违约金数额调整原则，《最高人民法院关于适用〈中华人民共和国合同法〉若干问题的解释（二）》已经提出了较为明确的规定：对于请求人民法院增加违约金的，增加后的违约金数额以不超过实际损失额为限。对于当事人主张约定的违约金过高请求予以适当减少的，人民法院应当以实际损失为基础，兼顾合同的履行情况、当事人的过错程度以及预期利益等综合因素，根据公平原则和诚实信用原则予以衡量，并作出裁决。该司法解释提出一个标准，当事人约定的违约金超过造成损失的30%的，一般可以认定为《合同法》第114条第2款规定的“过分高于造成的损失”。该司法解释采取的是综合方案，即以参考相关司法裁量重要因素为主，以一定比例为辅。需要指出的是，要以实际损失为基础，但绝不是等同于实际损失。法院自由裁量权的行使，应当视个案的具体情况而定。要综合考虑以下因素：一是合同的履行情况。即合同是部分不履行、完全不履行还是不完全履行等。二是当事人的过错程度。违约方是恶意违约还是过失违约，如果属于恶意违约，则违约金应体现出对恶意违约的惩罚。三是可得利益损失情况。

2. 对迟延履行的违约金累计是否有总额限制

当事人双方对迟延履行规定的违约金的比率是每迟延一天的比率，而迟延履行超过一天时也产生了累计计算的问题。关于迟延履行违约金的累计，部分合同有相对具体的规范。例如，《供电营业规则》第98条规定："用户在供电企业规定的期限内未交清电费时，应承担电费滞纳的违约责任。电费违约金从逾期之日起计算至交纳日止。每日电费违约金按下列规定计算：1. 居民用户每日按欠费总额的千分之一计算；2. 其他用户：（1）当年欠费部分，每日按欠费总额的千分之二计算；（2）跨年度欠费部分，每日按欠费总额的千分之三计算。电费违约金收取总额按日累加计收，总额不足1元者按1元收取。"再如，《中国人民银行关于人民币贷款利率有关问题的通知（银发〔2003〕251号）》第3条规定："关于罚息利率问题。逾期贷款（借款人未按合同约定日期还款的借款）罚息利率由现行按日万分之二点一计收利息，改为在借款合同载明的贷款利率水平上加收30%—50%；借款人未按合同约定用途使用借款的罚息利率，由现行按日万分之五计收利息，改为在借款合同载明的贷款利率水平上加收50%—100%。对逾期或未按合同约定用途使用借款的贷款，从逾期或未按合同约定用途使用贷款之日起，按罚息利率计收利息，直至清偿本息为止。对不能按时支付的利息，按罚息利率计收复利。"

对迟延履行的违约金累计是否有总额限制？应视具体情况而定。如果无限累计违反违约金系赔偿损失额预定的性质，不符合违约金过分高于实际损失予以减少的精神，就不得无限累计；反之，就不宜限制违约金的累计。

具体到本案中，韩某的实际损失应予以综合考虑，韩某购买涉案房屋的目的应包括对涉案房屋的使用或出卖房屋以获得升值利益，即实现涉案房屋的使用价值和交换价值，韩某虽然实现了房屋的使用价值，但由于被告的违约导致其无法实现房屋的交换价值，即无法通过交易获得房屋的升值利益，此亦为韩某的实际损失。同时，被告作为专业房地产开发企业，对超规划建设可能导致相关手续办理困难明知，但其为追求利益仍超规划建设，致不能向买受人履行义务，主观过错明显。法院以守约方实际损失为基础，兼顾合同的履行情况、当事人的过错程度以及预期利益等因素，根据公平和诚实信用原则予以衡量。经综合衡量，某房地产公司因同一违约行为累计承担的违约金数额虽已近总房款的二分之一，法院并未对违约金累计进行总额限制。

5.11 违约金不足以填补实际损失的可否主张损害赔偿

——母某、刘某诉某房地产公司房屋买卖合同纠纷案①

关 键 词： 违约金，损失，损害赔偿

问题提出： 违约金不足以填补违约所造成的损失，能否主张损害赔偿？

裁判要旨： 违约损害赔偿责任是违约方承担违约责任的一种方式，是一种民事法律责任，其目的在于填补受害人的全部损失。违约金责任与违约损害赔偿责任，均为违反合同的民事责任形式，且都具有补偿的性质，即违约金请求权与损害赔偿请求权之间的关系不是选择之债，而是不同权利请求权的选择性竞合关系。

案情简介

原告（被上诉人）：母某、刘某

被告（上诉人）：某房地产公司

2012年8月3日，某房地产公司取得涉案房屋预售许可证。2010年9月29日，母某、刘某（乙方）与某房地产公司（甲方）签订《重庆市商品房买卖合同》，约定，甲方销售的商品房为预售商品房，乙方购买甲方的房屋，建筑面积257.46平方米，房屋成交总价1579464元。乙方采用按揭方式付款，首付799464元于2010年9月28日付清，余款780000元办理按揭。第三条约定商品房用途为住宅。第七条约定，属预售商品房的，甲方应当在2011年12月31日前，依照国家和地方的有关规定，将已进行建设工程竣工验收备案登记的商品房交付乙方使用。如遭遇不可抗力，甲方应在发生之日起30日内书面告知乙方，甲方可据实延期交房。本商品房交付时应当符合以下条件：本商品房已通过竣工验收备案登记，取得了《重庆市建设工程竣工验收备案登记证》。第九条约定，除本合同第七条约定的遭遇不可抗力情况外，甲方如未按本合同约定的期限将该商品房交付乙方使用……逾期超过90日后，乙方有

① 一审法院为重庆市渝北区人民法院，案号：（2013）渝北法民初字第16908号；二审法院为重庆市第一中级人民法院，案号：（2015）渝一中法民终字第01577号。

权解除合同。乙方要求解除合同的，甲方应当自解除通知到达之日30日内退还全部已付房款及利息，并按已付房款百分之一向乙方支付违约金。乙方要求继续履行合同的，合同继续履行，自本合同第七条约定的最后交付期限的第二天起至实际交付之日止，甲方按日向乙方支付已付房价款万分之一的违约金，并于该商品房实际交付之日起30日内向乙方支付违约金。合同签订后，母某、刘某支付了某房地产公司购房款及税费。

2011年3月14日，中华人民共和国公安部发出公消〔2011〕65号《关于进一步明确民用建筑外保温材料消防监督管理有关要求的通知》，主要内容是将民用建筑外保温材料纳入建设工程消防设计审核、消防验收和备案抽查范围。在新标准发布前，从严执行《民用建筑外保温系统及外墙装饰防火暂行规定》（公通字〔2009〕46号）第2条规定，民用建筑外保温材料采用燃烧性能为A级的材料。

庭审中，母某、刘某申请对涉案房屋2012年1月1日至2013年9月30日期间的租金数额进行评估。一审法院委托A房地产土地评估有限公司评估，2014年2月26日，该司出具报告书。评估涉案房屋2012年1月1日至2012年12月31日租金为41元/平方米/月，租金总额12.67万元，2013年1月1日至2013年9月30日租金42元/平方米/月，总价总额为9.73万元。某房地产公司对该评估结论不认可，认为A房地产土地评估有限公司不具备对房地产租赁价格进行评估的资质，评估人员不具有资质。2014年4月3日，A房地产土地评估有限公司以本次评估只使用了房产估价师资格，没有使用资产评估师资格系自己失误为由，收回该报告，请求法院重新摇号另行评估。其后，一审法院再次委托B房地产土地评估有限公司对涉案房屋的租金进行评估。2014年8月18日，B房地产土地评估有限公司房地产估价报告书，评估涉案房屋2012年1月1日至2013年9月30日租金30元/平方米/月，租金总价为16.22万元。母某、刘某为此支付评估费1494元。某房地产公司对估价报告提出异议，认为根据《房地产估价规范》（GB/T50291－1999）6.3.2条规定，从事生产经营的估价标准应当采用公开市场价值标准，住宅的价格评估应当采用国家或住宅所在地人民政府规定的租赁政策。涉案房屋用途为住宅，而估价报告书载明的估价目的、价值定义、估价方法显示此次估价采用了从事生产经营的估价标准，即采用公开市场价值标准，故估价报告不应采信。B房地产土地评估有限公司对此出具回复意见，认为根据《商品房屋租赁管理办法》第5条规定："直辖市、市、县人民政府建设（房地产）主管部门应当加强房屋租赁管理规定和房屋使用安全知识的宣传，定期分区域公布不同类型房屋的市场租金水平等信息。"涉案房屋系普通商品房，所在地重庆市及渝北区政府未公布其市场租金水平等信息。为体现其客观真实租金价值，依据《重庆市高级人民法院印发〈关于执行工作中司法评估的规定（试行）的通知〉》第5条："司法评估价值类型为市场价值"，以及重庆市渝北区人民法院出具的司法鉴定委托书［(2014）渝北法委评字第16号］，明确评估价值类型为市场价值，故本次估价采用公开市场租金价值标准，本次评估是合适和妥当的。某房地产公司对该回复意见无异议。母某、刘某对估价报告提出异议，认为从房屋坐落位置等分析，涉案房屋应按商业用途出租收益，评估应按照商业用途评估。B房地产土地评估有限公司评估人员出庭，认为《重庆市商品房买卖合同》载明了涉案房屋的用途为住宅，本次评估按照住宅标准进行评估，但同时考虑到物业建筑物状况及设备设施状况，在住宅的标准上有所提高，通常住宅只有24—26元/平方米。

另查明，涉案房屋没有办理竣工验收，也未取得《重庆市建设工程竣工验收备案登记证》《新建商品房屋质量保证书》《新建商品房屋使用说明书》。

庭审中，母某、刘某陈述房屋未交付的原因系某房地产公司挪用业主资金导致资金短缺，某房地产公司陈述是外墙保温等级提高导致外墙还在施工中，且有装修、供电等工序未完成，尚未达到交房阶段。

各方观点

原告（被上诉人）母某、刘某观点：2010年9月29日，母某、刘某与某房地产公司签订《重庆市商品房买卖合同》，约定购房价款为1579464元。合同签订后，母某、刘某履行了全部合同义务，某房地产公司一再拖延交房时间。母某、刘某请求判令：1. 某房地产公司赔偿母某、刘某2012年1月1日至2013年9月30日因逾期交付房屋产生的损失270333元；2. 某房地产公司立即交付房屋；诉讼费、鉴定费由某房地产公司承担。

被告（上诉人）某房地产公司观点：母某、刘某起诉的逾期交房损失不符合合同约定，且未达到支付期限，并且没有证据证明；涉案房屋尚不具备交付条件；逾期交房是基于公安部公消〔2011〕65号文件，该文件对建筑物外墙等级由B级调整A级，导致我公司重新进购保温材料，组织施工队进场，该情形系不可抗力造成的延期交房，不可归责于我公司，我公司不应承担责任。

法院观点

一审法院观点：《合同法》第44条第1款规定："依法成立的合同，自成立时生效。"第60条第1款规定："当事人应当按照约定全面履行自己的义务。"本案中，某房地产公司在起诉前取得商品房预售许可证，《重庆市商品房买卖合同》是母某、刘某与某房地产公司真实意思表示，不违反法律、行政法规的强制性规定，合法有效，双方应当严格按照合同约定履行自己义务。《重庆市商品房买卖合同》约定交房条件为通过竣工验收备案登记，取得了《重庆市建设工程竣工验收备案登记证》，且在验收交接后，还需提供《新建商品房屋质量保证书》和《新建商品房屋使用说明书》。涉案房屋尚未通过竣工验收，未取得《重庆市建设工程竣工验收备案登记证》《新建商品房屋质量保证书》和《新建商品房屋使用说明书》，故母某、刘某要求某房地产公司交付房屋的诉讼请求，该院不予支持。

《合同法》第112条规定："当事人一方不履行合同义务或者履行合同义务不符合约定的，在履行义务或者采取补救措施后，对方还有其他损失的，应当赔偿损失。"本案中，某公司未按时交付涉案房屋，虽《重庆市商品房买卖合同》约定了逾期交房违约金，但母某、刘某未主张违约金，而主张逾期交房的租金损失，符合法律规定。母某、刘某主张的2012年1月1日至2013年9月30日期间的租金损失经B房地产土地评估有限公司评估为162200元，该院予以支持。

母某、刘某与某房地产公司分别对评估报告提出评估对象用途、评估标准方面的异议，该院认为，根据双方签订的《重庆市商品房买卖合同》，涉案房屋的用途为住宅，B房地产土地评估有限公司按照住宅标准进行评估并无不妥；因涉案房屋所处地段的特殊性，B房地产土地评估有限公司在评估过程中进行了适当考虑，在住宅的标准上有所提高，具有合理性；由于相关部门并未公布市场租金水平信息，B房地产土地评估有限公司采用市场价值标准对案涉房屋的真实租金标准进行评估亦无不妥。对母某、刘某与某房地产公司对评估报告提出的异议，该院不予采信，对B房地产土地评估有限公司出具的评估报告，该院予以采信。

某房地产公司辩称逾期交房损失不符合合同约定，且未达到支付期限，该院认为，双方签订的《重庆市商品房买卖合同》只对逾期交房违约金的支付期限作了约定，未约定逾期交房损失的支付期限，故对某房地产公司的抗辩，该院不予支持。

某房地产公司辩称未交付房屋的理由是根据公消〔2011〕65号文件，某房地产公司将防火等级由B级调整至A级，系无法预见的不可抗力导致延迟交房，但某房地产公司未举示充分证据证明该文件实际影响了以及多大程度上影响了交房。该院认为，虽然国家在案涉房屋修建过程中发布了该文件，但该文件发布时间为2011年3月14日，距离约定的交房期限2011年12月31日尚有近十个月的时间，某房地产公司可在该期间内积极采取有效措施避免延迟交房；况且，截至本判决作出之日，文件发布已逾三年，某房地产公司仍未实现交房，可见文件的发布与延迟交房无必然联系。

综上，法院判决：一、某房地产公司于本判决生效后十五日内赔偿母某、刘某2012年1月1日至2013年9月30日逾期交房损失162200元；二、驳回母某、刘某的其他诉讼请求。案件受理费5355元，评估费1494元，由母某、刘某负担2000元，由某房地产公司负担4849元。

二审法院观点：根据《合同法》第107条“当事人一方不履行合同义务或者履行合同义务不符合约定的，应当承担继续履行、采取补救措施或者赔偿损失等违约责任”和第122条“当事人一方不履行合同义务或者履行合同义务不符合约定的，在履行义务或者采取补救措施后，对方还有其他损失的，应当赔偿损失”的规定，赔偿损失与其他违约责任可以并用。并且，违约损害赔偿责任是违约方承担违约责任的一种方式，是一种民事法律责任，其目的在于填补受害人的全部损失。本案中，某房地产公司逾期交房已构成违约，且该违约行为给母某、刘某造成了损害，故母某、刘某有权根据上述法律规定要求某房地产公司赔偿损失。

同时，根据《合同法》第113条第1款“当事人一方不履行合同义务或者履行合同义务不符合约定，给对方造成损失的，损失赔偿额应当相当于因违约所造成的损失，包括合同履行后可以获得的利益，但不得超过违反合同一方订立合同时预见到或者应当预见到的因违反合同可能造成的损失”的规定，损失应完全赔偿，包括既存利益因违约行为而减少的直接损失，也包括本可以取得的利益因违约而未获得的利益即间接损失。本案系因逾期交房违约造成的损害，由于房屋的租金损失与母某、刘某可能遭受的损失存在最大程度上的相似性，故租金损失可以作为确定损失的依据。

另外，违约金责任与违约损害赔偿责任，均为违反合同的民事责任形式，且都具有补偿的性质，即违约金请求权与损害赔偿请求权之间的关系不是选择之债，而是不同权利请求权的选择性竞合关系。本案中，双方当事人之间虽然有关于逾期交房违约金条款的约定，但母某、刘某因某房地产公司逾期交房违约所遭受的实际损失远高于约定的违约金数额，即违约金不足以填补违约所造成的损失，故母某、刘某有权自主选择主张损害赔偿请求权。因此，某房地产公司关于母某、刘某不能单方选择“违约损失”作为主张“违约责任”之方式的辩解，没有法律依据，法院不予支持。

综上所述，某房地产公司的上诉理由均不成立，对其上诉请求应予以驳回。一审判决认定事实清楚，适用法律正确，法院依法予以维持。据此，依照《中华人民共和国民事诉讼法》第一百七十条第一款第（一）项、第一百七十五条之规定，判决如下：

驳回上诉，维持原判。

法官评析

本案的争议焦点是，守约方不向违约方主张违约金，而是援用《合同法》第 113 条关于违约损害赔偿的规定是否准许？

对此存在不同的见解。一种观点主张，违约金与损害赔偿并非立于债权人可自由选择的地位，而是有违约金场合必须适用违约金。其理由是：第一，作为损害赔偿额预定的违约金，是当事人的特别约定，应当优先适用。第二，违约金的特别约定对于当事人而言，还有限定责任的功能，如果允许债权人任意选择，必然使违约金的这一规范目的落空。[1]第三，违约金条款系双方当

---

① 韩世远：《合同法总论》，法律出版社 2011 年版，第 664 页。

事人的合意，而不向违约方请求其承担违约金责任转而主张违约损害赔偿，乃守约方单方的意思表示，对此若予准许，则意味着单方意思表示优越于双方合意，显非妥当。另一种观点则没有采纳违约金责任优先运用的看法，认为在约定违约金与违约损害赔偿并存的情况下，债权人有权在两者之间择一请求。①

在本案中，承办法官选择了第二种观点。主要理由如下：第一，如果当事人约定违约金时明示违约金责任优先于违约损害赔偿而实现，那么只要该约定不损害国家利益、社会公共利益，不违背社会公德，就应当有效。如果没有约定，则债权人有选择的权利。因为法律并没有关于违约金责任优先于违约损害赔偿而实现的设计及具体规定。在法理上倒是提倡债权平等这个原则。既然违约金责任和违约损害赔偿均为债务，依据债权平等原则，违约金责任并无优先于违约损害赔偿而实现的天然本性。第二，从意思表示与法律之间的关系方面讲，在法律上认可当事人意思这点上，当事人双方的合意并非永远至高无上，当事人单方面的意思并非总是低于当事人双方的合意。例如，当事人一方依法请求调整违约金的数额，但相对人不同意，若请求调整的一方举证成功其实际损失的数额、违约金的数额确实低于实际损失的数额，或违约金的数额确实高于实际损失额30%以上，依据《合同法》第114条第2款及《最高人民法院关于适用〈中华人民共和国合同法〉若干问题的解释（二）》第28条、第29条的规定，裁判机关就支持关于调整违约金的请求。这就使得当事人单方的意思在效力上取代了双方的合意。既然存在着当事人单方的意思可以优越于当事人双方的合意的例证，那么，只要有其他较为充分的理由支撑，守约方选取法定的损害赔偿，而放弃主张约定的违约金，就具有合理性。第三，从责任竞合的理论来看，违约行为一经成立，就同时成立违约金责任和法定损害赔偿责任，只不过违约金系违约损害赔偿额的预定，二者在本质上相同，功能一样，守约方不得一并主张，以免其双重得利，故采竞合规则，守约方选择其一而主张。按照责任竞合的理论，权利人有权选择其一而主张，并未限制他只可主张特定的一个。不然，就不是责任竞合，而是排除责任竞合。我国现行法尚无关于禁止违约金与损害赔偿金竞合的规定，理论上亦无相应的阐释。在这个意义上，守约方完全可以自由选择。

---

① 崔建远：《合同法》，北京大学出版社2016年版，第411页。

5.12 买卖双方均存在违约行为的情况下违约金计算到何时

——武某诉刘某等房屋买卖合同纠纷案①

关 键 词： 违约金，过高，举证责任

问题提出： 违约金应计算至何时？迟延履行违约金如何计算？

裁判要旨： 买卖合同为双务合同，违约方拒不支付违约金并不导致合同目的无法实现，故违约金应计算至违约方能够履行之日。

案情简介

原告（被上诉人）：武某

被告（上诉人）：刘某

被告：房地产经纪中心

2015年10月29日原告与被告刘某、被告房地产经纪中心签订0130210号《房屋买卖协议》。约定主要事项：原告将其名下房屋出售给被告刘某，总房款1320000元，被告刘某应在2015年11月30日前，准备好除贷款申请额之外的剩余房款，即首付房款，并配合办理贷款、过户相关手续。被告刘某应在合同签订之日向原告交付定金30000元。还约定，原告与被告刘某应积极配合办理过户或贷款之相关手续，如不按约定时间亲自到场办理过户或贷款手续不全或不按本合同条款约定时间向被告房地产经纪中心提供相关有效证件材料的，每逾期一日，违约方应向守约方支付该房屋售价千分之四的违约金，所付之违约金归守约方支配。逾期30天视为单方面合同解除，适用上述违约责任。合同签订后，被告刘某按照合同约定交付原告定金30000元，原告支付被告房地产经纪中心信息服务费8000元。

原告与被告刘某在合同履行过程中到房管局签订买卖协议的时候，因刘某无法提供户口本（页）原件，故房管部门拒绝为双方办理签订买卖协议的相关手续。刘某于2015年12月9日办理了天津市非农业集体户口，并将户口

---

① 一审法院为天津市和平区人民法院，案号：（2016）津0101民初字第592号；二审法院为天津市第一中级人民法院，案号：（2016）津01民终字第4281号。

办理情况于2015年12月10日通知原告。被告房地产经纪中心在原、被告三方签订0130210号《房屋买卖协议》的时候，未审验被告刘某的户口本（页）原件。原告于2015年12月6日与案外人张某及本案被告房地产经纪中心另行签订了0130262号房屋买卖协议，约定房屋价款为1340000元，后将诉争房屋实际售与案外人王某，并已办理完毕房屋过户手续。

2015年12月10日，刘某出具解约函，要求编号0130210的合同自2015年11月29日解除，并以EMS的形式于2015年12月15日将该解约函寄出，2015年12月16日，被告房地产经纪中心收到该解约函，并于当日告知原告。

根据《合同法》第116条的规定，原告只能对定金责任或违约责任择一适用，经一审法院释明，原告选择要求被告刘某以支付违约金的方式来承担未及时履行合同的法律责任，并同意退还刘某定金30000元。

庭审中，原告及各被告均同意解除《房屋买卖协议》。

各方观点

武某观点：原告与被告刘某、房地产经纪中心签订《房屋买卖协议》约定原告将房屋售与被告刘某，房屋价款1320000元。合同约定被告刘某向原告交付定金30000元，并应于2015年11月30日前准备好除乙方贷款申请额之外的剩余房款，即首付房款，并配合办理贷款、过户相关手续。合同签订后被告刘某未按合同约定履行义务，被告刘某称其不具有天津市常住居民户口，无法办理房屋过户手续。至2015年12月10日被告称其户口已办理完毕，但仍一直拖延不与原告办理过户。根据三方合同第9条的约定，应视为单方解除合同并按每逾期一日，违约方向守约方支付该房屋售价的千分之四的违约金。诉请：1. 确认0130210号《房屋买卖协议》于2015年12月16日解除；2. 判令被告刘某支付房屋买卖合同违约金158400元；3. 判令被告房地产经纪中心返还中介费8000元；4. 诉讼费用全部由被告承担。

刘某观点：对原告武某诉请1，不同意该项诉请，被告认为双方签订的0130210号《房屋买卖协议》的解除时间应该是2015年12月30日，首先，2015年12月9日被告办理户口手续后，一直催原告办理房屋过户手续，一直想购买诉争房屋；其次，原告虽然在2015年12月15日发出了解约函，但是想解除与房地产经纪中心的合同，而不是与原告的合同。对诉请2，不同意该项诉请，被告购房时不知道非天津户口不能办理过户，在2015年12月9日没有办理过户手续是因为被告自己不能控制的客观情况不能办理，被告没有故意或过失不去办理手续。2015年12月9日，被告办理户口后，要求与原告办理过户，但原告要求必须交付违约金才能继续办理，被告不认可自己违约，要求办理过户，双方僵持不下，没有办理过户手续的责任不在被告。退一步，即使被告存在违约，原告在选择违约金或定金条款情况下，只能选择其一，既然被告选择了违约金条款，就应该将定金30000元返还被告；再退一步，即使被告存在违约，也仅是12月9日之前，且原告主张的违约金数额158400元，违约金过高，应依法予以削减，被告认为违约金应该以不超过30000元为限。对诉请3，与被告刘某没有关联，不予答辩。对诉请4，不同意承担诉讼费用。

房地产经纪中心观点：对原告诉请1和2，与我公司无关，不发表意见；对诉请3，不同意该项诉请。根据协议第9条第3款，应该由违约方赔付我方后，我方才能退还守约方缴纳的服务费；对诉请4，不同意承担诉讼费用，我方没有过错。

法院观点

一审法院观点：原告与被告刘某及房地产经纪中心签订的《房屋买卖协议》中第九条第九款约定："逾期30天视为单方面合同解除，适用上述违约责任。"按照此约定，同时按照《民法通则》第155条"民法所称的'以上'、'以下'、'以内'、'届满'，包括本数；所称的'不满'、'以外'，不包括本数"的规定，该协议应在被告刘某2015年11月30日无法配合办理过户手续起的次日起，即2015年12月1日计算30日的期限，该协议应于2015年12月31日解除；但被告刘某在2015年12月15日向被告房地产经纪中心发出了要求于2015年11月29日解除0130210三方协议的解约函，该解约函于2015年12月16日到达被告房地产经纪中心并告知原告，庭审中原告也认可2015年12月16日解除协议，应当认定房屋买卖合同已经解除。原告要求确认房屋买卖合同解除的诉讼请求成立，予以支持。解除日期应为解除通知送达之日即2015年12月16日。

被告刘某在与原告签订0130210号《房屋买卖协议》后，没有按期办理房屋过户手续，系因为其无法提供户口本（页）原件所致，被告刘某系过错方，理应承担相应的违约责任。2015 年 12 月 9 日被告刘某取得户口本原件，在此情况下继续履行障碍消除，且 2015 年 12 月 10 日合同三方已经就如何履行进行协商，但原告要求被告刘某先予支付违约金而后才同意履行，一审法院认为原告与被告刘某之间为双务合同，被告刘某拒不支付违约金并不导致原告合同目的无法实现，故原告拒绝履行的行为不当，之后再要求被告刘某承担违约责任无法律依据，不予支持。据此，被告刘某应按照合同第九条第九款的约定承担此期间的违约责任，向原告支付违约金 47520 元（1320000 元 ×4‰ ×9 天 =47520 元）。

对于原告主张的因其购买案外人王某的房屋向对方支付了 100000 元的违约金系自己的实际损失一节，因被告不认可该组证据的真实性，且 0130210 号《房屋买卖协议》中也没有约定刘某支付的房款将用于购买王某的房屋，故不予支持。

对于原告主张被告房地产经纪中心返还中介费 8000 元一节，被告房地产经纪中心虽抗辩称根据合同第 9 条第 3 款的约定，应在违约方将居间服务费赔偿房地产经纪中心后，再由房地产经纪中心退还守约方，但该条款的适用应基于房地产经纪中心提供了完备的居间服务，本案中，房地产经纪中心作为居间服务方，在签订三方协议时，并没有审核被告刘某的户口本（页）原件，存在一定过错，同时在 2015 年 11 月 30 日房地产经纪中心出具的材料中也承诺在 10 日内退还原告中介服务费 8000 元，故该承诺也实际变更了原先合同对中介费的约定，故返还 8000 元中介费的承诺应视为房地产经纪中心作出的意思表示，应由房地产经纪中心承担返还的责任，予以确认。判决：一、确认原告武某与被告刘某及被告房地产经纪中心签订的 0130210 号《房屋买卖协议》于 2015 年 12 月 16 日解除；二、准予原告武某退还被告刘某定金 30000 元；三、本判决生效之日起十日内，被告刘某支付原告武某违约金 47520 元；四、本判决生效之日起十日内，被告房地产经纪中心返还原告武某居间服务费 8000 元；五、驳回原告武某的其他诉讼请求。

二审法院观点：法律规定，当事人应当按照约定全面履行自己的义务。双方当事人约定上诉人应在 2015 年 11 月 30 日前提供户口本原件，而上诉人未能如期提供，依据双方的合同约定，上诉人应当承担违约责任。上诉人主张其未能提供户口本原件非系本人原因，但未提供证据证实其未能提供户口本原件系因不能克服、不能避免的事实，据此，上诉人的该项主张不能成立，法院不予支持。上诉人于2015年10月15日寄送解除合同的解约函，该函件于2015年12月16日到达被上诉人，被上诉人亦同意于当日解除，据此，一审判决认定双方当事人签订的《房屋买卖协议》于2015年12月16日解除，并无不当。上诉人主张双方当事人签订的合同于2016年1月6日解除，没有依据。上诉人主张其向原审被告房地产经纪中心邮寄的解约函，只是解除与房地产经纪中心的居间合同，没有依据，法院不予支持。关于上诉人提出的违约金过高的问题，双方当事人约定违约金计算方式为每日总房款的千分之四，且未提供证据证明该违约金过分高于被上诉人的实际损失。据此，上诉人主张违约金过高，法院不予支持。关于被上诉人与案外人另行签订出售涉案房屋协议的问题，因上诉人未在本案中主张被上诉人承担违约责任，据此，双方当事人应另行解决。综上所述，上诉人的上诉请求不能成立，应予驳回；一审判决认定事实清楚，适用法律正确，应予维持。法院判决：驳回上诉，维持原判。

法官评析

1. 违约行为的形态

违约行为，是违反合同债务的行为，又叫不履行合同债务。[①] 这里的合同债务，既包括当事人在合同中约定的义务，又包括法律直接规定的义务，还包括根据法律原则和精神的要求，当事人所必须遵守的义务。

违约行为有不能履行、迟延履行、不完全履行、拒绝履行、受领迟延五种形态。其中，不能履行是指债务人在客观上已经没有履行能力。不能履行可以分为事实上的不能履行与法律上的不能履行。事实上的不能履行又称自然不能履行。法律上的不能履行是指法律禁止履行。不能履行还有永久不能履行与一时不能履行之分。前者指在履行期限或可以为履行的期限届满时不能履行。后者则为在履行期满时因暂时的障碍而不能履行。永久不能履行如属于嗣后不能履行，可构成违约责任的要件。一时不能履行因债务人在不能履行的

---

① 崔建远：《合同法》，北京大学出版社2016年版，第339页。

暂时障碍消除后仍不履行，可以称为迟延履行，可为违约责任的构成要件。

迟延履行，又称债务人迟延，我国法有时称作逾期履行，是指债务人能够履行，但在履行期限届满时却未履行债务的现象。构成迟延履行，一是存在着有效的债务，二是能够履行，三是债务已经届履行期限，四是债务人未履行。对于迟延履行来说，迟延履行期限具有重要意义。在合同明确规定有履行期限时，债务人在履行期限届满时未履行债务，即构成迟延履行。在合同未明确规定履行期限时，债权人应先催告债务人履行，债务人未在指定的期限内履行，构成迟延履行。

拒绝履行，是指债务人对债权人表示不履行合同。这种表示一般为明示的，也可以是默示的。作为构成违约责任要件的拒绝履行，其一应存在着有效的债务，其二应有不履行的意思表示，其三应有履行的能力，其四应为违法。债务人有权拒绝履行时，如有同时履行抗辩权、先诉抗辩权、不安抗辩权、时效完成抗辩权、条件不成就、履行期限尚未届至等，行使这些权利或抗辩，不构成拒绝履行。违法的拒绝履行是违约责任的构成要件，行使权利的拒绝履行不引起违约责任。

2. 迟延履行违约金的计算

在当事人一方因对方迟延履行主要债务而解除买卖合同的情形下，如果当事人就迟延履行约定了违约责任，迟延履行金应计算至何时？对此，实践中有两种不同的观点：一种观点认为，迟延履行违约金应当计算到合同解除之日。如果合同解除后当事人继续迟延的，可以按照预期贷款利率计算预期付款违约金而非按合同约定计算违约金。另一种观点认为，迟延履行违约金的计算与合同解除的时间无关，应从实际违约之日计算至实际履行之日。[①] 笔者认为，对于双方都违约的，违约金应计算至违约方能够履行之日，而非合同解除之日。因为，违约方由于不能履行违约，当能够履行时，违约方如果提出继续履行的要求，守约方拒绝履行，此后的迟延履行责任显然是由作出拒绝履行的守约方造成的，因此，迟延履行违约金的应从实际违约之日计算至违约方提出履行之日。

在本案中，原告不能履行的违约行为是从2015年12月1日至2015年12

① 李勇主编：《买卖合同纠纷》，法律出版社2015年版，第178页。

月9日，2015年12月9日被告刘某取得户口本原件，在此情况下履行障碍消除，且2015年12月10日合同三方已经就如何履行进行协商，但原告要求被告刘某先予支付违约金而后才同意履行，被告不属于有效的抗辩，被告此时不能行使同时履行抗辩权，因为同时履行关系存在于“对价关系”之中，亦即主给付义务关系之中，并不必然存在于从给付义务与主给付义务之间。只有从给付义务的履行与合同目的的实现具有密切关系时，从给付义务与主给付义务之间存在着同时履行关系，才产生同时履行抗辩权。[①] 违约方支付违约金属于从给付义务，这与双方买卖合同的实现并不具有密切关系。因此，被告不享有同时履行抗辩权，被告此时拒绝履行属于违法的拒绝履行，应当承担相应的责任。因此，被告迟延履行违约金的应从实际违约之日（即12月1日）计算至违约方提出履行之日（即12月9日）。

① 崔建远:《合同法》（第5版），北京大学出版社2010年版，第138页。

第六章　房屋买卖居间合同相关问题

6.1 由于未尽到居间义务导致买房人遭受损失的，中介公司应如何承担责任

——廖某某诉上海某房产中介公司、郑某某居间合同纠纷案[①]

关 键 词： 如实报告义务，居间报酬，损害赔偿责任

问题提出： 诉争房屋存在权利瑕疵，导致买房人遭受损失的，中介公司应该如何承担责任。

裁判要旨： 房产中介作为专业的居间机构在从事居间活动时，对房屋权属状况等订约相关事项及当事人的订约能力负有积极调查并如实报告的义务，应当尽职地调查、核实所有与合同订立相关或者会影响到合同订立的事项，包括对方当事人的身份信息、资产状况、房屋状况、当事人提供资料的真实性等方面的信息。当中介方违反上述居间忠实义务，严重损害委托人利益的，不得要求委托人支付中介服务费用；给委托人造成损失的，中介方应当承担相应的损害赔偿责任。

案情简介

原告（被上诉人）：廖某某

被告（上诉人）：上海某房产中介公司

被告（被上诉人）：郑某某

2013年7月4日，廖某某（乙方）、郑某某（甲方）及上海某房产中介公司签订《房地产居间合同（买卖）》。约定由廖某某向郑某某购买坐落于上海市某某区某某街某某弄某某号某某室房屋（以下简称涉案房屋）。房屋面积

① 一审院为上海市松江区人民法院，案号：（2015）松民三（民）初字第183号；二审法院为上海市第一中级人民法院，案号：（2015）沪一中民二（民）终字第2566号。

90 平方米，转让总价款63 万元人民币；其中2 万元作为购房定金，于签订该合同时由买方支付卖方，余款于买卖双方签署正式买卖合同当日付清。卖方于2013 年7 月15 日前将房屋交付买方，双方应签署《房屋交接书》。在居间合同第十一条，有手写字体列明："注①双方约定房价为陆拾叁万圆整。②甲方需在签合同办理手续当天提供离婚协议书，父母到场签字，双方至物业更名，提供发票及公证书等相关费用，若甲方、乙方不能就提供达成一致，双方解约，甲方退还乙方定金。③若双方能达成一致，甲方则要配合乙方办理相关手续。"合同另对其他事宜进行了约定。当日，廖某某向郑某某支付了2 万元购房定金，并由郑某某开具了定金收据。2013 年7 月19 日，郑某某向廖某某出具《承诺书》一份，向廖某某承诺在两个月内交割完毕并不得涨价，否则支付违约金2 万元。某房产中介公司在该承诺书落款处加盖了公章。2013 年8 月15 日，三方共同签署了《二手房买卖合同〈房屋转让协议〉》。甲方在合同中声明涉案房屋性质为商品房（现没有产权证）。甲方通过购买方式已依法取得所有权。甲方保证该房屋在交易之前无抵押、转让、赠与、立遗嘱继承、权属纠纷等事实。甲方出具了建房款发票、村民集资联建住宅房工程协议书及形式上经上海市松江县公证处公证的房屋买卖合同等材料，并称该房屋的权属材料及票据为该房唯一权属证明，甲方对该房屋的现状陈述与提供的资料真实性负全责。甲方的转让行为经过家庭成员共同协商，且承诺该房屋符合国家及地方政府正常居住使用权有关规定。甲方现无权将该房屋上市交易，只能以个人财产转让形式做转让。不论以后房价上涨多少，保证不后悔。以上甲方如提供虚假材料或隐瞒事情真相而引起的法律及经济责任由甲方负全责。双方同意上述房屋成交价为63 万元，2013 年7 月4 日支付定金2 万元，在第二次付款时转为房款；2013 年8 月15 日之前支付56 万元；2013 年8 月30 日前支付5 万元；甲方收到定金后该房屋相关资料由中介保管，乙方付清全部房款后移交乙方保管，并出具移交清单。甲方应在获得全部房款当日将房屋及相关资料移交给乙方，并且出具移交资料清单。当天将该房屋腾空交给乙方验收，每逾期一天，甲方应按乙方已付款的千分之零点四付乙方滞纳金。逾期30 天即视为甲方违约。双方还约定，鉴于目前该房屋情况，暂缓办理过户手续，待启办该房过户手续时，甲方必须在30 个工作日内无偿协助乙方办理上述手续，若不配合办理，按违约责任的第5 条第4 款执行。签订买卖合同当日，廖某某向郑某某支付购房款56万元，并由郑某某出具了房款收据。廖某某还向某房产中介公司支付了6300元的中介费，并由某房产中介公司出具了收据。

2013年8月下旬，郑某某不知去向。廖某某之父遂于2013年8月22日向警方报案，警方当日以郑某某等人涉嫌诈骗予以立案。后廖某某曾以购房被骗为由两次以某房产中介公司为单一被告诉至法院，要求某房产中介公司赔偿损失、返还中介费，后均撤诉。2015年1月，廖某某又将某房产中介公司诉至法院，并在立案后，追加郑某某为被告参加诉讼。被告郑某某下落不明，经公告送达未出庭参加诉讼。廖某某的最终诉请为：1. 确认买卖合同无效；2. 由郑某某返还58万购房款及相应利息损失，由某房产中介公司承担连带责任；3. 某房产中介公司返还中介费6300元。

法院在审理过程中查明涉案房屋属农村集资房，无房地产权证。且根据向公安机关调取的证据显示，郑某某在向廖某某卖房时提供的《村民集资联建住宅房工程协议书》、建房款发票上的出现的“上海某某市政建设开发公司”并不存在。

法院还通知案外人杨某某到庭接受询问并制作了询问笔录，杨某某明确表示其系涉案房屋的产权人，并提供了《村民集资联建住宅房工程协议书》和发票为证。廖某某曾向法院申请向上海市松江公证处调取郑某某在与其缔约过程中出示的房屋买卖合同公证书的真实性以及公证处公章的真实性，后上海市松江公证处在该调查令上作出说明：“我公证处没有这样的公证书立号方式，查无该公证书，从所附公章来看不是我公证处的公章，我公证处从来未有过刘某的公证员。”

各方观点

上海某房产中介公司观点：涉案房屋虽然目前没有房产证，但该房产属于松江区新桥镇新育居民委员会管辖，不属于农村集体土地，原审法院以农民集体土地不得用于非农建设为由认定本案买卖合同无效错误。而且涉案房屋是否属于郑某某所有尚无定论，房屋信息是否虚假也不清楚，且即使房屋信息是虚假的，某房产中介公司也如实向廖某某进行了披露，不存在故意隐瞒的事实，某房产中介公司在整个交易过程中已经尽到善良忠实义务，不存在过错，不应承担赔偿责任。

廖某某观点：某房产中介公司作为专业中介公司，对房源信息的真实性不做审查，中介人员也不具备从业资质，显然存在过错。请求二审法院驳回上诉，维持原判。

法院观点

一审法院观点：在买卖合同法律关系中，由于涉案房屋属农村集资房，按照法律规定不得出让、转让或用于非农业建设。双方买卖合同因违反该禁止性规定而无效。在居间合同法律关系中，房产中介作为专业的居间机构在从事居间活动时，对房屋权属状况等订约相关事项及当事人的订约能力负有积极调查并如实报告的义务。某房产中介公司未尽到居间义务，基于以下四点：一是未对郑某某提供资料的真实性进行适当审查。虽然郑某某提供的材料具有较大迷惑性，但某房产中介公司作为从事媒介居间的专业机构，应当被赋予更为专业、更为详尽的注意义务。二是公证书上郑某某的身份证号码少了最后一个数字，该事项无须专业知识即可识别，且某房产中介公司本可凭有效身份证件和公证书原件至位于同一城市的公证处进行现场核查，但被告某房产中介公司却未采取该措施。三是某房产中介公司工作人员在交易过程中已经对郑某某起疑，且实施了一定的查核行为，但被未将该情况及时告知原告，亦属于不作为的违约。此外，本案涉案房屋不能上市交易，某房产中介公司在明知或者应知的情况下，仍为该类房屋的买卖提供居间服务，显属不当。四是某房产中介公司经办人员没有相关资质，显属居间服务存在瑕疵，综上，某房产中介公司确实未尽到中介方的合同义务，存在较大过错，理应承担相应责任。因此判决某房产中介公司返还中介费，并在15万元的范围内就郑某某无法返还的部分款项对廖某某承担补充赔偿责任。

二审法院观点：本案争议的焦点是某房产中介公司在涉案房屋的居间过程中是否存在过错，应否就廖某某的损失承担赔偿责任。对此，首先，涉案房屋系农村集资房，无房地产权证，不能上市交易，某房产中介公司在明知房屋性质的情况下仍然将该房屋挂牌并提供居间服务，存在一定过错。其次，某房产中介公司作为专业中介机构，其居间义务不仅在于促成双方签订买卖合同，还应当在交易过程中尽到审慎义务，以维护交易的合法性及安全性，中介机构对于挂牌的房源信息理应进行必要的调查及审核，以确保该信息的真实性。而根据某房产中介公司在原审中的陈述，其在签订居间合同的时候并未看到过郑某某提供的有关房屋资料，直至双方签订买卖合同的当天才看到该些材料，某房产中介公司在未对房源信息进行核实的情况下即挂牌，对当事人提供的房屋资料未经调查审核的情况下即与双方签订买卖合同，显然未尽到专业中介机构必要的审慎义务，存在明显过错。故法院认同原审判决理由，鉴于某房产中介公司在居间过程中未尽到忠实义务及勤勉义务，存在较大过错，故对于廖某某的损失应承担相应赔偿责任，并退还中介费。至于某房产中介公司上诉称现在房源信息的真实性尚无定论、郑某某是否系权利人尚不明确一节，根据原审法院至公安机关调取的相关材料可以反映，系争房屋的权利人为案外人杨某某，而郑某某因涉嫌合同诈骗案刑拘在逃，故某房产中介公司该上诉理由显然不符合客观事实，法院不予采信。综上所述，原审法院在查明事实的前提下依法作出的判决是正确的，法院应予维持。

法官评析

随着我国地产交易市场迅猛发展，不仅商品房市场成交量节节攀升，二手房交易市场也日益庞大。房地产交易量的上升带动了中介行业的快速发展。一方面由于房屋买卖程序本身的复杂性，另一方面则由于信息、知识和时间的局限，人们需要依赖专门机构或人员来引导、帮助进行房屋交易，增强需求的匹配性，并减少交易过程中的风险。但由于当前市场上的中介机构鱼龙混杂，良莠不齐。很多公司操作不规范，导致居间合同的纠纷日益增多，其中因中介未履行居间义务导致委托人损失的纠纷更不在少数，本案就是一起典型案例。要明确在此种情况下中介的责任，首先需要明确什么是居间义务，以及居间义务的范围如何。

1. 什么是居间义务

居间义务即依据居间合同产生义务，分为法定义务和约定义务。《合同法》第 424 条规定："居间合同是居间人向委托人报告订立合同的机会或者提供订立合同的媒介服务，委托人支付报酬的合同。"第 425 条规定："居间人应当就有关订立合同的事项向委托人如实报告。居间人故意隐瞒与订立合同有关的重要事实或者提供虚假情况，损害委托人利益的，不得要求支付报酬并应当承担损害赔偿责任。”据此，可以看出法定的居间人的居间义务应当至少包含如下几项内容：（1）报告订立合同的机会；（2）提供订立合同的媒介服务；（3）向委托人如实报告有关订立合同的事项；（4）不得故意隐瞒与订立合同有关的重要事实或提供虚假情况。在房屋居间合同中，报告订立合同的机会一般指的是根据委托人需求提供匹配房源信息并带领看房。提供媒介服务主要指就购房事宜进行洽谈协调，并协助办理签订合同、办理贷款、产权过户等交易环节。这两项义务在实务中较少出现纠纷，争议较大的内容一般是居间人是否履行了如实报告义务，以及是否存在隐瞒与谎报的情形。

从世界各国情况来看，就房屋中介向委托人提供居间信息的义务而言，大致有三个层次：如实报告、合理审查和积极调查。如实报告义务是指居间人应将所知道的居间信息如实告知给委托人；合理审查是指居间人应当对居间信息进行谨慎合理的审查；积极调查是指居间人应当以向相对人报告的信息真实可靠为目的，进行额外的、积极的调查核实。从立法例来看，虽然各国立法上很少明确规定居间人的合理审查义务，但大都可以通过法律解释的方式当然地推导出居间人的合理审查义务。我国台湾地区更是直接规定了居间人的积极调查义务。[①] 我国法律法规对于如实报告义务规定较少，主要见于《合同法》第425条，以及建设部、工商总局、财政部等的部门规章及国务院、各地方政府下发的通知、规定、办法、细则中。相对来说规定不甚明确，主要表述为：“查看现场和设施、查阅委托人的有关资料和文件”等，并没有直接规定审查或调查的义务。司法实践中谈及居间义务一般的提法包括如实报告义务、审慎义务、勤勉义务以及忠实义务，但对其内涵及外延，并未达成统一。

2. 如实报告义务的范围

确认如实报告义务的范围，是认定中介责任的前提。影响交易的信息十分广泛，粗略的可分为：（1）房屋基本信息，包括房屋的地理位置、周边环境和面积、结构、设备等物理信息。（2）权属信息，包括所有权和权利负担信息等。即有无共有权人、有无抵押权、是否被查封、是否出租、贷款偿还情况等。（3）价格信息，即对房屋价格的市场评估情况。（4）买卖双方的信

---

① 张馨天：《房产中介对未对订约重要信息进行调查应否担责》，载中国法院网，http：//www.chinacourt.org/article/detail/2016/04/id/1837778.shtml。

用情况。(5) 交易程序信息。(6) 房屋买卖政策信息。(7) 居间服务费及交易中税费等信息。(8) 房屋历史信息。由于法律未作出明确规定，以上几类信息是否均属于如实报告的内容在实践中有不同认定。

本案一审法院指出“房产中介作为专业的居间机构在从事居间活动时，对房屋权属状况等订约相关事项及当事人的订约能力负有积极调查并如实报告的义务，应当尽职地调查、核实所有与合同订立相关或者会影响到合同订立的事项，包括对方当事人的身份信息、资产状况、房屋状况、当事人提供资料的真实性等方面的信息”。据此我们可以看出，一般来说如实报告义务所指的信息需要遵循关联性、重要性及可能性三个原则。即首先，“居间人向委托人报告的内容，与其正在促成的合同有实质关系”①。其次，信息的内容会影响或决定当事人是否继续购买房屋，或可能损害当事人利益，或者对交易条件作出调整。最后，需要告知的信息也应当是居间方能够在合理前提下获取的信息，即信息的获取具有可操作性。

结合本案来看，法院从四个方面认定中介违反了如实报告义务，一是没有对产权信息进行核实；二是没有核实公证书的真伪；三是没有对出卖人的信用情况进行真实披露；四是居间人不具有相应资质。这四个方面的信息都与居间合同具有关联性，且都对委托人作出决定起着重要甚至决定性作用。某房产中介公司在答辩中称就原告需要通过法院颁发调查令的方式才能验证公证书真伪这一事实来看，某房产中介公司不具备核查能力。但是法院指出某房产中介公司凭借有效身份证和公证书原件是可以到公证机关进行核实的，但其并未采取措施。而且，公证书上的身份证号少了一位，只要进行了简单的核查就能发现该问题。因此信息的获取是完全具有可操作性的，所以应当认定某房产中介公司未尽到居间义务。

3. 违反居间义务的责任

购房者诉诸中介机构的原因主要是因为房屋中介公司拥有大量的房源信息，并能提供专业化的服务，代办复杂的交易手续。由于房屋成交价不菲，中介费用往往也不是一笔小数目，因此中介公司应当提供与佣金相当的服务，包括如实报告订立合同的机会和相应的资料，以及对资料的真实性做必要的

① 关德东：《委托合同·行纪合同·居间合同》，中国民主法制出版社2003年版，第150页。

专业审查。法律对如实报告的范围并未作出明确界定，但一般认为至少应当包括对出卖人的身份信息进行全面核实，到房管部门对产权情况进行查询，核查产权证书的真伪以及房屋是否存在被抵押或出售的情况；对房屋进行实地查看，以便了解房屋的实际状况与居住情况；尽可能了解当事人的情况，告知委托人对方当事人的信用、履约能力等。若居间人未尽到居间义务，造成了委托人的损失，则应当承担一定责任。

《合同法》第425条规定："居间人应当就有关订立合同的事项向委托人如实报告。居间人故意隐瞒与订立合同有关的重要事实或者提供虚假情况，损害委托人利益的，不得要求支付报酬并应当承担损害赔偿责任。"因此，居间人未尽到居间义务的后果有二，一是不得要求支付报酬；二是根据其过错大小承担相应损害赔偿责任。当然承担损害赔偿责任的前提是委托人利益的损失与中介方的行为有因果关系。本案中，廖某某的58万元购房款经济损失是由郑某某的合同诈骗行为直接导致的，因此应当由郑某某承担主要责任。但是某房产中介公司在居间过程中严重违反了如实报告义务，对损失的造成存在过错，因此应当承担补充责任，并且不得要求支付居间报酬。

6.2 "跳单"行为在什么情况下构成违约

——重庆某房屋经纪公司诉黄某居间合同纠纷案①

关 键 词：跳单，居间报酬，违约

问题提出：买方通过中介公司的居间服务选定房源后，却绕开该中介公司直接与房主达成交易的"跳单"行为是否构成违约？

裁判要旨：衡量买房是否"跳单"违约的关键，是看买方是否利用了该中介公司提供的房源信息、机会等条件。如果买方并未利用该中介公司提供的信息、机会等条件，而是通过其他公众可以获知的正当途径获得同一房源信息，则买方有权选择报价低、服务好的中介公司促成房屋买卖合同成立，而不构成"跳单"违约。

① 一审法院为重庆市渝北区人民法院，案号：(2014) 渝北法民初字第04470号；二审法院为重庆市第一中级人民法院，案号：(2015) 渝一中法民终字第01813号。

案情简介

原告（被上诉人）：重庆某房屋经纪公司（以下简称经纪公司）

被告（上诉人）：黄某

2013 年 12 月 7 日，黄某为购房所需与经纪公司签订委托看房确认书。确认书约定：1. 签署本确定书后，乙方会以房地产经纪身份介绍甲方购买下列或同类型之物业，安排以下所列物业进行实地勘察，并作出适当查询，提供所得及已知的材料，商议买卖条款，并协助甲方与下列物业卖方签署买卖合约。甲方认可本次看房为首次看房，并承诺即使再委托他人或者其他公司查看此房并不影响与乙方的代理关系，仍需按下列比例支付乙方佣金。2. 乙方会忠诚地履行服务，并尽最大努力提供准确材料，并与甲方确认可做商议的依据，由甲方自行研究了解所有提供的资料。3. 甲方委托乙方介绍甲方购买本确认书第七条之物业，以下列甲方签名为据，成功购入所介绍之物业，需支付乙方相应佣金，购买的佣金为成交价格的 2.5%，于甲方与业主签订买卖合同时一次付清。4. 甲方同意乙方可担任买卖双方之经纪人，并可同时向卖方收取佣金作为经纪服务费，甲方对此并无异议。5. 违约责任：甲方通过乙方介绍、展示知悉本确认书第 7 条之物业后，不通过乙方购买本确认书第 7 条之物业（以下列甲方签名为凭据），而由甲方或甲方之关联方（包括但不限于配偶、父母、子女、兄弟姐妹等）另行与物业主或其他代理方签约的，甲方应赔偿乙方本确认书第 3 条约定的佣金标准的双倍佣金，并支付乙方一切损失（包括但不限于诉讼费、律师费等）。乙方向甲方推荐物业项目名称为鲁能星城 7 街区 7 幢 2 单元 × × 和鲁能星城 1 街区 6 幢 1 单元 × ×。2013 年 12 月 10 日黄某与鲁能星城 7 街区 7 幢 2 单元 × × 房主刘某一、蒋某某、刘某二签订房屋买卖合同，成交价 60 万元，同日，在重庆市渝北区土地房屋权属登记中心办理房屋过户手续。后经纪公司认为黄某为逃避支付佣金，私自与房主进行交易，遂起诉黄某，要求其支付佣金并承担律师费。

二审法院另查明：因黄某要求在 2013 年 12 月 15 日之前完成过户手续，房产的所有权人之一刘某二在韩国留学，经纪公司无法满足黄某的要求，未能促成交易。而后，黄某与甲公司口头达成协议，约定由甲公司提供房屋购买的中介服务。甲公司为了能在 2013 年 12 月 15 日之前促成交易，完成房屋过户手续，提供了3000元作为刘某二回国路费，房屋产权人之一的蒋某某出具收据证明收到了甲公司的3000元。2013年12月9日刘某二从韩国入境，2013年12月12日从中国出境前往韩国。2013年12月10日，黄某通过转账方式向甲公司支付中介费18400元，2014年3月3日，甲公司向黄某开具了发票。

各方观点

黄某观点：经网上搜索，诉争房屋的买卖信息经纪公司和甲公司两家中介都有提供，并非经纪公司一家提供此信息，经纪公司无权代理销售此房屋。经纪公司门店广告牌写明免费看房，其无权凭委托看房协议书收取中介费。刘某一、蒋某某、刘某二共有此房屋，而刘某二在国外留学，无法回来及时办理过户手续，导致双方交易无法进行。经纪公司店长提出办理假公证、假过户，买房人拒绝了此提议。经纪公司的工作人员王某某不具备房屋中介职业资格证，其行为不合法，双方签订的委托看房协议书，是格式合同，不是黄某的真实意愿，合同加重了黄某的责任，免除了经纪公司的应尽责任和义务。而且经纪公司未向黄某提供详细的中介服务，协助办理相关的产权过户、公证等手续，实际是甲中介公司主动资助刘某二3000元飞机票费用，以促成了交易。黄某并未恶意逃避中介费，经纪公司也未向黄某催收中介费。甲公司开具的发票以及“信用卡交易明细结果单”可知，黄某与甲公司之间存在合法的合同关系。

经纪公司认为：双方签订《委托看房确认书》后，经纪公司按约向黄某推介并带领查看了位于鲁能新城的数套房屋。最终黄某决定购买渝北区渝鲁大道670号鲁能星城7街区7幢××号房屋，经纪公司与房屋卖方进行了磋商。但黄某为逃避佣金支付责任，于2013年12月10日私下与房屋卖方签订《房屋买卖合同》并办理产权过户登记。经纪公司与黄某间存在合法有效的居间合同关系，各方应当按约履行各自义务。经纪公司已按约履行了推介房屋、促进交易等义务；而黄某为逃避佣金支付义务，私下与房屋卖方签约办理产权过户已构成违约，黄某应当承担赔偿佣金、支付经纪公司诉讼费、律师费等损失的责任。

法院观点

一审法院观点：看房方委托书上的签字经司法鉴定中心确认为黄某本人书写，因此经纪公司与黄某签订委托看房确认书是当事人的真实意思表示，内容亦不违背法律、行政法规的禁止性规定，双方在平等、自愿协商一致的基础上签订的合同合法有效。从合同的内容来看，合同并没有加重黄某的责任，免除经纪公司的应尽责任和义务，经纪公司的工作人员是否具备房屋中介职业资格证，不影响合同效力。双方在合同中约定“黄某认可本次看房为首次看房，并承诺即使再委托他人或者其他公司查看此房并不影响与经纪公司的代理关系，仍需支付佣金”，黄某辩称由甲公司促成了房屋交易，并收取了中介费，但根据本合同约定，黄某仍然应当向经纪公司支付佣金。黄某没有提供与甲公司的居间合同，经纪公司起诉后，黄某才于2014年3月3日开具缴纳中介费发票，不符合交易习惯，故对黄某的辩称意见，不予采信。经纪公司作为居间方，已经促成了黄某与房屋所有权人之间达成房屋买卖协议，并办理了房屋过户手续，该买卖合同一经成立，作为居间方的经纪公司即享有根据合同约定及法律规定请求黄某支付居间报酬的权利。合同约定，黄某不通过经纪公司购买本房屋，而另行与物业主或其他代理方签约的，应赔偿经纪公司双倍佣金，并支付经纪公司一切损失（包括诉讼费、律师费等），因此黄某应当承担经纪公司支付的律师费。

依据《合同法》第427条之规定，居间人未促成合同成立的，不得要求支付报酬，但可以要求委托人支付从事居间活动支出的必要费用。本案中，经纪公司虽与黄某签订了委托看房确认书，但是经纪公司不能满足黄某于2013年12月15日之前完成房屋过户手续的要求，因此未能促成房屋买卖的交易。而甲公司与黄某虽无书面的居间合同，但是根据甲公司、证人刘某一、蒋某某的证言、证人蒋某某出具的收据、黄某的信用卡交易明细结果单、甲公司开具的发票、房屋产权人之一的刘某二的出入境记录等证据，足以确认黄某向经纪公司所提于2013年12月15日之前完成房屋过户手续的要求并非不能满足，故经纪公司与黄某之间未能促成房屋买卖的交易之责任在于经纪公司，该公司未能履行完毕合同义务，黄某无须支付其中介费。

一审法院判决：黄某在判决生效之日起十日内支付经纪公司佣金15000元及律师费2000元。

二审法院观点：《中华人民共和国合同法》第427条规定，居间人未促成合同成立的，不得要求支付报酬，但可以要求委托人支付从事居间活动支出的必要费用。本案中，经纪公司虽与黄某签订了委托看房确认书，但是经纪公司不能满足黄某于2013年12月15日之前完成房屋过户手续的要求，因此未能促成房屋买卖的交易。但有关证据足以确认黄某向经纪公司所提于2013年12月15日之前完成房屋过户手续的要求并非不能满足，故经纪公司与黄某之间未能促成房屋买卖的交易之责任在于经纪公司，该公司未能履行完毕合同义务，黄某无需支付其中介费。综上，上诉人黄某的上诉理由成立，本院予以支持。一审法院基于一审中的证据认定事实清楚，适用法律正确。根据二审中的新证据带来本案事实及法律关系的变化，本院依法予以改判，判决如下：一、撤销重庆市渝北区人民法院（2014）渝北法民初字第04470号民事判决第一项、第二项，即被告黄某在本判决生效之日起十日内支付原告经纪公司佣金15000元；被告黄某在本判决生效之日起十日内支付原告经纪公司律师费2000元；二、驳回经纪有限公司的其他诉讼请求。

法官评析

"跳单"是指在二手房买卖居间活动中，买方通过中介公司的居间服务选定房源后，却故意绕开该中介公司直接与房主达成交易或通过其他中介公司与房主达成交易的现象。[1] 产生"跳单"行为的原因包括但不限于以下几种：一是委托人出于逃避支付居间报酬的目的，通过其他途径与卖方私下达成交易；二是中介机构未尽力履行居间义务，致使委托人不满意其服务，不愿给付居间报酬；三是出于减少成本考量，即其他中介提供了服务更好、价格更优惠的服务，因此选择"跳单"。本案中黄某则是因为原中介不能满足其提出的在固定时间内完成过户的要求，而其他的中介提供了相应的服务，因此产生了"跳单"行为。

---

① 最高人民法院案例指导工作办公室：《〈上海中原物业顾问有限公司诉陶德华居间合同纠纷案〉的理解与参照》，载《人民司法》2014年第5期。

1. “跳单”行为的种类

“跳单”行为频发不利于房地产市场的稳定健康发展，对房屋中介也会造成不小影响，因此需要规范，但并非所有的“跳单”行为都构成违约。要鉴别“跳单”行为违约与否，首先要区分不同的“跳单”行为。根据“跳单”的原因可以将其分为以下几种类型：

（1）恶意“跳单”。即为了避免支付居间报酬，利用原中介提供的房源信息，与卖房私下取得沟通，签订房屋买卖合同。

（2）熟人“跳单”。即通过看房发现买卖双方有朋友或亲戚关系，或买卖双方又经朋友、亲戚等渠道获得联系，并协商达成一致，签订房屋买卖合同。

（3）另择居间人“跳单”。此种类型下又分不同情况，一是原中介获得独家代理权，买方利用从原中介处获取的信息另择居间人，以换取较低居间报酬；二是房源信息通过多家中介均可获取，购房人通过对比选择价格优惠或者服务更好的中介达成交易。

2. “跳单”行为构成违约的要件

2011年颁布的“指导性案例1号”对“跳单”行为做出了界定，衡量买房是否“跳单”违约的关键，是看买方是否利用了该中介公司提供的房源信息、机会等条件。如果买方并未利用该中介公司提供的信息、机会等条件，而是通过其他公众可以获知的正当途径获得同一房源信息，则买方有权选择报价低、服务好的中介公司促成房屋买卖合同成立，而不构成“跳单”违约。因此认定“跳单”是否构成违约，需要考虑以下四个要件：

（1）存在有效的居间合同。这是“跳单”行为构成的基础。在实践中，中介带领委托人去看房时，往往会让其签署看房确认书或者房地产求购确认书，无论协议名称如何，只要其中明确了由中介公司提供媒介服务，由委托人支付一定报酬等相关内容，就应当被认定为居间合同。本案中黄某和经纪公司签订的看房协议书即应当被认定为居间合同。

（2）中介机构积极履行了居间义务。要求中介不仅报告了订立合同的机会，带领看房，并且要就价格等事项进行积极斡旋，充分利用自己的居间地位促成交易。若中介仅带领看过一次房，没有提供后续的居间服务，那么即使委托人构成违约，也不能请求完整的居间报酬。当前社会网络信息发达，很多购房信息都可以通过网络获取，但是大部分人仍选择通过专业中介机构完成房屋买卖，一方面是为了提高信息匹配下效率，另一方面则是因为中介机构能够提供更全面的服务。中介费通常也是一笔不小的费用，如果仅仅提供看房服务，那么对于中介来说其成本与收入是不相称的。而且当前很多中介机构为吸引顾客，通常都打出免费看房的广告，目的是更好地促使买卖合同的达成。因此中介方获取居间报酬的必要前提之一是提供了较为完整的媒介服务。

(3) 委托人利用了居间服务信息。根据指导性案例的裁判要旨，委托人是否利用原中介提供的信息是判断“跳单”行为是否违约的重要标准。这是平衡保护客户自由选择权与维护中介利益的结果，也是符合当前市场现状的标准。因为目前大部分房屋都通过多家中介公司挂牌上市，以求短时间最大范围地获取交易机会，独家房源很少。委托人通过对比择优选取心仪的中介符合市场规律，但是相应的需要承担其未使用原中介信息的举证责任。在本案中，诉争房屋的买卖信息在网上可以查到，因此并非为经纪公司的独家房源。而且甲公司能够提供更优质的中介服务，因此黄某有选择自由。

(4) 委托人逃避支付居间报酬。这是认定恶意“跳单”的又一重要标准，如果委托人另托中介达成了房屋买卖合同，并向新中介支付了相应居间报酬，那么除非报酬明显低于市场价，或有证据证明利用了原中介信息，那么“跳单”行为将不构成违约。在本案中，虽然黄某与甲公司没有签订书面的居间合同，但是通过转账证明、证人证言和出入境记录等证据，能够形成较为完整的证据链，证明黄某与甲公司达成了新的居间合同，甲公司促成了买卖合同的成立，并且黄某支付了相应的居间报酬。因此，黄某并没有逃避支付经纪公司居间报酬的故意，其未促成买卖合同成立的责任完全在于自己。因此黄某的“跳单”行为不构成违约，不应支付经纪公司居间报酬。

6.3 禁止“跳单”条款的效力如何认定

——某地产营销公司诉林某某居间合同纠纷案①

关 键 词： 跳单，格式条款，违约金

问题提出： 买方通过中介公司的居间服务选定房源后，却绕开该中介公司直接与房主达成交易的行为是否构成“跳单”，需要承担什么责任？

裁判要旨： 双方签订的《购房委托协议》中禁止“跳单”的格式条款，相较于禁止委托人利用中介公司提供的房源信息、机会等条件却绕开中介公司与卖方签订房屋买卖合同等不诚信行为的限制性约定更为严苛，极大加重了委托方的责任，且上诉人也未履行如实告知或提请注意等释明义务，应当认定为无效条款。

案情简介

原告（上诉人）：某地产营销公司

被告（被上诉人）：林某某

诉争房屋原产权人陈某甲在2012年间曾到多家房屋中介公司挂牌出租或出售位于安溪县凤城镇新安西路南侧6幢××梯的401室、501室房屋。林某某于2012年9月间与某地产营销公司签订了《购房委托协议》，该《购房委托协议》第四条约定：林某某确认某地产营销公司带看的房产属于首次看房，同时承诺不会直接或间接与某地产营销公司提供的房产之业主私下联系，并同意即使第七条所列房产最后由林某某之亲人、朋友、授权人、代理人等无论通过任何渠道以任何价格成功购买，林某某仍须支付某地产营销公司上述第三条约定之佣金。《购房委托协议》签订后某地产营销公司带林某某看了安溪县凤城镇新安西路南侧6幢××梯401室、501室，但未达成交易。2012年11月间第三人陈某乙带原产权人陈某甲主动与林某某商谈上述房产的交易，最终以120万元的价格达成房屋买卖合同，并于2012年11月16日办理了过

① 一审法院为福建省安溪县人民法院，案号：（2014）安民初字第6062号；二审法院为福建省泉州市中级人民法院，案号：（2015）泉民终字第2187号。

户手续。某地产营销公司认为林某某的行为构成“跳单”，多次向其提出支付中介服务费和违约金的要求，未果。2014 年 10 月 27 日，某地产营销公司向法院提起诉讼，要求林某某支付其中介服务费 30000 元及违约金 30000 元。

各方观点

某地产营销公司观点：上诉人为被上诉人推荐合适房源、信息，并安排被上诉人实地看房，被上诉人也确认其看房属于第一次，但被上诉人为“跳单”绕过上诉人私自与业主签订购房协议，并已成交，被上诉人应支付中介服务费 30000 元和违约金 30000 元及律师费 4000 元，原审不予判决是错误的。而且《购房委托协议》第四条、第五条的“跳单”条款是双方真实意思表示，合法有效，原审认定条款无效是错误的。

林某某观点：上诉人提供的录音资料足以证明原业主陈某甲通过多家中介机构挂牌出租或出售诉争房屋、被上诉人在上诉人之前已经由其他中介机构带领查看了房屋、之后被上诉人是通过第三方陈某乙居间促成购买诉讼房屋。上诉人并没有接受原业主陈某甲、陈某芬的委托销售诉争房屋，自然也没有权利居间销售诉争房屋。在上诉人带领被上诉人看房之前，被上诉人已通过其他中介机构查看了诉争房屋，上诉人并非首次带领被上诉人看房的中介机构。上诉人提供的购房委托协议是其事先制定的格式条款，协议第七条第三栏的内容系上诉人事后添加的，也未履行如实告知或提请注意等释明义务，应认定为无效条款。

法院观点

一审法院观点：涉案房屋交易成功并非某地产营销公司居间促成，因此某地产营销公司丧失了居间报酬请求权，无权要求林某某支付中介服务费。又因为某地产营销公司并不能证明诉争房屋为其独家代理的房源，且双方签订的《购房委托协议》中禁止“跳单”的格式条款，相较于禁止委托人利用中介公司提供的房源信息、机会等条件却绕开中介公司与卖方签订房屋买卖合同等不诚信行为的限制性约定更为严苛，违反了合同公平原则，所以该部分约定应为无效，因此某地产营销公司也无权要求林某某支付违约金。一审法院判决：驳回原告某地产营销公司的诉讼请求。

二审法院观点：上诉人主张其接受诉争房屋原所有权人陈某甲的委托出售房屋，但上诉人未能提供其与陈某甲签订的居间委托合同予以证明，上诉人原审提供的录音资料及证人陈某甲、陈某乙出庭作证的证言可以证明陈某甲之前已通过多家中介机构挂牌出租或出售诉争房屋，被上诉人是通过第三方陈某乙介绍向陈某甲购买了诉讼房屋。上诉人主张其为被上诉人提供居间服务并促成诉争房屋的买卖交易成功，证据不足，不予支持。上诉人与被上诉人于2012年9月间签订的《购房委托协议》第四条、第五条的约定属于房屋买卖居间合同常用的禁止“跳单”的格式条款，条款中关于“被上诉人确认上诉人带看的房产属于首次看房，同时承诺不会直接或间接与上诉人提供的房产之业主私下联系，并同意即使第七条所列房产最后由被上诉人之亲人、朋友、授权人、代理人等无论通过任何渠道以任何价格成功购买，被上诉人仍须支付上诉人佣金、诚信违约金”之约定相比较于“禁止买房委托人利用中介公司提供的房源信息、机会等条件却绕开中介公司与卖方签订房屋买卖合同等不诚信行为的限制性约定”更为严苛，极大加重了委托方的责任，且上诉人也未履行如实告知或提请注意等释明义务，根据《合同法》第40条之规定，《购房委托协议》第四条、第五条的约定应认定为无效条款，原审对此认定依据充分，应予确认。综上，上诉人的上诉请求没有事实与法律依据，其上诉理由不能成立，法院不予支持。原判应予维持。

法官评析

为防止“跳单”行为出现，居间合同中往往都会设置禁止“跳单”的条款。对于该条款的效力，理论界与实务界都未达成一致认识。有人认为该条款是中介公司利用优势地位设立的霸王条款，限制了买方的权利，应属无效；有人认为该条款并不违反法律规定，应属有效。禁止“跳单”条款的有效与否直接影响到对“跳单”行为的认定和责任的承担。

1. 禁止“跳单”条款的效力

禁止“跳单”条款是中介公司为了保障自己利益而设的格式条款，而法律并不禁止格式条款的出现，只是从维护公平、保护弱者的角度出发，对其做了一定限制，作为格式条款的禁止“跳单”约定也应符合以下几个要件：

一是提供格式条款一方尽到提示、说明的义务，采取明确的方式引起对方对格式条款的注意。禁止"跳单"条款往往都是中介公司事先拟定好的固定条文，批量印制，反复使用，内容并不与委托人进行商量。在一般的购房活动中，中介往往会让购房人签订一系列合同文本，内容较多，委托人很少有认真逐句审阅的，这种情况下就很容易忽视对自己不利的"跳单"条款。因此，中介方应当尽到明确的提示和说明义务，对禁止"跳单"条款的存在、内容、后果做出详细说明。

二是格式条款不能免除提供格式条款一方当事人的主要责任、加重对方责任、排除对方当事人的主要权利，否则格式条款无效；在居间合同中，中介公司的主要责任就是忠实履行居间义务，向委托人如实报告订立房屋买卖合同的机会、提供订立合同的媒介服务。委托人的责任主要是在中介公司促成买卖合同成立时依约支付居间报酬，而权利则是获得相应的信息和服务。

三是一旦对格式条款的理解发生了争议，应按通常理解予以解释。对格式条款有两种以上解释的，应当作出不利于提供格式条款一方的解释。因此禁止"跳单"条款有效与否主要取决于其具体内容。

在最高人民法院发布的第1号指导性案例中，陶某华与中原公司签订的合同中对于禁止"跳单"的约定为"陶某华在验看过该房地产后6个月内，陶某华或其委托人、代理人、代表人、承办人等与陶某华有关联的人，利用中原公司提供的信息、机会等条件但未通过中原公司而与第三方达成买卖交易的，陶某华应按照与出卖方就该房地产买卖达成的实际成交价的1%，向中原公司支付违约金"。法院分析认为，中原公司与陶某华签订的房地产求购确认书中约定的禁止"跳单"条款并不存在免除乙方责任、加重对方责任、排除对方主要权利的情形，因此应当认定为有效。在本案中，某地产营销公司和林某某签订的看房确认书中约定的内容为："被上诉人确认上诉人带看的房产属于首次看房，同时承诺不会直接或间接与上诉人提供的房产之业主私下联系，并同意即使第七条所列房产最后由被上诉人之亲人、朋友、授权人、代理人等无论通过任何渠道以任何价格成功购买，被上诉人仍须支付上诉人佣金、诚信违约金。"对比即可发现两者有很大不同。陶某华和中原公司的约定中不仅有6个月的时间期限，而且明确指出了只有在利用中原公司提供的信息、机会等条件缔约才承担相应责任。而本案的约定中并无相应内容。在本案约定的情况下，相当于中介只要带看了房屋，无论该中介公司报价是否偏高、委托人是否满意其服务质量，只要委托人最终购买了该房屋，无论是否是由于其居间行为促成的，都需要向其支付居间报酬以及违约金，这样旱涝保收的约定明显过于严苛，极大减轻了中介的责任，加重了委托方的责任，并且中介在签订看房确认书前并未履行释明义务，因此，该禁止“跳单”条款理应被认定无效。

2. “跳单”违约的后果

根据第1号指导性案例的裁判要旨，“跳单”行为不一定构成违约，衡量是否构成“违约”的关键是看买方是否利用了该中介公司提供的房源信息、机会等。若买方并未利用该中介公司提供的信息、机会等条件，而是通过其他公众可以获知的正当途径获得同一房源信息，则买方有权选择报价低、服务好的中介公司促成房屋买卖合同成立，而不构成“跳单”违约。在本案中，禁止“跳单”的条款被认定为无效条款，而且买方并未利用中介方提供的信息私下与卖房达成交易，而是卖房在另外居间人的介绍下直接与买方达成了买卖合同，因此实质上的“跳单”行为并没有构成违约。但是如若“跳单”行为一旦构成违约，需要承担哪些责任呢？

一般说来，居间合同中的禁止“跳单”条款通常会规定当委托人发生“跳单”行为时，应当全额支付居间报酬，并且会约定一定比例的违约金。因此就会出现居间报酬请求权和违约金请求权的重合问题。本案中，居间人某地产营销公司就在诉请中不仅要求林某某支付中介服务费3万元，并要求其支付违约金3万元及律师费4000元。其中3万为违约金，律师费为实际损失，中介服务费可以被认定为居间报酬，也可以被认定为实际损失。但是居间报酬请求权只存在于居间方促成买卖合同的情况下，“跳单”行为下，居间方并未实际促成买卖合同成立，因此不宜将中介服务费的请求认定为是居间报酬请求权，而认定为是违约行为下造成的可得利益的损失比较恰当。

“跳单”行为本质为一种违约行为，根据我国《合同法》第109条的规定，支付价款和报酬是承担违约责任的方式之一。若认定委托人“跳单”行为违约，那么委托人就需要承担相应的违约责任，支付居间报酬，则是承担违约责任的形式之一。同时若双方约定了违约金条款，那么就会产生损害赔偿请求权和违约金请求权竞合的问题。违约金请求权和损害赔偿请求权各自独立，其中一个发生效力时，并不排斥另一个请求权的效力。依据民法损害赔偿原理，损害赔偿的目的在于填补损害，法律上不能允许当事人基于一个损害获得两次赔偿。在违约金请求权与损害赔偿请求权所指向利益同一的情况下，债权人不能同时予以主张。[①] 因此合同违约责任“填平”的责任大过“惩罚”。在“跳单”行为下，居间报酬作为原中介的可得利益应当被认定为其损失，若违约金高过实际损失的应予调整。

最后，根据《合同法》第427条规定，居间人未促成合同成立的，不得要求支付报酬，但可以要求委托人支付从事居间活动支出的必要费用。若“跳单”行为构成违约，那么此条文不存在适用前提。但若“跳单”行为不构成违约的，原居间人又确实为居间活动付出了必要费用的，可以主张委托人予以赔偿，但应当由中介方承担举证责任。在本案中，由于禁止“跳单”的条款被认定为无效条款，居间人的报酬诉请和违约金诉请均未能得到法院支持。

6.4 如何判断居间人是否享有居间报酬请求权

——某房地产经纪公司与孙某等居间合同纠纷案[②]

关 键 词：中介费，合同解除

问题提出：中介已经履行了居间义务，合同解除时中介费如何承担？

裁判要旨：《居间服务合同》中约定了地产经纪公司的居间服务内容，关于向买房人介绍房屋周边环境的内容并未明确约定，故该项义务不属于地产经纪公司的合同义务。但特殊建筑与涉案房屋相邻有可能对购房人的购房意愿产生一定影响。地产经纪公司作为一家知名中介公司，在收取高额居间费用的同时也应当提供更加优质及人性化的居间服务。虽然告知该事项并非地产经纪公司的合同义务，但从社会公众普遍接受程度考量，其应当在居间服务过程中进行必要的提示，地产经纪公司未进行必要提示亦存在一定过错，其无权主张全部居间费用和违约金，对于买受人所主张的定金损失亦应承担相应责任。

---

① 参见王利明：《合同法研究》（第2卷），中国人民大学出版社2010年版，第601页。

② 一审法院为北京市海淀区人民法院，案号：（2015）海民初字第5120号；二审法院为北京市第一中级人民法院，案号：（2016）京01民终字第199号。

案情简介

原告（上诉人、反诉被告）：某房地产经纪公司（以下简称地产经纪公司）

被告（被上诉人、反诉原告）：郭某、孙某

原审被告：袁某某

2014年10月11日，袁某某（出卖人）与孙某、郭某（买受人）经地产经纪公司居间，就坐落为海淀区××小区×号楼×单元×层×号房屋达成协议，签订了《北京市存量房屋买卖合同》，并约定买受人在签订本合同的同时支付定金10万元。同日，出卖人（甲方）、买受人（乙方）和中介公司（丙方）三方签订了《居间服务合同》，三方约定：鉴于在丙方的居间服务下，甲、乙双方于2014年10月11日签订《北京市存量房屋买卖合同》，为明确甲、乙、丙三方权利义务，订立本居间服务合同；甲、乙双方同意，共同委托丙方作为交易居间方，丙方提供的居间服务包括（1）提供房屋买卖市场行情咨询，（2）寻找、提供并发布房源、客源信息，（3）协助查看买受方身份情况和房屋权属证书，实地查看房屋，（5）协助房屋出售方、买受方协商、洽谈，确定成交意向，（6）协助房屋出售方、买受方协商房屋买卖合同的相关条款内容；甲、乙双方在签订《买卖合同》时，居间行为完成，甲、乙双方应向丙方支付本合同约定的居间代理费；乙方向丙方支付居间代理费7万元，上述费用本合同签订当日向丙方支付；甲、乙双方应积极配合丙方居间活动，按照丙方要求提交房屋买卖所需一切证件资料，并依照本合同之约定，及时足额向丙方支付居间代理费；丙方应遵守相关法律规定，尽职提供居间服务，丙方不得在交易中提供虚假信息或故意隐瞒真实情况；甲、乙双方或一方延迟向丙方支付本协议第二条约定的居间代理费，该延迟方除应向丙方支付居间代理费外，还应就其未支付的部分，按照每日1%的标准支付违约金。后三方又签订了《补充协议》，约定：由于甲、乙双方未按《居间合同》《保障合同》约定支付佣金等服务费，经甲、乙、丙三方友好协商同意，甲、乙双方于本协议签署后12个工作日内支付上述服务费用，若甲、乙双方未按本条款约定支付上述费用，则视为未支付方违约，每逾期一个工作日违约方赔偿丙方相当于未支付佣金千分之五的违约金，并继续履行原付款义务。签订上述两份合同和补充协议的同时，袁某某与孙某、郭某签署了《房地产经纪服务事项告知书》，其中第一条为：请您确认签约前已详细了解房屋基本状况及周边社区等相关情况，具体信息请参见《北京市存量房屋买卖合同》。

孙某、郭某如约向袁某某支付了定金10万元，但因此后发现所购房屋临近有垃圾处理站及公厕，故以地产经纪公司故意隐瞒重要信息为由未支付居间服务费。经审理查明，地产经纪公司确未在居间服务过程中将此信息告知买受人。2014年12月20日，袁某某与孙某、郭某签订协议，约定解除了上述《北京市存量房屋买卖合同》《补充协议》《房屋交易保障服务合同》《居间服务合同》。孙某、郭某自愿将10万元定金中的6万元作为给袁某某的赔偿款，剩余4万元由袁某某退还给孙某、郭某。

事后，地产经纪公司为追索中介费，将袁某某和孙某及郭某诉上法庭。在庭审中，孙某和郭某提起反诉，要求解除与地产经纪公司的居间合同，并由地产经纪公司赔偿由于合同解除造成的6万元定金损失，并支付1万元违约金。

各方观点

地产经纪公司观点：郭某、孙某经地产经纪公司居间与袁某某就海淀区××小区×号楼×层×室房屋签订了《北京市存量房屋买卖合同》。同时三方签订了《居间服务合同》，约定郭某、孙某应支付地产经纪公司居间服务费7万元，但二人至今未付。而且合同签订之前，地产经纪公司已经明确告知郭某、孙某房屋的基本情况及社区周边环境等，不存在故意隐瞒的情况。买卖合同无法履行是郭某、孙某的过错，他们被扣定金也是自身原因，居间合同是郭某、孙某违约，故不同意其要求支付赔偿金和违约金的要求。

郭某、孙某观点：根据居间服务合同约定，地产经纪公司有义务提供房源、房屋格局、位置、周围环境等信息，但该公司隐瞒了房屋周围有垃圾站和公厕的情况。购房人购买房屋的目的是为了老人和孩子居住，可这套房屋不适合居住。且购房人是在签订了买卖合同后才得知这一情况的，故与出卖人袁某某解除了合同，但被扣除了6万元定金。由于地产经纪公司的隐瞒行为导致合同目的不能实现，因此不同意地产经纪公司要求支付中介费的诉请，而且要求地产经纪公司赔偿损失，支付违约金。

法院观点

一审法院观点：根据法律规定，居间人故意隐瞒与订立合同有关的重要事实，损害委托人利益的，不得要求支付报酬并应当承担损害赔偿责任。地产经纪公司作为居间人在进行居间服务期间，故意隐瞒房屋与垃圾站相邻的事实，最终导致孙某、郭某与袁某某签订的《北京市存量房屋买卖合同》因此原因而解除，故地产经纪公司要求孙某、郭某支付居间服务费及违约金的诉讼请求不应得到支持。此外孙某、郭某在与袁某某解除房屋买卖合同时支付袁某某赔偿款6万元，此损失系地产经纪公司的违约行为导致，故地产经纪公司应赔偿孙某、郭某上述损失，由于双方在居间合同中未对违约金做出约定，因此不予支持孙某、郭某关于违约金的诉请。一审法院判决：一、驳回某房地产经纪公司的诉讼请求；二、某房地产经纪公司于判决生效后七日内赔偿孙某、郭某60000元；三、驳回孙某、郭某其他反诉诉讼请求。

二审法院观点：《居间服务合同》中约定了地产经纪公司的居间服务内容，关于向买房人介绍房屋周边环境的内容并未明确约定，故该项义务不属于地产经纪公司的合同义务。垃圾站和公厕属于市政建筑，且位置处于市政道路旁边，周边未被遮挡，如果稍加留意，应当可以发现。郭某、孙某作为买房人，尤其是为老人和孩子购买房屋，其对房屋的环境有较常人更为严格的要求，故其在购房过程中应当对房屋本身及周边环境作进一步了解，或者提出明确具体的要求。从其签订的一系列协议内容看，郭某、孙某仅对涉案房屋的学区房名额未被占用一事提出了明确要求，在未对房屋周边环境考察清楚的情况下即签订了购房合同，郭某、孙某对于后来与卖房人解除合同结果的发生自身亦存在一定过错。在郭某、孙某与袁某某签订协议中二人称系其自身原因不再购买涉案房屋，解除合同后其将全部责任推由居间人地产经纪公司承担，有违公平原则。定金损失及违约金应当根据双方的过错程度予以酌定。另外，垃圾站和公厕系特殊用途的市政建筑，虽然在其建立时应当评估过对相邻建筑的影响，但该特殊建筑与涉案房屋相邻有可能对购房人的购房意愿产生一定影响。地产经纪公司作为一家知名中介公司，在收取高额居间费用的同时也应当提供更加优质及人性化的居间服务。本案中，对于涉案房屋与垃圾站相邻的事实，郭某、孙某在实地看房时并未发现，虽然告知该事项并非地产经纪公司的合同义务，但从社会公众普遍接受程度考量，其应当在居间服务过程中进行必要的提示，地产经纪公司未进行必要提示亦存在一定过错，其无权主张全部居间费用和违约金，对于郭某、孙某所主张的定金损失亦应承担相应责任。因此，二审法院撤销了一审判决，判决郭某、孙某给付地产经纪公司居间服务费42000元；地产经纪公司给付郭某、孙某定金损失24000元。

法官评析

在居间合同中，报酬请求权和如实报告义务构成了居间人的主要权利义务关系。居间报酬请求权的成立以居间人履行了居间义务为前提。因此想要判断居间人是否享有居间报酬请求权，首先需要明确居间义务的内容和范围。

1. 居间义务的内容

根据合同法规定，居间合同是居间人向委托人报告订立合同的机会或者提供订立合同的媒介服务，委托人支付报酬的合同。居间义务即依据居间合同产生义务，包括法定义务和约定义务。我国法律法规未对居间义务内容作出细致规定，仅在《合同法》第425条规定："居间人应当就有关订立合同的事项向委托人如实报告。居间人故意隐瞒与订立合同有关的重要事实或者提供虚假情况，损害委托人利益的，不得要求支付报酬并应当承担损害赔偿责任。"一般认为此条确立了居间人的如实报告义务，并且要求居间人不得故意隐瞒与订立合同有关的重要事实或提供虚假情况。从国外的立法例上看，对居间义务通常有三个层面上的要求，一是如实报告义务，二是合理审查义务，三是积极调查义务。我国法律并未对后两项义务作出明确规定，但实践中为了履行如实报告义务，居间人往往需要进行一定程度的核对审查，为了确保信息的真实性，有时还需要在合理的范围进行调查。

影响交易顺利完成的信息有很多，但我国目前法律和相关规定并未对基于如实报告义务需要对委托人披露的信息范围作出明确的规定。法院在审理相关案件时，也无统一标准可循，多依靠法官的审判经验和个人观念。例如，在本案中，一、二审法官就对诉争房屋临近垃圾处理站和公厕这一信息是否属于应当如实告知的信息产生了分歧。一审法院认为该信息属于与订立合同有关的重要事实，居间人掌握了这一信息却未向委托人如实报告，最终导致了买卖双方合同的解除，造成了买方的损失，因此不仅不得收取居间报酬，还要对买方的损失承担责任。但二审法院则认为，购房人若对环境信息有特殊的要求，则应明确指出，但双方居间合同中并未列有向买房人介绍房屋周边环境的义务，而且该信息并不具有隐蔽性，所以不能认定为中介有故意隐瞒该信息的行为。由此可见，房屋的周边环境信息并不属于常规的法定告知义务范畴。类似的信息还包括房屋的历史信息，如“凶宅”等也属于在实践中有一定争议的信息。在实践中较无争议的信息主要包括房屋的物理品质和权属情况，即居间人应当保证房源真实、产权明晰。虽然有些中介会在居间合同中写明由出卖方保证房屋的产权无纠纷，但这仍然不能免除居间人合理的审查义务，如对出卖人的身份信息进行全面核实，到房管部门对产权情况进行查询，核查产权证书的真伪以及房屋是否存在被抵押或出售的情况；对房屋进行实地查看，以便了解房屋的实际状况与居住情况；尽可能了解当事人的情况，告知委托人对方当事人的信用、履约能力等。

2. 居间报酬请求权的实现条件

根据《合同法》第426条规定，居间人只有在促成合同成立后才享有居间报酬请求权。具体说来，需要满足两个条件：一是买卖双方达成的房屋买卖合同必须合法有效；二是居间行为和房屋买卖合同的有效成立之间有因果关系。即买卖合同的成立是由居间方的努力促成的，此举证责任应由居间人承担。

如果房屋买卖合同无效或被撤销，或者被解除，那么居间人是否仍享有报酬请求权呢？理论界对此存在争论，一种观点认为，若合同的无效、被撤销、解除是由居间人过错造成的，那么居间人则丧失报酬请求权，如若居间人不存在过错，仍需要向其支付居间报酬。① 另一种观点认为，居间人是否促成合同有效成立这一客观结果是其是否享有报酬请求权的唯一判断依据。② 笔者认为第一种观点更符合合同法中关于居间合同相关规定的原意和公平原则，该观点也体现在本案二审判决中，法院认定中介在履行义务的过程中存在着瑕疵，但是并无大过错。而且中介履行了看房、咨询等服务，履行了基本的合同义务，合同的最终解除是由于买方自己造成的，因此中介仍有权请求居

① 张春普、梁丽珍：《房产买卖中的居间合同纠纷》，载《经营与管理》2009年第3期。
② 周晓晨：《论房地产居间的法律规制》，载《中州学刊》2010年第3期。

间报酬，但是由于中介作为提供房屋居间的专业机构，应当为交易双方提供直接、全面、有效的信息作为决策的依据，而且应当知晓环境信息有可能对委托人购房意愿产生的影响，因此依据公平原则，需要对委托人尽一定的提醒义务，因此中介需要在自己过错范围内承担一定责任。

如若居间人未促成合同的成立或者严重违反了如实报告义务，故意隐瞒与订立合同有关的重要事项或提供虚假情况的，如卖房的个人身份、婚姻状况、履约能力；或者是标的物瑕疵、权属、质量等问题；居间报酬请求权灭失，居间人不但不得向委托人请求居间报酬，还应当就其过错对委托人的损失承担补充责任。

6.5 因中介过错导致买方不能享受房交会优惠政策，中介如何承担责任

——某置业公司与秦某、陈某某居间合同纠纷案①

关 键 词：居间报酬，委托合同，损害赔偿责任

问题提出：居间合同中约定由中介代办房屋过户手续，但由于中介的过错导致不能享受房交会优惠政策，由此造成的损失该如何承担？中介是否有权要求支付居间报酬？

裁判要旨：买方缴付了房款，双方完成了产权过户，居间行为已经达成，且买方也出具承诺书对上述款项予以确认，故不应返还中介费和按揭服务费。但有偿的委托合同，因受托人的过错给委托人造成损失的，委托人可以要求赔偿损失。某置业公司作为专业的房屋中介机构，应知晓房交会期间享有房屋交易优惠政策的具体条件，因其过错导致不能享受优惠政策的，应当承担相应损失。

案情简介

再审申请人（被告、被上诉人）：某置业公司

---

① 一审法院为重庆市丰都县人民法院，案号：(2015) 丰法民初字第02188号；二审法院为重庆市第三中级人民法院，案号：(2015) 渝三中法民终字第01559号；再审法院为重庆市高级人民法院，案号：(2016) 渝民申字第636号。

被申请人（原告、上诉人）：秦某、陈某某

秦某、陈某某系夫妻关系，两人通过某置业公司同案外人冉某某就涉诉房屋达成居间协议，并于2015年1月8日签订了《房地产买卖居间协议》。协议约定买方、卖方、经纪方三方签订本协议书之时，买方须支付经纪方的中介服务费为该房屋成交价的2%即4000元。买方当日交付18万元与卖方作为该房屋的首付款。买卖双方须积极配合经纪方于2015年1月16日之前备齐个人二手房商业按揭贷款所需相关资料、费用交予经纪方，并到场办理按揭等相关的一切手续，同时须提供相应的合法证件，若以上事宜出现延误，均由延误方承担违约责任……又在协议上备注：按国家现行政策，在买方提供无房产证明的情况下，经纪方收取买方22500元（包括中介费、按揭、产权过户费等一切过户费用）把该房屋过户到买方名下，多不退，少不补；非买方违约的情况下，交易失败，由违约方承担违约责任，买方不承担任何违约金，并应得到赔偿。协议签订后，三方按照协议约定履行其义务。

同年1月26日，三方签订了《补充协议》。该补充协议载明："买方给中介方代为支付的交易房屋产权过户的一切费用共计贰万贰仟伍佰元整，其中在房交会期间过户，国家优惠的一切政策和一切优惠全部归还买方所有。合同中所涉及的房屋按规定所算得的土地转让金为4132元（肆仟壹佰叁拾贰元），若国家规定不需要缴纳或者国家优惠一部分不需交纳，那么土地转让金应全数归还买方所有。若是优惠一部分，那么优惠部分归还买方；买卖双方同意在2015年1月31日前到工商银行办理二手房按揭手续；买方同意在2015年1月31日前支付经纪方贰万三仟伍佰元整（其中壹万捌仟伍佰元整为经纪方代为交纳产权过户等一切费用，其中伍仟元整为买方支付给经纪方的中介费）；原签订的三方居间合同中第九备注中的第四条'按现行国家规定，在买方提供无房证明的情况下，经纪方收取买方贰万贰仟伍佰元整，多不退，少不补'这一条款作废。"

同年2月25日，丰都县国土房管局、丰都县财政局、丰都县地税局作出《关于印发丰都县首届房交会税费返还及安家补助费实施细则》的通知。该实施细则载明："……二手房交易优惠范围：三合、名山、水天坪园区；优惠政策：(1)房地产交易契税全征全返。(2)房地产登记费、交易手续费、图幅费先收后返。(3)政府每户补助安家费4000元（含非住宅，以一个房地产权登记单元认定为一户)；优惠时限……在 2015 年 1 月 27 日至 2015 年 4 月 26 日期间。”2 月 26 日，买卖双方完成产权过户。但某置业公司在代办买卖房屋产权过户过程中，拟制《买卖合同》一份交予丰都县地方税务局，将合同时间误写为“2014 年 12 月 10 日”。

3 月 19 日，秦某向某置业公司作出《承诺书》。该承诺书载明：“在购买房屋过程中，我委托中介方代为缴纳和给中介方的中介费合计 23500.00 元整，中介公司在 2015 年 3 月 18 日退还本人 4132.00 元整，中介方收取中介费 5000.00 元整，中介方代本人缴纳登记费 87.00 元整，手续费 826.00 元整，制图服务费 65.00 元整，契税 7592.37 元整，印花税 5.00 元整，按揭服务费 1793.00 元整，在以上费用（19500.00 元整）缴纳后还剩余 4000.00 元整，以上费用本人均承认认可。”同月 18 日和 19 日，秦某分别向某置业公司出具收条两张，证明其收到了 4132 元和 4000 元两笔退款。

3 月 26 日，买方到丰都县地税局办理相关退税手续时，被告知《买卖合同》签订时间时 2014 年 12 月 10 日，不在房交会优惠政策期间，不能享受房交会优惠政策。故向法院提起诉讼，请求人民法院判决：1. 某置业公司退还中介费、按揭费、过户服务费等一切费用共计 6792.63 元（即中介费 5000 元、按揭服务费 1792.63 元)；2. 某置业公司赔偿应得房交会优惠政策款（应退税款、安家费）共计 12575.37 元（即缴纳登记费 87.00 元、手续费 826.00 元、制图服务费 65.00 元、契税 7592.37 元、安家费 4000 元)。

各方观点

某置业公司观点：秦某与冉某某是在 2015 年 1 月 8 日签订的《房屋买卖居间协议》，补充协议是在 2015 年 1 月 26 日签订的，房交会优惠政策刊登时间是在 2015 年 1 月 27 日，并非二审认定的丰都日报在 2015 年 1 月 26 日前刊登房交会优惠政策。因此秦某购买冉某某房屋的时间不是在房交会期间，某置业公司没有过错。某置业公司亦未得到房交会优惠政策的资金。所以，某置业公司也不应退还。

秦某、陈某某观点：在购房过程中我们得知 2015 年丰都县春季房交会政策。于是 26 日，我们与某置业公司、冉某某三方在 2015 年 1 月 8 日签订的《房地产买卖居间协议》基础上签订了一份《补充协议》。2 月 26 日，我们取得了房屋产权，但3月26日去办理相关退税手续时，被告知《买卖合同》签订时间时2014年12月10日，不在房交会优惠政策期间，因此某置业公司自制的《买卖合同》直接导致我们不能享受房交会优惠政策。

法院观点

一审法院观点：买方已向卖方交清了购房款，卖方已将出卖房屋的权属过户登记给买方所有，说明经纪方已完成了中介代办事务。且买方以“承诺书”的方式对某置业公司预收买方的各种费用23500元的结算情况明确表示认可，故对退还中介费和按揭服务费的请求不予支持。且三方签订居间协议的时间系2015年1月8日，而丰都县首届房交会优惠时限系2015年1月27日至2015年4月26日。这表明本案房屋买卖事实及所涉居间代办事宜不属房交会优惠时段范围内。某置业公司若把房屋买卖合同的时间造假写在房交会期间，明显违反房交会的政策规定。秦某、陈某某不能把某置业公司未把房屋买卖合同的时间写在房交会期间作为导致其不能享受房交会优惠政策的原因。原告亦未举证证明某置业公司已得到房交会优惠政策的款项，该款项已由某置业公司在代办居间事宜时实际支出，买方对此也表示认可。因此不能支持其赔偿优惠政策损失的诉讼请求。一审法院判决：驳回秦某、陈某某的诉讼请求。

二审法院观点：某置业公司已实际履行了居间行为，且秦某也出具承诺书对上述款项予以确认，故某置业公司不应返还中介费和按揭服务费。但针对优惠政策款，二审法院认为三方已于2015年1月26日签订《补充协议》，约定房交会相关优惠政策由买方享有；且秦某、陈某某于2015年1月29日与冉某某办理相关按揭手续、支付首付款18万元及移交产权证书，而某置业公司亦于同日收取居间及其他相关费用，上述事项均发生于可享受房交会优惠政策期间，秦某、陈某某依照规定能够享受相关优惠政策；某置业公司在自制买卖合同时将时间误写为了2014年12月10日，其将此合同提交丰都县地税局办理过户登记致买方不能享受房交会优惠政策，某置业公司存在履行过错，其应当承担赔偿损失的违约责任。因双方对该优惠政策已经知晓并对相应项目予以书面确认，故某置业公司应当赔偿买方房交会优惠政策款12575.37元。法院判决：一、撤销一审法院判决；二、某置业公司赔偿秦某、陈某某 12575.37 元。

再审法院观点：2015 年 1 月 26 日《补充协议》载明的内容以及某置业公司和秦某、陈某某就委托办理房屋过户的对话协商录音资料，可以证明某置业公司和秦某、陈某某均知晓在房交会期间二手房过户可以享受房屋交易优惠政策，并约定秦某、陈某某委托某置业公司代办房屋过户，由秦某、陈某某享有房屋交易优惠政策退还的相关税费。虽然某置业公司在 2015 年 1 月 8 日居间促成秦某、陈某某购买冉某某的房屋，但并不影响秦某、陈某某和冉某某在房交会期间签订用于房屋过户的书面的房屋买卖合同。《合同法》第 406 条第 1 款规定："有偿的委托合同，因受托人的过错给委托人造成损失的，委托人可以要求赔偿损失。无偿的委托合同，因受托人的故意或者重大过失给委托人造成损失的，委托人可以要求赔偿损失。"秦某、陈某某支付给某置业公司的报酬，不仅是居间报酬，也包括有偿委托某置业公司在房交会期间代办房屋过户的报酬，某置业公司作为专业的房屋中介机构，应知晓房交会期间享有房屋交易优惠政策的具体条件，但其接受委托后，将提交给重庆市丰都县地方税务局备案的《买卖合同》签订时间错误打印为"2014 年 12 月 10 日"，导致委托人不能享受房屋交易优惠政策，二审判决某置业公司承担相应的违约赔偿责任于法有据，某置业公司申请再审理由不能成立。

法官评析

居间合同是居间人向委托人报告订立合同的机会或者提供订立合同的媒介服务，委托人支付报酬的合同。房屋买卖居间合同是居间合同的一种，从狭义上来看，是居间人向委托人提供订立房屋买卖合同的机会或者提供促成房屋买卖合同订立的媒介服务，并收取一定报酬的行为。但是随着房地产市场的日益发展，房屋中介提供服务的范围已经远超于此。中介机构为了拓展业务，在委托方与第三人签订房屋买卖合同后，仍协助或代理委托人办理产权转移过户，代收代付应由客户支付的税费、物业费等，办理房产入住手续，代办抵押贷款等一系列事务，通常居间人和委托人不会另外签订合同，往往以补充协议的形式对委托事项作出约定，这就导致了居间合同和委托合同的杂糅。本案即是如此，某置业公司和秦某、陈某某以及冉某某签订的《房地产买卖居间协议》实质上包含两层法律关系，一是促成买卖双方签订买卖合同的居间关系，二是受买方所托完成房屋过户、缴纳契税以及办理贷款等事项的委托关系。因此有必要对居间合同和委托合同做一个区分。

1. 委托合同与居间合同的区别

根据《合同法》第396条规定，委托合同是指委托人和受托人约定，由受托人处理委托人事务的合同。主要具有以下法律特征：①委托合同是建立在委托人与受托人相互信任的基础上。在委托合同中，除非委托人同意，受托人应当亲自处理受托事务。②委托合同的标的是处理委托事务。无论是法律行为还是单纯的事实行为，均可以委托他人进行处理。③委托合同一般是受托人以委托人的名义和费用处理委托事务，但是也允许受托人以自己的名义处理委托事务。④委托合同可以是有偿的，也可以是无偿的。

委托是产生一切委托事务的基础，如代理、行纪、居间均需要委托产生，但委托合同与居间合同却有着很大的区别，主要体现在以下几点：

（1）受托方法律地位不同。委托合同中的受托方是委托人的代理人，而居间合同中的受托方则是独立的居间人，不介入委托人与第三人所签订的合同关系中。

（2）受托事项不同。委托合同的内容范围很广，但居间合同仅限于为委托人报告订立合约的机会或者提供促成合同成立的媒介服务。

（3）合同的有偿性不同。委托合同根据双方当事人的约定，可以有偿也可以无偿。但是无论是有偿合同还是无偿合同，委托人处理委托事务支付的合理费用应当由委托人预付，受托人垫付的必要费用及其利息应当由委托人承担。但是居间合同一般来说为有偿合同，居间人在居间活动中所支出的必要费用自行承担，只有在虽未促成合同成立，但是确实付出必要费用的情况下，请求委托人分担一定费用。

（4）承担损害赔偿责任的条件不同。有偿的委托合同中，受托人承担过错责任。无偿的委托合同中，受托人故意或重大过失造成委托人损失的情况才承担赔偿责任。在居间合同中，只有居间人故意隐瞒与订立合同有关的重要事实或者提供虚假情况损害委托人利益的才承担损害赔偿责任，对其主观侵害的意识要求较高。

（5）报酬请求权的灭失情形不同。在有偿的委托合同和居间合同中，受托人均为完成相应委托事项或者促成合同成立才享有报酬请求权。但是委托合同的受托人若因不可归责于自身原因未完成委托事项，则可以请求委托人支付一定报酬，但居间人则无此项免责条款，若未促成合同成立，则丧失报酬请求权。

2. 关于本案的分析

在本案中，双方争议焦点主要有二。一是居间报酬是否应当返还；二是优惠政策损失是否应当补偿。这实际上正对应居间合同和委托合同两种法律关系。在购买房屋过程中，委托人预付给中介23500元，其中包括中介费5000元、按揭服务费1793元，中介方在代理办理过户手续中缴纳的登记费87元整，手续费826元整，制图服务费65元整，契税7592.37元整，印花税5元整。其中中介费应当认定为居间报酬，按揭服务费则是委托办理按揭服务的报酬。买卖双方在某置业公司的居间下完成了产权过户，居间行为已经完成，买方主张的损失也不是由于中介方故意隐瞒居间事务或提供虚假情况造成的，因此委托人应当支付中介方居间报酬。委托人在中介方的代理下也成功办理了按揭，委托事项已经完成，同理应当支付委托报酬。因此第一项诉讼请求不应得到支持。

至于房交会的优惠政策已经与三方的居间合同无关，是发生在买方和中介方之间的委托合同。一审法院认定买卖合同成立于不享受优惠政策期间，应当属于事实认定错误。因为居间合同并不能取代买卖合同，虽然双方没有再签订正式的买卖合同，但是办理贷款、缴纳房款、过户等购房行为都发生在享受优惠政策期间，且受托方作为专业的中介机构，应当对房交会优惠政策有所了解，在双方都知悉优惠政策前提下，若非中介方大意写错日期，受托人应当可以享受相应优惠政策。因此受托人在履行委托合同时存在着过错，按照法律规定，应当赔偿委托人相应损失，并不以受托人是否实际获取利益为限。

第七章　房地产新政相关问题

7.1 限贷政策能否成为商品房订购书撤销的理由

——刘某某、李某某诉城建公司商品房销售合同纠纷案①

关 键 词： 预约合同，可撤销合同，定金罚则

问题提出： 限贷政策能否成为商品房订购书撤销的理由？合同一方违反商品订购书的约定拒绝签订商品房买卖合同的，违约责任应如何承担？

裁判要旨： 合同撤销需严格依据法律规定，商品认购书签订时不具有可撤销情形的不能撤销。生效合同除有法定的撤销和解除事由，或者由合同双方约定变更或者解除，原则上不允许擅自变更或者解除。合同一方违反商品订购书的约定拒绝签订商品房买卖合同的，应依据定金罚则承担违约责任。

案情简介

原告（上诉人）：刘某某、李某某

被告（被上诉人）：城建公司

2012年10月初刘某某、李某某到城建公司设在广州番禺区的星汇文华花园售楼处看房，经城建公司员工推介后，刘某某、李某某欲购买该花园的×栋×楼×单元的房屋。城建公司问及刘某某、李某某在广州的购房并告知刘某某、李某某广州有限购政策，刘某某、李某某告知城建公司在广州没有购房，但没有将在广州惠州购房贷款之事告知城建公司。当时刘某某、李某某要求首付三成房款，希望向银行按揭七成房款，城建公司员工告知如在广州未有购房，属于首次购房，可以帮助刘某某、李某某办到按揭，只需首付

① 一审法院为广州市番禺区人民法院，案号：（2013）穗番法民初字第136号；二审法院为广州市中级人民法院，案号：（2014）穗中法民五终字第6号。

30%，并可到指定的银行办七成按揭。经双方商议后刘某某、李某某与城建公司于2012年10月2日签署一份《商品房订购书》，刘某某、李某某并向城建公司缴纳了50000元的定金。商品房订购书第一条约定：订购楼宇1. 乙方自愿订购由甲方开发的下列商品房：广州市番禺区小谷围街大学城中八路星汇文华花园×栋×楼×单元，建筑面积为130.04平方米，套内建筑面积为103.61平方米。2. 该商品房价格及综合费用明细：价格原价人民币2990220元，售价2691198元。3. 定金乙方须于签署本《订购书》时付清定金人民币50000元，作为签订《商品房买卖合同》的担保。4. 除首期房款外，余下房款，乙方申请办理中国银行越秀支行30年按揭贷款手续。本人及家庭承诺本次购房属第壹次购房（壹字由城建公司方的工作人员填写，刘某某、李某某签名确认），贷款成数及年限以银行最终审批为准。第二条约定：刘某某、李某某应于2012年10月10日9时前往指定的地点（天河区体育西路189号城建大厦首层）与城建公司签署《商品房买卖合同》。第三条约定：若乙方出现以下任何一项情况，则视为乙方根本性违反《商品房订购书》，甲方有权没收乙方已付予甲方之定金，并有权随时将该商品房重新出售予任何第三方而无须向乙方发出通知：1. 逾期未递交有关办理银行按揭申请所需的全部资料，或未签署借款合同的（选用按揭贷款付款方式的客户适用）；2. 逾期未能按甲方提供的、已在销售现场公示的文本签署《商品房买卖合同》的；3. 逾期未履行第二条约定的其他各项责任的。还有其他相关的条款的约定等。

订购书签订后，城建公司指定办理按揭的银行给刘某某、李某某，刘某某、李某某在申请中国银行越秀支行按揭时，按揭银行告知刘某某、李某某在惠州已经使用贷款购买了一套房屋，刘某某、李某某属于限贷对象，不能向银行申请七成贷款按揭，要求刘某某、李某某增加首期款。由于刘某某、李某某无法按银行的要求缴纳首付房款最终没有办理按揭贷款，亦没有按约定的2012年10月10日与城建公司签订正式的《商品房买卖合同》。刘某某、李某某曾与城建公司协商要求退回定金未果，城建公司于2013年1月9日向刘某某、李某某发出《挞定通知》，要没收刘某某、李某某的定金并重新出售该单元。2013年1月12日，刘某某、李某某向城建公司提交了一份《申请》，自认属于限购人员，该房屋转售他人，要求城建公司退还定金。城建公司拒绝返还。城建公司具有出售涉讼商品房的预售资格。城建公司于 2013 年 5 月 6 日将争讼房屋卖与他人，产权登记正在办理当中。

各方观点

原告（上诉人）刘某某、李某某观点：一、购房人属于限购人员，《商品房订购书》应该予以撤销。该房屋已经转售他人，要求城建公司退还定金。买受人是受到出卖人工作人员的误导，签订的《商品房订购书》，并交付 5 万元定金。在推荐过程中，出卖人员工明确表示如买受人在广州未有购房，属于首次购房，可以帮助买受人办到按揭，只需首付 30%，并可到指定银行办 70% 按揭的内心确信，以致做出购房的意思表示。二、出卖人员工的误导行为，与买受人不能履约的结果有直接因果关系。由于买受人无法按银行要求缴纳首期房款最终没有办理按揭贷款，无法按照约定时间与出卖人签订正式《商品房买卖合同》。买受人无法履约原因是不能申请到七成贷款，导致超出买受人预期的支付能力而产生客观不能履约。而且出卖人只是告知限购政策，没有告知限贷政策。三、买受人不能履约的行为未造成出卖人的实际损失，反而出卖人获得了本属于买受人的额外利益。综上，出卖人在本案中存在明显的误导买受人购买的行为，应当承担买受人不能履约的全部责任。请求判令：1. 撤销刘某某、李某某与城建公司之间签署的《商品房订购书》；2. 城建公司退回刘某某、李某某的认购定金 5 万元及利息（按中国人民银行同期贷款利率计付，从 2013 年 1 月 12 日计至城建公司退回定金之日止）。

被告（被上诉人）城建公司认为：双方签署的《商品房订购书》不存在可撤销情形。城建公司根本不存在隐瞒或欺诈行为，导致贷款成数和首付数额变化的根本原因在于刘某某、李某某隐瞒其名下在惠州市有一套房产的事实。限购政策刘某某、李某某应熟知。

法院观点

一审法院观点：刘某某、李某某与城建公司签订的《商品房订购书》是当事人真实意思表示，内容合法，为合法有效的合同，合同对双方当事人均具有法律约束力，双方当事人应按订购书的约定履行各自的义务。本案争议的焦点是双方没有按期签订《商品房买卖合同》以及刘某某、李某某无法办理七成按揭贷款的原因和责任属于哪一方的责任。

首先，刘某某、李某某均为成年人，对国家有关的限购和限贷的政策应该知晓，城建公司的工作人员亦告知有关的政策，刘某某、李某某亦在城建公司提交的限购政策通知上签名确认。在本案中刘某某、李某某无法向法院提供有关城建公司误导或刻意隐瞒有关限贷的事实和证据。其次，刘某某、李某某申请的贷款是经过银行的核实进行审批，合同约定贷款的成数及年限以银行最终审批为准，贷款的额度与城建公司承诺无直接的关系。因此，导致刘某某、李某某无法向银行办理七成按揭的责任，主要在刘某某、李某某隐瞒在惠州购房贷款的事实，以及受到限贷政策影响等客观原因导致的。以上的有关事实并不符合订购书予以撤销的条件，刘某某、李某某请求撤销刘某某、李某某与城建公司之间签署的《商品房订购书》的理据不充分，不予采纳，应予驳回。由于刘某某、李某某在惠州已经使用贷款购买了一套房屋，属于限贷对象，根据国家的限贷政策刘某某、李某某无法向按揭银行申请七成按揭贷款。因刘某某、李某某无法按银行的要求缴纳首付房款，又无按约定的时间地点与城建公司签订正式的《商品房买卖合同》，刘某某、李某某已构成根本性违约，按合同的约定城建公司有权没收定金，并可以向他人转售房屋。因此刘某某、李某某请求城建公司退回认购定金 5 万元及利息，其主张理据不充分，不予采纳，应依法予以驳回。

二审法院观点：刘某某、李某某与城建公司签订的《商品房订购书》是双方当事人真实意思表示，内容合法，并无违反法律、行政法规的强制性规定，一审认定合同有效正确，本案争议的焦点在于双方签订的《商品房订购书》是否可以撤销及定金、利息是否要返还问题。首先，限购限贷政策在涉案双方签订《商品房订购书》之前已经出台，政策相关内容均可公开查询，双方均应知悉。其次，即便城建公司员工告知刘某某、李某某广州购房即可办到七成银行按揭贷款，根据双方签订《商品房订购书》中约定：一、订购楼宇 4. 房款及相关费用的支付明确约定："除首期房款外，余下房款，乙方申请办理中国银行越秀支行 30 年按揭贷款手续……贷款成数及年限以银行最终审批为准。"故双方当事人对贷款风险已经有明确约定，且该风险也非不能预见的风险。最后，根据查明事实，银行曾告知刘某某、李某某不能申请七成按揭贷款，要求其增加首期款，刘某某、李某某认为超出其预期的支付能力，最终没有办理按揭贷款手续。因此，刘某某、李某某是否获得七成贷款并非履行《商品房订购书》的唯一条件，《商品房订购书》并非完全不能履行。综上，刘某某、李某某未能在《商品房订购书》约定的时间内与城建公司签订正式的《商品房买卖合同》，根据约定应承担相应违约责任，故刘某某、李某某要求返还定金及利息的主张，法院不予支持。同理，刘某某、李某某以受到城建公司误导为由主张撤销合同，理据不足，法院亦不予采纳。另刘某某、李某某认为城建公司不能履约的行为反而让城建公司获得本属于刘某某、李某某的额外利益。经审查，城建公司依照《商品房订购书》第三条的约定，在刘某某、李某某不能依约按时签订《商品房买卖合同》情况下，将涉案房屋转售他人并无不妥。综上，刘某某、李某某的上诉理由均不成立，其上诉请求不应得到支持。原审查明事实清楚，适用法律正确，应予维持。二审判决：驳回上诉，维持原判。

法官评析

本案争议焦点为：商品房订购书是否可以撤销及定金罚则的运用。

1. 限贷政策能否成为撤销商品房订购书的理由

（1）商品房订购书的定性。实践中，商品房订购书有多种称谓，如认购意向书、购房订购单、购房预订单、订购房屋协议等，在商品房预售等远期交付的房屋交易活动中出现较多。商品房订购书是合同双方在房屋买卖磋商过程中签订的以将来签订正式的房屋买卖合同为目的的合同，其性质为预约合同，是独立有效的合同，对双方当事人均有约束力，合同双方应当依照订购书约定的内容履行合同义务。当事人在签订商品房订购书时，买受方需向出卖方交付一定数额的定金，用以担保房屋买卖合同的最终订立。《最高人民法院关于审理商品房买卖合同纠纷案件适用法律若干问题的解释》第5条指出了区别商品房买卖认购书与房屋买卖合同的实质要件，即出卖人是否已经按照约定收受购房款。该条规定，商品房订购书认定为商品房买卖合同的必须具备两个条件，一是具备《商品房销售管理办法》第16条规定的商品房买卖合同的主要内容；二是出卖人已经按约定收取房款。由此可知，预约合同认定本约合同不仅合同条款需齐备，还必须有买受人交付购房款以及出卖人收受购房款的行为。

(2) 商品订购书可以撤销或解除的情形。《合同法》第54条规定了合同可以变更或撤销的两种情形，一是有因重大误解订立的；二是在订立合同时显失公平的。本案中，刘某某、李某某主张在双方签订商品房订购合同时城建公司职工有误导行为，但根据查明的事实，合同双方在签订《商品房订购书》之前限购限贷政策已经出台，双方均应知悉。即便城建公司员工告知刘某某、李某某广州购房即可办到七成银行按揭贷款，但双方签订的《商品房订购书》中约定：一、订购楼宇4. 房款及相关费用的支付明确约定："除首期房款外，余下房款，乙方申请办理中国银行越秀支行30年按揭贷款手续……贷款成数及年限以银行最终审批为准。"该条款明确约定贷款风险由买受人（借款人）承担。因此，刘某某、李某某主张的误导行为并不成立，《商品房订购书》不存在可以撤销的情形。这里需要强调的是，合同神圣及合同严守原则是我国合同法的基本原则之一，其目的在于维护经济活动的稳定性和秩序性，维护信用体系的建立。一个有效的合同，除有法定的撤销和解除事由，或者由合同双方约定变更或者解除，原则上不允许擅自变更或者解除。[①] 本案中，商品订购书签订于限贷政策颁布之后，合同双方对相关政策均应知悉。即便商品认购书签订于限贷政策之前，也只有在买受人充分举证履约存在严重困难而不能履行时，才可解除合同。

2. 《商品房订购书》中定金罚则的运用

《最高人民法院关于审理商品房买卖合同纠纷案件适用法律若干问题的解释》第4条规定："出卖人通过认购、订购、预订等方式向买受人收受定金作为订立商品房买卖合同担保的，如果因当事人一方原因未能订立商品房买卖合同，应当按照法律关于定金的规定处理；因不可归责于当事人双方的事由，导致商品房买卖合同未能订立的，出卖人应当将定金返还买受人。"由此可见，商品房订购书中的定金属于当事人约定的以交付定金作为订立合同担保的立约定金。具体处理区分两种情形：

一是因当事人一方原因未能订立商品房买卖合同的。当事人一方存在过错，违反商品房认购书的约定，拒绝签订房屋买卖合同的，应当依照《最高人民法院关于适用〈中华人民共和国担保法〉若干问题的解释》第115条的

---

① 韩世远：《合同法总论》（第3版），法律出版社2011年版，第44页。

规定处理，即“给付定金的一方拒绝订立主合同的，无权要求返还定金；收受定金的一方拒绝订立合同的，应当双倍返还定金”。本案中，刘某某、李某某签订商品房订购书在限贷政策出台后，且在订购书中对贷款风险有明确约定，且该风险是可以预见的，刘某某、李某某签订商品房认购书时，隐瞒其在广州市惠州贷款购房的事实，增加了贷款风险，最终导致《商品房买卖合同》未在约定时间内签订。刘某某、李某某为过错方，应承担违约责任，其无权要求城建公司返还定金并支付利息。

二是因不可归责于当事人双方的事由，导致商品房买卖合同未能订立的。此种情形下，在预约合同的磋商及订立过程中，合同双方均严格遵循诚实信用原则，非因合同任何一方当事人的原因，而是外在的当事人意志以外的客观情况出现变化导致商品房买卖合同不能订立的，出卖人应当将定金返还买受人。

7.2 限贷政策出台后能否仅以买受方系限购对象为由请求解除合同

——北京某公司诉王某力、张某山商品房销售合同案[①]

关 键 词： 限贷政策，履行不能，合同解除，合同稳定性

问题提出： 一方当事人在已知晓将来可能发生政策变化的情况下与对方签订合同，后依据限贷政策的出台属不可抗力因素导致原合同无法履行，要求解除合同，能否予以支持？

裁判要旨： 一方当事人在已知晓将来可能发生政策变化的情况下与对方签订合同，后依据限贷政策的出台属不可抗力因素导致原合同无法履行为由，要求解除合同的，法院不予支持。

案情简介

原告（被上诉人）：北京某公司

被告（上诉人）：王某力

---

① 一审法院为北京市丰台区人民法院，案号：(2009) 丰民初字第23455号；二审法院为北京市第一中级人民法院，案号：(2010) 一中民终字第17412号。

被告（被上诉人）：张某山

2006年12月30日，出卖人北京某公司与买受人张某山签订商品房买卖合同，双方约定：交房日期为2007年3月30日；付款方式为贷款付款方式，买受人可以首期支付购房总价款的40%，其余价款可以向农村商业银行或住房公积金管理机构贷款支付，具体付款方式及期限的约定见附件五。附件五约定：在2006年11月2日交定金12万元，首付款为602135元，含定金12万元，在2007年1月7日15日前付清，余款90万元做商业贷款。买受人逾期付款，自逾期之日起至实际付款之日止，买受人承担每日总房款万分之一违约金；逾期超过30日的，出卖人有权解除本合同，出卖人解除合同的，买受人所交房款不予退还……若买受人未能全额申请到所需贷款额，则买受人应在接到银行通知3日内，向出卖人补齐已付首付款加上银行能够提供的贷款数额之和与房价款总额的差价部分，并重新签署全部贷款所需文件……买受人选择退房的，双方签署解除合同协议并办理合同注销登记，出卖人于办理合同注销登记后30日内将买受人已付房款扣除5万元后退还买受人；买受人选择不退房的，付款方式按分期执行，买受人须于7日内按出卖人的有关分期付款方式的要求向出卖人支付购房款……合同签订后，王某力代张某山向北京某公司支付首付购房款606863元。另查，2007年9月27日，中国人民银行、中国银行业监督管理委员会发出《关于加强商业性房地产信贷管理的通知》（银2007－359号），该通知中规定：利用贷款购买的商业用房应为已竣工验收的房屋；商业用房购房贷款首付款比例不得低于50%，期限不得超过10年，贷款利率不得低于中国人民银行公布的同期同档次利率的1.1倍，具体的首付款比例、贷款期限和利率水平由商业银行根据贷款风险管理相关原则自主确定。诉讼中，北京某公司主张，曾于2008年3月18日，向张某山、王某力发出书面通知，告知其上述关于商业用房按揭贷款政策的变化情况，并根据新规定在接到该通知后3日内交清其余10%房款。2008年10月9日，北京某公司就上述内容再次向王某力、张某山发出书面通知，通知其交清10%房款。2009年8月19日，北京某公司向张某山发出解除合同通知书，告知张某山因其未按两次通知要求补交10%房款，根据合同附件五的约定，逾期付款超过30日的，出卖人有权解除合同，出卖人解除合同的，买受人所交房款不予退还，并在接此通知后到公司商洽善后事宜。

各方观点

原告（被上诉人）北京某公司观点：2006 年 12 月 30 日，王某力出面以张某山的名义签订了《商品房买卖合同》，约定购买航丰园科技大厦 0813 号房并根据合同约定支付购房总价款的 40% 首付款，其余价款以向银行申请按揭贷款的方式支付。2007 年 9 月 27 日，中国人民银行、中国银行业监督管理委员会共同发布了《关于加强商业性房地产信贷管理的通知》，通知规定："商业用房购房款首付款比例不得低于 50% 。"因此，双方合同约定的付款方式已不符合银行新的贷款政策的要求，实际无法履行。2008 年 3 月 15 日，我方将上述政策的变化情况书面通知王某力、张某山，并要求其补交购房总价款 10% 的首付款，王某力、张某山不予理睬。2008 年 10 月 7 日，我公司再次发出书面通知。王某力、张某山在我公司催告后，在合理期限内一直未补交 10% 首付款，其违约行为致使双方签订的合同无法履行。我公司请求解除与张某山之间的商品房买卖合同，判令王某力、张某山支付违约损失费 328369. 68 元，并承担诉讼费。

被告（上诉人）王某力观点：我只是在 2006 年 11 月 22 日至 2007 年 5 月 22 日之间受亲友委托，按照北京某公司要求代张某山交纳购房款。我既非合同当事人，也非房屋实际购买人。北京某公司将我列为被告明显错误，且其提出的赔偿请求既无事实依据，也无法律依据。

被告（被上诉人）张某山观点：第一，我与北京某公司 2006 年 12 月 30 日签订合同，而《关于加强商业性房地产信贷管理的通知》是在 2007 年 9 月 27 日颁布。在这期间，我曾多次与北京某公司接洽要求协助办理贷款事宜，但北京某公司总以各种借口搪塞拖延、未履行任何协助事宜。正是由于北京某公司迟延履行合同约定的协助贷款义务，使得张某山须按照新规定补交 10% 的首付款。第二，北京某公司诉称由于我未补交 10% 的首付款致使不能协助向银行贷款，这与事实不符。北京某公司开发的航丰园科技大厦 A 座商品房不能办理按揭贷款的原因有三：一是《关于加强商业性房地产信贷管理的通知》第 4 条规定，利用贷款购买的商业用房应为已竣工验收的房屋，北京某公司对其开发的商品房未取得竣工验收而缺乏办理贷款的法定要件是明知状态。航丰园科技大厦 A 座的竣工验收日期是 2009 年 5 月 11 日，在此之前，任何银行都无法办理按揭贷款。二是北京某公司直到2009年10月才取得航丰园科技大厦A座所在楼栋的权属证明，没有权属证明，航丰园公司指定的北京农村商业银行南菜园支行根本无法放贷。三是北京农村商业银行南菜园支行内部结构调整，放贷权限上收，他们根本没有能力承办航丰园科技大厦的按揭贷款。因此，即使我收到信函并补齐了50%的首付款，仍然办不了按揭贷款。第三，我从未收到过北京某公司任何要求补交10%首付款及解除合同的书面通知。我多次去北京某公司协商有关贷款及入住等事项，他们都没有提出这些情况。且我有能力无须贷款一次性将剩余房款付清，所以根本不存在北京某公司所称因首付款不足不能履行贷款的事实。第四，北京某公司主张的损失赔偿没有事实和法律依据。根据合同约定，北京某公司应于2007年3月30日前向我交付该商品房，但我未接到过北京某公司符合约定或法定的入住通知书。航丰园科技大厦A座2009年5月11日才竣工备案。北京某公司提交的证据表明，其在2008年1月要求我入住正在施工的建筑物，明显违反法律规定。其二审上诉理由为：一审法院认定的事实部分失实。第一，未收到北京某公司任何形式的信函。第二，诉争房屋无法贷款是由于北京某公司不具备贷款的基本条件，不是因为我未交足商业用房首付款。第三，我有能力无须贷款一次性将剩余房款付清，根本不存在北京某公司所称付款条款不能履行的事实。第四，北京某公司在刚取得竣工备案具备了办理按揭贷款的法定要件后便急切要求与我解除合同，既无约定事由，又无法定依据，其主张的损失赔偿也没有事实和法律依据，

法院观点

一审法院观点：北京某公司与张某山签订的商品房买卖合同真实有效。央行关于商业用房按揭贷款提高首付比例的新政策造成诉争房屋不符合办理贷款的要求，合同无法继续履行。北京某公司两次书面通知张某山补交首付款，因张某山未在合理期限内履行，其按照合同约定发出解除合同通知并无不当。一审法院判决：一、解除北京某公司与张某山签订的商品房买卖合同。二、北京某公司返还张某山房款606863元，并自2007年3月1日始按中国人民银行公布的同期活期存款利率计算支付利息，至房款付清日止。三、驳回北京某公司的其他诉讼请求。

二审法院观点：第一，2007年9月27日发布的《关于加强商业性房地产信贷管理的通知》发生在双方签订合同之后，属不能预见的情形。但北京农村商业银行南菜园支行作为航丰园公司按揭贷款业务的合作银行早在2006年8月就提高首付款比例的问题已通知北京某公司。在这种情况下，北京某公司与张某山按照约定的付款方式签订合同是存在过错的。第二，北京某公司作为申请银行按揭贷款手续的代办人，应将该政策告知张某山并对合同继续履行的条件作出说明。若张某山明确表示不同意提高首付款比例，又不愿以现款方式支付剩余房款，应当视为双方合同无法履行。依北京某公司所述，曾向张某山发出书面通知，告知银行按揭贷款的首付款比例提高的情况并要求张某山交清全款，未能补交上述款项从而解除合同的意思表示，但无证据表明张某山已经收到北京某公司的两份通知。第三，双方在合同中约定，不能办理按揭贷款的情况下，应当分期支付剩余房款，而北京某公司单方要求张某山一次性全额支付购房款，加重了张某山的合同义务对亦不产生效力。第四，北京农村商业银行南菜园支行给北京市丰台区人民法院的回复函中明确说明开始受理商品房按揭贷款前期审批程序的前提是项目具有竣工验收备案表，而北京某公司开发的项目在2009年5月11日才取得竣工验收备案表，这说明在新的银行贷款政策发布之前或者张某山按照北京某公司通知要求交纳了相应的首付款，都不能启动银行前期审批程序。综上所述，在张某山已经履行了双方签订的商品房买卖合同中约定的40%首付款的前提下，因非张某山本人原因造成诉争房屋无法办理贷款的后果，应由北京某公司承担。北京某公司在未能举证证明所发书面通知已经送达张某山本人的情况下，以张某山在收到补交首付款通知后未履行补交首付款的义务，要求判令解除与张某山的商品房买卖合同，没有事实依据。且张某山表示可以立即全额交付剩余房款，该行为虽系张某山单方的意思表示，但该行为足以使双方的合同继续履行，张某山的单方行为亦未加重北京某公司的合同义务，无须征得北京某公司的同意。双方的商品房买卖合同并非不能继续履行。关于北京某公司主张因按照双方合同中有关付款方式的条款无法继续履行，要求参照房屋出租价格判令张某山赔偿损失一节，因该合同并未达到无法继续履行的程度，故对北京某公司以解除合同作为前提，要求张某山承担赔偿责任的请求不予支持。综上所述，上诉人张某山认为不应当解除合同的辩解意见成立，原判令解除双方当事人签订的《商品房买卖合同》不当。二审法院判决：一、撤销一审民事判决；二、驳回北京某公司全部诉讼请求。

法官评析

合同的解除，是合同有效成立后，因当事人一方或双方的意思表示，使合同关系归于消灭的行为。合同解除是合同之债终止的事由之一，在类型上分为约定解除和法定解除。约定解除是依当事人合意发生的解除权，《合同法》第 93 条对此作了规定，即“当事人协商一致，可以解除合同。当事人可以约定一方解除合同的条件。解除合同的条件成就时，解除权人可以解除合同。”法定解除则是根据法律规定发生的解除，《合同法》第 94 条规定了合同的法定解除，即“有下列情形之一的，当事人可以解除合同：（一）因不可抗力致使不能实现合同目的；（二）在履行期限届满之前，当事人一方明确表示或者以自己的行为表明不履行主要债务；（三）当事人一方迟延履行主要债务，经催告后在合理期限内仍未履行；（四）当事人一方迟延履行债务或者有其他违约行为致使不能实现合同目的；（五）法律规定的其他情形。”

1. 合同解除权的行使

依法成立的合同，对当事人具有法律约束力，当事人应当按照约定履行自己的义务，不得擅自变更或者解除合同。《合同法》对合同的变更和解除做了严格的限制，一方面是为了维护社会信用体系的构建和健康发展，另一方面是为了维护正常的市场交易秩序和经济的有效运行。因此，合同双方在行使合同解除权时应严肃谨慎，不能滥用合同解除权。

在法定解除中，对于因不可抗力导致合同解除的，合同双方均享有解除权。对因违约导致合同解除的，理论界有两种观点。一种观点认为，仅有守约方即被违约方享有合同解除权；另一种观点认为，合同各方当事人均享有合同解除权。司法实践中，一般坚持仅合同守约方享有合同解除权。这是因为，合同成立后，合同双方均应当按照约定全面履行自己的义务，赋予守约方合同解除权一方面有利于其在相对方违约后选择权利救济方式，及时止损；另一方面防止违约方滥用合同解除权，以解除合同作为逃避合同义务、谋取不合理经济利益的手段。

本案中，北京某公司在与张某山签订《商品房买卖合同》之前就已经接到合作银行将首付款比例提高至50%的通知，因此，北京某公司与张某山按照首付款40%的付款方式签订合同是存在过错的，违反了诚实信用原则。二审中查明，银行受理商品房按揭贷款前期审批程序的前提是项目具有竣工验收备案表，而北京某公司开发的项目在2009年5月11日才取得竣工验收备案表，这说明自此之前都不能启动按揭贷款银行前期审批程序。因此，在张某山已经履行了双方签订的《商品房买卖合同》中约定的40%首付款的前提下，造成诉争房屋无法办理贷款的后果系由北京某公司造成。在张某山仍然具有履约能力的前提下，北京某公司作为合同违约并方不享有法定的合同解除权。

2. 合同解除的条件

合同的解除首先应遵循意思自治原则，即合同有约定的从约定，没有约定的从法定。在约定解除中，合同当事人协商一致或约定的解除条件成就时，解除权人可以解除合同。本案中，合同中约定的“买受人逾期付款，自逾期之日起至实际付款之日止，买受人承担每日总房款万分之一违约金；逾期超过30日的，出卖人有权解除本合同，出卖人解除合同的，买受人所交房款不予退还”便是对合同解除条件的约定，也是北京某公司诉请解除合同的依据。该依据之所以不成立，一是由于北京某公司在签约时就首付款比例的提高未告知张某山，存在过错；二是张某山不能启动贷款前期审批程序系因北京某公司开发的项目未取得竣工验收备案表，责任在北京某公司；三是合同中另外约定了在不能办理按揭贷款的情况下，买受人选择不退房的，付款方式可以按分期执行，不能办理按揭贷款并不是合同解除的条件。上述三项决定了合同的约定解除条件并不成立。而在合同的法定解除中，合同目的能否实现是决定合同解除与否的最根本原因，本案中买受人张某山表示可以立即全额交付剩余房款，该行为虽系张某山单方的意思表示，但足以使双方的合同继续履行。由此可见，合同目的仍然可以实现，合同并未达到无法继续履行的程度，合同的法定解除条件也并不具备。另外，从防止滥用合同解除权的角度，也不宜认定商品房买卖合同应当解除。

3. 因限贷政策影响按揭贷款合同的签订是否必然导致商品房销售合同的履行不能

商品房按揭贷款合同与商品房销售合同关系紧密，银行与买受人签订贷款合同的同时，往往要求将购买的房屋作为担保物为按揭贷款合同提供担保。但商品房买卖合同与商品房按揭贷款合同都是独立的合同，并不具有从属性。

商品房买卖合同无效、被撤销或者解除并不能天然的导致按揭贷款合同发生同样的法律效力。同样的，商品房买卖合同因履行完毕而灭失后，按揭贷款合同因未履行完毕仍然会存在。

因此，在限贷政策影响按揭贷款合同签订的情况下，除非合同当事人约定了按揭贷款系除首付款外剩余房款的唯一支付方式，或购房人有充分证据证明限贷政策极大地加重了其商品房买卖合同的履约负担导致其履行不能的，才可以限贷政策的出台为由解除商品房买卖合同。如果商品房买卖合同中约定了按揭贷款不能时以现金补足的支付方式，或买受人有履约能力而拒不履行支付义务的，除当事人协商一致外，不宜解除商品房销售合同。

7.3 受限贷、限购等宏观调控政策直接影响导致买卖合同无法履行的应如何处理

——张某某诉曾某某房屋买卖合同纠纷案[①]

关 键 词：不可抗力，情势变更，不可归责于当事人双方的事由，合同解除，损失承担

问题提出：因限贷、限购等宏观调控政策直接影响导致买卖合同无法履行的，是否应向合同相对方负违约责任？合同签订时买受人为限购对象，双方约定一定期限待买受人符合购买条件时办理付款及过户手续，但因政策另行调整导致到期不能办理的，可否解除合同？因解除合同造成的损失，该如何承担？

裁判要旨：因限贷、限购等宏观调控政策直接影响导致买卖合同无法履行的，可将其认定为“不可归责于当事人双方的事由”，合同解除后，双方互不负违约责任。买卖双方签订合同时买受人为限购对象，双方约定待买受人符合购买条件时办理付款及过户手续的，因政策另行调整导致到期不能办理的，出卖人返还买受人已付购房款，双方约定延期办理手续补偿费用并实际支付的，不予返还。

---

① 一审法院为上海市徐汇区人民法院，案号：(2014) 徐民四（民）初字第2334号；二审法院为上海市第一中级人民法院，案号：沪一中民二（民）终字第166号。

案情简介

原告（反诉被告、上诉人）：张某某

被告（反诉原告、被上诉人）：曾某某

曾某某为上海市××路××弄××号××室房屋（以下简称涉案房屋）所有权人，涉案房屋上设有抵押权人为曾某某的人民币（以下币种相同）160万元债务，曾某某委托上海某某房地产经纪有限公司（以下简称某某公司）出售涉案房屋。

2013年4月27日，张某某向某某公司支付意向金20万元求购涉案房屋。张某某为非本市户籍居民，当时未能提供前两年内在本市累计缴纳一年以上个人所得税缴纳证明或社会保险缴纳证明。经某某公司居间，曾某某、张某某协商后，于同年5月4日分别作为甲、乙方签订《上海市房地产买卖合同》，由乙方受让甲方涉案房屋。房屋建筑面积174.06平方米，转让价款共计968万元整。买卖合同第六条约定，甲、乙双方确认，在2014年5月15日之前，共同向房地产交易中心申请办理转让过户手续。第十条约定，甲方未按合同约定将上述房地产交付给乙方，应当向乙方支付违约金，违约金按照已付房价款的日万分之五计算，违约金自本合同第四条和第六条约定的应当交付之日起至实际交付之日止。逾期超过15日后甲方仍未交付的，除甲方应向乙方支付15日的违约金外，乙方有权单方解除合同。乙方单方解除合同的，应当书面通知甲方，甲方承担赔偿责任，赔偿金额为房屋总价款的20%。甲方应在收到书面通知之日起7日内退还乙方已支付的房价款，并支付违约金和赔偿金。补充条款约定，本合同第十条所规定的违约责任同样适用甲方未按时履行本合同及附件规定的其他义务的情形。付款协议约定，甲方应在双方办理产权转移登记手续之前至抵押权人处完成还贷手续，并将办理注销抵押手续所需材料交予居间方。

当日，双方签订补充协议一份，约定："1. 若本次交易中乙方由于国家限购政策原因导致无法办理产权过户手续的，则双方协商解决，协商不成则解除买卖合同，互不承担违约责任。2. 甲乙双方在此确认，目前该房地产已设定抵押，现由于乙方之原因导致本次交易过户时间在2014年5月15日之前，故乙方同意补偿甲方在双方办理过户之前所产生的银行利息共计人民币伍拾万元整

(RMB500000.00)，支付方式如下：双方同意分7期平摊支付（壹个月为壹个支付期)，第一期款项应在2013年8月20日之前支付给甲方，其余6期款项乙方应于每月的20日之前支付给甲方。甲方指定收款账号：户名：曾某某……”。

之后，张某某即开始连续向上海市某某税务局某某分局缴纳2013年4月起的个人所得税。同年7月4日，张某某向曾某某支付房款140万元，8月19日支付25万元，9月20日支付25万元，10月21日支付25万元，11月22日支付25万元，12月30日支付25万元，2014年1月18日支付25万元，2月20日支付28.8万元。同年2月25日，曾某某出具收据：“本人曾某某收到张某某支付的某某路某某弄某号某某室房屋首付款共计人民币叁佰叁拾捌万捌仟元整（￥3388000.00)。”同年8月14日张某某向某某公司支付佣金56800元。

2013年11月8日，上海市住房保障和房屋管理局发布了沪房管规范市(2013) 11号《关于严格执行住房限购措施的有关问题的通知》（以下简称市房管13-11号文)，调整非本市户籍居民家庭购房缴纳税收或社保费年限，从能提供自购房之日起算的前两年内在本市累计缴纳一年以上，调整为能提供自购房之日起算的前三年内本市累计缴纳两年以上。之后，因张某某不符合上述政策之缴纳税收年限的规定，双方未能在买卖合同约定的期限内至房地产交易中心申请过户。经协商未果。张某某诉至法院，要求解除张某某、曾某某签订的《上海市房地产买卖合同》；曾某某返还张某某已支付的房款及利息共计3388000万元。

曾某某提出反诉，要求张某某支付违约赔偿金1936000元；张某某支付约定的银行利息补偿款50万元，扣除已支付的484000元，还需实际支付16000元。

各方观点

张某某观点：2013年4月27日，张某某、曾某某签订房地产买卖居间协议，同年5月4日双方签订房地产买卖合同及补充协议。根据约定，曾某某在2014年5月15日之前没有办理抵押注销手续，造成无法完成贷款审批，双方解除买卖合同，因曾某某违约，张某某可以解除合同，张某某保留要求曾某某赔偿的权利。根据居间协议约定，购买方如因限购问题导致无法购买，不承担违约责任。补充协议约定，乙方由于国家政策原因导致无法办理产权过户手续，则双方协商解决，协商不成则解除买卖合同，互不承担违约责任。

虽然张某某的个人所得税缴纳证明现在满一年，但是因为上海购房政策的改变，导致2014年5月15日不能办理产权过户手续，且双方协商无果；另外，补充协议约定张某某支付给曾某某50万元利息，该利息补偿是双方在买卖合同有效履行的情况下，因张某某限购造成银行贷款延长一年，房屋增值价值归属于张某某，贷款利息由张某某承担，利息数额参照银行贷款利息计算得出的。现合同解除，故已付购房款和利息应一并返还。虽然张某某因政策限购的原因不能履行合同，但双方约定互相免责。合同解除，则张某某没有补偿曾某某房款利息的义务，因为房屋所有权及房屋的增值价值仍属于曾某某，不同意曾某某的反诉请求。

曾某某观点：张某某提出解除合同的理由不成立，张某某并没有缴满一年税收。上海的限购政策变化，不代表国家政策变化，合同约定"国家政策"变化，才互免违约责任。曾某某同意解除合同，是因为张某某在约定的2014年5月14日之前仍不具备购房资格。又称，张某某交付房款2904000元，实际支付利息补偿484000元，故同意返还其房款2904000元，不同意返还其已支付的利息补偿484000元。合同签订日期是2013年5月4日，也是双方购房的时间，因张某某明知自己是限购对象，故合同解除的违约责任由张某某承担。

法院观点

一审法院观点：依法订立的合同受法律保护。张某某与曾某某签订的房地产买卖合同及补充协议系双方当事人真实意思表示，内容并不违反法律法规的强制性规定，当属合法有效。合同成立以后客观情况发生了当事人在订立合同时无法预见的、非不可抗力造成的不属于商业风险的重大变化，不能实现合同目的，当事人可以请求解除。本案买卖合同履行期间，因本市限购政策调整了非本市户籍居民家庭购房缴纳税收的年限，致使张某某在合同约定的2014年5月缴纳税收年限不符合新政策规定，属限购对象，故双方不能按原合同约定的期限申请办理产权过户，经协商未能达成一致意见。政策变更属于当事人在订立合同时无法预见的非商业风险因素，政策变更后本案合同目的不能实现，故应予解除。张某某主张因曾某某没有办理注销抵押手续造成其无法完成贷款审批，系曾某某违约而解除合同。因政策调整发生在2013年11月，此时已产生使合同无法继续履行的障碍且张某某无力消除，即便曾某某未办理注销抵押手续，仍不能改变合同履行不能的后果，张某某的该项主张，法院不予支持。

关于补充协议第1条约定“国家限购政策”的含义之争，合同法规定，当事人对合同条款的理解有争议的，应当按照合同所使用词句、合同的有关条款、合同的目的、交易习惯以及诚实信用原则，确定该条款的真实意思。现张某某主张“国家限购政策”系宽泛含义，包含本地政策；而曾某某主张“国家限购政策”特指国务院及其部委等制定的政策，不包含地方政策。法院认为，本案当事人均为普通民众，拟订合同条款时所使用的词语，不应严格以法理学上的含义来解释，此处“国家政策”的含义易作宽泛理解，这样更符合签订合同时双方同意根据上海市限购政策给予张某某一年的期限缴纳税收，并在符合政策后再办理产权过户手续的交易目的。该条款明确了因限购政策原因导致的无法过户而解除合同的，双方互为免责。曾某某要求张某某承担违约责任，依据不足，法院不予支持。

合同解除后，尚未履行的，终止履行；已经履行的，根据履行情况和合同性质，当事人可以要求恢复原状、采取其他补救措施，并有权要求赔偿损失。本案买卖合同解除后，买方已支付的房款应当退还；未支付的16000元利息补偿，终止履行。对于双方争议的484000元利息补偿是否应当退还，法院认为，补充协议第2条约定乙方同意补偿甲方过户前所产生的利息50万元，是有客观原因的，即张某某不能在短期内缴足税收双方不得不拖延一年待张某某缴足税收后再办理交易过户，故该50万元利息是签订合同时张某某考虑到自身条件不够资格而给曾某某带来的客观损失而作出的补偿，该笔利息不能等同于房价款。曾某某在2014年2月25日出具的收据将已支付的利息包含在房款中，因出具收据系单方行为，不产生对合同内容变更的效力。且双方亦未达成若合同解除，利息返还的约定，故张某某要求曾某某返还利息，不符合合同约定，不予支持。法院判决：一、解除张某某、曾某某于2013年5月4日签订的上海市房地产买卖合同及补充协议；二、曾某某于判决生效之日起十五日内返还张某某已付房款人民币2904000元；三、驳回张某某的其余诉讼请求；四、驳回曾某某的反诉请求。

二审法院观点：上诉人张某某通过居间方介绍向被上诉人曾某某购买涉案房屋，就合同成交价、房款支付方式、支付时间等合同主要条款进行协商，此时，上海市正执行房屋买卖限购政策，上诉人张某某未缴纳过上海市的个人所得税，属于限购对象，为保证买卖合同的履行及过户交易的顺利完成，双方还就限购政策可能导致合同解除的责任承担以及交易过户延长造成被上诉人银行贷款利息迟延归还等问题一并进行了协商，在协商一致的基础上，双方于2013年4月27日同一天签订房屋买卖合同及补充协议各一份，系双方当事人的真实意思表示，应属有效。根据买卖合同的约定，上诉人应付房款2904000元，剩余房款向银行申请贷款支付；被上诉人则在产权过户之前归还抵押权人的银行贷款，注销抵押登记手续等；同时，根据补充协议的约定，双方对因国家限购政策原因导致无法办理产权过户手续而解除合同的，互不承担违约责任；就迟延过户交易，上诉人同意补偿被上诉人在过户之前产生的银行利息50万元，故双方应按照上述约定履行。因在2013年11月上海市相关部门出台新的限购政策，对缴纳税收或者社保费的年限重新作出规定，即原需要累计缴纳一年以上的调整为累计缴纳两年以上，为此经双方协商未能达成一致意见重新签订合同及补充协议，故买卖合同及补充协议应予解除。根据补充协议第一条的约定，因限购原因导致合同解除的，互不承担违约责任，故对上诉人张某某提出的免责要求，予以采信。原审法院对合同解除及违约责任的认定并无不当，法院予以维持。

关于合同解除后被上诉人曾某某返还上诉人张某某的款项如何认定一节，法院认为，就上诉人张某某已付的2904000元房款返还，被上诉人并无异议，故应予认定。关于双方争议的上诉人张某某已付484000元利息补偿是否应予返还问题，法院认为，本次交易延长的原因在于上诉人属于限购对象，不具有购房主体资格，在此情况下双方经协商一致同意延长交易时间，并就延长交易期间因被上诉人未能及时获得上诉人支付的剩余房款，无法提前归还银行贷款而产生的利息50万元协商一致由上诉人张某某补偿，因此该50万元款项并非房款，而且该款项是在双方延后一年交易过户期间实际存在的损失，双方也没有就合同解除后该笔款项的返还作出约定，故根据合同解除的原因以及双方已经履行的情况、该50万元款项的性质，可在判决合同解除后，认定上诉人已付的484000元不作返还；尚未支付的款项则不再履行。原审法院对争议款项的性质及处理并无不当，法院予以维持。二审法院判决：驳回上诉，维持原判。

法官评析

近年来，房屋价格增长过快，国家不断加强对房地产市场的宏观调控，从2005年的“国八条”“国六条”到2010年的“国十一条”、2011年的“新国八条”，直至2013年的“新国五条”，楼市调控不断加码，各地限贷、限购政策随之出台。2016年3月，针对楼市火爆的情况，上海市发布《关于进一步完善本市住房市场体系和保障体系促进房地产市场平稳健康发展的若干意见》（“沪九条”），被称为沪上最严房地产调控。同年，北京、天津、苏州、成都、济南等多地接连发布楼市调控政策，重启限购、限贷。2017年3月，北京、广州、石家庄等多地限购、限贷政策进一步升级。由此引起的相关房地产纠纷案件亦呈多发趋势。

综观各地法院同类案件裁判文书，司法实践中对房产新政中的限购、限贷政策的定性大概可以归为以下三种：

观点一，将限购、限贷政策认定为不可抗力。认为限购、限贷政策符合不可抗力的构成特点，是不能预见、不能避免并不能克服的客观情况，因不可抗力不能履行民事义务的，不承担民事责任。因此，因限购、限贷政策导致买受人失去购房资格或者贷款资格，或因首付款比例提高、贷款利率增加，购房成本加大，无力履行合同的，任何一方可以请求解除合同，且互不负违约责任。我们认为，限购、限贷政策不属于不可抗力。原因为：第一，自二十世纪八十年代至今，国家及各地的限购、限贷政策几经变迁，其调整具有普遍性和一定的规律性、目的性，并非不能预见的突发事件。本案中，张某某和曾某某对国家限购、限贷政策调整有一定的预见性，并在合同中对此做出了约定。第二，限购、限贷政策是国家对房地产市场调控意志的体现，与典型的不可抗力，如某些自然现象（地震、台风、洪水、海啸等）和社会现象（如战争等）等有本质区别，其发生对个体而言虽有一定的偶然性，但仍属于国家意志控制范围内，并非不能避免的。第三，对于限贷对象而言，信贷融资只是购房途径之一，并非唯一途径，限贷政策的实施虽增加了其履约困难，但仍可通过其他途径予以解决；对于限购对象而言，如合同双方可以协商，部分合同可通过延长合同履行期限的方式，待买受人符合限购条件之后继续履行的方式予以解决，并非完全不能克服的障碍。

观点二，将限购、限贷政策认定为情势变更。《最高人民法院关于适用〈中华人民共和国合同法〉若干问题的解释（二）》第26条规定："合同成立以后客观情况发生了当事人在订立合同时无法预见的、非不可抗力造成的不属于商业风险的重大变化，继续履行合同对于一方当事人明显不公平或者不能实现合同目的，当事人请求人民法院变更或者解除合同的，人民法院应当根据公平原则，并结合案件的实际情况确定是否变更或者解除。"该条规定正式确立了我国合同法的情势变更原则。所谓"变更"，是指"合同赖以成立的环境或基础发生异常之变动"，这种变动有可能导致当事人预期的权利义务严重不对等，一方当事人遭遇重大损害，另一方当事人获取重大利益，合同继续履行会显失公平。情势变更原则实际上是借助公权力的介入来变更合同内容或解除合同，以此来平衡由于客观情况的异常变动所引起的双方当事人利益失衡，这就要求情势变更导致的显失公平必须达到相当的严重程度。限购、限贷政策的出台，出卖人并未因此获取重大利益，买受人增加的负担并非严重失衡，交易尚未达到需要公权力直接介入调整的地步。[①] 因此，我们认为，限购、限贷政策的调整并不属于情势变更。

另外，2009年，最高人民法院发布《关于当前形势下审理民商事合同纠纷案件若干问题的指导意见》中明确指出"慎重使用情势变更原则，合理调整双方利益关系"，对于情势变更原则的适用做出了相关司法实践指导。同年，最高人民法院发布了《服务党和国家工作大局的通知》，要求各级人民法院务必正确理解、慎重适用情势变更原则。如果根据案件的特殊情况，确需在个案中适用的，应当由高级人民法院审核，必要时应提请最高人民法院审核。由此可见，司法审判领域对情势变更原则的适用始终采取了非常严格而又极为谨慎的态度。

观点三，将限购、限贷政策认定为"不可归责于当事人双方的事由"。《最高人民法院关于审理商品房买卖合同纠纷案件适用法律若干问题的解释》第23条规定，因不可归责于当事人双方事由未能订立商品房担保贷款合同并导致商品房买卖合同不能继续履行的，当事人可以请求解除合同，出卖人应当将收受的购房款本金及利息或者定金返还买受人。需要指出的是，该解释

---

① 王林清、郭燕枝、杨心忠：《房屋买卖合同纠纷裁判思路与裁判规则》，法律出版社2016年版，第348页。

第1条虽明确其所称的商品房买卖合同是指房地产开发企业与买受人之间的合同，但我们认为，在现今二手房交易越来越多的形势下，因限购、限贷政策的调整引起的二手房屋买卖合同纠纷中所遭遇的法律问题与商品房买卖合同并无实质差异，因此在二手房屋买卖合同中该条款可参照适用。

2011年12月，北京高院民一庭《关于妥善处理涉及住房限购政策的房屋买卖合同纠纷案件若干问题的会议纪要》中规定，住房限购政策在性质上具有公共政策的性质，确实会对房屋买卖合同能否继续履行造成重大影响。对于合同订立后由于住房限购政策的实施致使买受人无法办理房屋过户登记的，属于因不可归责于双方当事人的原因导致合同目的无法实现，当事人要求解除合同的，除合同另有约定外，一般应予支持。安徽高院、浙江高院、天津高院发布的关于房屋买卖合同纠纷案件审理的司法文件中也认为应将房产新政中的限购、限贷政策认定为“不可归责于双方的事由”，除有特殊约定或其他情形外，对当事人请求解除合同的主张一般应予以支持。我们认为，将限购、限贷政策认定为“不可归责于双方的事由”符合现有制度的设计，具有合理性。在审理此类案件时，对于明显受新政影响的房屋买卖合同，可以作为合同解除的情形。解除的理由可以构建为，将限购、限贷政策的变化认定为“不可归责于双方的事由”，并将其落脚点确定在对买受人一方的“履约能力产生重大影响”，进而依据公平原则予以处理。① 实践中，北京高院、天津高院对合同解除后的利益均衡方面的规定即有上述层面的考量。北京高院关于印发《北京市高级人民法院关于涉及住房限购政策的房屋买卖合同纠纷案件处理的暂行意见》中规定，对于因住房限购政策实施导致当事人解除合同后，出卖人应当将收受的购房款或定金返还给买受人，买受人应将接受的房屋返还给出卖人。因解除合同造成的损失按照公平原则处理。天津高院则在上述条款内容上补充了“如因一方当事人过错导致当事人利益严重失衡，损失方要求加大对方承担比例的，可酌情予以支持”。② 本案中，买受人张某某已付的484000元利息补偿款，即是由于张某某为限购对象，不具有购房主体

① 王林清、郭燕枝、杨心忠：《房屋买卖合同纠纷裁判思路与裁判规则》，法律出版社2016年版，第349页。

② 参见《天津市高级人民法院关于依法妥善审理房屋买卖合同纠纷案件的通知》（津高法〔2016〕158号）第7条第2款。

资格，在此情况下双方协商一致同意延长交易时间，并就延长交易期间出卖人曾某某未能及时获得买受人支付的剩余房款，无法提前归还银行贷款而产生的利息50万元协商一致由张某某补偿，该款项是在双方延后一年交易过户期间实际存在的损失，且双方也没有就合同解除后该笔款项的返还作出约定，故法院根据合同解除的原因以及双方已经履行的情况、该50万元款项的性质，依据公平原则，综合考量，判决合同解除后，认定买受人已付的484000元不作返还；尚未支付的款项则不再履行。

7.4 当事人签订购房合同时已经预见到国家将出台房产新政并对此作了约定，能否再以“不可归责于当事人双方的事由”解除合同

——邓某诉孔某某房屋买卖合同纠纷案[1]

关 键 词：不可归责于当事人双方的事由，合同解除，定金罚则，违约金

问题提出：当事人签订购房合同时已经预见到国家将出台房产新政，并在合同中对房产新政导致按揭不能作出了现金补足的承诺，房产新政实施后，能否以“不可归责于当事人双方的事由”解除合同？出卖方同意解除购房合同的，买受方应如何承担违约责任，定金罚则与违约金是否可同时适用？

裁判要旨：当事人签订购房合同时已经预见到国家将出台房产新政，并在合同中对房产新政导致按揭不能作出了现金补足的约定，房产新政实施后，不能以“不可归责于当事人双方的事由”解除合同。出卖方同意解除购房合同的，买受方承担违约责任时，定金罚则和违约金不能同时适用，对方可以选择适用定金条款或者违约金条款。

案情简介

原告（反诉被告，上诉人）：邓某

被告（反诉原告，被上诉人）：孔某某

---

① 一审法院为浙江省宁波市鄞州区人民法院，案号：（2010）甬鄞民初字第987号；二审法院为浙江省宁波市中级人民法院，案号：（2010）浙甬民二终字第514号。

2010年4月6日，邓某（乙方）、孔某某（甲方）与中介方宁波某某房地产信息有限公司（丙方）签订存量房屋买卖中介合同一份，合同约定：孔某某将其所有的位于宁波市某房屋转让给邓某；价款为人民币185万元，签约日付定金10万元，2010年5月15日付50万元并过户，余款125万元办理按揭贷款，于银行正式放贷和甲方交房后当天支付给甲方；如因银行放贷政策或乙方个人资信，影响按揭额度或不能批下，不足部分或全额按揭款由乙方在接到丙方通知、法定放贷时间三日内现金补足；除甲方、丙方原因外，乙方违约不能履行合同的，承担以下违约责任：（1）乙方不得退回已支付的定金；（2）乙方延期付款10天内，需支付甲方每天500元，超过10天以上则按第一条作违约处理，并另外支付甲方违约金10万元。双方签订合同后，邓某向孔某某支付了10万元定金。2010年4月下旬，邓某通知孔某某因房贷新政限制无法履行合同，要求解除双方合同，退回已付定金。

各方观点

邓某观点：（1）《国务院关于坚决遏制部分城市房价过快上涨的通知》（以下简称新国十条）的出台导致银行按揭政策的变化，邓某自发现不能办理按揭之日起及时通知孔某某要求解除合同的行为是法律所允许的，并不构成违约。由于新国十条的出台，导致银行按揭不能办理，所以非邓某原因不能履行合同。故邓某未支付第二期房款的行为也不构成违约，更不构成根本性违约。（2）即使邓某构成违约，也不应当支付20万元的违约金。根据《合同法》第116条之规定，当事人既约定违约金，又约定定金的，一方违约时，只能选择一种违约方式。因此请求判令解除双方房屋转让协议，由孔某某返还邓某购房定金10万元。

孔某某观点：银行作为国家重要的金融机构，其政策与国家的政策时刻联系在一起，邓某把银行政策和国家政策加以割裂是错误的。邓某以政策为由未履行合同，违反合同约定，况且邓某也有更改户主的权利，并不简单受政策限制，违约是其个人问题，并属根本性违约，造成孔某某巨大损失，邓某应承担相应的违约责任。

孔某某认为，银行作为国家重要的金融机构，其政策与国家的政策时刻联系在一起，邓某把银行政策和国家政策加以割裂是错误的。邓某以政策为由未履行合同，违反合同约定。双方合同约定，允许购房一方更名，则邓某贷款是否受房产新政限制并不影响合同履行。事实上，房产新政出台后，邓某也曾联系买家接手，但因买家亦采取观望态度拒绝接手，导致邓某没有能力履行合同。邓某属于炒房行为，正是国家政策调控的对象，应当风险自理。邓某违约不履行合同义务，按合同约定，除定金不得退还外，并需另外支付孔某某违约金 10 万元。现其也同意合同解除。请求法院判令驳回邓某退还定金的本诉请求，判令邓某支付孔某某违约金 10 万元。

法院观点

一审法院观点：邓某和孔某某订立的房屋买卖合同成立有效，双方均须按约履行。双方合同虽约定部分价款由邓某申请银行按揭贷款支付，但亦明确约定因银行放贷政策或邓某个人资信，无法申请按揭贷款时，邓某应以现金支付。故房产新政对邓某是否造成申请按揭贷款的限制，不成为邓某拒绝履行合同的合理理由。邓某请求解除合同，现因孔某某亦同意解除合同，法院准许双方解除合同。邓某在双方约定的期限未按约支付价款，逾宽限期仍未履行付款义务，构成根本违约，根据双方合同约定，除不能退还定金外，还应另行支付 10 万元违约金，该条款相当于约定在一方构成根本违约时，须支付包括定金在内的违约金 20 万元。故邓某请求退还定金，法院不予支持；孔某某请求另行支付 10 万元违约金，法院予以支持。据此，法院判决：一、解除邓某与孔某某于 2010 年 4 月 6 日签订的存量房屋买卖中介合同；二、邓某支付孔某某违约金 10 万元，限在本判决生效后十日内付清；三、驳回邓某的其他诉讼请求。

二审法院观点：邓某与孔某某之间签订的房屋买卖合同，系双方真实意思表示，又不违反法律、行政法规的强制性规定，依法确认有效，双方均应按约履行。该合同第 3 条第 4 项约定，如银行房贷政策或乙方（邓某）个人资信，影响按揭额度或不能批下的，不足部分或全额按揭款由乙方在接到丙方（房产中介公司）通知、法定放贷时间三日内现金补足。故根据双方合同约定，国家政策的改变，导致银行房贷政策的变化，并非邓某贷款不成拒绝履行合同的法定事由。邓某未按约履行付款义务，应承担违约责任。现双方一致同意解除合同，予以准许。《合同法》第 115 条规定：“当事人可以依照

《中华人民共和国担保法》约定一方向对方给付定金作为债权的担保。债务人履行债务后，定金应当抵作价款或者收回。给付定金的一方不履行约定的债务的，无权要求返还定金；收受定金的一方不履行约定的债务的，应当双倍返还定金。”《合同法》第116条规定：“当事人既约定违约金，又约定定金的，一方违约时，对方可以选择适用违约金或者定金条款。”本案双方当事人在合同违约责任中既约定不得退回已支付定金，又约定支付违约金10万元，该约定违反法律规定。故原审法院判决驳回邓某请求返还10万元定金诉讼请求的同时又判决邓某支付孔某某违约金10万元，属适用法律错误。邓某不履行合同约定的债务，无权要求返还定金，对孔某某反诉请求另行支付10万元违约金，不予支持。据此判决：一、维持原审判决第一、三项；二、撤销原审判决第二项；三、驳回孔某某的其他诉讼请求。

法官评析

本案的争议焦点是当事人双方签订的购房合同能否以“不可归责于当事人双方的事由”予以解除；定金罚则、违约金条款可否同时适用。

1. 当事人签订购房合同时已经预见到国家将出台房产新政，并在合同中对房产新政导致按揭不能作出了现金补足的约定，房产新政实施后，不能以“不可归责于当事人双方的事由”解除合同

我国《合同法》规定了平等、合同自由、公平、诚实信用、依合同履行义务等原则。我们认为，在审理受房产新政调控政策影响的房屋买卖合同纠纷案件时，应依据《合同法》的立法精神，维护交易稳定。对确因贷款政策调整，购房者无力支付超出合同约定的首付款、无法获取按揭贷款或因购房资格限制无法办理房产登记等情形，应认定为《最高人民法院关于审理商品房买卖合同纠纷案件适用法律若干问题的解释》中规定的“不可归责于当事人双方的事由”，允许购房人解除合同，并由出卖人返还其购房款本金及利息。[①] 但买受方在已经预见到将来可能出台房产新政的情况下与出卖方签订合同，并在合同中对可能出现的限购、限贷情形发生后导致买受人失去购房资

① 参见《安徽省高级人民法院关于在审理房地产案件中认真贯彻“新国五条”精神的通知》第3条。

格或贷款资格约定了具体处理方法的，在限购、限贷政策出台后，应按诚实信用原则依合同约定履行，而不能以“不可归责于当事人双方的事由”解除合同，并免除其违约责任。

本案邓某与孔某某在签订购房合同时已经预见到国家出台房产新政对房地产市场进行调控的可能，故双方在合同中对风险责任的承担做出了明确的约定，即“如银行房贷政策或乙方（邓某）个人资信，影响按揭额度或不能批下的，不足部分或全额按揭款由乙方在接到丙方（房产中介公司）通知、法定放贷时间三日内现金补足”。由此可见，邓某已预见到按揭购房存在的可能的风险，但对可能的按揭不能却承诺了以现金补足。这种情形下，则不宜将房产新政中的限贷、限购政策认定为“不可归责于当事人双方的事由”将合同予以解除并免除违约方责任。只有在出卖方孔某某同意解除购房合同的情况下，根据当事人意思自治原则，解除购房合同，但邓某作为违约方应按合同约定和法律规定承担违约责任。

2. 定金罚则、违约金条款可否同时适用

定金是合同当事人为了确保合同的履行，一方当事人在合同订立时，或者订立后、履行前，预先支付给另一方当事人的一定数额的金钱或者其他替代物。《合同法》第 115 条规定，当事人可以依照《担保法》的规定，约定一方向对方给付定金作为债权的担保。债务人履行债务后，定金应当抵作价款或者收回。给付定金的一方不履行约定的债务的，无权要求返还定金；收受定金的一方不履行约定的债务的，应当双倍返还。因此，定金兼具预付款的性质和惩罚性的功能，其不以给对方当事人造成损失为前提，给付数额一般明确具体。违约金是合同双方在订立合同时预先协商确定的，在一方当事人违约时应向对方当事人所承担的独立于合同履行义务之外的给付。《合同法》第 114 条第 1 款、第 2 款规定，当事人可以约定一方违约时应当根据违约情况向对方支付一定数额的违约金，也可以约定因违约产生的损失赔偿额的计算方法。约定的违约金低于造成的损失的，当事人可以请求人民法院或者仲裁机构予以增加；约定的违约金过分高于造成的损失的，当事人可以请求人民法院或者仲裁机构予以适当减少。违约金具有担保合同履行的功效，又具有惩罚违约人和补偿无过错方所受损失的效果，在当事人的请求下，数额可以根据当事人的损失予以增加或者减少。在订立合同时，当事人可以自愿约定违约金，也可以约定定金。《合同法》第116条规定，当事人既约定违约金，又约定定金的，一方违约时，对方可以选择适用违约金或者定金条款。由此可见，违约金条款和定金罚则不能同时适用。本案双方当事人在合同违约责任中既约定不得退回已支付定金，又约定支付违约金10万元，应择一适用，一审法院均予以支持，属于适用法律错误。二审法院予以纠正，符合法律规定。

7.5 明知不具有购房资格仍然签订购房合同是否应承担违约责任

——张某某诉沈某房屋买卖合同纠纷案①

关 键 词： 诚实信用原则，违约责任

问题提出： 违反限购政策签订的购房合同的效力如何？买受人在应知或明知其不具有购房资格的情况下，仍然签订购房合同导致合同目的最终无法实现的，应如何处理？

裁判要旨： 违反限购政策签订的购房合同具有法律效力。买受人在应知或明知其不具有购房资格的情况下，仍然签订购房合同，导致合同目的最终无法实现的，构成违约并应承担违约责任。

案情简介

原告（上诉人）：张某某

被告（被上诉人）：沈某

2011年6月3日，张某某（乙方）和沈某（甲方）签订北京市存量房屋买卖合同，约定张某某购买北京市朝阳区雅成二里某号楼某单元某号房屋，总价款240万元。买卖合同签订后，张某某支付沈某定金5万元。张某某在签订买卖合同当日，一并签署了购房承诺书，明确其知晓《国务院办公厅关于进一步做好房地产市场调控工作有关问题的通知》（国办发〔2011〕1号）、

① 此案例来源于《人民司法》2014年第4期。一审法院为北京市朝阳区人民法院，案号：(2012)朝民初字第16299号；二审法院为北京市第二中级人民法院，案号：(2012)二中民终字第16191号。

《北京市人民政府办公厅关于贯彻落实国务院办公厅文件精神进一步加强本市房地产市场调控工作的通知》（京政办发〔2011〕8号）、《北京市住房和城乡建设委员会关于落实本市住房限购政策有关问题的通知》（京建发〔2011〕65号）。后张某某以其不具有购房资格为由诉至法院，要求解除房屋买卖合同并返还5万元定金。

各方观点

原告（上诉人）张某某观点：我没有北京户籍，且在北京并没有连续满五年的缴税凭证或社保记录，根据北京市限购政策的规定，不具备购房资格。双方签订的购房合同无法履行，因国家政策原因导致合同无法履行，双方应解除合同，出卖方应返回定金。

被告（被上诉人）沈某观点：张某某在明知自己不具有购房条件的前提下，仍然签订买卖合同，导致合同目的不能实现，张某某不诚信，其行为构成违约。同意解除合同，但是不同意退还定金。

法院观点

一审法院观点：张某某与沈某签订的北京市存量房屋买卖合同是双方真实意思表示，应严格遵守。根据张某某签署购房承诺书的事实，可以认定其对国家和北京市限购政策是知晓的，可以且应该根据限购政策判断其本人是否符合在北京市购买房屋的条件。但由于张某某故意隐瞒相关事实导致买卖合同无法继续履行，其无权要求被告返还定金。由于买卖合同因张某某违约无法继续履行，应予以解除。法院判决：一、解除原告张某某与被告沈某2011年6月3日签订的北京市存量房屋买卖合同；二、驳回原告张某某的其他诉讼请求。

二审法院判决驳回上诉，维持原判。

法官评析

1. 违反限购政策签订的购房合同的效力认定

司法实践中，不乏一些当事人以房产新政中的限购政策实施为由要求确认购房合同无效的纠纷。其理由为购房合同违反法律、行政法规的强制性规定，根据《合同法》第52条应认定无效。我们认为，首先，《最高人民法院关于适用〈中华人民共和国合同法〉若干问题的解释（一）》第4条规定："合同法实施以后，人民法院确认合同无效，应当以全国人大及其常委会制定的法律和国务院制定的行政法规为依据，不得以地方性法规、行政规章为依据。"刚刚颁布的《民法总则》第153条也规定："违反法律、行政法规的强制性规定的民事法律行为无效，但是该强制性规定不导致该民事法律行为无效的除外。违背公序良俗的民事法律行为无效。"司法实践中和理论界一般认为，合同违反法律和行政法规的效力性强制性规定的无效，违反管理性强制性规定的要区分情况认定，不能一概而论。限购政策并不属于法律和行政法规的范畴，不能据此认定合同无效。

2. 因限购导致合同目的不能实现进而解除购房合同的，当事人并不必然免责

限购政策属于"不可归责于当事人双方的事由"，因此，房屋买卖合同签订后，单纯的因房产新政中的限购政策出台不能实现合同目的而解除合同的，由于买卖合同双方均没有违约故意和违约行为，无须承担违约责任。但是，因限购导致合同目的不能实现解除合同的，是否必然免责呢？答案是否定的。

本案中，张某某在签订房屋买卖合同的同时，签署了购房承诺书，因此，可以认定其对国家和北京市限购政策是知晓的，能够根据限购政策判断其本人是否符合在北京市购买房屋的条件，但由于张某某故意隐瞒相关事实导致买卖合同无法继续履行。张某某的行为，违反了诚实信用原则，构成违约，应承担违约责任。司法实务中，类似的情况还有房屋买卖合同签订后，一方故意拖延偿还房屋原有贷款时间、延迟付（贷）款时间和过户时间，导致限购政策出台后受限不能实现合同目的；恶意中断缴纳社会保险或所得税而使购房资格丧失的，上述行为均为合同一方故意违约进而受到限购政策限制导致合同目的无法实现致使合同解除的，违约方具有利用限购政策免除其违约责任的目的，法律不应支持，其违约责任不能免除。司法实践中，应合理区分限购政策免责与违约责任的承担，衡平利益，保障交易秩序，维护诚实信用原则。

诚实信用是社会稳定和经济发展的基石，诚实信用原则是我国合同法的一项基本原则，应贯穿合同的签订、履行、变更、解除的各个阶段。民事主

体进行民事活动时，必须遵守诚实信用原则，不能见利忘义，否则必将承担相应的法律责任。

7.6 合同一方先行违约后能否以限购政策的出台主张免除违约责任

——张某某诉林某某、马某房屋买卖合同案①

关 键 词： 违约行为，损害赔偿，履行利益，信赖利益

问题提出： 因合同一方违约致房屋买卖合同未按时履行，后因限购新政出台导致合同履行不能进而解除合同的，违约方能否以限购政策为由主张免除违约责任？

裁判要旨： 因合同一方违约致房屋买卖合同未按时履行，后因限购新政出台导致合同履行不能进而解除合同的，违约方对合同履行不能存在过错，由此所致合同另一方之损失，应予以赔偿。违约方以限购政策为由主张免除违约责任的，不予支持。

案情简介

原告（反诉被告、上诉人）：张某某

被告（反诉原告、被上诉人）：林某某、马某

2015 年 11 月 29 日，张某某作为乙方（买受人），林某某、马某作为甲方（卖售人）签订《上海市房地产买卖合同》一份，合同约定：一、甲、乙双方通过上海××有限公司第九分公司居间介绍，由乙方受让甲方自有房屋及其该房屋占用范围内的土地使用权，房屋建筑面积 102.76 平方米；二、甲乙双方经协商一致，同意上述房地产转让价款共计 3300000 元，并在附件（三）付款协议中明确约定了乙方的首期房款付款方式、付款期限和贷款支付方式。合同第五条约定了违约责任：（1）甲方未按照本合同及各项附件等约定履行的，每逾期一日需向乙方支付总房价款万分之五的赔偿金，并应继续履行。甲方签订本合同后又将该房地产转卖、租赁给第三方的；在办理权利转移登

① 一审法院为上海市闵行区人民法院，案号：（2016）沪 0112 民初字第 8817 号民事判决；二审法院为上海市第一中级人民法院，案号：（2016）沪 01 民终字第 12054 号。

记前该房地产有抵押和查封；甲方未按照本合同及各项附件等约定履行的，逾期超过十个工作日的；甲方单方要求解除合同的，均视为甲方违约，乙方有权单方解除本合同，应当通知甲方，甲方除需支付十个工作日的赔偿金（按总房价款万分之五每日计）外，还需向乙方支付相当于总房价款20%的违约金。甲方应在接到通知之日起的三个工作日内退还已收到的全部房价款，并支付违约金和赔偿金。（2）乙方未按照本合同及各项附件等约定履行的，每逾期一日需向甲方支付总房价款万分之五的赔偿金，并应继续履行。乙方未按照本合同及各项附件等约定履行的，逾期超过十个工作日的，乙方单方要求解除合同的，均视为乙方违约，甲方有权单方解除本合同，应当通知乙方，乙方除需支付十个工作日的赔偿金（按总房价款万分之五每日计）外，还需向甲方支付相当于总房价款20%的违约金。甲方可从乙方已支付的款项中扣除违约金、赔偿金，剩余款项于三个工作日内返还给乙方，已支付的款项不足支付违约金和赔偿金的，乙方应在接到通知之日起的三个工作日内予以赔偿。

同日，上述协议各方签订《协议书》一份，协议书中载明：一、在甲、乙双方已签订的《上海市房地产买卖合同》中，约定的房价款为3300000元，现乙方所需支付的合同房价款仍按照买卖合同附件三之付款协议所列方式支付给甲方；二、现经甲、乙双方协商，乙方应在支付该房地产的合同总价款外，再直接支付给甲方装修补偿款共计700000元，其中乙方应于签订买卖合同后当日内直接支付给甲方部分装修补偿款共计210000元，乙方应于双方申请产权过户前直接支付甲方部分装修补偿款440000元，剩余装修补偿款计50000元留作尾款待甲、乙双方交房当日由乙方直接支付给甲方；……五、若买卖合同无法正常履行，则甲方应于无法正常履行之日起或收到书面退款通知后的一日内将上述装修补偿款计700000元无息一次性返还给乙方；六、双方其他事项仍按《上海市房地产买卖合同》约定履行；七、其他文本与本协议书不一致的以本协议书为准。

2016年2月28日，由林某某、马某作为甲方，张某某作为乙方签订《补充协议》一份，协议约定：一、签署本协议七天内乙方再向甲方支付首付款600000元；二、甲方同意乙方的贷款金额由原来约定的2310000元降低为1710000元；三、甲方签署本协议后应于三日内去贷款银行预约还贷，甲方向乙方提供房屋的“抵押结清证明后”，乙方必须于拿到该结清证明后三十日内将贷款审批通过，否则乙方须以现金或转账的方式于过户当日将上述贷款额度支付给甲方；四、甲方同意过户日期为甲方的贷款结清证明出具后三十日内；五、乙方同意，如果银行于2016年4月15日尚未放款给甲方，则乙方向甲方支付5000元赔给原租客；六、双方同意，于产权过户当日交房。签约当日，张某某即按约支付给林某某、马某房款600000元。

上述《房地产买卖合同》《协议书》《补充协议》签订后，张某某合计支付给林某某、马某房款为2240000元。

2016年3月20日林某某、马某向张某某发出《解除合同告知书》一份，告知由于林某某、马某的双方家长极力反对，且这是林某某、马某在上海唯一的住房，因此林某某、马某遗憾的通知张某某此房屋不能继续买卖，并通知张某某收到此函之后购房合同解除。请张某某把银行卡号发给林某某、马某，林某某、马某会及时把张某某支付的各种款项的购房款如数地退还给张某某，以便张某某尽快选购其他相应的房屋，以免张某某的损失扩大。给张某某带来的麻烦林某某、马某愿意给予一定的补偿，具体双方可以协商解决。张某某确认收到上述解除合同告知书，但不同意解除合同，并已提起本案诉讼。

2016年3月29日林某某通过转账方式退还2240000元房款给张某某。张某某于2016年4月4日再次将上述房款2240000元转给林某某。

2015年11月20日张某某将其所有的××路××弄××号××室房屋出售给案外人黄某，房屋转让价款为1590000元。张某某与案外人张某、刘某签订租房合同，由张某某承租案外人张某、刘某位于××路××弄××号××室的房屋，租期从2016年1月31日至2016年6月30日，房屋租金每月2300元。2016年4月19日案外人张某出具收据载明：收到张某某从2016年1月31日起的租金合计6900元（3个月），全部为现金。案外人张某系张某某堂哥。

林某某的个人城镇基本养老保险缴费的记录从2014年4月至2016年3月属于正常缴费，累计至2015年年末个人账户记账情况：缴费月数为32个月，本息储存总额为7340.30元，截至上月累计缴费月数为34个月。马某的个人城镇基本养老保险缴费的记录从2014年4月至2016年3月属于正常缴费，累计至2015年年末个人账户记账情况：缴费月数为25个月，本息储存总额为5932.50元，截至上月累计缴费月数为27个月。

涉案房屋系由林某某、马某于2012年5月29日从案外人吕某、洪某以2000000元的价格购买所得，林某某购房之时提供了其作为上海市闸北区兴京食品商店的个体工商户完税证明单，完税记录从2010年1月至2012年5月，连续缴税。

2016年3月24日上海市人民政府办公厅转发市住房城乡建设管理委、市规划国土资源局、市工商局、市金融办《关于进一步完善本市住房市场体系和保障体系促进房地产市场平稳健康发展的若干意见》，沪府办发〔2016〕11号文件，其中关于从严执行住房限购政策中载明：提高非本市户籍居民家庭购房缴纳个人所得税或社会保险的年限，将自购房之日起计算的前3年内在本市累计缴纳2年以上，调整为自购房之日前连续缴纳满5年及以上。

各方观点

张某某观点：为买卖闵行区××路××弄××号××室房屋（以下简称涉案房屋），原、被告签订上海市房地产买卖合同、协议书及补充协议，上述合同系双方真实的意思表示，双方均应恪守。原告按约履行了合同义务，按期支付了相应的购房款，因房屋价格上涨，被告提出涨价要求，原告未予同意，导致被告不愿继续出售系争房屋。被告在2016年3月20日发出的解除通知函中也仅提及系家庭矛盾导致被告不愿出售系争房屋，而非被告在诉讼中主张的置换房屋不能，同时，上海市相关购房政策的变化发生在3月24日，晚于被上诉人发出解除通知函的时间，且购房政策的变更并不属于情势变更，本案中即便存在被告无法另行购房的情形，也属于商业风险，相应的责任应由被告自行承担。张某某起诉请求判令：1. 林某某、马某继续履行买卖合同，及时办理房屋过户手续；2. 并自2016年3月3日起至房屋过户止，每逾期一日向张某某支付总房价款万分之五的赔偿金，暂计至2016年3月24日为40000元；3. 林某某、马某自2016年4月4日起至房屋过户时止，赔偿张某某每月在外租房的费用2300元。二审中，张某某坚持其在一审中的诉讼请求，同时也认为，即便一审法院认定合同解除，但一审法院确定的补偿数额过低，原告为购买涉案房屋，出售了名下原有的房屋，交易期间，房屋价格有大幅度上涨，原告提起一审诉讼时，其直接损失已达146万余元，二审时的直接损失已达231万余元，如合同不能继续履行，其损失巨大，30万元远远不能弥补所遭受的损失。

林某某、马某观点：原告张某某并未完全按约履行，其没有在合同约定的日期前完成银行贷款审核，也没有证据证明其可以全款支付购房款，故系原告违约在先。被告需出售涉案房屋后另行购置房屋，现因购房政策的变更导致被告无法另行购房，如合同继续履行，被告在上海将无房居住，严重影响被告的工作、生活，因此系政策变更导致被告无法继续履行合同，本案纠纷应当适用情势变更原则，要求被告继续履行合同的费用过高，并且明显是不公平的。原告提供的中介公司的微信聊天记录等证据，不符合法律规定的证据形式要件，不应得到采信，被告不存在因涉案房屋价值上涨而要求解除合同的行为。同时，本案合同的解除系因国家政策变更，不可归责于双方，被告并无过错，被告自愿补偿一定金额给原告，但被告并无责任赔偿原告主张的差价损失，被告已及时将收取的购房款返还原告，防止了损失的进一步扩大，原告又将购房款返还被告，相应的扩大的损失，应由原告自行承担。被告向一审法院提出反诉，请求判令：1. 解除张某某与林某某、马某就上海市闵行区××路××弄××号××室房屋于2015年11月29日签订的《上海市房地产买卖合同》《协议书》及2016年2月28日签订的《补充协议》；2. 林某某、马某退还张某某房款2240000元；3. 林某某、马某某赔偿张某某损失100000元。

法院观点

一审法院观点：张某某与林某某、马某所签订的《房地产买卖合同》《协议书》《补充协议》均系双方当事人真实意思表示，合同依法成立，且未违反法律、行政法规中的效力性的强制性规定，合同当属有效，对双方当事人均具有合同约束力，双方均应按照合同约定全面、善意地履行。在合同履行过程中，张某某已经按约支付给林某某、马某房款合计2240000元。但林某某、马某以上海市人民政府于2016年3月24日颁布的新政导致其成为禁购对象为由，导致其无法实现出售涉案房屋，进而置换新房的合同目的无法实现。若继续将涉案房屋出售，将导致其无房可住的困难局面。故林某某、马某是否具有合同解除权系本案的主要争议焦点。

针对上述争议焦点，一审法院认为：限购与限贷是政府目前调控房地产市场的两大主要手段。2010 年 4 月，由于“新国十条”的出台，各地根据其房地产现状逐渐出现“限购令”，其主要目的是打击房地产市场的投机行为，稳定房屋市场价格。2016 年 3 月 24 日上海市人民政府为了促进房地产市场平稳健康发展，出台了新的限购措施，即提高非本市户籍居民家庭购房缴纳个人所得税或社会保险的年限，将自购房之日起计算的前 3 年内在本市累计缴纳 2 年以上，调整为自购房之日前连续缴纳满 5 年及以上。按照该限购政策，结合林某某、马某目前的社保缴纳记录，其已经在上海不具有购房的主体资格。虽然购买商品房是普通的民事法律行为，但是在当前的调控政策之下，具备购房资格是从事该民事活动的准入门槛，不具备交易主体资格的房屋买卖合同，将一律无法办理权属变更手续。而林某某、马某出售涉案房屋的目的是进行改善性的置换购房，并不属于投机性购房，故若继续履行买卖合同，将会导致林某某、马某在上海无房居住的困难、尴尬局面，故一审法院认为若继续维持合同的效力，则会对林某某、马某而言显失公平。而张某某系上海人，不属于限购、禁购的对象，其即使无法购买涉案房屋，其仍可以在上海市购买其他住房。

首先，在当前国家日益加强宏观调控的背景下，部分房屋买卖双方可能会预见到国家会采取一些政策调整，但对于政策何时颁布、具体采取何种措施，远远超出了一般正常人的预见范围，因此，更为严格的限购政策调控对于一般交易当事人而言具有不可预见性。其次，限购政策调控的发生，虽然是房屋交易当事人无法避免的，但调控未直接影响房屋买卖合同的效力，而只是改变了合同履行的环境。而本案中，若上海市人民政府不出台上述更为严格的限购政策，作为林某某、马某并不会成为置换购房的限购对象，故一审法院认为，双方当事人在签订涉案房屋买卖合同在先且签订合同时双方主体均符合当时政策要求，然新的限购政策出台在后，按照新的政策规定林某某、马某属于限购对象，导致涉案房屋买卖合同无法继续履行。由于购房资格是顺利履行房屋买卖合同必须具备的前提性条件，一旦丧失购房资格将导致整个合同无法继续履行。此时，双方当事人对导致合同无法继续履行均无过错，属于可以按照“不可归责于双方当事人的事由”处理，任何一方当事人都可以诉请解除合同，故一审法院认为林某某、马某有权主张解除合同，但林某某、马某的解除合同的行为，确实也给张某某造成了一定的损失，故林某某、马某应当对于受损的张某某给予一定的补偿。虽然林某某、马某在诉讼中自愿对张某某给予一定的补偿，但一审法院认为林某某、马某自愿给予的补偿并不足以弥补张某某的损失，考虑到房价上涨的因素，故一审法院确定以 300000 元的补偿为限。上述合同解除之后，林某某、马某应及时返还张某某已经支付的房款 2240000 元。法院判决：一、解除张某某与林某某、马某就上海市闵行区××路××弄××号××室房屋于 2015 年 11 月 29 日签订的《上海市房地产买卖合同》《协议书》及 2016 年 2 月 28 日签订的《补充协议》；二、林某某、马某于判决生效之日起十日内返还张某某购房款 2240000 元；三、林某某、马某于判决生效之日起十日内支付给张某某补偿款以 300000 元计；四、驳回张某某的本诉诉讼请求。

二审法院观点：张某某与林某某、马某就买卖涉案房屋签订的协议及合同，系双方真实的意思表示，双方均应恪守。在双方约定的办理过户手续日前，林某某、马某要求解除合同并返还已收取的购房款，而上诉人认为双方的交易应继续履行，双方的争议在于涉案房屋买卖合同及协议能否解除。涉案房屋买卖合同及协议履行过程中，上诉人并不存在违约行为，而被上诉人未按约履行办理产权过户等合同义务，故系被上诉人违约致涉案房屋买卖合同及协议未能继续履行，相应的后果应由被上诉人承担。但正如一审法院所述，在履行过程中，上海市房屋限购政策进一步收紧，如继续履行，则导致被上诉人不具在沪购房资格，而上诉人系上海市户籍人口，仍具有相应的购房资格，故基于公平原则，一审法院认定涉案房屋买卖合同及协议应予解除，法院予以认同。

当然，在本案中，因被上诉人违约致涉案房屋买卖合同及协议未能继续履行，进而再因限购新政出台无法实际履行而解除，故被上诉人对合同解除存在过错。由此所致上诉人之损失，被上诉人应予以赔偿。现上诉人主张房屋差价损失及其他间接损失。根据合同约定，一方违约导致合同解除的，违约方应承担的违约金为总房价款的 20%。考虑到在涉案补充协议约定的办理产权过户手续日期前，被上诉人已发函要求解除合同，并于 2016 年 3 月 29 日，将已收取的 224 万元购房款退还给了上诉人。虽然上诉人于 4 月 4 日将

224 万元购房款再次转给了被上诉人，鉴于被上诉人的还款行为不失为一种止损措施，故因上诉人再次付款而扩大的损失，应由上诉人自行承担。结合合同的实际履行状况，涉案房屋的出售价格为 400 万元，上诉人支付了 224 万元购房款，并未付清全部购房款。由此，综合考虑涉案房屋市场价值上涨的情况、当事人的过错程度、上诉人的实际损失、被上诉人已采取减损措施的事实、买卖合同对违约责任的约定情况等因素，法院酌情认定赔偿数额为 60 万元。一审法院认为由被上诉人补偿上诉人 30 万元不妥，法院依法予以纠正。据此判决：一、维持上海市闵行区人民法院（2016）沪 0112 民初字第 8817 号民事判决第一项、第二项、第四项；二、变更上海市闵行区人民法院（2016）沪 0112 民初字第 8817 号民事判决第三项为“林某某、马某于本判决生效之日起十日内支付张某某补偿款人民币 600000 元”。

法官评析

2016 年 3 月，针对楼市价格增长过快的情况，上海市发布《关于进一步完善本市住房市场体系和保障体系促进房地产市场平稳健康发展的若干意见》（“沪九条”），被称为沪上最严房地产调控。此次房产新政，提高了非本市户籍居民家庭购房缴纳个人所得税或社会保险的年限，将自购房之日起计算的前 3 年内在本市累计缴纳 2 年以上，调整为自购房之日前连续缴纳满 5 年及以上。本案即是在此背景下引发的纠纷。本案涉及的问题有：一、房屋买卖合同及协议能否解除；二、因合同解除给守约方造成的损失，违约方损害赔偿责任的范围及具体认定。具体分析如下：

1. 案涉房屋买卖合同及协议能否解除

本案中，出卖人林某某、马某在约定的办理过户手续日前，要求解除涉案房屋买卖合同及协议，并返还已收取的购房款，其行为已经构成违约，而买受人张某某在合同履行过程中并不存在违约行为，林某某、马某的违约行为导致涉案房屋买卖合同及协议未能继续履行，其应承担相应的法律责任。在“沪九条”出台后，上海市房屋限购政策进一步收紧，根据新的限购政策，结合林某某、马某的社保缴纳记录，在涉案房屋出卖后二人均不具有在上海购置房屋的资格，而张某某系上海户籍人口，仍具有购房资格。一审法院基于公平原则，认定涉案房屋买卖合同及协议应予解除，处理妥当。公平原则是法律确立的以公平理念确定民事主体的民事权利、民事义务乃至民事责任的基本原则，是合同法的基本原则。[①] 该原则强调一方给付与他方的对待给付之间应具有等值性，其另一重要内容为风险的合理分配。林某某、马某出售涉案房屋的目的是进行改善性的置换购房，并不属于投机性购房，故若继续履行买卖合同，将会导致林某某、马某在上海无房居住的困难局面，极大地增加其履行合同的成本和风险。

值得注意的是，一审法院在认定合同解除的理由时，认为新的限购政策出台导致林某某、马某成为限购对象，涉案房屋买卖合同无法继续履行，双方当事人对导致合同无法继续履行均无过错，属于可以按照“不可归责于双方当事人的事由”处理。笔者认为，一审法院的此种观点，忽略了出卖人林某某、马某在限购政策出台之前单方要求解除合同的违约行为，有失妥当。也正是基于此原因，二审法院明确指出林某某、马某的行为对合同解除存在过错，并进行了更正。

2. 因合同解除给守约方造成的损失，违约方损害赔偿责任的范围及具体认定

我国《合同法》第 97 条规定：“合同解除后，尚未履行的，终止履行；已经履行的，根据履行情况和合同性质，当事人可以要求恢复原状、采取其他补救措施，并有权要求赔偿损失。”根据该条规定，因一方违约导致合同解除的，根据履行情况和合同性质，守约方可以要求违约方“恢复原状、采取其他补救措施，并有权要求赔偿损失”。具体到本案，出卖人林某某、马某应就其违约行为对买受人张某某造成的损失予以赔偿。

(1) 损害赔偿的范围

关于房屋买卖合同解除后引起的损害赔偿利益，实践中有两种观点。一是认为该种利益属于履行利益（积极利益），即合同履行后可以获得的利益，其赔偿结果应包括房屋涨价损失在内的履行利益的损失；二是认为该种利益属于信赖利益（消极利益），即相对人善意无过失的相信合同成立且有效时，因合同无效或撤销之结果所蒙受的损失，其赔偿结果是填补守约方因此所造成的损失，使善意的守约方的经济状态恢复到缔约之前，房屋涨价损失不应

---

① 韩世远：《合同法总论》（第 3 版），法律出版社 2011 年版，第 39 页。

包括在内。

笔者认为，从司法实践的角度，房屋买卖合同因合同一方根本违约而解除的，守约方一般有权要求违约方赔偿包括房屋涨价损失在内的履行利益的损失。理由为：第一，信赖利益损害赔偿更多的是对缔约过失、先合同义务等引起的损害的赔偿，其功能重在填补；而房屋买卖合同的解除系在合同成立且有效的前提下，在履行过程中因某种原因导致合同目的不能实现而出现的法律后果，该后果造成的更多的是履行利益的损失；第二，在当前房价上涨过快的情况下，出卖人提价违约现象屡见不鲜，在因出卖人违约导致合同解除的案件中，如果将损害赔偿范围仅限制在信赖利益，那么对违约方而言，其虽对守约方做出了赔偿，但其违约行为将带来更多的经济利益，由此可能导致出卖人效率违约，不利于保护善意买受人的利益，也不利于维护诚实守信的市场交易秩序。① 因此，对买受人进行履行利益损害赔偿救济，加大出卖人的违约成本，更符合现阶段的司法要求。

（2）预期利益损失的认定规则

《合同法》第 113 条第 1 款规定："当事人一方不履行合同义务或者履行合同义务不符合约定，给对方造成损失的，损失赔偿额应当相当于因违约所造成的损失，包括合同履行后可以获得的利益，但不得超过违反合同一方订立合同时预见到或者应当预见到的因违反合同可能造成的损失。"笔者认为，因违约而导致合同解除产生的损害赔偿，其性质仍然是因违约所造成的损失，与合同履行请求权之间具有债的同一性。因此，该条法律规定在因违约而解除合同发生的损害赔偿中也适用。

关于合同履行后可获得的利益（即预期利益）的认定，《最高人民法院关于当前形势下审理民商事合同纠纷案件若干问题的指导意见》第 10 条规定："人民法院在计算和认定可得利益损失时，应当综合运用可预见规则、减损规则、损益相抵规则以及过失相抵规则等，从非违约方主张的可得利益赔偿总额中扣除违约方不可预见的损失、非违约方不当扩大的损失、非违约方因违约获得的利益、非违约方亦有过失所造成的损失以及必要的交易成本。……"该条规定确立了可得利益损失的适用规则。具体到本案，双方当事人在合同

① 左峰、陈旻：《房屋买卖案件裁判思路与操作》，中国法制出版社 2011 年版，第 236 页。

中约定，一方违约导致合同解除的，违约方应承担的违约金为总房价款的20%，总房价款为400万元，因此违约金应为80万元。二审最后的判决结果确定的赔偿数额为60万元，究其原因为：出卖人林某某、马某在涉案补充协议约定的办理产权过户手续日期前，已发函要求解除合同，并于2016年3月29日，将已收取的224万元购房款退还给了张某某，该还款行为可以认定为是一种减损措施。张某某收款后于4月4日将224万元购房款再次转给林某某，由此导致的损失属于张某某不当扩大的损失，该项损失应由张某某自行承担。另外，结合合同的实际履行状况，涉案房屋的出售价格为400万元，张某某支付了224万元，并未付清全部购房款。基于上述情况，二审法院综合考虑涉案房屋市场价值上涨的情况、违约方的过错程度、守约方的实际损失、违约方已采取减损措施的事实、买卖合同对违约责任的约定情况等因素，酌情认定赔偿数额为60万元。

（3）本案涉及的其他问题

①房屋涨价损失是否属于可预见的损失

有观点认为，出卖人在签订房屋买卖合同时无法预见到房屋涨价的数额，买受人因房屋升值的损失不属于可预见的损失。笔者认为，可预见性规则只要求违约方预见到损害的类型或者损害发生的趋势，并不要求具体的数额，实践中不仅在房屋买卖合同中，在一些其他类型的合同中对具体损失数额的预见都较为困难。在当前我国房价增长较快的形势下，房屋涨价损失是完全能够预见的，因此，房屋涨价的损失属于出卖人在签订合同时可以预见的损失。

②房屋差价损失的计算

《合同法》第114条第1款规定：“当事人可以约定一方违约时应当根据违约情况向对方支付一定数额的违约金，也可以约定因违约产生的损失赔偿额的计算方法。”因此，当事人双方在房屋买卖合同中约定了违约金或者违约损失的计算方法的，应依合同约定确定。

在房屋买卖合同中没有约定违约金或违约损失的计算方法的，笔者认为，可以比照合同解除时类似房屋的市场价格与买卖合同成交价的差额，综合考量违约方是否具有减损措施、守约方是否具有扩大损失等行为予以确定。在一房二卖的情况下，可以认定出卖人签订的后买约合同的价格高于先买约合同的价格部分即为买受人的可得利益损失。但当后买约合同价格明显低于当时的市场价格时，可仍然依据市场价格确定可得利益损失的数额，防止出卖人与后买约合同的相对方恶意串通损害先买约合同相对方的利益。

7.7 因限购政策解除房屋买卖合同后，居间费用由谁负担

——某房地产公司诉姜某某居间合同纠纷案[①]

关 键 词： 居间费用，违约责任，履行利益

问题提出： 买受方违约在先，后以限贷政策的出台为由请求解除合同的，是否应承担居间费用以及承担的份额？

裁判要旨： 买卖双方签订合同后，在房产新政发布之前，一方反悔要求解除买卖合同的，在房产新政发布以后，以房产新政导致合同不能履行为由拒绝交纳全部或部分居间费用的不予支持。房屋买卖合同确因受房产新政的影响而解除的，房产经纪机构可以请求房屋买卖合同的当事人支付必要的费用和合理的报酬。

案情简介

原告：某房地产公司

被告：姜某某

2010 年 4 月 10 日，原告某房地产公司（作为合同丙方）、被告姜某某（作为合同乙方）及卖方范某某（作为合同甲方）签订了《存量房屋买卖中介合同》一份，约定：一、甲方将其所有的位于宁波市鄞州区某小区房屋一套出卖给乙方，建筑面积为 93.24 平方米，房屋价款总计 1445000 元，该款由乙方在合同签订之日向支付甲方 100000 元，2010 年 4 月 30 日前支付首付款 515000 元，余款 830000 元由丙方协助乙方办理 20 年银行按揭手续，并在按揭贷款下放日支付给甲方。二、丙方为乙方提供以下中介服务内容：1. 居间服务，包括：丙方需对出售的房地产状态已经了解并已实地查看并核查相关证件；在合同签订时应将知道的房地产权属情况和交易风险如实告知乙方；

---

① 审理法院为宁波市鄞州区人民法院，案号：（2011）甬鄞商初字第 702 号。

房屋交付时，丙方应到场协助做好房屋交付事宜。……三、乙方应当在签订合同当日支付丙方服务费13705元，并在房产过户日前支付丙方按揭贷款综合服务费550元，抵押工本费80元，房产权属代办费220元。四、若甲方违约，乙方付给丙方的中介费办证等费用18000元由甲方承担；若乙方违约，丙方不退还中介费等给乙方。五、如乙方申请的按揭贷款额度不能足额批下，则乙方在接到丙方通知后，五天内补足差额房款给甲方；乙方在银行如有不良信誉记录造成不能办理按揭贷款手续，由此可引起的所有责任均由乙方承担。合同签订后，被告至今仅向卖方范某某支付购房款100000元。2010年5月17日，原告向被告发送通知一份，向其催讨首付款；同年6月22日，被告向卖方发送律师函一份，告知卖方因房产新政导致其不能办理按揭贷款，致使其丧失履行合同能力，并要求卖方在收到律师函之日一周内返还100000元定金。被告应于《存量房屋买卖中介合同》签订之日支付的中介服务费13705元至今未付。

2010年4月17日，国务院（2010）10号文件发布，规定对于商品住房价格过高、上涨过快、供应紧张的地区，商业银行可根据风险状况，暂停发放购买第三套及以上住房贷款。2010年10月9日，宁波市政府发布甬政办发（2010）230号文件，即《关于进一步贯彻落实国务院坚决遏制房价过快上涨文件精神的通知》，规定各商业银行要暂停发放居民家庭三套及以上住房贷款。现登记在被告及其配偶赖某某名下的位于某某市的住宅已超过三套。

各方观点

原告某房地产公司观点：2010年4月，被告在原告的居间介绍下，拟购买案外人范某某名下的位于宁波市鄞州区房屋1套。2010年4月10日，原告依据中介服务行业相关规定，与被告及卖方范某某签订了编号为0257913的《存量房屋买卖中介合同》一份，合同约定了所售房屋价格、收付款方式、中介费的承担及支付方式、交房、违约责任等条款。合同签订后，被告支付了购房定金，其余房款拖欠至今，亦未按约向原告支付居间服务费。2010年5月17日，原告曾函告被告催讨首付款，被告仍不予理睬，造成违约。为此，请求法院依法判令被告立即支付原告居间服务费13705元。

被告姜某某观点：首先，原、被告及卖方范某某签订了《存量房屋买卖中介合同》属实，该合同中约定的房款交付方式中，房款的70%需办理银行按揭贷款。因国务院办公厅于2010年4月17日发布了国某（2010）10号文件，即《国务院关于坚决遏制部分城市房价过快上涨的通知》（以下简称国务院（2010）10号文件），暂定发放购买第三套及以上住房贷款，故被告向宁波市区内多家银行申请贷款均未获批准。原告只能于2010年6月9日向卖方发函要求解除房屋买卖合同并退还定金，故原告的中介服务费被告亦无须支付。其次，居间合同中约定原告需履行四大居间义务：促成买卖双方签订购房协议、协助买方办理银行按揭贷款、代为办理房产权属转移登记、协助双方办理房产交付事宜。现被告仅提供了买卖双方购房的机会并促使双方达成了购房协议，其余三项居间义务并未履行，因此，若要被告支付乙费，金额应限于合同约定金额的四分之一。

法院观点

法院观点：原告某房地产公司与被告姜某某及案外人范某某之间签订的《存量房屋买卖中介合同》，系当事人真实意思表示，内容亦不违反法律、行政法规的效力性强制性规定，应为合法有效，各方当事人均应按合同约定全面履行合同义务。现原告已为被告购买案外人范某某的房屋提供订立合同的媒介服务，并促成合同成立，已然履行了居间义务，故被告理应按合同约定支付报酬。被告辩称，购房合同签订后，国务院（2010）10号文件发布，导致被告无法办理银行按揭贷款履行付款义务，此为不可归责于双方当事人的原因，被告有权据此解除与卖房人范某某之间的购房协议，被告亦无须向原告支付乙服务费。若需支付，原告也仅履行了四项居间义务之一，中介服务费应酌情考虑。法院认为，原告未举证证明其不能办理按揭贷款，亦无证据证明确因不能办理按揭贷款等导致无法继续履行合同，相反在《存量房屋买卖中介合同》第二十二条对被告申请的按揭贷款额度不能足额批下的情形另有替代支付的约定，可视为被告对因贷款障碍导致的房款支付方式有一定的预见及准备，另外，国务院（2010）10号文件并未明确禁止各地发放第三套及以上住房贷款，事实上宁波市政府于2010年10月9日才发布《关于进一步贯彻落实国务院坚决遏制房价过快上涨文件精神的通知》要求规定各商业银行要暂停发放居民家庭购买第三套及以上住房贷款，因此，被告据此拒付中介服务费显属无理。《存量房屋买卖中介合同》第六条另行规定了办理过户手续的收费项目及收费标准，原告代办房屋过户的费用并不在被告承担的居间服务费之内，故对被告的要求支付四分之一中介服务费的辩称，法院亦不予采信。综上，法院判决：被告姜某某在本判决生效后三日内支付原告浙江××经纪有限公司中介服务费13705元。

法官评析

二手房屋买卖合同通常是由房屋经纪机构居间促成，合同在约定买卖双方权利义务的同时也对房屋经纪机构的服务内容及居间费用做出具体约定。当房屋买卖合同因故解除时，居间费用如何承担往往也会引发一些纠纷。笔者认为，合同解除后，关于居间费用的确定及承担问题应区别合同解除的原因分情形处理。

1. 因房产新政中限购、限贷政策的出台导致合同解除的情形

单纯的因房产新政中的限购、限贷政策的出台导致房屋买卖合同的履行不能，合同任一方有权解除合同。但合同的解除系因新政的出台对买受人的履约能力产生了较大影响，买受人没有违约行为，不存在可以追责的法律基础，合同因“不可归责于双方的事由”而解除。合同解除后，出卖人应当将收受的购房款或者定金返还买受人，双方互不承担违约责任。关于履约过程中产生的损失承担，可以依据公平原则进行分配。在这种情况下，居间合同因丧失了继续履行的基本条件，也应当一并解除。但是房屋经纪机构并非房屋买卖合同的当事人，其在居间事项中主要的义务是提供房源信息，促使房屋交易的达成，并协助办理房屋过户、按揭贷款等事项。房屋买卖合同签订并生效后，因“不可归责于双方的事由”而解除，房屋经纪机构不存在任何过错，故仍可根据居间合同的约定主张居间费用，但应扣除其尚未履行的协助办理房屋过户、按揭贷款等事项的费用。

2. 因合同一方违约导致合同解除的情形

司法实践中一般认为，房屋买卖合同因合同一方根本违约而解除的，守约方一般有权要求违约方赔偿包括房屋涨价损失在内的可得利益的损失。此种情形下，如房屋经纪机构不存在任何过错，合同解除后，如果仅就房屋经纪机构已完成的居间事项支付服务费用，而忽略合同履行后房屋经纪机构可

取得的全部利益，同样损害了房屋经纪机构的利益，有失公平。因此，房屋买卖合同因合同一方根本违约而解除的，且房屋经纪机构不存在任何过错的情形下，房屋经纪机构主张的合同约定的居间费用应当全部予以支持。合同守约方可就其支出的居间费用要求违约方予以赔偿。

3. 因居间人在隐瞒、欺诈行为导致合同无效、被撤销、被解除的情形

实践中不乏另外一种情形，即居间人为了获取报酬，故意隐瞒与房屋买卖合同订立有关的重要事项或提供虚假的信息，损害委托人利益的情形，如对不了解房屋限购、限贷政策的当事人隐瞒相关政策或承诺可以通过其他途径帮助房屋买受人获取购房资格或者取得贷款，诱导房屋买受人签订居间合同。房屋经纪机构的上述行为一经认定，且房屋买卖合同因居间人的上述行为而被认定无效或被撤销、被解除的，因委托人向居间人支付居间费用后并未取得相应的服务，因此可以要求居间人返还居间费用，并就其因此遭受的损失向居间人主张赔偿。

第八章　特殊类型房屋买卖相关问题

8.1 非本集体经济组织成员之间的农村房屋买卖是否有效

——见某某、刘某某诉焦某某、杨某妹、杨某举农村房屋买卖合同纠纷案①

关 键 词： 宅基地，集体经济组织，法律强制性规定，合同效力

问题提出： 农民将自己建设在宅基地的房屋出售给非本集体经济组织成员的他人，合同是否有效？

裁判要旨： 违反法律、行政法规的强制性规定订立的合同无效。根据我国土地管理法的规定，宅基地属于农民集体所有。宅基地使用权是农村集体经济组织成员享有的权利，与特定的身份关系相联系，不允许转让。向非本集体经济组织成员转让宅基地房屋的，应认定无效。

案情简介

原告（被上诉人）：见某某、刘某某

被告（上诉人）：杨某举、焦某某、杨某妹

见某某与刘某某系夫妻。焦某某与杨某银系夫妻，二人生育子女二人，分别为杨某举、杨某妹。杨某银于2013年3月17日去世。1999年12月5日，刘某某代见某某与杨某银就位于北京市房山区城关街道新东关×号（以下简称新东关×号）宅院签订房屋买卖协议书，内容为："今见某玲有房屋占地面积195m^2，现卖给杨某银房屋价钱肆万元整，经双方协议同意承交，双方永无反违，特为此证。"刘某某及杨某银在该协议上签字捺印。协议签订后双方均已履行。

---

① 一审法院为北京市房山区人民法院，案号：(2016) 京0111民初字第74号；二审法院为北京市第二中级人民法院，案号：(2016) 京02民终字第9469号。

北京市房山区城关街道东街村新东关×号宅院［集体土地建设用地使用权证号：房集建（93）字第01170048号］使用权人登记为见某某。见某某、刘某某曾以农村房屋买卖合同纠纷为由诉至法院，后撤回起诉。原审审理中，杨某举主张现杨某举、焦某某及杨某举之子均在该院内居住。

杨某举、焦某某、杨某妹户籍性质均为居民，原户籍为房山区南窖乡北安村，现杨某举、焦某某、杨某妹户籍为房山区阎村镇紫云路1号院6号楼×单元×号。杨某举、焦某某、杨某妹自认，签订买卖合同时杨某银户籍为北京市房山区南窖乡，杨某银未将户口迁北京市房山区城关街道东关村。

北京市房山区人民政府城关街道办事处东街村村民委员会出具证明：见某某是我村村民，曾用名见某玲，1993年6月6日的宅基地申报表及集体土地宅基地使用权（地号为01170048）中见某玲与见某某（身份证号：×××）为同一人。审理中，双方一致认可见某玲与见某某为同一人。

北京市房山区南窖乡人民政府及房山区南窖乡北安村村民委员会于2015年10月20日出具证明一份，内容为："焦某某，女，1952年4月15日出生，是我村村民，依据房政发［1997］29号文件，符合搬迁范围之内，现在我村没有土地、没有房屋。"

各方观点

原告（被上诉人）见某某、刘某某观点：1999年，原告见某某与三被告亲属杨某银（已故）签订房屋买卖合同，将二原告位于北京市房山区城关街道新东关×号宅院出售给杨某银。因杨某银及三被告均非新东关村村民，故此双方上述买卖行为违反了我国《土地管理法》《物权法》的强制性规定，应属无效，三被告应向原告返还房屋。

被告（上诉人）杨某举、焦某某、杨某妹观点：1. 见某某户籍已经在2004年迁出新东关村，不再享有村民待遇。2. 双方合同已经履行完毕，不存在无效情形。3. 2002年村委会向我方收取了三通费，表明购买房屋经过了村委会确认，取得村委会同意。4. 杨某银系按照采空区搬迁政策购买诉争宅院，符合《土地管理法》等的规定，没有办理户口迁移并不导致合同无效。5. 从1999年至提起本案诉讼前，对方从未提出要回宅院，现在提出是为非法谋取巨额拆迁利益，违背契约精神。故此，原告的诉讼请求应予驳回。

法院观点

法院观点：当事人订立、履行合同，应当遵守法律、行政法规的规定，不得违反法律、行政法规的强制性规定，否则应属无效。宅基地属于农民集体所有，由村集体经济组织或者村民委员会经营、管理。农村宅基地属于本村集体经济组织成员所有，非本集体经济组织成员不应享有对宅基地的使用权，杨某银及杨某举、焦某某、杨某妹并非涉诉宅基地所属的集体经济组织成员，不享有使用该村集体组织宅基地的资格，因此，刘某某代见某某与杨某银签订的买卖房屋协议书应属无效，故对于见某某、刘某某的该项诉讼请求，符合法律规定，法院予以支持。审理中，就见某某、刘某某要求返还诉争房屋的请求，经法院释明，杨某举、焦某某、杨某妹并未提起反诉，关于合同无效后的返还问题，因可能涉及他人且其所涉该问题较为复杂，本案不宜一并进行处理，双方可另行解决。一审法院判决：一、刘某某代见某某与杨某银于1999年12月5日签订的《买卖房屋协议书》无效。二、驳回见某某、刘某某的其他诉讼请求。

二审法院观点：违反法律、行政法规的强制性规定订立的合同无效。根据我国土地管理法的规定，宅基地属于农民集体所有。宅基地使用权是农村集体经济组织成员享有的权利，与特定的身份关系相联系，不允许转让。见某某与杨某银之间就诉争宅院的买卖必然涉及宅基地使用权的转让，杨某银欲取得诉争宅院需以具备东街村集体经济组织成员身份为前提。根据查明事实，杨某银及杨某举、焦某某、杨某妹户口均未迁入东街村，其亦未提交证据证明杨某银及杨某举、焦某某、杨某妹中有人取得了东街村集体经济组织成员身份，故其无权享有对东街村宅基地的使用权。原审判决据此认定见某某与杨某银之间的买卖房屋协议书无效，处理正确，本院予以维持。杨某举、焦某某、杨某妹的其他上诉意见均非合同有效的充分条件，故对杨某举、焦某某、杨某妹的其他上诉意见，法院亦不予采纳。综上所述，杨某举、焦某某、杨某妹的上诉请求不能成立，应予驳回；一审判决裁判结果正确，应予维持。二审法院判决：驳回上诉，维持原判。

法官评析

农村宅基地是农户或个人用作住宅基地而占有、利用本集体所有的土地。

近年来，随着城镇化的快速发展，宅基地房屋买卖纠纷大量涌入法院。审理此类案件，首先需要明确以下两个问题。一是宅基地所有权属于农村集体经济组织。《土地管理法》第 8 条规定“……宅基地和自留地、自留山，属于农民集体所有。”农村集体经济组织，一般是村集体，也包括村民小组、农业合作社等。农村集体经济组织成员作为一个集体，对本组织的土地享有所有权。二是宅基地使用权属于用益物权，农村集体经济组织成员可以通过申请等方式取得。《物权法》第 152 条规定：“宅基地使用权人依法对集体所有的土地享有占有和使用的权利，有权依法利用该土地建造住宅及其附属设施。”由此可见，宅基地只能用于建造住宅及附属设施。另外，我国厉行节约用地原则，《土地管理法》第 62 条规定，农村村民一户只能拥有一处宅基地；农村村民出卖、出租住房后，再申请宅基地的，不予批准。我国施行不动产登记制度，《宅基地使用证》和《集体土地建设用地使用证》是农民合法取得宅基地使用权的重要凭证。

明确了宅基地所有权、宅基地使用权的权利性质后，我们再对农村宅基地买卖行为的合法性进行分析。

首先，买卖双方均为同一集体经济组织成员，且经本集体经济组织认可的，合同有效。《物权法》第 153 条规定：“宅基地使用权的取得、行使和转让，适用土地管理法等法律和国家有关规定。”因宅基地所有权属于集体经济组织成员集体所有，故其成员将已经取得的宅基地使用权在本集体经济组织内转让，由其他成员取得宅基地使用权，是符合土地管理法规定的。需要注意的是，村民一旦出卖宅基地使用权后，就要面临不能再申请宅基地的风险。本案中，三被告在明知杨某银不具有东关村村民资格的情况下，退而强调原、被告的买卖行为曾得到东关村村民委员会的认可，试图以此作为突破口，主张合同行为有效，但未获法院支持。

其次，买受人与出卖人并非同一集体经济组织成员的，买卖行为无效。《合同法》第 52 条规定，违反法律、行政法规强制性规定的合同无效。我国《土地管理法》中关于宅基地所有权性质以及“一户一宅”的规定均属于强制性规定，宅基地交易如果违反土地管理法的上述规定，其行为是无效的。2004 年 12 月《国务院关于深化改革严格土地管理的决定》则规定“加强农村宅基地管理，禁止城镇居民在农村购置宅基地”。另外，《国务院办公厅关于加强土地转让管理、严禁炒卖土地通知》和《国土资源部关于加强农村宅基地管理的意见》均明确规定农民住宅不得向城市居民出售。上述两个文件的效力位阶虽不属于法律或行政法规，不能作为人民法院认定合同效力的依据，但规定内容是与《土地管理法》等法律法规一以贯之的。

再从学理上进行分析：第一，从宅基地的权属性质看，宅基地属于集体经济组织成员集体所有，所有权人享有对财产的占有、使用、收益和处分权，是最完整的物权；农户仅享有宅基地使用权，宅基地使用权作为一种法定的用益物权，与所有权最大的区别就是不享有独立的“处分权”。第二，房屋所有权依附于土地，不能单独转让。农户基于建造而享有宅基地上房屋的所有权，但我国法律规定房屋所有权应当与土地使用权一并转移，即“地随房走”或“房随地走”。故此，即使农户对自己建造的房屋享有所有权，其对房屋的处分权亦应受到《土地管理法》的限制。第三，农村土地包括宅基地的集体所有制是我国社会主义基本经济制度的重要内容，党中央关于宅基地制度形成的各项文件，构成国家重要政策方针。国家政策既是维护社会主义基本经济制度的重要保障，也是维护农村、农业、农民长期稳定的有效手段。在我国民事立法中，“国家政策”虽然未被列为正式的“法源”，但仍应是当事人在从事民事活动中应当遵循的。

本案中，原、被告诉争房屋位于北京市房山区新东关村，买卖双方是否系同一集体经济组织成员，是一、二审法院审理本案的焦点问题。一审法院就此问题依职权调取了相关证据。经查，买受人杨某银户籍为房山区南窖乡北安村，其继承人三被告焦某某、杨某举、杨某妹原户籍亦为房山区南窖乡北安村，现户籍性质已经变更为居民。无论在见某某与杨某银签订农村房屋买卖合同时，还是持续到现在，买受人杨某银及其法定继承人焦某某、杨某举、杨某妹都从未取得过房山区新东关村村民资格，从而一、二审法院认定买受人一方无权取得位于新东关村的宅基地房屋，体现了国家法律法规对民事活动的调整和规制。

另外，被告焦某某、杨某举、杨某妹还曾提出原告见某某在2004年已将户籍迁出房山区新东关村，不再享有集体经济组织成员资格的抗辩主张，因见某某与杨某银买卖的宅基地属于新东关村集体所有，其交易应受法律法规的限制，故此见某某是否丧失新东关村集体经济组织成员资格，对法院认定买卖合同无效是没有影响的。但是，被告提出的这一抗辩是值得深思的。宅基地属于集体经济组织成员集体所有，当宅基地使用人丧失该集体经济组织成员资格时，自然也应丧失对宅基地的集体所有权。但现实中，部分农户拥有数个宅基地的情况普遍存在。这与我国法律对宅基地使用权的退出机制尚不健全存在一定关系。另外，我国现行法律对宅基地使用权是否可以通过继承等方式取得尤其是非集体经济组织成员是否可以通过继承方式取得等问题规定不明确，也造成各地法院处理相关案件时法律适用不统一的情况持续发生。

再看法院对合同无效后财产返还的处理。本案中，一、二审法院在正确适用法律、认定原、被告买卖行为无效的同时，还注意到了诚实信用原则的运用。见某某与杨某银买卖房屋的行为发生在1999年，合同签订后，双方及时履行完毕。买受人杨某银付清全部购房款后迁入所购房屋，三被告持续居住至今。但近十余年，伴随着我国城镇化建设的迅猛发展，城市房屋价格亦是飞速上涨，一些位于城乡接合部的农村因面临着拆迁，宅基地房屋迅速增值。宅基地房屋的买卖双方面对强烈的利益冲击，产生了新的纷争，普遍表现为房屋出卖人以宅基地房屋买卖违反国家法律、行政法规的规定为由主张无效并返还房屋。按照我国《合同法》第58条的规定，合同无效后，因合同取得的财产应当返还；因过错造成对方损失的，还应赔偿。本案原告见某某、刘某某亦提出了返还房屋的主张，但一、二审法院均认为返还房屋应当与返还购房款、赔偿损失问题一并解决，才能避免利益的明显失衡。在释明被告提出反诉未果的情况下，法院驳回了原告见某某、刘某某关于返还房屋的诉讼请求，充分体现了法院对出卖人应当遵从诚实信用原则的裁判导向。

最后需要指出，目前我国已经开始探索宅基地有偿抵押、转让制度。党的十八届三中全会提出，不断改革农村宅基地制度，选择一些地区试点，慎重稳妥推进农民住房财产权流转。目前，农村宅基地入市试点已在全国33个省市展开，在试点地区允许突破土地管理法、城市房地产管理法中的相关法律条款。可以预见，在今后一段时期内，宅基地房屋买卖行为的合法性，在试点地区和非试点地区，必然会存在一个“一国两制”的问题。《第八次全国法院民事商事审判工作会议（民事部分）纪要》第19条规定：“在国家确定的宅基地制度改革试点地区，可以按照国家政策及相关指导意见处理宅基地使用权因抵押担保、转让而产生的纠纷。在非试点地区，农民将其宅基地上的房屋出售给本集体经济组织以外的个人，该房屋买卖合同认定为无效。合同无效后，买受人请求返还购房款及其利息，以及请求赔偿翻建或者改建成本的，应当综合考虑当事人过错等因素予以确定。”审判实践中，非试点地区应当继续坚持现行法律、行政法规的规定，切不可随意突破。

8.2 小产权房买卖或抵债行为被认定无效后，当事人的责任如何确定

——陈某某诉李某某房屋买卖合同纠纷案①

关 键 词： 小产权房，代物清偿，合同效力，诚信原则

问题提出： 农民以农村小产权房抵债或对外转让小产权房，合同是否有效？合同被认定无效后，双方当事人责任应如何认定？

裁判要旨： 农民以农村小产权房抵偿债务，实质上是有偿转移房屋所有权，该行为违反了国家法律强制性规定，债权人客观上无法取得农村小产权房的所有权。以农村小产权房抵偿债务或者买卖农村小产权房的行为被认定无效后，法院在利益分配上，应当妥善平衡双方当事人利益，引导当事人恪守诚信原则。

案情简介

原告（上诉人）：陈某某

被告（被上诉人）：李某某

厦门市思明区曾厝垵社区曾厝垵社××号三层楼房系李某某的房产，1997年12月9日，李某某因建房及购车需要向陈某某借款145222元。1998年5月12日，陈某某、李某某签订房屋产权归属合约，约定：因李某某无力偿还上述借款，愿将其所有的上述房屋第三层全部、顶楼前面靠左边停车库一间归陈某某所有。该合约签订后，李某某将诉争房屋交付陈某某装修使用。2000年5月26日，李某某取得了上述房屋的农村房屋所有权证及集体土地使用权证。随后，李某某将农村房屋所有权证、集体土地使用权证交由陈某某

① 该案例来源于：《人民司法》2014年第18期。一审法院为福建省厦门市思明区人民法院，案号：（2013）思民初字第5695号；二审法院为福建省厦门市中级人民法院，案号：（2013）厦民终字第2305号。

保管。2000 年 12 月 14 日，李某某向陈某某出具一份声明书，声明：因上述房屋是集体土地使用权，不能办理分户登记，其与陈某某签订的房屋产权归属合约仍然长期有效，若遇政府拆迁，分配到的房屋一半（按面积）归陈某某所有，并按约定与陈某某办理过户登记。2002 年，陈某某向思明区法院起诉要求李某某返还借款 145222 元。

2002 年 5 月 20 日，经思明区法院主持调解，双方达成调解协议：李某某应于调解书生效之日起一个月内还清借款 145222 元；李某某愿将思明区曾厝垵社区曾厝垵社××号私有房屋一幢第一层全部、第三层朝北之一房一厅一厨房屋作为上述还款的抵押担保。调解书生效后，李某某仍未依约还款，陈某某亦未向法院申请执行。2008 年 4 月 14 日，陈某某一家将户口迁入上述房屋所在地。

2009 年 10 月 21 日，陈某某向思明区法院起诉要求确认其享有诉争房屋所有权及办理房产过户手续，思明区法院于 2009 年 12 月 1 日作出（2009）思民初字第 10754 号民事判决书，驳回陈某某的诉讼请求。判决后，陈某某不服提起上诉，后又主动撤回上诉。2011 年 3 月 28 日，李某某向思明区法院起诉要求陈某某返还房屋并支付占有的房租损失、返还农村房屋所有权证及集体土地使用权证等。

另查明，李某某所欠陈某某款项至今未还。

各方观点

原告（上诉人）陈某某观点：被告因建房和购车的需要，向原告借款 145222 元，后因被告无力偿还借款，双方于 1998 年 5 月 12 日签订房屋产权归属合约，确定被告将厦门市思明区曾厝垵社区曾厝垵社××号第三层全部以及顶楼阳台和楼下两间房，并加上该幢楼前左侧停车位意见的房屋产权归原告所有。之后被告将诉争房屋交付原告使用，原告对房屋装修后居住至今。现因该房楼梯设计存在安全隐患，原告和其家属、亲朋好友多次从楼梯摔倒受伤，特别是原告年纪渐大，难以从该楼梯走上三楼，且被告装设了外大门，安装电子门锁，导致原告的家属、亲朋好友上门做客时，原告需要艰难下楼去开门，严重影响原告的进出和通行。请求判令：被告准许原告在涉诉房屋外自行搭建直达三楼的楼梯，开设独立的进出门户，在原告使用范围界砌围墙或铁栅栏。

被告（被上诉人）李某某观点：曾厝垵社区曾厝垵社××号楼房的所有权人是被告李某某，有房屋所有权证及集体土地使用权证为据。原告现占有上述房屋依法无据。被告曾于1997年12月向原告借款，但只要归还欠款，原告即应腾出房屋，让被告享有物权，（2002）思民初字第366号生效调解书也确定了这一事实。原告自调解书生效后已准备好所欠现金归还原告，但原告拒不接受。

法院观点

一审法院观点：原、被告双方虽曾签订房屋产权归属合约，约定房屋归陈某某所有，但2002年，陈某某起诉李某某要求返还借款145222元，后双方达成调解协议，李某某应偿还借款，并将讼争房屋作为上述还款的抵押担保。双方的该项约定，已明确讼争房屋所有权的归属，原告仅享有讼争房屋的抵押权。原告占有使用讼争房，未提供充分证据证明讼争房屋确实不适合居住使用，且作为讼争房所有权人的被告也不同意对讼争房进行搭建、添置、修缮，故原告要求被告准许其在诉争房屋外自行搭建直达三楼的楼梯、开设独立的进出门户、在原告使用范围界砌围墙或铁阑珊的诉求，不予支持。一审法院判决：驳回原告陈某某的诉讼请求。

二审法院观点：对于李某某取得讼争房产农村房屋所有权证及集体土地使用权证的事实，双方当事人均无异议，陈某某要求在李某某享有所有权的房产内进行搭建或砌墙等添置或修缮的行为，因未征得所有权人李某某的同意，且其提供的证据也不足以证明其居住和通行权利受到严重妨害。至于陈某某基于本案历史原因长期对讼争房产居住、使用，其是否因此享有对讼争房产的相关权利并不在本案考量范围之内，故原审法院对陈某某诉求不予支持并无不当。二审法院判决：驳回上诉，维持原判。

法官评析

“小产权房”是指在农村集体土地上建设的房屋，未缴纳土地出让金等费用，其“产权证”不是由国家房管部门颁发，而是由村集体或建设单位自行颁发。“小产权房”并非法律术语，因其不能取得由国家不动产登记机关颁发的土地使用权证和房屋所有权证，而被约定俗成地称为“小产权房”。小产权房的出现和迅猛发展，与我国城镇化建设带来的城市房屋价格飞涨直接相关，也与各地兴起的新农村建设、农民渴望城镇化生活的追求目标息息相关。但国家法律、法规及国务院相关规范性文件，对小产权房的开发建设和交易流转，一直是明确禁止的。国家法律层面，《土地管理法》第43条第1款规定："任何单位和个人进行建设，需要使用土地的，必须依法申请使用国有土地；但是，兴办乡镇企业和村民建设住宅经依法批准使用本集体经济组织农民集体所有的土地的，或者乡（镇）村公共设施和公益事业建设经依法批准使用农民集体所有的土地的除外。"第63条规定："农民集体所有的土地的使用权不得出让、转让或者出租用于非农业建设……"《城乡规划法》第41条第4款规定："建设单位或者个人在取得乡村建设规划许可证后，方可办理用地审批手续。"《建筑法》第7条第1款规定："建筑工程开工前，建设单位应当按照国家有关规定向工程所在地县级以上人民政府建设行政主管部门申请领取施工许可证。……"显而易见，小产权房的开发建设是违法上述法律规定的，不属于合法建筑。审判实践中，法院对小产权房的确权案件基本持回避态度。2011年10月《全国民事审判工作会议纪要》规定：对于未取得建设工程规划许可证或者未按照建设工程规划许可证规定内容建设的违法建筑的认定和处理，按照城乡规划法等法律、行政法规的规定，属于国家有关行政机关的职权范围，应避免通过民事审判变相为违法建筑确权。当事人请求确认违法建筑权利归属及内容的，人民法院不应予以受理；已经受理的，应驳回起诉。违法建筑倒塌或其搁置物、悬挂物脱落、坠落造成他人损害的，属于民事案件受案范围，应按照侵权责任法有关物件损害责任的相关规定处理。2016年《第八次全国法院民事商事审判工作会议（民事部分）纪要》重申了上述意见。

本案涉及的核心问题有两个，一是小产房交易的合法性问题，二是合同被确认无效后的利益衡平问题。

1. 小产权房交易的合法性问题

通过考察全国各地法院的生效裁判文书，人民法院对小产权交易的合法性问题，呈现出三种观点：（1）认定无效。认为小产权房未被纳入合法建筑范畴，其交易标的违法，交易行为自然无效。法律依据为前述的《土地管理法》第43条、第63条，以及城乡规划法、建筑法的相关规定。（2）区分对待。小产权房在同一集体经济组织成员之间转让有效，对外转让则违反国家法律、行政法规的强制性规定，应认定无效。法律依据为《土地管理法》第

8条、第43条等规定。(3) 认定有效。该观点从合同成立生效的一般要件入手，更多地考虑了对公平、诚信原则的维护，以及对既成履行事实的尊重。其法律依据为2012年5月《最高人民法院关于审理买卖合同纠纷案件适用法律问题的解释》第3条第1款，即“当事人一方以出卖人在缔约时对标的物没有所有权或者处分权为由主张合同无效的，人民法院不予支持”的规定。以上三种观点中，认定合同无效的观点占据主流。

代物清偿是指债务到期后，债务人与债权人协议以其他给付（一般是物的所有权让渡）替代原给付，使原债权债务归于消灭。需要注意的是，债权人与债务人在债务履行期限届满之前约定代物清偿，则可能因违法物权法和担保法关于禁止流质、流抵押的规定而被认定无效。实践中最常见的代物清偿方式，表现为以房抵债。

代物清偿作为一种合法有效的债务清偿手段，在现实生活中发挥着重要作用，其本质属于合同行为。如果当事人的代物清偿行为违反法律、行政法规的规定，仍可能被认定无效。本案中，被告李某某在1997年向原告陈某某借款，借款期限届满后，双方于1998年5月协商以李某某建设在集体土地上的小产权房的一部分抵偿债务，属于代物清偿，其本质是有偿转移房屋所有权。协议签订后，双方依约履行，但因双方行为违反法律规定，原告陈某某客观上无法取得小产权房的房屋所有权和集体土地使用权，故此双方产生纠纷。2002年5月，双方在法院主持下达成调解：“李某某应于调解书生效之日起一个月内还清借款145222元；李某某愿将思明区曾厝垵社区曾厝垵社××号私有房屋一幢第一层全部、第三层朝北之一房一厅一厨房屋作为上述还款的抵押担保。”通过上述分析不难看出，调解协议第二项内容是违反法律规定的。法院出具调解书后，因调解协议内容无法执行，双方矛盾进一步加深。2009年10月，陈某某向法院起诉要求确认其享有诉争房屋所有权及办理房产过户手续，法院判决驳回了陈某某的诉讼请求。依据物权法规定，不动产物权的设立、变更、转让和消灭，依照法律法规应当登记的，自记载于不动产登记簿时发生效力。同时又囿于“房地一并转让”以及农村集体土地使用权限制转让的规定，陈某某事实上是无法取得诉争房屋所有权及集体土地使用权的，法院判决驳回陈某某的诉讼请求是正确的。此判决的作出，实际上纠正了此前出具的客观上无法履行的民事调解书。

2. 小产权房交易行为被确认无效后的利益平衡问题

《合同法》第58条规定："合同无效或者被撤销后，因该合同取得的财产，应当予以返还；不能返还或者没有必要返还的，应当折价补偿。有过错的一方应当赔偿对方因此所受到的损失，双方都有过错的，应当各自承担相应的责任。"根据该规定，原告陈某某与被告李某某订立的以房抵债协议被认定无效后，李某某有权要求陈某某返还房屋及车库，李某某也应当将所借款项归还陈某某。事实上，李某某也据此于2011年3月起诉要求陈某某返还房屋并支付占有的房租损失、返还农村房屋所有权证及集体土地使用权证等。一审法院陈某某及其亲属应举家搬出诉争房屋，并将房屋腾空，归还李某某管理。但双方产生纠纷已逾十年，其间货币贬值、房价飞涨，1999年双方订立以房抵债协议时的权利义务基本对等的平衡关系，十年后早已不复存在。一审判决结果将导致对陈某某极大的不公平。陈某某不服上诉后，二审法院判决撤销了一审关于陈某某应返还房屋的判决内容，体现了审判机关在法律适用中追求实质正义的理念。李某某主张返还房屋的诉求被法院驳回后，陈某某又趁势出击，要求李某某允许其在房屋外自行搭建楼梯、界砌围墙，法院以其添附行为必须征得房屋所有权人同意为由，驳回陈某某的诉讼请求，又体现出法院尊重现状、尊重法律的规范自觉。

在道德建设层面，诚实信用是中华民族的传统美德，也是中国特色社会主义核心价值观念。在法治建设层面，诚实信用原则是从事民事活动的一项基本原则，也是法院在民商事审判活动中应当秉持的基本原则。本案中，二审法院基于维护公平诚信的立场，既不支持出卖人因合同无效要求返还财产的诉求，也不支持买受人取得房屋产权的诉求，塑造了一个既否定合同效力，同时又维护合同结果，"无效合同、有效处理"的模式，使得审判结果更加合乎人情事理。这对防止出卖人肆意毁约、避免双方利益失衡无疑是有积极意义的。但应当看到，二审法院的审理结果也是权宜之计，其力求维护一个处境尴尬的"非法状态"，并不会从根源上解决双方的纠纷，甚至还会产生怂恿更多的人购买小产权房的情况发生。所以，为了正本清源，还应回到《合同法》第58条的规定，在认定合同无效、双方返还财产的同时，对因合同无效而遭受损失的一方主张的合同履行利益损失，根据双方过错合理分担，让合同双方都意识到风险，从而发挥正确裁判导向，减少小产权房交易的发生和纠纷的产生。

8.3 经济适用房限制交易政策是否构成导致合同不能履行的法律障碍

——*赵某某诉王某房屋买卖合同纠纷案*①

关 键 词：经济适用房，上市交易限制规定，合同履行，法律障碍

问题提出：违反经济适用房限制转让政策的房屋买卖合同是否有效？经济适用房上市交易限制规定是否构成《合同法》第110条规定的“法律上或事实上不能履行”的情形？

裁判要旨：经济适用房上市交易限制规定，属于可以消除的法律障碍，并不当然构成《合同法》第110条规定的“法律上或事实上不能履行”的情形。出卖人将房屋出售后，又以房屋买卖合同违反经济适用房限制流通政策为由解除合同，明显有违诚信，不应得到支持。买受人在限制流通政策解除前，要求办理产权过户的，也不应支持。

案情简介

原告（反诉被告）：赵某某

被告（反诉原告）：王某

2004年7月30日，北京某房地产开发有限责任公司作为出卖人，王某作为买受人，双方签订《商品房买卖合同》，约定出卖人向买受人出售×号房屋（以下简称涉案房屋）。

2006年2月6日，王某作为卖方（甲方），赵某某作为买方（乙方），双方签订《房屋买卖合同书》，约定甲方向乙方出售涉案房屋；交易总价585804元；乙方在付齐甲方全部房款后，乙方将对此房屋拥有长期的使用权和全部的处置权；甲方应积极办理此房屋的产权证；在以甲方名誉取得房产证后，甲乙双方再按照北京市经济适用房上市出售的有关政策规定办理过户交易手续；由于政策或其他原因，在相互信任的基础上，也可不办理房屋过

① 一审法院为北京市朝阳区人民法院，案号：(2014) 朝民初字第01096号；二审法院为北京市第三中级人民法院，案号：(2014) 三中民终字第13995号。

户手续，甲方同意承诺：乙方在付齐甲方全部房款后，将对此房屋拥有唯一绝对的处置权。同日，双方还签订了《房屋买卖补充协议书》，约定因甲方对房屋已进行了装修和购置了部分家庭用具，乙方同意接受其装修成果和使用其所购置的家具，故乙方同意付给甲方装修和家具购置费164196元。

赵某某称其于2006年2月6日以电汇方式向王某支付75万元，王某认可收到上述75万元。王某称其于2006年3月底向赵某某交付了涉案房屋，赵某某称其于2006年4月1日入住涉案房屋。

涉案房屋契税完税证记载填发日期为2010年8月19日。2010年8月20日，涉案房屋登记至王某名下，登记名称为北京市朝阳区×号。审理中，赵某某与王某各自提交了一份涉案房屋的所有权证；其中王某提交的所有权证记载登记时间为2011年9月15日，但备注该所有权证为补发，原登记日期为2010年8月20日。

各方观点

原告（反诉被告）赵某某观点：2006年2月6日，我与王某签订《房屋买卖合同书》及《房屋买卖补充协议书》，由我购买王某的北京市朝阳区×室房屋。我于签约当日向王某支付了购房款。2006年4月1日，我搬入上述房屋并居住使用至今。现王某多次至我家中滋事，并于2013年10月17日带领社会闲杂人员擅自更换门锁。现我起诉，要求王某继续履行合同义务，于上述房屋限制上市交易期限届满后10日内协助我办理房屋所有权转移登记。

被告（反诉原告）王某观点：我与赵某某是朋友关系。赵某某得知我有一套经济适用住房，声称自己能很快申请下经济适用住房购房资格，并保证1年内能够配合我办理更名、过户手续，强烈要求买下我的房屋。我基于对赵某某的信任，于2006年2月6日与其签订了《房屋买卖合同书》及《房屋买卖补充协议书》。此后，我多次找赵某某协商要求办理过户手续，而赵某某总是以各种理由推托，随着北京市房价的不断上涨和限购政策的实行，赵某某的行为导致了我没有能力再购住房，无处居住。我不同意赵某某的诉讼请求，并提出反诉，要求解除双方于2006年2月6日签订的《房屋买卖合同书》及《房屋买卖补充协议书》，并要求赵某某立即腾退北京市朝阳区×室房屋。

法院观点

法院观点：北京市建设委员会于2008年4月8日发布的《关于已购经济适用住房上市出售有关问题的通知》规定，对于在该通知发布之日（含）前签订购房合同的已购经济适用住房，在购房家庭取得契税完税凭证或房屋所有权证满5年后，可以按市场价格出售。案件中，王某与北京某房地产开发有限责任公司就涉案房屋签订商品房买卖合同的日期为2004年7月30日，即在上述通知发布之前，故王某可于取得契税完税凭证或房屋所有权证满5年后出售涉案房屋，亦即涉案房屋是在一定条件下允许流通之物。王某为出售其所有的经济适用房，与赵某某签订了《房屋买卖合同书》及《房屋买卖补充协议书》，该两份协议是双方当事人的真实意思表示，签订时间是在2006年2月，且双方在协议中明确约定在限制期限届满后再办理房屋所有权转移登记，故双方签订的上述协议合法有效，双方应当遵循诚实信用的原则，全面履行各自的义务。双方签订协议当时，无论是国务院部门规章，还是北京市地方政府规章，对已购经济适用住房上市交易均无购买年限及购买人资格的限制性规定。因此，王某以房屋五年内不得上市、赵某某不具有购房资格为由主张解除合同、腾退房屋，于法无据，法院不予支持。有关涉案房屋，王某已实际交付，赵某某已全额支付购房款并占有使用多年，房屋暂无法办理所有权转移登记是因政策限制所致，且双方对此知悉并约定了相应的解决方式，现王某以合同存在履行障碍、合同目的无法实现为由要求解除合同、腾退房屋，无事实及法律依据，法院不予支持。有关涉案房屋的相关协议应继续履行。

涉案房屋契税完税证记载填发日期为2010年8月19日，涉案房屋登记至王某名下的日期为2010年8月20日，故相关政策要求的该房屋限制期限届满的日期应在2015年8月，距今甚为遥远。尽管赵某某在案件中将其诉讼请求表述为于房屋限制上市交易期限届满后10日内协助办理房屋所有权转移登记，但因所有权转移登记可以办理的期限尚未届至，故法院于现阶段对其诉讼请求难以支持。

法官评析

1. 关于经济适用住房的政策梳理

1994年由建设部、国务院房改领导小组、财政部联合发布的《城镇经济适用住房建设管理办法》指出，经济适用住房是以中低收入家庭、住房困难户为供应对象，并按国家、住宅建设标准建设的普通住宅。经济适用房的价格按建设成本确定，建设成本包括征地拆迁费、勘察设计及前期工程费、建安费、小区内基础设施配套建设费、贷款利息、税金、物业的管理费。1998年，国务院下发《关于进一步深化城镇住房制度改革加快住房建设的通知》，拉开了城市住房体制改革的大幕。房改政策取消了过去的福利分房，取而代之的是“建立和完善以经济适用住房为主的住房供应体系”。但之后的城镇化发展实践逐渐偏离了住房体制改革的建设目标和初衷，各地政府加大土地市场供应力度，商品房开发建设突飞猛进，成了城镇房屋供应的主流。2004年，建设部、发改委、国土资源部、央行共同发布《经济适用住房管理办法》，文号为建住房〔2004〕77号。实施三年后，建设部、发改委、国土资源部、央行又于2007年共同发布的《经济适用住房管理办法》，文号为建住房〔2007〕258号，同时废止建住房〔2004〕77号文件。

2007年建设部、发改委、国土资源部、央行共同发布的《经济适用住房管理办法》对经济适用房的优惠政策、开发建设、价格确定、交易管理、集资和合作建房、监督管理等作出了规定。按照文件第2条第1款的规定：“本办法所称经济适用住房，是指政府提供政策优惠，限定套型面积和销售价格，按照合理标准建设，面向城市低收入住房困难家庭供应，具有保障性质的政策性住房。”

2. 受上市交易期限政策限制的经济适用房买卖合同的效力分析

经济适用房系国家在二十世纪九十年代启动城镇住房体制改革后，为解决城镇中低收入家庭住房困难作出的政策性安排。国务院有关部委及地方政府对经济适用房问题均有严格的管理制度。住建部等部门先后于2004年、2007年联合发布的《经济适用住房管理办法》，以及各地方人民政府也纷纷出台规范性文件对经济适用住房的开发建设、购买资格、使用方式、上市交易等问题做出限制性规定。审判实践中，对未超出上市交易限制期限的经济适用房买卖合同效力问题，存在两种不同观点。

一种观点认为转让合同无效。认为："经济适用房具有较强的公共利益属性，系由国家财政负担的带有社会福利性质的住房，其目的是保障城镇中低收入住房困难家庭的住房利益。允许经济适用房在五年内转让将扰乱经济适用房管理秩序，进而损害社会公共利益，故应认定为无效。"

另一种观点认为转让合同有效。理由为：(1)《物权法》第15条规定："当事人之间订立有关设立、变更、转让和消灭不动产物权的合同，除法律另有规定或者合同另有约定外，自合同成立时生效；未办理物权登记的，不影响合同效力。"以此为标志，我国法律对财产转让行为明确作出负担行为和处分行为的区分。购买经济适用房后在上市交易限制期内转让的，其签订的房屋买卖合同是负担行为，该合同效力应基于合同成立、生效规则予以认定。(2)《最高人民法院关于适用〈中华人民共和国合同法〉若干问题的解释(一)》第4条规定："合同法实施以后，人民法院确认合同无效，应当以全国人大及其常委会制定的法律和国务院制定的行政法规为依据，不得以地方性法规、行政规章为依据。"《最高人民法院关于适用〈中华人民共和国合同法〉若干问题的解释（二)》第14条规定，"合同法第五十二条第（五）项规定的'强制性规定'，是指效力性强制性规定。"从效力位阶看，住建部等部门联合发布的《经济适用住房管理办法》及各地方政府制定的规范性文件，均不属于法律或行政法规；从强制性条款的性质看，经济适用房上市交易的限制性规定属于行政管理类规定，而不属于效力性强制性规定。故此，当事人订立的经济适用房转让合同违反上市交易限制性规定，并不符合合同无效的构成要件，故应认定有效。

上述第二种观点是审判实践中的主流观点，并且在近年已基本形成共识。

本案中，原告赵某某与被告王某签订房屋买卖合同的时间为2006年2月，而建设部等部委于2004年发布的建住房〔2004〕77号文并未对经济适用房上市交易期限做出限制，同时期北京市亦未出台关于经济适用房交易限制的规范性文件，故此原、被告的房屋买卖行为不违反当时的经济适用房交易规定，应认定有效。之后，建设部等部委于2007年联合发布〔2007〕258号文规定"购买经济适用住房不满5年，不得直接上市交易"，北京市建设委员会于2008年发布《关于已购经济适用住房上市出售有关问题的通知》明确规定“在购房家庭取得契税完税凭证或房屋所有权证满5年后，可以按市场价格出售”。上述规定虽然对经济适用住房上市交易做出限制规定，但并不影响原、被告订立的房屋买卖合同效力。

3. 上市交易限制规定对经济适用房买卖合同履行的影响

(1) 限制性规定构成合同继续履行的法律障碍。如前所述，经济适用住房上市交易的限制性规定不能作为认定经济适用房买卖合同无效的事由，但我国《物权法》规定“不动产物权的设立、变更、转让和消灭，应当依照法律规定登记”，而不动产登记机关在登记过程中需要严格执行国家、地方政府关于经济适用房上市交易的限制性政策，故此对于购买经济适用房不满5年即对外出售的房屋买卖合同，该限制性规定势必构成合同继续履行的法律障碍。

本案中，按照北京市建设委员会的规定，在购房家庭取得契税完税证明或房屋所有权证满5年，方可按市场价格出售经济适用房，而被告王某取得涉案房屋契税完税凭证时间为2010年8月，故此在2015年8月前，涉案房屋因政策限制，无法办理房屋所有权转移登记手续、进而实现买受人订立合同目的。买受人原告赵某某在2015年8月前提出协助办理房屋所有权转移登记手续，未能得到法院支持。

(2) 限制性规定并不必然导致合同不能履行。《合同法》第110条规定：“当事人一方不履行非金钱债务或者履行非金钱债务不符合约定的，对方可以要求履行，但有下列情形之一的除外：（一）法律上或者事实上不能履行……”该条规定的“法律上不能履行”，应当区分两种不同情况：一种是自始而终的法律上不能履行，如合同标的物系国家法律规定的禁止流通物等；一种是暂时性的法律上不能履行，即法律对合同主体、履行期限及方式做出一定限制性规定，但又同时规定了限制条件的解除期限或条件，解除期限届满或解除条件成就后合同仍可以继续履行。对于后一种情形，当事人一方在限制期内要求继续履行合同，人民法院可以适用《合同法》第110条进行裁判，予以驳回，但应明示其可在限制期限届满后再行主张继续履行。

本案中，涉案房屋出卖人王某以经济适用房买卖合同存在继续履行的法律障碍、合同目的无法实现为由要求解除合同、腾退房屋，法院针对王某该项诉讼请求，在判决书中指出：基于国家及北京市关于经济适用房上市交易的限制性规定，涉案房屋是一定条件下的限制流通物，而非禁止流通物，同时买卖合同双方已在合同中约定在限制期限届满后再办理所有权转移登记手续，故此不存在合同不能履行的法律障碍，判决驳回王某该项诉讼请求。法院的判决遵从《合同法》第110条的立法意旨，保障依法生效的合同得到全面履行，在公正裁判案件的同时，体现了法院促进社会诚信的正确导向。

附录：房屋买卖纠纷常用法律规范

1. 中华人民共和国民法总则

（2017 年 3 月 15 日）

2. 中华人民共和国民法通则

（2009 年 8 月 27 日）

3. 中华人民共和国合同法

（1999 年 3 月 15 日）

4. 最高人民法院关于适用《中华人民共和国合同法》若干问题的解释（一）

（1999 年 12 月 19 日）

5. 最高人民法院关于适用《中华人民共和国合同法》若干问题的解释（二）

（2009 年 4 月 24 日）

6. 最高人民法院关于审理商品房买卖合同纠纷案件适用法律若干问题的解释

（2003 年 4 月 28 日）

7. 最高人民法院关于审理买卖合同纠纷案件适用法律问题的解释

（2012 年 5 月 10 日）

图书在版编目（CIP）数据

法院审理房屋买卖案件观点集成/李超主编．—北京：
中国法制出版社，2018.1
（法院审理案件观点集成丛书）
ISBN 978－7－5093－7627－0

Ⅰ.①法…　Ⅱ.①李…　Ⅲ.①房屋纠纷－案例－中国
Ⅳ.①D922.385

中国版本图书馆 CIP 数据核字（2017）第 319710 号

策划编辑/责任编辑：马金风（editormjf@163.com）　　封面设计：李　宁

法院审理房屋买卖案件观点集成

FAYUAN SHENLI FANGWU MAIMAI ANJIAN GUANDIAN JICHENG

主编/李超
经销/新华书店
印刷/三河市紫恒印装有限公司
开本/710 毫米×1000 毫米　16 开　　印张/25.75　字数/366 千
版次/2018 年 2 月第 1 版　　2018 年 2 月第 1 次印刷

中国法制出版社出版
书号 ISBN 978－7－5093－7627－0　　定价：75.00 元

北京西单横二条 2 号
邮政编码 100031　　传真：66031119
网址：**http：//www.zgfzs.com**　　编辑部电话：**66070046**
市场营销部电话：**66033393**　　邮购部电话：**66033288**

（如有印装质量问题，请与本社编务印务管理部联系调换。电话：010－66032926）